위대한 치킨의 탄생

국민 브랜드는 어떻게 만들어지는가

위대한 치킨의 탄생

스티브 로빈슨 지음 —— 김정혜 옮김

이콘

추천의 글

'대학 문턱도 밟지 못한 남자가 창업한 기업'

'일요일에 가게문을 열지 않는 기업'

'새로운 매장을 오픈할 때마다 1년치 무료 교환권을 뿌리는 기업'

'이윤 추구보다 사회에 미치는 선한 영향력을 중시하는 기업'

망하려고 작정한 듯한 이 기업이 미국 최고의 치킨 프랜차이즈 '칙필레'다. 전 세계에 수많은 광팬을 보유하고 있고, 매출은 스타벅스와 맥도날드 다음가며, 지난 70여 년간 한 번도 성장세가 꺾이지 않은 바로 그 기업! 나는 칙필레의 성공이 '대접받고 싶은 대로 대접하라'는 성경의 황금률을 실천한 데서 비롯되었다고 믿는다. 즉, 칙필레를 위대한 브랜드로 만든 건 창업자의 아이비리그 졸업장도, 치밀한 경영 전략도, 세련된 마케팅도 아니었다. 그것은 고객과 직원을 잘 대접하는 것이었다!

칙필레의 최고마케팅책임자를 지낸 저자가 쓴 이 책은 칙필레가 그동안 어떻게 이 황금률을 실천해왔는지 생생하게 보여준다. 그리고 경쟁이 치열한 이 시대에, 성공하는 브랜드를 만드는 최고의 방법을 알려준다. 위대한 브랜드를 만들고 싶은가? 당신의 브랜드에 환호하는 광팬을 만들고 싶은가? 그렇다면 이 책을 꼭 읽으시길! 황금률의 놀라운 위력을 경험할 것이다.

브랜드보이 안성은

『MiX』 저자

시간 가는 줄 모르고 너무 재미있게 읽었다. 이 책은 단지 한 기업의 독보적인 마케팅을 얘기하지 않는다. 한 브랜드의 탄생부터 창업주의 명확한 철학과 신념, 그리고 그것으로 단단히 만들어진 브랜드다운 모습이 어떤 방식으로 제품과 매장, 점주와 직원들, 그리고 그들이 전개하는 마케팅과 기업 문화에까지 일관되게 확장되는지 보여준다. 그리고 이 과정을 통해 어떻게 칙필레가 독보적이고 아이코닉한 브랜드로 성장했는지를 면밀하게 그려낸 한편의 자서전 같은 책이다. 브랜딩 디렉터로서 더욱 흥미로운 부분은 이 한 편의 이야기에 브랜딩을 하는 사람이라면 고민해봐야 하는 브랜드업의 정의부터 고객에게 전달해야 할 브랜드의 가치 정립, 기능적 그리고 감성적 경험, 사람들의 마음을 움직이기 위한 브랜딩 요소인 차별성, 진정성, 의외성, 지속성, 위트와 센스 등이 모두 들어 있다는 것이다. 브랜드를 준비하거나 운영중인 창업자, 브랜딩을 기획하는 디렉터나 마케터뿐 아니라 현재 자신만의 브랜드를 만들어가고 있는 모든 사람들이 꼭 한 번씩 읽었으면 하는 책이다.

전우성

브랜딩 디렉터, 『그래서 브랜딩이 필요합니다』 저자

이 책은 1946년부터 이미 경험 소비의 중요성을 알고 있었던 기업에 대한 이야기다. 바로 미국에서 제일 잘나가는 FnB 브랜드인 칙필레가 어떻게 진정성 있는 브랜딩을 구축하며 완벽에 가까운 고객 경험을 만들어냈는지, 그 생생한 현장을 담고 있다. 하루가 멀다 하고 수많은 식당이 생겼다 없어지는 외식업계에서 칙필레가 미국을 대표하는 압도적인 브랜드로 살아남은 비결은 무엇일까? 43년간 칙필레의 마케팅을 총괄하며 경영위원회로 활동한 저자는 어느 분야보다 빠르게 트렌드가 바뀌는 상황에서도, 업의 본질을 놓치지 않고 '찐팬'을 만들어낸 프레임워크를 독자들에게 진솔하게 전달한다. 비단 외식업이 아니더라도, 소비자를 내 편으로 만들어내야 하는 모든 크고 작은 비즈니스 현장에서 이 책은 압도적인 성공 전략을 알려주는 마케팅 비법서가 되어줄 것이다. 심지어 좋은 대행사를 찾는 기술부터 30년 넘게 대중들 사이에서 바이럴되고, 사랑받고, 패러디마저 당하는 '터지는 캠페인'을 만드는 비법까지도 말이다.

김류미

주식회사 어떤사람들 공동 대표, 맛집 어플리케이션 뽈레 운영

하나의 광고 캠페인이 기업을 우뚝 세울 수 있다는 것을 '위대한 치킨' 아니 '우스꽝스러운 젖소'를 통해 배웠다. 젖소가 등장한 치킨샌드위

치 광고, 그것도 옥외 광고를 통해 칙필레는 미국 대표 프랜차이즈 기업 중 하나로 자리매김했다. 이 배경에는 무엇보다 창업자의 기업 경영 미션이 확실했고, 그 미션에 공감한 사람들이 힘을 합쳐 기업 문화가 조성되었고, 거기에다 '위대한 젖소 광고'가 있었기에 가능했다. 이 책은 마케팅 전문 서적으로서의 가치도 있지만 창업자의 자세, 헌신, 일관성, 신뢰 등에 대해 배울 수 있는 경영서이기도 하다. 덤으로 젖소가 '닥고기 마니 머거'를 외치는 기막힌 상황 속에서 위대한 광고가 탄생하는 순간을 목도할 수 있으니 얼마나 행운인가.

이희우

한림대기술지주 대표, 경영학박사

합력의 선의과정을 통해 칙필레는 지금 미국에서 가장 사랑받는 패스트푸드 프랜차이즈로 성장했다. 성경적 경영 철학을 담은 이 책이 크리스천 기업가들에게 귀감이 될 것이다.

전화성

주식회사 씨엔티테크 대표

이 책에 쏟아진 찬사들

"젓소 캠페인은 미국 대중문화의 총아가 되었다. 이 캠페인 뒤에는 확실한 신념으로 무장하고 철저히 가족 중심으로 경영하는 한 비상장회사가 있다. 그리고 '닥고기 마니 머거' 캠페인의 성공적인 출범 뒤에는 그 아이디어의 독창성 하나만 믿고 오직 본능과 직관에 의지해 지원을 아끼지 않았던 한 최고마케팅책임자의 엄청난 용기가 있었다."

스탠 리처즈 Stan Richards

광고대행사 더리처즈그룹의 창업자이자 크리에이티브 디렉터

"로빈슨의 신작은 커다란 꿈이나 야망을 가진 사람, 삶의 목적을 찾고 싶은 사람, 일과 삶의 성공 공식을 원하는 사람, 이들 모두의 필독서다."

스콧 데이비스 Scott Davis

브랜드와 마케팅 전문 컨설팅업체 프로페트의 최고성장책임자

"이 책은 칙필레가 지역의 영세한 치킨전문점 프랜차이즈에서 존경받는 전국적인 브랜드가 되기까지 모든 뒷이야기를 들여다볼 수 있는 완벽한 렌즈를 제공한다."

진 온트예스 Gene Ontjes

칙필레 매장 운영자

"로빈슨의 생애 첫 저서는 대학원 마케팅 수업에서 부교재로 사용해도 손색없어 보인다. 또한 경영학과 학생들의 추천 도서 목록에도 포함되어야 한다."

빌 C. 하드그레이브 Bill C. Hardgrave

오번대학교 교무처장

"스티브 로빈슨은 마케팅의 천재다. 단순한 재료 세 가지로 칙필레를 위한 성공적인 마케팅 조리법을 개발했다. 치킨샌드위치, 철자도 모르는 젖소, 계몽된 소비자. 이토록 독창적인 마케팅 조리법을 로빈슨은 어떻게 개발했을까? 이 책에 모든 답이 있다."

지미 콜린스 Jimmy Collins

칙필레의 사장과 최고운영책임자 역임

"칙필레 문화의 본질은 무엇일까? 창업자 S. 트루엣 캐시의 위대한 유산은 어떤 걸까? 로빈슨이 두 가지 궁금증을 한꺼번에 말끔히 해결해 준다. 칙필레의 신참 매장 운영자는 이 책을 필히 읽어야 한다. 또한 자신의 브랜드를 한 차원 끌어올리고 싶은 모든 기업인도 이 책에서 귀중한 통찰을 얻을 거라고 장담한다."

넬슨 피트 버지스Nelson Pete Burgess

칙필레 매장 운영자

"칙필레는 치킨샌드위치라는 단순한 아이디어에서 시작해 미국의 1위 치킨 브랜드가 되었다. 그 이유와 과정을 흥미진진하게 설명하는 생생한 내부자 증언이 나왔다. 로빈슨이 경이로운 이 기업의 근간을 이루는 핵심적인 요소를 일목요연하게 설명한다. 신앙, 가족, 헌신, 많은 사람의 피와 땀이다."

필립 풀머Phillip Fulmer

테네시대학교 운동부 책임자

"칙필레 브랜드 성공의 산증인 스티브 로빈슨이 브랜드 구축에 관한 실질적인 비결을 대방출한다. 노스웨스턴대학교 메딜대학원 통합마케팅커뮤니케이션의 내 학생들은 이 책을 꼭 읽어야 한다. 또한 고귀한 목적이 이끄는 브랜드, 강력한 문화, 명확하고 의미 있는 목표, 통찰 깊은 전략과 실행 등이 가진 놀라운 힘을 정확히 이해하고 싶은 모두에게 강력히 추천한다."

마티 코어Marty Kohr

노스웨스턴대학교 메딜대학원 통합마케팅커뮤니케이션 교수

"당신 삶을 명품으로 만들어줄 가치관과 지혜와 교훈이 가득한 명품을 찾고 있다면 이제는 다른 곳을 기웃거리지 않아도 된다. 이 책이 그 소망에 화답해준다. 칙필레 성공에 얽힌 놀랍고도 매력적인 이야기에 빠져보라. 아울러 목적이 이끄는 리더십의 화신 창업자 트루엣 캐시의 인생을 느껴보라. 로빈슨의 신작은 재미있는 읽을거리를 넘어 일터와 가정과 지역사회에서 사명을 수행하는 미래 리더가 되기 위한 교과서다."

데니스 레이니 Dennis Rainey

명예신학박사, 가정사역 전문 단체 패밀리라이프의 설립자

"시장을 주도할 지혜를 원하는가? 시장의 판도를 바꿀 혁신을 촉진하고 싶은가? 이 책을 집었다면 올바른 선택을 했다. 스티브 로빈슨이 세상에 주는 굉장한 선물에서 영감을 얻을 수 있다. 삶이나 커리어에서 지금 어느 단계에 있든 이 책을 읽고 나면 새롭게 출발하고 싶어질지도 모르겠다. 이 책은 로빈슨의 관대함을 보여주는 결정판이다. 그는 성장, 겸손, 인내, 끈기에 관한 자신의 멋진 경험을 담담하게 풀어낸다. 이제 우리도 우리 자신을 위해 이것 하나만은 하자. 매일 하나님을 섬기는 삶을 사는 그의 말에 귀를 기울이고 그에게서 배움을 얻자."

게리 휴인스 Gary Hewins

신학박사. 노스캐롤라이나주 하일랜즈에 위치한 커뮤니티성서교회의 담임 목사

"오늘날 비즈니스 세상에 파격적인 이단아가 있다. 칙필레다. 이 책은 그 이단아에 대한 심층 보고서다. 회사든 조직이든 가정이든 조화롭고 생산적이며 활기 넘치는 문화를 창조하고 싶은 사람이라면 이 보고서야말로 필독서다."

제프리 크랜퍼드 Jeffrey Cranford

골프 문화에 기독교적 가치를 주입하는 링크스플레이어스인터내셔널의 사장,

캘리포니아주 팜데저트에 위치한 레드도어교회 담임 목사

"이 책은 내 마음을 단숨에 훔쳤다. 펼친 순간부터 흠뻑 빠져 손에서 내려놓지 못했을 정도로 놀랍도록 흥미롭고 매력적이다. 우리는 스티브 로빈슨의 눈을 통해 칙필레의 따뜻한 마음과 영혼을 들여다보는 굉장한 경험을 할 수 있다. 이 책은 소중한 가치를 지키고 일과 삶에서 가장 중요한 것에 헌신하는 사람들에게 바치는 경의다."

크로퍼드 W. 로리츠 주니어 Crawford W. Loritts, Jr.

신학박사, 문학박사, 작가, 강연자, 라디오 프로그램 진행자,

조지아주 로즈웰의 펠로십성서교회 담임 목사

일러두기

1. 각주는 모두 옮긴이주이며, 참고 문헌을 참고해야 할 부분에는 * 기호로 표기했다.
2. 원서에서 이텔릭체로 강조한 부분은 고딕으로 표기했다.
3. 본문에서 인용한 도서명은 『』, 신문·잡지명은 「」, 영화·티비 프로그램·시리즈명은 〈〉로 표기했다.

목차

추천의 글 5

이 책에 쏟아진 찬사들 9

서문 17

들어가며 23

1장 브랜드의 탄생 33

2장 브랜드 전략을 배우고 구현하다 63

3장 칙필레, 마케팅에 눈뜨다 107

4장 칙필레의 목적: 존재 이유 140

5장 새로운 프랜차이즈 패러다임 161

6장 젖소를 타고 전국적인 브랜드가 되기 위한 여정을 시작하다 209

7장 대학미식축구에서 환상의 짝꿍을 만나다 262

8장 새로운 도약을 준비하다 281

9장 제 기쁨입니다 290

10장 칙필레의 또다른 이름: 혁신 327

11장 젖소가 대학미식축구 경기장을 점령하다 348

12장 캐시의 삶과 유산은 영원하다 366

마치며: 로즈볼에서 트루엣 캐시를 추억하다 378

감사의 말 381

부록 387

참고 문헌 398

서문

시나리오 하나를 가정해보자. 만약 칙필레가 주주들이나 큰손 가맹점 사업자들이 쥐락펴락하는 전통적인 구조의 프랜차이즈였다면 젖소가 광고판에 철자를 잘못 쓰는 일이 가능했을까? 나는 그럴 가능성이 매우 희박하다고 생각한다. 칙필레의 젖소 캠페인Cow Campaign은 미국 대중문화에서 널리 사랑받는 총아가 되었다. 무엇보다도 칙필레가 확실한 신념으로 무장하고 철저히 가족 중심으로 경영하는 비상장회사였기에 이런 파격적인 캠페인이 탄생할 수 있었다.

그 아이디어를 처음 생각해낸 크리에이티브팀의 공이 큰 것이야 두말하면 잔소리다. 하지만 '닭고기 마니 머거Eat Mor Chikin' 캠페인의 성공적인 출범 뒤에는 엄청난 용기를 발휘한 숨은 공로자가 있었다.[1] 독창성 하나만 믿고는 표적 집단Focus Group[2]도 어떤 시험 과정도 없이 오직 자신의 본능과 직관에 의지해 그 아이디어를 승인한 최고마케팅책임자Chief Marketing Officer: CMO였다. 그 주인공이 바로 스티브 로빈슨이다. 로빈슨은 풍부한 경험에 근거해 그 아이디어에 내재된 무한한 가능성과 엄청난 파급력을 즉각 알아보았고 젖소가 비상할 수 있는 날개를 달아주었다(아니, 최소한 젖소가 옥외 광고판까지 올라갈 정도는 되었다).

광고업계에서 20년 넘게 하나의 캠페인을 집행하는 광고주도 드물뿐더러 기꺼이 그렇게 하는 광고주는 천연기념물이다. 심지어 그 캠페인이 매우 성공적인 성적표를 받은 뒤여도 마찬가지다. 이런 점에서 우리는 행운아였다. 자신의 직감에 (그것도 고도의 전문 지식을 갖춘 직감에) 계속해서 귀를 기울일 줄 아는 클라이언트를 두었으니 말이다. 우리와 회의를 할 때면 로빈슨과 그의 팀은 언제나 즐거운 기대감에 부풀어 있었다. 가끔은 로빈슨이 특유의 전염성 강한 웃음을 얼마나 보여주는가에 따라 광고의 운명이 결정될 정도였다. 칙필레와 함께했던 모든 경험이 늘 유쾌했다. 게다가 우리는 공통의 목표를 위해 하나의 팀으로 손발을 맞추었다. 젖소가 자기 보존Self-Preservation[3] 운동을 대담하게 이어가고 광고의 새 역사를 개척하게 만드는 일이었다.

---

1 젖소가 쓰는 것이라 일부러 오타를 냈다고 한다. 자세한 내용은 6장을 참고하길 바란다.

2 신제품을 개발할 때 특정 제품 영역을 심층적으로 토론하면서 시장의 수요를 충족시키는 제품의 아이디어를 구상하고 대안을 모색하는 소비자 집단

3 생물이 자기의 생명을 보존하거나 발전하게 하는 본능

스티브 로빈슨은 인자하고 포용적인 리더였다. 우리에게도 자신의 직속 직원에게도 존경과 넓은 아량으로 대했다. 쉬운 예를 보자. 우리가 열 개 남짓한 광고 기획안을 제안하고 나서 로빈슨과 그의 팀이 우리와 함께 그 아이디어들을 검토했을 때였다. CMO였으니 자신의 의견부터 밝힐 법도 했건만 그는 자신의 팀원 각자에게 발언권을 먼저 주었다. 더욱이 그는 언제나 열심히 경청했고 또 언제나 열린 토론을 허용했다. 하지만 궁극적인 결정권은 로빈슨에게 있음을 우리 모두 잘 알았다(그가 매번 좋은 결정을 했으니 우리는 참 운이 좋았다). 로빈슨의 이런 접근법 덕분에 긴밀한 협업 분위기가 조성된 것은 당연했다. 이뿐만 아니라 우리는 언제나 젖 먹던 힘까지 끌어 모아 최상의 아이디어를 제안하고 싶은 동기가 부여되었다. 우리가 광고를 수주하려는 '을'의 입장이라는 느낌은 한 번도 받은 적이 없었다. 오히려 그를 대할 때면 우리 가슴을 설레게 만드는 무언가를 친구에게 들려준다는 기분이었다.

칙필레와 우리는 광고주와 광고대행사 사이에 귀감이 되는 협업 관계를 구축했다. 우리 사이에는 정중함과 신뢰가 늘 함께했다. 이런 독특한 협업 정신이 뒷받침되었기에 참신하고 파격적인 아이디어들이 활짝 꽃피웠고, 젖소는 지치지 않았으며, 세상은 젖소의 외침대로 닭고기를 아주 많이 먹게 되었다.

스탠 리처즈

광고대행사 더리처즈그룹

내가 활동하는 경영컨설팅업계에는 불문율 아닌 불문율이 있다. 10년에 한두 차례 우리 업계 종사자는 자신이 경영컨설턴트 경력을 선택한 이유를 일깨워주고 초심으로 돌아가며 더욱 분발하게 만드는 경험과 관계를 마주한다. 내 경우는 칙필레와의 경험과 스티브 로빈슨과의 관계가 그랬다. 물론 칙필레에는 로빈슨 말고도 의욕을 북돋우고 혁신적이며 그야말로 유능한 마케팅 담당자, 리더, 친구가 많았다. 또한 창업자 트루엣 캐시의 신념에서 태어난 비전에 생명을 불어넣고 그 비전이 실현되도록 도와준 창조적인 리더도 한둘이 아니었다. 치킨샌드위치라는 새로운 시장을 개척한 전설적인 기업가 캐시는 영리적 사업과 보편적인 인간애, 목적과 돈, 영성과 성장을 분리시킬 필요가 없다고 생각했다.

그런 모든 리더 중에서도 스티브 로빈슨은 단연 돋보였다. 오늘날 칙필레는 전 세계에서 강력한 문화적 우상으로 가장 사랑받는 브랜드의 하나다. 로빈슨은 무려 30년이 넘도록 그 브랜드를 창조하고 관리하며 빈틈없이 구조화하는 일을 주도한 인물이었다. 특히 그는 이성적인 머리와 감성적인 마음, 직관과 분석, 리더십과 영감을 딱 절반씩 섞어 브랜드 구축의 '조리법'을 완성했다. 칙필레의 최고위 임원으로서 로빈슨은 마케팅의 불모지였던 조직에서 마케팅팀을 구성하고 조직 문화를 정립했을 때와 똑같은 열정으로 회사와 브랜드를 구축하는 데 최선을 다했다. 브랜드 구축의 선봉장으로서 그는 교육자이자 혁신자이며 위험 감수자였고 마케팅의 진정한 선구자였다. 내게 로빈슨은 단순한 클라이언트가 아니었다. 나는 그를 통해 정보에 바탕을 두는 직관이 어떤 것인지 정확히 배웠다. 또한 그가 객관적인 데이터와 인간으로서의 주관적인 관점을 통해 세상을 어떻게 바라보는지도 확실히 알게 되었다. 이는 다시, 우리가 문제를 해결하기 위해 함께 머리를 맞댈 때마다 하나의 집단으로서 우리 팀이 더 나은 대답을 도출하는 토대가 되었다. 마지막으로 친구로서 로빈슨은 삶의 모든 측면에서 균형의 중요성을 끊임없이 일깨워준다. 균형 없이는 지혜도 마음의 평화도 불가능하기 때문이다.

스티브 로빈슨은 간절히 바라면 이뤄진다는 속설의 살아 있는 증거다. 로빈슨의 마음속에는 결코 꺼지지 않는 확신이 하나 있었다. 언제일지는 몰라도 칙필레가 세상에서 가장 사랑받는 위대한 브랜드의 반열에 오를 거라고 믿어 의심치 않았다. 한편 그는 혼자 힘으로 그것을 해낼 수 있다고 생각할 만큼 오만하지 않았다. 칙필레의 최고위층부터 열성팬까지 힘을 합쳐야 한다는 사실을 잊지 않았다. 이에 로빈슨은 경영팀이 긴밀하게 협업하고, 마케팅 부서 지도부에 권한과 힘을 부여하고, 적절한 자원으로 조직 전체를 무장시키기 위해 최선을 다했다. 동시에 수백만 광팬이 칙필레의 환상적인 음식과 위대한 브랜드를 받아들이도록 준비시키는 일에도 만전을 기했다.

그런 스티브 로빈슨이 이제는 작가로 정식 데뷔했다. 그의 책은 놀라운 진실을 보여준다. 로빈슨이 세계적인 마케팅 전문가로 성장한 것이 우연이 아님을 증명하는 것이다. 그의 개인적인 성장 여정은, 칙필레가 패스트푸드 산업에서 가장 성공적인 프랜차이즈의 하나로, 더 나아가 세계 최고의 브랜드로 성장한 것과 어깨를 나란히 한다. 이 책은 학생, 교사, 마케팅 담당자, 기업가, 공상가 모두에게 유익하다. 하지만 뭐니 뭐니 해도 초일류 브랜드와 마케팅 조직을 구축하기 위해 진심으로 노력하는 전 세계 리더가 이 책의 최대 수혜자다.

나는 로빈슨의 책을 읽자마자 내 인생 최고의 도서 목록에 포함시켰다. 기업이자 브랜드로서 칙필레의 역사와 유산을 설득력 있게 풀어가는 것을 넘어 나로 하여금 좀더 고차원적인 목적과 아이디어에 대해 생각하도록 끊임없이 자극한다. 심지어 그런 목적과 아이디어가 서로 충돌하고 모순될 필요가 없음을 확실히 이해시킨다. 로빈슨의 손끝에서 탄생한 이야기가 살아 숨쉰다. 이 책을 펼치는 순간 그의 삶 속으로, 트루엣 캐시의 인생 속으로, 세상에서 가장 크고 가장 상징적인 브랜드 하나를 구축하는 과정 속으로의 여행이 시작된다. 로빈슨의 책은 커다란 꿈이나 야망을 가진 사람, 삶의 목적을 찾고 싶은 사람, 일과 삶에서의 성공 공식을 원하는 사람, 이들 모두의 필독서다(목적과 문화야말로 그런 성공 공식을 찾는 여정의 완벽한 출발점이다).

스콧 데이비스

마케팅과 브랜드 전문 컨설팅업체 프로페트의 최고성장책임자

들어가며

2012년 12월 31일, 칙필레 창업자 S. 트루엣 캐시Samuel Truett Cathy는 조지아돔Georgia Dome[1] 경기장의 측면 경계선 사이드라인에 나와 나란히 서 있었다. 7만 2000명의 대학미식축구 팬들의 우렁찬 응원 함성이 우리를 에워쌌다. 캐시는 1997년부터 16년 연속으로 식전 행사에 참여했다. 젖소 봉제인형들이 천장에서 낙하산을 타고 비처럼 내려오고, 빵빵하게 부풀린 젖소 풍선인형이 '닥고기 마니 머거' 슬로건이 적힌 소형 비행선 위에 올라탄 채 돔 경기장 상공을 날아다녔다. 그간 몇 번의 행사에서는 댄으로 불리는 그의 장남 도널드 캐시Daniel Truett Cathy가 미국 국가를 트럼펫으로 연주하기도 했다. 칙

1 미국프로미식축구리그National Football League: NFL 소속 애틀랜타팰컨스Atlanta Falcons의 홈구장

필레피치볼Chick-fil-A Peach Bowl[2]은 언제부터인가 승부를 겨루는 경쟁이라기보다 일종의 가족 행사가 되었다. 팬, 젖소, 선수, 지도자 모두가 마치 축제를 벌이듯 돔 경기장에서 몇 시간씩 함께 어울려 미식축구를 즐겼다.[3]

사우스캐롤라이나주에 위치한 클렘슨대학교와 루이지애나주립대학교가 맞붙은 이 경기가 트루엣 캐시와 칙필레에게는 이제까지의 경기와는 사뭇 달랐다. 무엇보다 이제 아흔한 살이 된 트루엣 캐시가 1997년부터 칙필레가 후원해오는 대학미식축구플레이오프College Football Playoff: CFP[4] 피치볼이나 2008년에 출범한 대학미식축구 개막전 칙필레킥오프게임Chick-fil-A Kickoff Games에 몇 번이나 더 참석할 수 있을지는 하나님만이 아실 일이었다. 또한 당시에는 아직 결과가 나오지 않았지만 어쨌든 우리는 조지아주 애틀랜타가 2014년 정규시즌이 끝난 뒤에 막을 올리는 CFP의 개최 도시 중 하나로 선정될 수 있도록 협상에 깊이 관여했다.

만약 애틀랜타가 개최 도시로 선정된다면 칙필레볼Chick-fil-A Bowl은 3년마다 CFP의 준결승전 경기를, 나머지 해에는 상위 20개 팀 중 두 팀의 경기를 개최하게 될 터였다. 또한 애틀랜타는 대학미식

---

2 대학미식축구의 정규시즌이 끝난 뒤 열리는 포스트시즌 경기 볼게임Bowl Game의 하나인 피치볼Peach Bowl은 1997년부터 2005년까지 타이틀스폰서의 이름을 따서 칙필레피치볼로 불리다가 2006년부터 2013년까지 명칭이 칙필레피치볼로 변경되었다. 오늘날 피치볼은 로즈볼Rose Bowl, 슈거볼Sugar Bowl, 피에스타볼Fiesta Bowl, 오렌지볼Orange Bowl, 코튼볼Cotton Bowl 등과 함께 대학미식축구의 6대 볼게임에 포함된다.

3 피치볼을 포함해 대학미식축구와 관련해서는 11장의 내용을 참고하기 바란다.

4 플레이오프Playoff 또는 포스트시즌Postseason, 정규 리그가 끝난 다음 최종 우승팀을 가리기 위해 진행하는 모든 경기를 말한다.

축구 전미챔피언결정전인 내셔널챔피언십National Championship을 개최하는 도시 명단에도 포함될 수 있었다.[5] 이렇게만 된다면 칙필레에게도 커다란 기회였다. 마스코트 젖소와 제품을 포함해 칙필레의 모든 것이 CFP의 7개 경기에 참여하는 팬들에게 경험의 일부가 될 것이 확실했다. 이뿐만 아니라 전국으로 중계되는 7개 경기 모두에서 칙필레 광고가 수시로 등장함으로써 닭고기를 더 먹으라고 외치는 변절자 젖소의 팬이 몰라보게 증가할 수도 있었다. 요컨대 2012년 마지막 날 트루엣 캐시와 내가 경기장 사이드라인 바깥에 서 있던 그 순간 칙필레 브랜드는 이제까지와 전혀 다른 새로운 여정을 시작하는 문턱에 서 있었다.

나는 관중의 뜨거운 함성 속에서 캐시가 들을 수 있게 큰소리로 말했다. "회장님께서 16년 전에 내렸던 결정이 이런 결실을 맺었습니다." 그가 나를 쳐다보았다. 16년 전의 일이었다. 피치볼 역사상 최초의 타이틀스폰서Title Sponsor[6]가 되는 문제로 칙필레 경영위원회Executive Committee 내부에서 투표가 있었다. 결과는 4 대 4로 팽팽히 맞서 교착 상태에서 빠졌었다. 그때 위원회에는 참석했지만 투표에 참여하지 않았던 캐시가 결정적인 역할을 했다. 찬성에 표를 주었다. 이로써 대학미식축구와 관련된 마케팅 기회와 제휴 관계의 문이 활짝 열었고, 그 여정의 끝에서 칙필레는 전국적인 브

5 애틀랜타는 2018년 1월 8일 처음으로 내셔널챔피언십을 유치했고, 2025년 1월 6일에 내셔널챔피언십을 두번째 개최하는 최초의 도시로 선정되었다.

6 각종 경기대회의 명칭이나 기념품에 회사의 로고나 브랜드명을 넣는 대신 그 경비를 전액 제공하는 후원자

랜드로 우뚝 설 수 있었다. 그사이 (2012년 현재) 칙필레 매장 수는 3배 가까이 불어나 1683개가 되었고, 칙필레 전체의 연매출은 무려 8배 증가해 46억 달러를 넘어섰다.

마침내 경기의 막이 오를 때가 되었다. 캐시는 경기 진행요원들의 신호를 받아 중앙선으로 나가서 공격과 수비를 결정하기 위해 양 팀의 주장들이 보는 앞에서 동전을 던졌다. 나도 그랬지만 캐시도 그 순간을, 특히 건장한 대학미식축구 선수들 사이에 서 있는 구순 노인을 향해 환호하는 관중의 뜨거운 에너지를 사랑했다. 관중석을 가득 메운 수만 명의 팬들을 올려다보면서 캐시도 나도 그가 45년 전에 시작한 프랜차이즈업체의 영향력과 규모를 새삼 실감했다. 전국으로 뻗어나간 칙필레 모든 매장의 하루 방문 고객을 합치면 조지아돔 30개를 채우고도 남았다.[7] 그런데도 캐시는 매출 규모와 고객 수에 대해서는 단 1초도 생각하지 않았다. 그런 엄청난 수치가 그에게는 아무런 감흥을 주지 못했다. 그저 사업의 성적표일 뿐 그의 '존재 이유'가 아니었기 때문이다. 오히려 그는 개인적인 접촉에 관심이 더 많았다. 고객 한 명과 운영자[8]나 매장 직원 한 사람과의 일대일 대면 말이다. 31년간 나는 캐시가 그런 일대일 관계를 맺는 과정을 가까이서 지켜보았다. 족히 수천 건이 넘는다. 절대 과장이 아니다. 나도 그런 관계를 맺은 사람의 하나였으니 믿어도 좋다.

---

7 조지아돔의 미식축구경기 최대 수용 인원은 7만 4228석이다.

8 칙필레는 일반적인 가맹점 사업자를 '운영자'라고 부른다.

칙필레의 CMO이자 부사장으로서 내 역할은 칙필레 브랜드를 구축하기 위한 체계적이고 구조화된 전략적 틀과 도구를 제공하는 일이었다. 반면 트루엣 캐시는 칙필레에 따뜻한 마음을 주입했다. 나는 출근 첫날부터 캐시가 어떤 인물인지 단박에 알아보았다. 브랜드 구축에 필요한 직관과 지혜와 자비로 똘똘 뭉쳐 있었다. 내가 그때까지 보았던, 상상했던 어떤 것보다 위대했다. 특히 대가 없이 베푸는 자비는 타의 추종을 불허했다.

은혜로운 자비가 칙필레 브랜드와 동의어라는 사실을 트루엣 캐시보다 정확히 아는 사람은 없었다. 마케팅과 광고가 매일 새로운 고객을 창출할 수도 있지만, 캐시는 우리가 그런 관계를 은혜로운 자비를 통해 유지해야 한다고 줄곧 강조했다. 우리 같은 패스트푸드 매장에서 그런 자비는 다양한 형태로 발현될 수 있다. 친절한 미소, 눈맞춤, 개인적인 관계, 모든 사람에 대한 진심 어린 관심 등. 게다가 그는 그런 행동을 말로만 요구하는 것이 아니라 스스로 본보기를 보였고 은혜로운 자비로 충만한 문화를 창조했다.

만약 어떤 회사가 칙필레처럼 은혜와 자비를 행한다면 사람들은 그런 모습에서 창업자의 신앙을 충분히 짐작할 수 있을 것이다. 칙필레도 마찬가지였다. 하지만 트루엣 캐시는 신앙에 기반을 두는 리더가 될 생각이 꿈에도 없었다. 오히려 그는 칙필레가 교회나 사역단체가 아니라고 우리 앞에서 못을 박았다. 그의 말을 직접 들어보자. "나는 포장지나 컵 바닥에 성경 구절을 새기지도 매장에 전도용품을 비치하지도 않겠네. 나는 사람들이 우리가 그들을 대하는 방식에 근거해서 우리의 신념을 알아주기 바라네. 예수께서도 '나는 너희가 복음 전도사가 되기를 기대한다'고 말씀하지 않으셨지 않은가. '나는 너희가 세상의 소금이 되기를 기대한다. 나는 너희가 세상의 빛이 되기를 바란다'고 말씀하신 걸 기억하길 바라네."

일요일 휴무 정책이 트루엣 캐시로서는 가장 노골적인 '커밍아웃'이었다. 그가 청중에게 "나는 성경적 원칙과 좋은 사업 관행이 모순되거나 충돌하는 것은 한 번도 보지 못했습니다"라고 말한 적이 있었다. 이것은 그가 은혜로운 자비와 진리를 실천하려는 하나의 노력이었다. 그리고 그에게는 진리보다 자비가 더 중요했다. 그가 칙필레와 자신의 삶을 통해 이루고 싶은 것은 건강한 관계였다. 주일학교에서 자원봉사하며 만났던 수백 명의 십대들에게, 칙필레의 신규 매장 앞에서 밤샘 야영하는 연간 수천 명의 '오픈런' 고객들에게, 수만에 달하는 칙필레 매장의 젊은 직원들에게 자신이 선한 영향을 미칠 수 있는 건강한 관계 말이다. 그런 관계는 분명 선한 영향력을 생성시킬 굉장한 기회였다. 하지만 짐작컨대 그는 꿈에서도 그런 기회를 생각하지 못했을 것이고 따라서 의도적으로 만들어낸 것이 아니었다.

나는 캐시의 그런 헌신에서 무언가를 발견했다. 그것이 영적인 삶에서의 내 개인적인 욕구와 일치한다는 사실이었다. 다시 말해, 나는 나와 내 상사가 신앙이나 삶의 원칙에서 서로 충돌하지 않는 곳에서 일하게 되었다는 희망을, 나의 성경적 가치와 원칙에 충실할 수 있는 환경의 일원이 되었다는 희망을 보았다. 내게 커리어는 단순한 직업이 아니라 사람들에게 봉사하고 예수 그리스도를 섬기는 수단이었다. 그것도 전도사나 설교가 혹은 주일학교 교사가 아니라 은혜로운 자비와 진리의 복음을 일과 삶에서 실천하려는 직장인으로서 말이다.

칙필레는 성경적 가치와 원칙에 토대를 둔다. 그리고 사람들을 귀히 여기며 봉사하고 모든 사람에게 영광을 베풀기 위해 노력함으로써 그런 가치와 원칙을 실천한다. 그렇다면 그런 가치와 원칙은 어디에서 나왔을까? 근본적으로는 창업자가 그 원천이었다. 트루엣 캐시는 1946년 자신의 첫 식당 드워프그릴Dwarf Grill에서 이런 환경을 정착시킨 것을 시작으로, 훗날에는 칙필레 매장과 종국에는 칙필레가 주최하고 후원하는 모든 행사에까지 확대했다.

문화는 브랜드의 성장을 촉진하는 비옥한 토양이다. 한걸음 더 나아가, 널리 인정받고 명확하며 강력한 문화는 위대한 브랜드가 꽃피울 수 있는 완벽한 환경을 제공한다. 쉽게 말해 다양한 이해관계자와 고객이 애정을 쏟는 문화는 사랑스럽고 영속적인 브랜드로 만개한다. 이를 뒤집어보면, 나약하고 불분명한 문화는 반드시 나약한 브랜드로 이어지고, 정서적 비전과 가치가 명확하지 않은 문화에서는 사랑스럽고 영속적인 브랜드가 탄생할 수 없을 거라는 뜻이 된다.

나는 반도체 등을 생산하는 미국의 테크기업 텍사스인스트루먼츠Texas Instruments: TI에서 사회생활을 시작했고 놀이공원 식스플래그스오버조지아Six Flags Over Georgia: SFOG를 거쳐 칙필레에 둥지를 틀었다. TI와 SFOG는 물론이고 칙필레에 합류한 초창기 시절 나의 직업관은 어떤 고정관념에 갇혀 있었다. 조직에 성공적으로 봉사할 수 있는 내 능력이 영리하고 혁신적인 마케팅, 브랜드 전략, 프로그램 등에 크게 좌우된다고 생각한 것이다. 솔직히 나는 지배적이고 강력한 이 전제에서 한 발짝도 벗어나지 못했다. 오해는 마시길. 그런 것들이 중요하지 않다거나 내게 무용지물이라는 의미가 아니다. 당연한 말이지만 그런 것들은 내가 성공할 수 있었던 커다란 원동력이 되어준 중요한 요소들이었다. 다만 나는 시간이 흐를수록 아이디어와 실행을 보완하는, 아니 심지어는 그것들보다 더 우선할 수 있는 무언가를 발견했다. 바로 조직 문화였다.

오늘날의 칙필레는 명실상부 업계를 대표하는 브랜드가 되었다. 칙필레의 이런 정체성을 구축하는 데서 결정적인 역할을 했던 전략과 사업 아이디어 모두는 트루엣 캐시가 창조한 문화에서 잉태되었고 칙필레의 브랜드 본질Brand Essence[9]에 고스란히 담겨 있다. 10장에서 설명하겠지만 칙필레의 브랜드 본질은 '탁월함이 고귀함과 만나는 곳'이라는 것이다.

나는 이 책을 통해 하나님이 내 삶과 커리어, 그리고 칙필레에 베풀어주신 은혜에 경의를 표하고 영광을 돌리고 싶다. 내 커리어도 그렇지만 칙필레의 성공 신화도 하나님의 은혜를 빼고는 설명할 길이 없다. 누구든 혼자 힘이나 지혜로 완성하는 것은 고사하고 꿈조차 꿀 수 없는 이야기다. 더러는 자신의 육체에서 빠져나와 상황이 저절로 전개되는 것을 지켜보는 유체 이탈의 경험과 비슷했다.

칙필레의 문화는 위대한 브랜드가 성장할 수 있는 비옥한 토양임을 스스로 증명했다. 그런 문화에서 칙필레에게, 매장 운영자에

9 브랜드의 핵심을 파악하게 해주는 단일 개념

게, 트루엣 캐시에게 봉사하는 것은 정말이지 특권이었다. 나는 내게 그런 특권이 주어진 것에 진심으로 감사한다. 아울러 나는 그 여정에서 칙필레 문화가 내게 얼마나 귀중한 선물을 주었는지도 깨달았다. 나의 직업적 성장만이 아니라 나의 개인적이고 영적인 성장을 촉진하는 비옥한 토양이 되어주었다.

이 책은 그런 나의 발견과 여정에 관한 이야기다.

1장

브랜드의 탄생

위대한 브랜드를 만드는 비결은 무엇일까? 미국의 '국민 치킨'이자 치킨샌드위치의 대명사 칙필레에서 성공 법칙 하나를 유추해볼 수 있다. 위대한 브랜드는 위대한 문화를 자양분으로 성장한다. 나는 칙필레에서 35년 가까이 CMO로 일하면서 위대한 문화적 토양의 진가를 보고 듣고 느꼈다.

창업자인 트루엣 캐시는 두 가지 진실한 바람이 있었다. 하나님께 영광을 돌리는 것이 첫째였고, 칙필레를 통해 관계를 맺는 모든 사람에게 선한 영향력을 미치는 것이 그 다음 소망이었다. 말인즉 제품과 수익보다는 하나님과의 관계 그리고 사람들과의 관계가 언제나 우선했다. 캐시는 사람, 돈, 리더십 등 어떤 사안과 관련하여 성경에 기초한 통찰을 깨달으면 그 통찰을 겸허하고 조용히 실천하려 최선을 다했다. 사리 분별하는 근신, 인내, 근면, 사랑, 용서, 관대함. 이런 성경적 가치가 칙필레와 환상의 궁합을 자랑했다.

1946년 조지아주 애틀랜타 외곽에서 드워프그릴로 요식업에 뛰어든 캐시가 2014년 세상을 떠났을 때, 칙필레의 매장 수는 1887개로 늘었고 총매출은 57억 달러에 이르렀다. 그의 사후 2년간에도 매출은 해마다 10억 달러씩 증가했고 구성원들은 그가 살아생전 구축한 문화 속에서 나날이 번성했다. 그리고 그의 문화적 유산은 현재도 진행형이다. 오늘날 미국 전역의 칙필레 매장에서 일하는 직원을 합치면 10만 명에 육박하고 일요일은 문을 닫는데도 하루 평균 300만 명, 연간 11억 명이 칙필레를 찾는다. 칙필레의 가공할 인기를 증명하는 단적인 사례가 있다. 신규 매장을 여는 전날 밤에는 진풍경이 펼쳐진다. 선착순 100명에게 지급하는 연간 무료 교환권을 받으러 밤샘 대기 줄이 생겨 야외 캠핑장을 방불케 한다.

칙필레라는 브랜드의 기본 골격은 목적 선언문Corporate Purpose Statement에서 시작한다. 솔직히 이 책의 기본 골격도 칙필레와 동일하다. 칙필레의 경영진은 오랜 시간에 걸쳐 사내 의사결정과정을 규정하는 기본 원칙을 확립했다. 칙필레 문화의 구성 요소들로 뿌리내린 이 원칙들이 칙필레 브랜드의 기본 골격이 되었다. 그렇다면 목적 선언문에는 어떤 내용이 담겼을까? 두 마디로 요약하면 청지기적 사명이다.

우리의 목적은 우리에게 맡겨진 모든 일을 완수하는 충직한 청지기가 되어, 하나님께 영광을 돌리고 칙필레와 관계를 맺는 모든 사람에게 선한 영향력을 미치는 것이다.

이것이 바로 칙필레의 '왜', 즉 존재 이유다. 심지어 이 경영이념은 칙필레와 관련 있는 가장 상징적인 어떤 시각적 장치에도 명확히 구현되었다. 만인의 사랑을 받는 칙필레의 마스코트 '젖소'다. 예전에 마케팅 컨설턴트로 칙필레와 인연을 맺은 앨프 누시포라Alf Nucifora는 바로 이 젖소 캠페인이 칙필레가 어떤 회사인지를 엿볼 수 있는 흥미로운 통찰을 제공한다고 말했다. 그는 결정이든 방향이든 일단 정해진 다음에는 그것을 고집스럽게 밀고 가는 뚝심을 칙필레의 강점 중 하나로 꼽았다. "기업 목적과 운영자 개념에서 보듯 칙필레는 흔들리지도 변하지도 않습니다. 이런 우직한 뚝심은 신선할 뿐만 아니라 마케팅 관점에서 보면 매우 귀중한 자산일 수 있죠. 대표적인 경우가 젖소 캠페인입니다. 칙필레는 젖소 캠페인을 미화하거나 변형시키거나 포기하고 싶은 마음은 물론이고 그것에 모순되는 무언가를 하고픈 충동까지 전부 이겨냈습니다." 한편 칙필레는 주인 의식을 고취시키기 위해 가맹점주 또는 가맹점 사업자 대신에 '운영자'라는 용어를 사용한다.

칙필레가 목적 선언문을 작성한 1982년은 금융위기로 촉발된 내우외환의 시기였다. 미국 경제는 거대한 불황의 소용돌이 한복판에 있었고 칙필레도 동일매장매출이 창사 이래 처음으로 감소했다. 그러나 칙필레는 이런 암울한 시기에도 브랜드의 존재 이유와 문화의 자양분인 깊은 신념에 계속 초점을 맞출 수 있었다. 기업의 목적을 선언문에 담아내어 회사 전반으로 확산시킨 노력의 결실이었다.

캐시는 성경에서 말하는 청지기 정신을 자주 강조했다. 즉, 재능과 돈과 영향력은 하나님의 자산이며 자신은 그 자산을 일시적으로 맡아 관리할 뿐이라고 몸을 낮췄다. 이렇게 소유주가 아니라 위탁받은 청지기를 자청함으로써 그는 하나님의 자산을 동료와 이웃과 나눌 수 있었으며, 이것을 기회 삼아 자신의 관대함을 마음껏 표현했다. 결과적으로 그는 많은 사람의 삶에 선한 영향력을 끼쳤고 내게는 열정에 불을 붙여준 훌륭한 역할 모델이었다.

칙필레는 청지기 정신에 입각한 기업 목적에 문화의 토대를 두고 성장했다. 이것은 브랜드 구축에 상당한 재량권을 가져다주었다. 브랜드 구축을 위해 따로 혁신적인 전략을 모색할 필요가 없었던 것이다. 물론 치킨전문점이 닭이 아니라 젖소를 전면에 내세운 파격적인 캠페인을 전개하고, 대학미식축구 행사를 후원하며, 그릴에 구운 치킨샌드위치를 출시한 것을 전략적 돌파구로 평가하는 사람도 있을 수 있다. 하지만 적어도 우리에게는 그런 모든 활동이 단순한 전략 이상의 의미가 있었다. 진정한 변화는 샌드위치에 주력하는 프랜차이즈업체에서 벗어나 고객에게 경험을 제공하는 브랜드로 자리매김하는 것이었다. 솔직히 칙필레에서 그런 변화는 선택이 아니라 필수였다. 가족적인 분위기를 접목시킨 캐시의 친절한 고객 응대 철학과 고객충성도와 만족에 방점을 두는 관계 마케팅Relational Marketing을 패스트푸드업체에서 구현하는 방법을 우리가 이해한 덕분이다. 칙필레의 기업사명은 바로 이런 이해에 바탕을 두었다. "고객이 이야기하고 싶은 브랜드가 되라Be REMARKable".[1] 우리의 목표는 고객 모두에게 '자랑'하고 싶은 브랜드 경험과 평균을 뛰어넘는 긍정적인 인상을 주는 것이었기에, 우리가 어떻게 해야 하는지는 명백했다. 사람들이 이야기하고 싶은 경험을 창조하자. 쉽게 말해 고객이 우리 브랜드와의 경험을 입소문 내는 자발적인 홍보 대사로 만들자.

이 사명을 달성하기 위해 우리는 세 가지에 집중하는 광팬 전략Raving Fan Strategy*을 수립했다. 먼저, 운영 탁월성Operational Excellence[2]을 구현했고 정서적 연결감Emotional Connection을 생성시키는 마케팅 기법을 도입했다. 또한 "1마일을 가자는 이에게 2마일을 함께 가라"[3]는 성경 구절에서 영감을 얻은 2마일 서비스Second-Mile Service를 제공했는데, 이는 고객이 1마일 수준의 서비스를 기대한다면 한 걸음 더 나아가 2마일 서비스를 제공하라는 뜻이었다. 이것들은 상위 개념인 칙필레의 전사적 운영전략을 떠받치는 핵심적인 하위 전략들로 목적은 하나다. 운영자가 칙필레 브랜드를 마음껏 표현하고 구축하는 안전한 환경을 제공하자. 이는 다시, 패스트푸드업계에서는 유일무이한 접근법으로 깊이 새겨들을 가치가 있다. 최일선에서 고객을 만나는 칙필레의 매장 운영자야말로 브랜드를 대표하는 얼굴이라는 의미가 함축되어 있다. 요컨대 오직 운영자만이 완전

---

1 리마커블은 이야기할 만한 가치가 있다는 뜻으로 주목할 만한 제품이나 서비스를 만드는 것이 핵심이다.

2 원가를 지속적으로 절감하고, 구매 경험을 간소화시키는 표준화된 체계를 구축하며, 가장 경제적으로 제품을 제공할 수 있는 능력을 말한다.

3 한국어 성경에는 "오리를 가자는 이에게 십리를 함께 가라"고 나와 있다.

한 광팬 경험을 제공할 수 있다. 광팬 전략은 9장에서 자세히 알아보자.

보통의 요식업체는 고객을 점포로 끌어들이는 수단으로 마케팅과 광고에 의존하는 반면, 칙필레는 운영자와 그들이 직접 채용한 매장 직원을 앞세워 고객을 유인한다. 쉽게 말해 타 브랜드는 호객하지만 칙필레는 고객을 유인한다. 캐시는 이런 시스템을 성공적으로 정착시키기 위해 여타 프랜차이즈와 확연히 구분되는 독특한 매장 재무 모델을 확립했다. 초기 비용을 현저히 낮춰 본사나 회사 소유주보다 매장을 경영하는 운영자에게 훨씬 유리한 재무 모델이었다(트루엣 캐시를 비롯해 창업주 일가는 하나님이 칙필레의 소유자라고 말한다. 하지만 법적으로 보면 예전에는 트루엣 캐시가, 오늘날에는 창업주 일가가 칙필레의 소유자다). 그리고 이 재무 모델은 정확히 캐시가 의도한 힘을 발휘한다. 고객을 진심으로 환대하고 문화를 구축하는 리더를 유인하는 것이다.

칙필레라는 브랜드의 거의 모든 측면은 트루엣 캐시의 따뜻한 진심에 뿌리를 둔다. 내가 아는 한 겸손함과 관대함, 그리고 현명함에서는 그를 따를 자가 없다.

이것이 칙필레 문화의 근간을 이루고, 이 문화는 칙필레가 번성하는 비옥한 토양이 된다.

캐시는 다수의 브랜드 전문가조차 수년에 걸쳐서야 배우고 깨치는 무언가를 직관적으로 알았다. 브랜드를 구성하는 3대 요소가 장기적으로 꽃피울 토대를 놓는 브랜드가 성공한다는 사실이다. 바로 사람들과의 **관계**Relationship, 경쟁자와 차별화되는 **연관성**Relevance,

그리고 평판Reputation이다.

관계

트루엣 캐시는 1946년 조지아주 헤이프빌에 드워프그릴이라는 작은 식당을 열었다. 그에게는 단순한 식당이 아니었다. 고객을 응대하고 친구를 만들며 인맥을 쌓는 전초기지와 같았다. 그때는 칙필레 1호점은 고사하고 칙필레 샌드위치를 개발하기도 훨씬 전이었다. 나중에 자세히 말하겠지만, 칙필레 샌드위치는 1961년에 개발하고 칙필레 1호점은 1967년에 문을 열게 된다. '난쟁이'라는 이름처럼 식당은 아주 작았지만, 그의 진실한 사랑은 그곳을 사람들이 맛있는 음식을 함께 즐기고 직원들이 진심으로 가족의 정을 느끼는 꽉 찬 공간으로 만들었다. 식당을 시작했을 때 미혼이었던 캐시는 식당 옆집에 방을 얻어 토끼잠을 자면서 동생 벤과 일주일 중 6일간 12시간씩 교대로 근무했다. 잠을 자다가도 자동차 바퀴가 주차장 자갈을 밟는 소리가 들리면 그는 곧장 일어나 뜨거운 불 앞에서 씨름하는 동생을 도와주러 식당으로 달려갔다. 이런 식으로 그는 관계를 구축했다.

연관성

트루엣 캐시는 드워프그릴의 위치를 선정할 때 특히 많은 공을 들였다. 그가 개업했던 1946년 애틀랜타에는 개인이 운영하는 외식업체만도 수십 곳이었고, 프랜차이즈업체 토들하우스Toddle House와 더치키친Dutch Kitchen까지 있었던 터라 자칫하면 '미아' 신세가 되기 십상이었다. 캐시는 41번 고속도로를 주목했다. 플로리다주 마이애미와 미시간주 북부 어퍼반도를 잇는 남북 간 주요도로인 41번 고속도로는 헤이프빌 도심을 관통했다. 당시는 거미줄 같이 촘촘한 주간州間 고속도로망이 구축되기 전이라 41번 도로가에 식당을 열면 매일 수천 명의 여행자가 그 앞을 오갈 것이 확실했다. 다른 호재도 있었다. 길 건너에 포드자동차가 1947년 완공을 목표로 애틀랜타 조립 공장을 건설중이었는데 교대근무 근로자가 줄잡아도 2000명은 넘을 것으로 예상되었다. 이는 교대 때마다 출퇴근하는 근로자가 캐시의 식당을 찾을 가능성이 높다는 뜻이었다. 심지어 바로 근처에 애틀랜타시립공항Atlanta Municipal Airport[4]까지 있어서 수천에 이르는 항공사 직원도 잠재고객에 해당되었다. 이런 식으로 그는 **연관성**에 초점을 맞추었다.

---

4 1961년에 하츠필드애틀랜타국제공항William B. Hartsfield Atlanta International Airport으로, 2003년에 하츠필드잭슨애틀랜타국제공항Hartsfield-Jackson Atlanta International으로 각각 개명했다.

평판

캐시 형제는 드워프그릴을 개업할 때 빚을 적게 지려고 허리를 졸라매고 또 졸라맸다. 가령 식당 내부공사의 상당 부분을 형제가 직접 했고 주방용품도 중고로 구입했다. 이렇게 수고를 마다하지 않은 덕분에 개업일 기준 총 창업 비용은 1만 600달러였고 그중 빚은 6600달러였다.

내가 트루엣 캐시에게서 자주 들었던 말이 있다. "돈 문제만 아니면 내가 해결 못 할 일이 없지." 이는 결코 빈말이 아니었다. 그는 잠언Proverb 22장 1절을 개인적인 삶과 사업의 좌우명으로 삼아 무리하게 사업을 확장하지 않았고 대금은 신속하게 지급했다. "많은 재물보다 명예를 택할 것이요 은이나 금보다 은총을 더욱 택할 것이니라."[5] 이렇듯 캐시는 **평판**의 의미를 정확히 이해했다.

트루엣 캐시는 46세이던 1967년에야 마침내 칙필레 1호점을 열었다. 그러니까 그는 요식업에 발을 들이고 처음 20년간 작은 구멍가게 식당을 운영했다. 이 사실 하나만으로도 칙필레는 미국의 수많은 토종 프랜차이즈 브랜드와는 뿌리부터 다르다는 것을 알 수 있다. 쉽게 말해 캐시는 사업가가 아니라 뼛속까지 음식 장사꾼이었다.

뿐만 아니라 캐시는 지나치게 의욕을 앞세우지도 않았다. 달리

---

5 개역개정판. 이하 모든 성경 인용 구절은 온라인 다국어성경 홀리바이블Holybible에서 개역개정판을 참고한다.

표현하면 그는 개인적인 우선순위가 명확해서 재무 목표 때문에 개인적인 관계를 해치는 짓을 절대 하지 않았다. 솔직히 캐시는 재무 목표를 싫어했다. 그는 재무 목표란 개의 꼬리가 몸통을 흔드는 주객전도와 같다고 여겼다. 그의 사업 철학은 매장 수를 서서히 늘린 데서 엿볼 수 있다. 돌다리도 두드리는 신중함 속에서 자신감을 갖고 성장하라. 원한다면 그는 얼마든지 대출을 받아 사업을 신속하게 확장할 수도 있었다. 그에게는 돈이 절대 걸림돌이 아니었다. 오히려 은행들은 칙필레에 돈을 빌려주고 싶어 안달했다. 그럼에도 그는 칙필레가 인재를 유인하고 관리 체계를 정립할 수 있는 속도보다 더 신속하게 확장할 마음이 조금도 없었다. 이렇듯 칙필레가 무리한 확장보다 신중하고 절제된 성장을 지향함으로써, 그는 자신의 사업 철학에 동조하고 자신처럼 고객에 대한 사랑을 우선하는 운영자를 엄선할 수 있었다.

그에게는 타협의 여지가 없는 재무 원칙도 있었다. 차입금 최소화와 주식공개 불가 원칙이었다. 이 역시도 근본적으로는 고객과 직원들을 최우선하기 위해서였다. 그들에 관한 결정을 내릴 때 금융기관이나 주주들의 재무적 요구를 고려해야 하는 부담을 원천적으로 차단하고 싶었던 것이다. 말인즉 그는 주주들에게 의무감을 갖는 것도 바라지 않았고 결정에 대한 통제력을 잃고 싶지도 않았다.

미국의 유명 토종 브랜드 대부분은 '거래', 즉 신규 고객 확보에 몰두하고, 더러는 신속한 성장을 거래 수단으로 사용한다. 게다가 신속하게 확장하려는 욕심에 과도한 차입금에 의존하는 실수를 저지르기도 한다. 기업들은 종종 시장의 압력에 밀려 단기적인 결과에 초점을 맞춘다. 특히 주식이 공개적으로 거래되는 상장회사에서 이런 현상이 두드러지는데, 주주들에게 분기별 실적을 보고해야 하는 의무가 있으니 당연하다. 그렇다면 주식을 상장하지 않은 비공개회사는 이런 문제에서 자유로울 수 있을까? 그렇지 않다. 가끔은 비상장회사도 그 함정에 빠지고 응분의 대가를 치른다. 사람들이 동질감과 정서적인 연결감을 느끼고 그리하여 없으면 안 되는 삶의 필수 요소로 생각하는 브랜드를 구축할 수 있는 장기적인 기회를 놓치고 마는 것이다.

생애 처음으로 브랜드를 경험하다

나는 아버지 존 B. 로빈슨John B. Robinson을 통해 브랜드 구축이라는 세상과 처음 만났다. 오하이오의 주도 콜럼버스에서 북서쪽으로 60킬로미터 남짓 떨어진 래드너의 한 옥수수 농장에서 나고 자란 아버지는 트루엣 캐시와 마찬가지로 제2차세계대전이 끝난 직후에 사업을 시작했다. 할아버지는 오하이오주립대학교의 자문을 받아 본인이 직접 개발한 알곡용 잡종옥수수 품종 로빈슨하이브리드를 재배했다. 아버지는 가족 농장을 이어받을 수도 있었지만 남부행을 선택했다. 오하이오의 혹독한 겨울 날씨에 신물이 난데다 남부 지역은 작물을 재배할 수 있는 기간도 더 길어 일석이조였다. 아버지는 마사 헤인즈Martha Haynes라는—내 어머니였다—여성과 결혼한 직후인 1948년 앨라배마주 볼드윈카운티의 폴리로 이주했고, 곧바로 삼촌 데일과 알곡용 잡종옥수수 사업을 시작했다. 당시 남부에서는 할아버지가 개발한 로빈슨하이브리드 옥수수가 무명 브랜드였기 때문에 그들은 맨땅에서 브랜드를 구축하는 대신에 쉬운 길을 선택했다. 로빈슨하이브리드와 마찬가지로 잡종이었지만 이미 마케팅 체계가 완비되어 있던 펑크였다. 또한 펑크는 옥수수 도매업자와 농자재 유통업체는 물론이고, 심지어 수출업자들과 거래하는 영업망도 구축되어 있어 판로 걱정이 없었다. 더욱이 펑크는 농가 소득에도 도움이 되었다. 펑크는 일반적인 재배종에 비해 1에이커 당 사료용 옥수수 수확량이 더 많아서 농가는 가축의 사료비도 절감할 수 있었다.

아버지와 삼촌의 옥수수 농장은 멕시코만에서 북쪽으로 16킬로미터 지점에 위치했다. 아버지는 이런 지리적인 이점을 활용하기로 결정했다. 중서부 지역에서 옥수수 수확이 시작되기 몇 주 전에 바지선으로 미시시피강을 거슬러 옥수수를 수송하면 중서부 시장을 공략할 수 있다는 판단이었다. 그리고 아버지의 계획은 적중했다. 하지만 남보다 한발 앞선 행보로 시장을 선점할 기회를 알아본 농부는 아버지만이 아니었다. 시간이 흐름에 따라 남부에서 잡종옥수수의 재배면적이 크게 증가했고 마침내 중서부의 알곡용 잡종옥수수 가격에도 영향을 미치게 되었다. 그래서인지 몰라도 미국 의회는 농업 보조금 법안Farm Subsidy Bill을 통과시켰다. (아버지는 중서부의 옥수수 가격 폭락 때문에 그 법안이 제정되었다고 생각했지만, 솔직히 우리로서는 정말 그랬는지 아니면 단순히 오비이락인지 알 수 없었다.) 어쨌든 그 법안이 옥수수 가격을 안정시킨 것은 확실했다. 또한 남동부 일부 지역에서 옥수수 재배면적을 줄이기 위해 토지 소유주들에게 보조금도 지급했다. 이것은 아버지의 사업으로 불똥이 튀었다. 미국 정부는 농부들에게 나무를 심거나 콩을 재배하라고 보조금을 지급했는데, 아버지가 그들에게 토지 임대료로 지불할 수 있는 액수보다 더 많았던 것이다. 의회의 의도가 무엇이었건, 농업 보조금 프로그램은 남부 전역에서 알곡용 잡종옥수수 재배 산업을 초토화시켰다.

아버지에게는 세 가지 선택지가 있었다. 재배작물을 바꾸어 농사를 계속하거나, 개인 파산을 선언하거나, 또는 영농자산을 전부 처분하고 다른 직업을 알아보는 것이었다. 아버지는 세번째를 선택했다. 아버지는 오하이오에서 옥수수 사업을 하던 내 큰아버지 세실에게 구매 비용의 10분의 1 남짓한 헐값에 영농장비 일체를 넘겼다. 그럼 다음 아버지는 그 돈을 밑천 삼아 작은 제조업체를 차렸다. 사실 아버지는 딱 한 학기가 모자라 학위를 취득하지 못했지만 오하이오주립대학교에서 기계공학을 전공한 공학도였다. 미련 때문이든 아니든 옥수수 사업을 하면서도 아버지의 마음속에는 기계장비의 생산성과 작업능률을 높이는 방법을 알아내고 싶은 열망이 항상 살아 숨쉬었다. 제조업에 뛰어든 아버지는 일상생활의 불편과 수고를 덜어줄 장비를 발명하는 것에 승부를 걸었고, 실제로 수동 열매 수확기와 햄버거 고기패티 누르개로 특허까지 냈다. 뿐만 아니라 (내 작은아버지 데일과 함께) 축산용 자동 급수장치를 설계하고 제작했다. 심지어 자신의 발명품들을 제작하기 위해 필요한 기계와 장비 일체까지 직접 만들었다.

그런 아버지의 영향으로 나도 기계공학자가 되겠다는 막연한 꿈이 생겼다. 소위 '금손'으로 못 다루는 기계가 없었고 자동차 개조에도 일가견이 있었던 아버지는 내게 훌륭한 선생님이었고 나도 아버지에게서 배우는 것이 즐거웠다. 그렇다면 사업가로서 아버지는 어땠을까? 자신과 자신의 제품을 좋아했던 도매업자와 가게 주인들과의 관계를 구축하고 거래처를 뚫으며 지인들을 방문하느라 앨라배마와 남동부의 고속도로를 안방처럼 누볐다. 수천 킬로미터는 족히 되고도 남았다. 하지만 별 소득이 없었다. 솔직히 벌이가 시원찮아 몇 년간 우리 가족은 허리띠를 졸라매며 근근이 생활해야 했다. 그래도 가끔 아버지의 출장길에 동행했던 터라 나는 아버지가 얼마나 고생하는지 잘 알았다. 아버지가 무명에 가까운 틈새시장 제품을 판매했으니 타 브랜드들과의 경쟁은 고사하고 잠재고객에게 인지도를 쌓고 수요를 창출하는 것조차 어불성설이었다. 하지만 아버지는 절대 포기하지 않았고 언제든 어디든 다시 찾아갈 준비가 되어 있었다. 열 번 찍어 안 넘어가는 나무 없다는 식이었다. 사실 대부분의 기업가가 그렇듯 아버지도 영원히 못 말리는 낙천주의자였다. 앞서 말했듯 브랜드가 성공하기 위한 세 가지 필수 요소가 있다. 아버지는 그중 **관계**와 **평판**은 구축했지만 나머지 요소인 **연관성**을 확보하지 못했다. 쉽게 말해 잠재적 사용자들이 아버지가 만든 좋은 제품들을 알아보지 못했다.

어린 마음에도 나는 어떻게든 아버지에게 보탬이 되고 싶어 고민하던 중 중요한 통찰을 얻었다. 브랜드 인지도가 높은 소매 제품이 잘 팔리는 이유는 제품의 품질보다는 소비자의 지각된 가치Perceived Value[6] 때문이라는 데까지 생각이 미친 것이다. 당시에는 내 생각이 이처럼 전략적이거나 체계적이지는 않았을 것이다. 하지만 이내 나는 '브랜드 약속Brand Promise'[7] 또는 특정 브랜드가 다른 브랜드나 일반적인 선택지보다 더 낫다는 인식이 중요하다는 것을 알게 되었다. 요컨대 소비자는 지각된 가치가 더 높은 브랜드에 웃돈도 아까워하지 않는 경향이 있었다.

만약 아버지가 영업에 대한 열정이 식었다면 어땠을까? 평생 외판원으로 살아온 어떤 이의 애환을 그린 소설로, 동명의 영화로도 제작된 〈세일즈맨의 죽음Death of a Salesman〉의 주인공 윌리 로먼Willy Loman처럼 말이다. 내가 아무리 획기적인 영업 아이디어를 생각해낸들 헛수고였을 것이다. 그러나 아버지는 끝까지 희망의 끈을 놓지 않았다. 이런 낙천성이 영업, 마케팅, 브랜드 등에 관한 내 호기심이 만개할 수 있는 비옥한 토양이 되어주었다. 심지어 1960년대 아직 십대였을 때도 나는 단편적인 여러 사실을 연결해서 전체적인 맥락을 이해하기 시작했다. 내가 성장기를 보낸 1950년대와 1960년대에는 생활용품업체들인 프록터앤갬블Procter&Gamble: P&G과 유니레버Unilever, 식품회사들인 크래프트Kraft와 제너럴푸즈General Foods를 포함해 소비재기업들에서 새 바람이 한창이었다. 브랜드 관

---

6 개인이 제품이나 서비스를 얻기 위해 지불한 비용과 그로 인해 얻게 되는 편익을 고려해 형성되는 개인의 인지적 경험

7 기업이 브랜드를 통해 소비자에게 전달하려는 가치

리자의 주도로 다양한 제품의 아이덴티티Product Identity: PI[8]를 구축하는 것이었다. 이른바 브랜드 개발Brand Development의 시대였다. 나는 고등학교 3학년 때[9] 어떤 단순한 진리를 깨달은 뒤로 진로를 바꾸었다. 아버지의 뒤를 이어 공학자가 되는 대신에 마케팅을 전공하기로 선택했다. 그렇다면 그 단순한 진리는 무엇이었을까? 누군가가 무언가를 판매하기 전에는 아무 일도 일어나지 않는다는 것이었다. 그래서 나는 장차 그 '누군가'가 되고 싶었다.

가장 위대한 세대의 위대한 두 사람

내 아버지 존 B. 로빈슨과 트루엣 캐시는 가장 위대한 세대Greatest Generation[10]의 일원으로서 근면과 끈기와 끝없는 충직에 있어서는 둘째가라면 서러울 정도였다. 아버지는 모든 직원을 정중히 대했고, 어려운 사람을 보면 하다못해 자신의 옷이라도 벗어줘야 직성이 풀릴 정도로 남에게 베푸는 것을 좋아했다. 하지만 '다정도 병'이라지 않던가. 굳이 말하면 아버지는 그런 일이 너무 많아서 문

---

8 아이덴티티는 개념적으로 보면 'A'가 'B'와 동일하다거나 'B' 같은 정체성을 내포한다는 뜻을 갖는다. 이 개념을 발전시킨 브랜드 아이덴티티는 기업의 이미지를 통합적으로 관리하여 소비자에게 차별화된 이미지를 전달함으로써 가치를 높여서 기업에 정체성을 부여하는 전략의 하나이며, 제품 아이덴티티는 제품을 통해 기업의 이미지를 동일하게 반영하는 것을 말한다.

9 대부분 미국의 고등학교는 4년제다.

10 1901년과 1924년 사이 미국에서 태어나, 1930년대 대공황 속에서 성장했고, 1940년대 제2차세계대전에 참전했으며, 1950년대와 1960년대 경제 발전으로 미국을 세계 최강의 나라로 만든 세대를 말한다.

제였다. 비빌 언덕이 필요한 사람은 마치 길 잃은 강아지처럼 저절로 아버지에게 발길이 향했다.

트루엣 캐시도 사회적 지위, 인종, 민족성 등을 따지지 않고 모두를 더할 나위 없이 존중했다. 1980년 내가 캐시의 드워프하우스Dwarf House[11]를 처음 방문했을 때 받은 인상 중 하나는 직원들의 다양성이었다. 여성, 남성, 흑인, 백인 등 직원들의 성별과 피부색이 다양했다. 이게 다가 아니었다. 알고 보니 대부분은 최소 몇 년, 일부는 수십 년간 캐시와 한솥밥을 먹었다고 했다.

캐시에게는 고객, 운영자, 본사 직원, 매장 직원 모두가 똑같이 중요했고 그중 한 사람을 잃는 것조차 고통이었다. 또한 그는 기존 관계를 유지하는 동시에 새로운 관계를 맺을 기회를 끊임없이 찾았고, 더러는 따뜻한 음식과 환대로 관계의 물꼬를 텄다. 가령 누군가를 만나면 으레 식사 초대로 이어지곤 했다. 그것도 아내 지넷에게는 손님 초대를 식사 시간이 임박해서야 통보하듯 알리기 일쑤였다. 집을 찾아온 손님을 맨입으로 보내는 것도 그의 사전에 없었다. 단적인 사례가 있다. 때는 캐시가 세상을 떠나기 불과 몇 달 전이었다. 내가 아내와 함께 캐시 부부를 방문했는데 캐시는 몸이 많이 쇠약한 상태임에도 우리 부부에게 저녁을 먹고 가라며 붙잡았다. 이런 모든 점을 고려하면 캐시가 세운 요식업체도, 지넷과 자신이 집에서 손님들을 맞이하는 진심 어린 환대를 사업으로 확대한 것이라고 봐도 무리가 아니다.

---

11 드워프그릴에서 개명한 이후 지금까지도 영업중이다.

트루엣 캐시는 진심으로 하나님께 영광을 돌리고 자신과 관계를 맺는 모든 사람에게 선한 영향을 주고 싶었다. 그는 **위대한 브랜드 문화를 구축하는 방법** 따위는 생각해본 적도 없었다. 그런데도 그는 위대한 브랜드 문화를 창조했다. 어떻게 했을까? 그저 자신의 천성이 시키는 대로 따랐을 뿐이었다. 그가 자신의 약속을 지키자 고객은 그의 약속을 믿게 되었고, 그 약속은 지금까지도 칙필레 브랜드의 토대가 되어준다.

캐시가 요식업에 발을 들이고 60년이 더 지난 어느 날 그가 다니던 교회의 목사가 그에게 칙필레의 관리자들에게 남기고 싶은 조언을 물었다. 그의 대답은 아주 간결했다. "지금까지 해왔듯 앞으로도 올바른 방식으로 매장을 운영하고 또 언제나 고객을 섬긴다면 더 바랄 게 없습니다."

복잡한 체계도 기다란 목록도 화려한 도표도 없었다. 그 조언은 성경과 맥을 같이했다. 진짜 뜻은? "하나님을 사랑하고 네 이웃을 사랑하라. 이렇게 하면 만사가 순리대로 풀린다." 이것은 캐시 본인의 신조이기도 했다. 그는 성경의 그 가르침을 몸소 실천함으로써 사랑, 존중, 신뢰, 은혜 등에 바탕을 두는 사내 문화를 구축했고 이 문화는 칙필레가 번성하는 토양이 되었다.

지금이야 칙필레는 자타가 공인하는 사랑받는 브랜드다. 하지만 내 아버지가 그랬듯 트루엣 캐시도 순탄한 길만 걸어온 것은 아니었다. 아주 오래전 그는 커리어의 중대한 갈림길에 섰던 순간이 있었다. 앞서 말했듯 아버지는 미국 정부가 시행한 농업 보조금 법안 때문에 남부에서 잡종옥수수 사업이 붕괴했을 때 커리어가 송두

리째 흔들렸고 결국 새로운 길을 선택했다. 한편 캐시는 세 가지 위기가 앞서거니 뒤서거니 닥쳤을 때 삶의 목적을 다시 생각하게 되었다. 동생 벤의 죽음과 식당 화재, 그리고 대장 수술이었다.

트루엣 캐시는 1946년 동생 벤과 드워프그릴을 시작하고 2년 뒤인 1948년 소꿉친구 지넷 맥닐Jeannette McNeil과 결혼하고부터는 셋이 함께 식당을 운영했다. 그런데 1년 뒤인 1949년 벤이 불의의 비행기 사고로 세상을 등지고 말았다. 사랑하는 동생이자 동업자를 잃은 불행 속에서 캐시와 지넷을 일으켜 세운 것은 프랜차이즈 브랜드를 만들겠다는 꿈이었다. 드디어 1951년 캐시 부부는 두번째 식당을 열었다. 하지만 곧바로 그 야심찼던 결정을 후회하고 만다. 몸은 하나인데 식당이 두 곳이라 모든 고객을 직접 응대할 수 없던 것이 문제였다. 그에게는 고객과 관계를 쌓는다는 의미가 단순히 추상적인 개념이 아니라 실질적인 삶이었다. 각 식당에 유능한 관리자를 두면 쉽게 해결될 문제가 아니었냐고? 물론 캐시도 유능한 관리자들을 고용했다. 하지만 그들은 자신이 해결할 수 없는 문제가 생길 때면 캐시에게 전화했고 결국 그는 시간을 쪼개 두 식당을 오가야 했다.

이런 '두 집' 살림이 10년이나 가까이 계속되다가 뜻하지 않게 막을 내렸다. 1960년 2월 두번째 식당이 화재로 잿더미가 된 것이다. 캐시는 보험금만으로는 모자라 울며 겨자 먹는 심정으로 대출까지 받아가며 식당을 재건하려는 의지를 불태웠다. 그런데 첫 삽을 뜨기도 전에 또다른 불행이 닥쳤다. 대장에서 용종이 여럿 발견되어 급기야 수술대에 오르게 된 것이다. 다행히 악성종양은 아니었지만 캐시는 마취제에 심각한 알레르기 반응을 보여 2주간 입원했다. 연이은 불행은 이게 끝이 아니었다. 반년 후 대장에서 다수의 용종이 또 발견되어 수술이 불가피했다. 이때가 트루엣 캐시에게는 중대한 삶의 전환점이었다.

그는 자서전 『닥고기 마니 머거: 더 많은 사람에게 영감을 주자Eat Mor Chikin: Inspire More People』에서 당시 복잡했던 심경을 담담히 고백한다. "그때 내가 서른여덟이었는데 살아서 집에 돌아올 거라고 기대하지 않았다." 지넷이 "하나님은 아직 당신의 생명을 거두지 않아요. 나는 하나님이 당신을 데려갈 거라고 생각하지 않아요"라고 위로하며 그를 안심시키려 애썼지만 사실 그의 귀에는 아무 말도 들어오지 않았다. 결론부터 말해 그는 그 경험으로 다른 사람이 되었다. 그의 말을 직접 들어보자.

> 죽음이 내 이야기가 되자 정신이 번쩍 들었다. 이제껏 내가 축적한 물질적인 것을 비롯해 드워프하우스로 거둔 사업적인 성공마저도 무의미해졌다. 정말 중요한 것은 관계였다. 아내 지넷, 두 아들 댄과 버바[12], 고명딸 트루디, 그리고 친구들과의 관계 말이다. 무엇보다 나와 하나님과의 관계가 으뜸이었다. 그날 아침 병원으로 가는 자동차 안에서 나는 죽든 살든 하나님이 늘 나와 함께할 것임을 깨달았고 그러자 거짓말 같이 마음이 평온해졌다. 한 번도 경험하지 못한 새로운 평화가 찾아왔다.

12　본명은 도널드Donald M. Cathy이다.

나는 삶의 진정한 가치를 배웠고 그런 깨달음을 통해 새로 태어났다. 살다 보면 비 온 뒤에 땅이 굳듯, 우리의 믿음이 더욱 단단해지고 우리의 삶과 죽음을 주님께 맡겨야 한다는 것을 일깨워주는 사건이 벌어지기 마련이다. 나는 새 사람이 되어 퇴원했고 살면서 무슨 일이 닥치든 기꺼이 부딪힐 준비가 되어 있었다. 하나님이 매 순간 나와 함께하리라는 것을 알았기 때문이다.*

트루엣 캐시는 건강을 회복한 뒤 폭주 기관차가 되었다. 가장 먼저, 1961년 포레스트파크드워프하우스Forest Park Dwarf House를 개업했다. 당시로서는 새로운 개념인 셀프서비스 패스트푸드 레스토랑이었는데 시대를 너무 앞선 것인지 결과는 대실패였다. 고객들이 개인적인 친밀한 접촉이 줄어든 것에 실망했고 결국 그는 겨우 몇 달 만에 식당을 접어야 했다. 하필 하나님이 여기서 얄궂은 장난기를 보였다. 캐시는 애틀랜타에서 식당을 여럿 소유한 테드 데이비스Ted Davis에게 그 건물을 임대했는데 그가 프랜차이즈의 대명사 켄터키후라이드치킨Kentucky Fried Chicken: KFC 애틀랜타 1호점을 오픈한 것이다.

트루엣 캐시가 포레스트파크드워프하우스로 톡톡히 수업료를 치른 뒤에는 모든 에너지를 단 한 곳에 투입했다. 본점 드워프하우스였다. 이렇게 해서 주인이 식당에 상주하면서 직원들과 함께 고객을 맞이하는 1식당 1주인 원칙이 탄생했다. 이때의 경험이 훗날 칙필레 프랜차이즈 모델에 지대한 영향을 미치게 된다. 이뿐만 아니라 드워프하우스 본점에서 그는 칙필레 샌드위치의 여러 토대를 확립했다.

- 그는 닭가슴살에서 뼈를 발라낸 순살로 원조 치킨샌드위치의 조리법을 개발하고 완성했다. 무려 5년이 걸렸다.
- 그는 그 치킨샌드위치가 주메뉴로 충분히 승산이 있다고 판단했다.
- 그는 그 샌드위치에 기억하기 쉽고 독특하면서도 음식의 정체성을 명확히 드러내고 품질까지 보증하는 이름을 붙였다.

캐시는 몇 년간 그 조리법으로 실험을 거듭했다. 처음에는 그것을 '치킨스테이크샌드위치'라고 불렀고 드워프하우스의 고객들을 표적 집단으로 활용했다. 조리법이 완성되어갈 즈음 캐시는 피클 두 조각을 추가했고 그 선택은 말 그대로 신의 한 수였다. 튀김옷에서 약간 단맛이 났는데 피클의 시큼한 산미가 그 단맛을 말끔히 상쇄시켜준 것이다. 동시에 그는 샌드위치 작명에도 계속 공을 들였다. 그는 닭고기에서 최고급 부위로 여겨지는 무뼈 가슴살, 즉 부드러운 안심살Filet[13]을 사용했다는 사실을 부각시키기 위해 샌드위치 이름을 칙 필레Chick Filet로 바꾸었다. 그런 다음에는 최상의 품질이라는 의미가 함축되어 있다는 생각에 영어 알파벳 A를 맨 끝에 붙였다. 그리하여 'A급의 닭가슴살 필레'라는 뜻의 칙필레가 탄생했다.

트루엣 캐시는 처음부터 그 조리법을 라이선스 방식으로 다른

---

13 닭가슴살 안쪽에 가늘고 길게 붙어 있는 부위

레스토랑들에게 보급할 계획이었다. 그래서 그들이 쉽게 준비할 수 있도록 조리과정을 일부러 단순화했다. 마침내 1964년 남동부요식업협회Southeastern Restaurant Trade Association 회의에서 칙필레 샌드위치가 베일을 벗었고 그는 식당 50곳과 라이선스계약을 체결했다.

하지만 캐시는 수년에 걸쳐 개발한 샌드위치의 마케팅을 운에만 맡겨두지 않았다. 그는 아내 지넷과 함께 남부 전역의 도시들로 발품을 팔면서 칙필레 샌드위치 홍보에 열을 올렸다. 그리고 그 과정에서 오늘날 칙필레의 상징 중 하나로 자리잡은 또다른 야심작이 첫선을 보였다. 드워프하우스에서 샌드위치로 바꿀 수 있는 '우리 손님이 되어주세요Be Our Guest: BOG'라는 무료 교환권이었다. 그들의 노력은 성공으로 보상받았다. 남부를 대표하는 체인 레스토랑으로 애틀랜타에 본사가 있는 와플하우스Waffle House까지도 캐시와 라이선스계약을 맺었다. 이뿐만 아니라 이듬해인 1965년 봄 세계 최초의 돔구장인 휴스턴애스트로돔Houston Astrodome[14]이 개장하는 날 현장에서는 칙필레 샌드위치가 날개 돋친 듯 팔렸다.

품질 일관성을 보장하라: 칙필레 1호점을 열다

위대한 브랜드는 고객에게 브랜드의 가치를 전달하는 '집행Execution'에서 핵심적인 모든 메시지와 활동이 일관성을 가질 때 진실

---

14 미국프로야구 메이저리그Major League Baseball: MLB 휴스턴애스트로스Houston Astros 홈구장

로 위대해진다. 가령 코카콜라Coca-Cola는 뉴욕에서 판매하는 것이나 중국 상하이에서 마시는 것이나 맛이 똑같다. 병 모양은 또 어떤가. 어둠 속에서도, 얼음이 가득 채워진 아이스박스 바닥에서도 쉽게 알아볼 수 있게 특이하고 차별화된 병 디자인으로 유명하다. 미국의 고급 오토바이 브랜드 할리데이비슨Harley-Davidson은 말발굽 소리를 연상시키는 독특한 엔진 소리가 브랜드 경험의 핵심이라는 판단하에 그 배기음의 '소유권'을 지켜냈다. 심지어 비록 성공하지는 못했어도 그 배기음을 소리 상표로 등록하려는 시도도 있었다.[15] 이제 사람들은 특유의 엔진 소리 덕분에 눈보다 귀로 할리데이비슨의 존재를 먼저 알아본다.

나는 트루엣 캐시도 브랜드에는 이런 일관성이 필요하다는 사실을 당연히 알았을 거라고 확신한다. 그래서 누가 만들어도 똑같은 맛을 낼 수 있게 샌드위치 조리법을 가능한 단순하게 만들었을 거라고 본다. 하지만 그가 미몽에서 깨어나는 데는 오랜 시간이 걸리지 않았다. 이론과 실전은 다른 법, 조리과정이 아무리 단순해도 모든 식당이 일관된 방식으로 조리하기란 쉽지 않았다. 일부 식당은 주문이 들어오면 즉석에서 조리하는 대신에 매일 아침 하루치 닭고기를 전부 준비해서 따뜻하게 보관하다가 판매했다. 더 심한 경우도 있었다. 애스트로돔에서 야구 경기가 열리는 날이면 당일 아침에 준비할 것도 없이 미리 조리해서 냉장 보관하던 닭고기를

---

15 할리데이비슨은 1994년 배기음에 대해 상표출원을 시도했으나 경쟁사들의 저항으로 2000년 출원을 포기했다.

현장에서 데워 판매했다.

사정이 이렇다보니 칙필레 샌드위치에 대한 불만이 생기는 것은 시간문제였다. 그리고 마침내 캐시의 귀에도 여기저기서 부정적인 평가가 들려왔다. 이것은 그가 자신의 샌드위치에 대한 통제력을 상실했다는 증거였다. 어떻게든 샌드위치의 품질에 대한 통제력을 되찾아야 했던 캐시는 라이선스계약을 하나둘 취소하는 강수를 두었다.

바로 그즈음 쇼핑몰 그린브라이어센터Greenbriar Center에서 선물가게를 운영하던 여동생 글래디스가 솔깃한 아이디어를 제안했다. 애틀랜타 최초의 실내 쇼핑몰인 그곳의 식당가에 입점하라는 이야기였다. 당시 그린브라이어센터에는 손님들이 실내에서 식사하는 테이블서비스Table-Service 식당들만 입점한 상태였다. 따라서 쇼핑객이든 누구든 그곳에서 식사하려면 발길과 일손을 멈추고 상당한 시간을 별도로 내야 했다. 글래디스는 여기서 틈새시장을 포착했다. 식사 시간을 아낄 수 있는 선택지가 있으면 사람들이 좋아할 거라고, 심지어는 손에 들고 돌아다니며 먹을 수 있는 음식을 원할지도 모른다고 생각했다.

자나깨나 천생 기업가였던 캐시는 밑져봐야 본전이라는 생각에 일단 쇼핑몰 관리 사무실을 찾아가 부딪혀보기로 했다. 쇼핑몰의 처음 반응은 예상대로였다. 그들은 쇼핑몰에서 샌드위치를 카운

터서비스Counter-Service[16] 형태로 판매하는 것을 마뜩잖게 여겼다. 쇼핑몰 내부에 음식 냄새가 퍼지고 쓰레기가 쌓일 염려 때문이었다. 하지만 캐시는 정중한 태도로 계속 설득했고 얼마 지나지 않아 작은 공간을 임대할 수 있었다. 공간을 임대했으니 이제는 매장을 꾸밀 차례였다. 여기서 캐시는 평생 이어질 소중한 인연을 우연찮게 만나게 되었다. 식당 및 주방 디자이너 지미 콜린스였다. 훗날 콜린스는 칙필레의 운영을 총괄하는 사장으로 재임하면서 칙필레가 성장하는 데서 결정적인 역할을 하게 된다. 어쨌든 캐시는 홀로 활동하던 콜린스의 도움을 받아 칙필레 1호점을 디자인했고 1967년에 문을 열었다. 매장이라야 폭은 약 4미터에 면적도 약 37제곱미터에 불과했지만 개점 첫해 매출은 18만 달러가 넘었다. 1967년 달러 가치로 볼 때 결코 적은 액수가 아니었다.

쇼핑몰에 입점한 것은 일거양득이었다. 먼저, 가두街頭 매장을 여는 것보다 초기 자본이 훨씬 적게 들었다. 또한 칙필레는 쇼핑몰에만 입점한다는 전략을 통해 쇼핑몰 방문이라는 즐거운 경험의 일부가 될 수 있었다. 당시에는 실내 쇼핑몰이 교외 지역에서는 요즘 말로 '핫플'이었다. 덕분에 칙필레 운영자들은 고품격의 세련된 소매 환경이 가져다주는 이미지의 '후광'효과를 톡톡히 누렸다. 브랜드든 샌드위치든 칙필레에 대해 전혀 몰라도 고급 쇼핑몰에 입점했다는 사실만으로 사람들은 칙필레의 음식 품질을 높이 평가했다.

16 주방을 개방하여 고객이 조리과정을 직접 볼 수 있고, 카운터를 식탁으로 하여 음식을 제공하는 개념이다.

쇼핑몰 개발자가 엄선한 식당들만 입주할 수 있었기 때문이다. 칙필레는 그 경험의 일부로서 쇼핑몰 맛집이 되었다.

운영자들은 캐시의 브랜드 약속을 정확히 지켰다. 캐시는 첫날부터 운영 탁월성을 기대했고 운영자들은 청결하고 건전한 환경에서 훌륭한 음식으로 그의 기대를 충족시켰다.

오늘날 칙필레의 가장 효과적인 마케팅활동 중 하나가 칙필레 1호점에 처음 도입되었다. 바로 음식을 나눠주는 무료 시식이다. 캐시가 매장 앞에서 한입 크기로 자른 샌드위치를 나눠준 것이 그 시작이었다. 그리고 나중에는 시식에 더해 이미 효과가 충분히 검증된 BOG 무료 교환권도 함께 나눠주었다. 맛보기 시식이든 무료 교환권이든 주고받는 상호작용은 감정적인 연결고리를 생성시켰다. 사람들은 아무 조건 없이 순수한 선물로 나눠주는 무언가를 받은데다 맛있는 음식까지 공짜로 경험했다. 칙필레 샌드위치에 대한 캐시의 자신감을 보여주는 사례다. 그는 사람들이 일단 샌드위치를 공짜로 맛보면 구매로 이어질 거라고 확신했다. "한 번도 안 먹은 사람은 있을지언정 한 번만 먹은 사람은 없을 것"이라는 그의 예상이 적중했다. 한발 더 나아가, 이 아이디어에서 영감을 받아 쇼핑몰에 초점을 맞춘 초기 광고 문구가 탄생했다. "일단 맛보세요. 영원히 사랑하게 될 거예요! Taste it. You'll love it for good!"

트루엣 캐시는 운영자들에게 매일 BOG 무료 교환권 40장을 나눠주라고 독려했다. "되든 안 되든 복불복이라는 식으로 대충하지 마십시오. 늘 조금씩 투자하고 언제나 시식을 제공하며 항상 BOG 무료 교환권을 나눠주세요." 달리 말해 그는 일관되고 지속적인 마케팅 투자의 중요성을 본능적으로 이해했다.

웃으세요!

칙필레 매장은 나날이 늘어났고 그만큼 트루엣 캐시의 행복도 커졌다. 고객에게 봉사하고 그들과 관계를 쌓는 것이 마냥 행복했던 그는 운영자과 매장 직원에게도 자신처럼 즐겁게 일하라고 당부했다. 이를 뒷받침하는 아주 좋은 사례가 있다. 칙필레의 1호점 디자인을 도와주다가 칙필레 초대 최고운영책임자Chief Operating Officer: COO가 된 지미 콜린스의 경험이다. 콜린스는 고맙게도 그 이야기를 직접 글로 정리해서 내게 보여주었다. 어느 베스트셀러도 부럽지 않다. 백문이 불여일견이니 직접 읽어보고 판단하라.

> 1974년 뉴저지주에 위치한 파라머스몰Paramus Mall이 개장하던 날 트루엣 캐시는 여느 개점일과 똑같았다. 매장 앞에 서서 쇼핑객들에게 시식용 칙필레 샌드위치를 나눠주고 있었다.
>
> 한번은 캐시가 새 접시를 가지러 주방으로 가던 길에 나를 보고 말했다. “저기 젊은 여직원은 미소를 짓지 않는군.” 그가 가리킨 사람은 마사였다. 내가 보기에도 어딘가 힘들어 보였고 웃음기라고는 눈을 씻고 봐도 없었다.
>
> 나는 마사에게 다가가 웃는 얼굴로 손님들을 맞으라고 가볍게 한마디 던지고 자리를 떴다.

그러고는 다른 일을 하느라 마사를 잊고 있었는데 캐시가 또다시 시식 접시를 가지러오는 길에 말했다. 마사가 여전히 웃지 않는다는 것이었다.

나는 이번에는 단단히 주의를 줘서 마사가 미소를 짓게 하겠다고 대답했다.

그런데 캐시가 나를 말렸다. "나한테 좋은 생각이 있네."

나는 순간 머쓱해졌다. 좋은 생각이라고? 마사에게 따끔하게 주의를 주는 것보다 더 나은 방법이란 게 도대체 뭘까? 나는 잠자코 지켜보기로 했다.

캐시가 마사에게 다가가 말했다. "자네는 내가 볼 때마다 웃고 있는데 무슨 좋은 일 있나?"

마사가 그에게 보일락 말락 옅은 미소를 보였지만 이내 미소는 사라졌다. 나는 캐시의 방법이 통하지 않을 거라고 생각하면서도 둘을 계속 관찰했다.

다음번에 캐시가 주방으로 가던 길에 일부러 마사의 곁을 지나치면서 말을 건넸다. "이봐, 자네 또 웃고 있잖아." 이번에는 그녀가 좀더 활짝 좀더 길게 웃었다. 이쯤 되자 나는 단순한 구경꾼이 아니었다. 둘을 관찰하는 데 온통 촉각을 곤두세웠다.

캐시가 쇼핑객들에게 시식을 권하는 간간이 마사를 쳐다보며 미소를 지었고 마사도 매번 미소로 화답했다!

얼마 지나지 않아 마사의 얼굴에는 아름다운 함박 미소가 걸렸고 근무가 끝날 때까지 미소가 떠나지 않았다.

그날 나는 중요한 교훈을 배웠다. 리더가 개인적인 힘Personal Power

을 올바르게만 사용하면 지시 같은 지위 권력Position Power보다 훨씬 효과적이라는 사실이었다. 나는 그것을 개인적인 힘의 달인에게서 직접 배웠다. 트루엣 캐시 말이다. 캐시는 마사에게 무엇을 어떻게 하라고 한마디도 지시하지 않았다. 즉, 지위 권력을 행사하지 않았다. 그런데도 그는 아주 간단히 자신이 원하는 것을 확실히 쟁취했다. 마사가 정확히 그가 기대하는 대로 행동하고 싶도록 동기를 부여한 것이다. 비단 마사에게만 그런 것이 아니었다. 미처 그때는 내가 깨닫지 못했을 뿐, 캐시는 바로 그런 식의 리더십으로 우리 모두를 이끌었다.*

트루엣 캐시는 고객들을 환대했고 직원들에게도 환대의 리더십을 보여주었다. 절대 보여주기식의 환대가 아니었다. 늘 친밀하고 진심이 담겨 있었다. 게다가 그의 환대는 언제나 출발점이 같았다. 바로 따뜻한 미소였다.

2장

브랜드 전략을 배우고 구현하다

1967년 11월 24일, 칙필레는 애틀랜타 인근 그린브라이어센터에 1호점을 개업했다. 그 시각 나는 어디에서 무엇을 하고 있었을까? 나는 폴리고등학교 졸업반이었다. 당연한 말이지만 칙필레 1호점은 고사하고 이 세상에 칙필레라는 패스트푸드업체가 존재하는지조차 몰랐다. 나는 미국필드서비스American Field Service: AFS[1]의 교환학생 자격으로 뉴질랜드 크라이스트처치에서 1년간 공부하고 돌아온 직후였다. 미국 남부 앨라배마의 십대 소년에게 먼 외국에서의 1년은 굉장한 경험이었다.

---

1 이문화 간 문화 교류를 위해 고등학생을 대상으로 운영하는 교환 유학 프로그램

우리 집은 내 대학 공부를 뒷바라지할 경제적인 여유가 없었다. 그래서 나는 1968년 봄 고등학교를 졸업하고 그해 가을 2년제인 포크너주립전문대학에 진학했다. 오늘날 코스털앨라배마커뮤니티칼리지로 편입된 그 대학의 근로장학생 프로그램을 통해 나는 조경사로 일하며 학비를 벌었고 여름방학이 되면 공사장 인부로도 일했다. 그러나 어부지리도 있었는데, 학교 대표 야구팀에 워크온 선수Walk-On[2]로 입단할 수 있었다. 이는 팀스포츠에 참여한 내 평생 마지막 '외도'가 되었다.

어느 밤 야구팀 동료들이 모빌에서 열리는 청년집회에 나도 초대했다. 설교자는 청소년사역단체 틴챌린지를 창설했고 훗날 뉴욕 맨해튼에서 타임스퀘어교회를 설립하는 데이비드 윌커슨David Wilkerson이었다. 시골 교회에서 안정적인 목회활동을 하던 그는 1958년 뉴욕으로 가라는 하나님의 부르심을 받게 되었다. 살인죄로 재판중이던 7명의 십대 조직폭력배를 돕기 위해서였다. 그는 뉴욕에서 청소년사역에 헌신했고 마침내 도심 거리에서 가난과 범죄와 마약에 무방비로 노출된 수천 명의 청소년이 새 삶을 살도록 도와주었다. 훗날 윌커슨이 자신의 경험을 담아 펴낸 수백만 부가 판매된 『십자가와 칼The Cross and the Switchblade』은 미국 전역에서 십대들에게 지대한 영향을 미쳤다. 결과적으로 보면 나도 그에게 영향을 받은 '어린 양' 중 하나였다.

나는 흔히 말하는 모태신앙이었고 신앙이 사실상 규칙과 거의

2 미국의 대학 운동부에서 선수 장학금을 받지 않고 입단 테스트를 통해 선발된 일반 학생 선수

동의어라고 생각했다. 적어도 십대 시절에는 그렇게 보였다. 한마디로 '슬기로운 신앙생활'의 대본이라도 있는 것 같았다. 언행, 대인관계, 심지어 음료까지 신앙이 옳고 그름을 규정했다. 허용되고 허용 안 되는 행동과 말이 어떤 것인지, 누구와 어울리고 누구를 멀리해야 하는지, 무엇을 마시고 마시지 말아야 하는지 등 하나부터 열까지 규칙이 있었다. 오해는 마시길. 신앙이 족쇄였다는 말이 아니다. 오히려 내게는 몸에 아주 잘 맞는 옷 같았고 덕분에 별다른 사건, 사고 없이 무탈하게 성장했다고 본다. 그런데 대학 2학년이 되었을 때 나는 불현듯 영적인 공허감을 느꼈다. 영적인 삶에서 갈망하는 것도 없었고 아무런 기쁨도 느끼지 못한 채 그저 죄책감의 시간을 보내고 있었다. 불손한 생각을 품었고 나쁜 말을 입에 담았으며 행동에도 문제가 있었기 때문이다. 더군다나 그런 것들을 내 삶에서도, 내 마음에서도 몰아낼 수가 없었다. 결국 그 모든 것이 내 신앙심에 영향을 미쳤고 그래서 나는 깊은 절망에 빠져 정신적으로 방황했다.

그러던 차에 나는 모빌의 원형 경기장에서 윌커슨의 강연을 들었다. 이것이 결국 내 영적인 삶에서 변곡점이 되었다. 윌커슨은 뉴욕에서 섬기던 청소년사역에 대해 자세히 들려주었다. 가장 먼저, 그는 그들의 영혼과 정신을 어루만졌다. 그런 다음 그들이 기독교인에 요구되는 성경 원칙들을 중심으로 삶을 설계하고 일구는 방법을 이해하도록 도와주었다. 즉, 내면으로부터 시작하는 삶을 살도록 이끌었다. 나는 그의 이야기와 부활의 힘에 열심히 귀를 기울였다. 예수 그리스도의 부활만이 아니라 자신의 삶을 그리스도에게 온전히 의탁한 그들 청소년의 삶에서 일어난 부활 말이다. 또한 윌커슨은 복음의 의미도 단순명료하게 정의해주었다. 그는 복음이란 규칙이 아니라 은혜와 관련 있다고 했다. 이렇게 볼 때 우리는 자신의 힘으로 구원을 쟁취하는 것이 아니다. 구원은 예수 그리스도의 죽음과 부활로 완성된 최종 결과물이므로 우리에게 구원은 선물이다.

아닌 밤중에 홍두깨라더니 구원이 선물이라고?!

물론 나는 구원이 은혜라는 말은 이미 들은 적이 있었다. 하지만 그것이 나와 어떤 관련이 있고 내게 어떤 의미인지는 조금도 이해하지 못했다. 그런데 윌커슨의 강연을 듣고 잃어버린 퍼즐 한 조각을 찾은 기분이었다. '그래, 이거야. 나는 구원이 은혜라는 사실을 몰랐어. 지금까지 내 결점 그리고 하나님과 내가 분리되었다는 생각을 받아들이려 끊임없이 투쟁했지만 잘 되지 못했지. 이제는 왜 그랬는지 알겠어. 나 혼자서는 이 투쟁을 계속할 수 없는 거야. 내 나쁜 생각과 행동이 나와 하나님과의 관계에 틈을 만들어. 나는 하나님을 진실로 모르는 거야. 우리 사이의 틈을 메우기 위해 내가 할 수 있는 건 없는 것 같아.' 이 깨달음은 마치 예수 그리스도가 내 이름을 부른 것 같았고 유명한 어떤 경배찬양Worship Song에서 나오듯 "나는 무덤에서, 내 무덤에서 살아났다." 나는 그날 밤 앨라배마주 모빌에서 내 삶을 그리스도에게 온전히 맡겼다. 또한 나는 그리스도의 삶에 들어가고 그리스도가 내게 선물해준 구원의 일부가 되고 싶었다.

이제 와서 그때를 돌이켜보면 복음주의 목사이자 작가이며 교육자인 찰스 R. 스윈돌Charles Rozell Swindoll의 말이 떠오른다. "그리스도를 향한 회심Conversion[3]은 하나님이 우리의 삶으로 엮은 최고의 걸작 전체에 대해 이제까지 회의적이었다는 반증이다."* 나는 오랜 세월이 흐르고서야 마침내 이것을 이해했고, 솔직히 이 책을 집필하는 동안 이것을 더 깊이 헤아리게 되었다.

그 경험은 내가 성경에서 말하는 은혜의 참뜻을 알아가는 기나긴 여정의 출발점이 되었다. 그리고 결혼한 뒤에는 아내 다이앤과 함께 성경의 가르침을 엄격히 고수하는 교회를 골라 다니면서 은혜의 복음을 더 깊이 이해하게 되었다. 뿐만 아니라 그리스도는 은혜와 진리가 충만하다는 사도 요한의 말씀을 토대로 그리스도가 사람들과 어떻게 교류했는지에 관한 이야기를 찾아 공부했다. 그리스도는 언제나 은혜로 사람을 대했고 자신이 만나는 사람을 누구도 속단하지 않았다. 가령 창녀, 부정 탄다고 여겨졌던 하혈하는 여인, 돌무화과 나무에 올라가 있던 세리 삭개오, 역시 세금 징수원이었던 마태 등도 전혀 차별하지 않았다. 이렇듯 그리스도가 은혜를 베푼 이야기는 수없이 많았다. 그리스도는 사람을 있는 그대로의 모습으로 받아들였고 그들과 스스럼없이 식사를 함께했다. 또한 아무도 외면하거나 소외시키고 싶지 않았고 대개의 경우 상대가 먼저 질문하거나 그들과 관계를 쌓은 뒤에야 비로소 진리를 들려주었다.

모빌에서의 그날 밤이 내 삶과 목적과 세계관을 송두리째 바꿔 놓았다.

나는 포크너전문대학을 졸업한 뒤 오번대학교 마케팅학과에

---

3 신학 용어로는 반대의 길을 걷다가 신과 신의 법에 따르기로 마음을 바꾸는 것을 말한다.

편입했다. 식비를 면제받으려 기숙사에서 일하면서 공부하다보니 2년이 눈 깜짝할 새에 지나갔다. 나는 그때도 지금도 모교 오번대학교를 사랑한다. 심지어 훗날 대학미식축구 명예의 전당College Football Hall of Fame: CFHF에 이름을 올리는 보 잭슨Bo Jackson이 오번대학교 미식축구팀 타이거스Auburn Tigers에 합류했을 때부터 오번대학교 미식축구팀 시즌권Season Ticket[4]을 해마다 구매한다!

나는 4학년이 되자마자 구직활동을 시작해 학년 초부터 취업 면접을 보러 다녔는데 대부분 영업직이었다. 더 정확히 말하면 '도로 위의 전사들'로 불리는 외판원이었다. 제약회사, 전력회사, 유통업체, 복사기로 유명한 제록스 같은 테크기업 등. 나는 비록 업종은 달랐지만 영업이라면 아버지를 따라다니며 신물나게 경험한 터라 한 가지는 확실했다. 단언컨대 영업은 내 피가 끓어오르도록 만들지 못했다. 나는 그렇게 진로 고민을 하던 어느 날 사전 약속도 없이 경영대학의 조지 호턴George Horton 학장을 무작정 찾아갔다. 호턴 학장은 공평무사하고 솔직하며 공감력이 뛰어난 리더였다. 나는 호턴 학장에게 마케팅, 특히 커뮤니케이션Communication[5]과 브랜드 구축에 관심이 있다고 말하면서 조언을 구했다.

"제가 대학원에 진학한다면 어디가 좋을까요?"

그는 한순간도 망설이지 않고 대답했다. "딱 세 곳이 있지. 자네가 하고 싶은 일을 고려할 때 전통적인 경영학 석사학위는 필요

---

4 정규시즌 동안 열리는 경기를 제한 없이 관람하거나 관련 시설 또는 장비를 일정 기간 무제한으로 이용할 수 있는 표

5 기업이 제품이나 정보를 계획적이고 의도적으로 소비자에게 전달하는 행동

하지 않네. 광고와 커뮤니케이션에 특화된 대학원이 자네한테 맞을 걸세."

"학장님이 말씀하시는 그런 대학원이 어디입니까?"

"컬럼비아, 스탠퍼드, 노스웨스턴을 추천함세. 그중에서도 노스웨스턴의 메딜언론광고대학원이 가장 적당하다고 보네. 무엇보다 메딜은 사실상 교수진 전원이 언론과 광고 분야에서 활동한 경험이 있기 때문일세. 이뿐만 아니라 매 학기 학생들이 광고대행사나 광고주를 위해 실질적인 광고 프로젝트를 추진할 기회도 주어지니 그만한 데가 없지."

호턴 학장은 단순히 조언하는 것에 그치지 않았다. 내가 부탁하지 않았는데도 메딜대학원의 버넌 프라이버거Vernon Fryberger 학장에게 자진해서 전화를 걸었다. 하지만 안타깝게도 내년 신입생 선발이 이미 끝났다는 이야기를 들었다. 하지만 호턴 학장은 내가 면접만이라도 보게 해달라고 기어코 프라이버거를 설득했다.

당시 나는 지난봄부터 사귀던 여자친구가 있었다. 남학생 사교클럽 오번팜하우스의 동기이자 단짝 친구 제리 배츠Jerry Batts가 앨라배마주 빌링즐리 출신의 다이앤 킨Dianne Keen을 소개시켜주었다. 다이앤의 오빠 로버트는 오번대학교에 팜하우스 지부를 세운 창설자 중에 한 사람이었다. 앨라배마 토박이에 객지생활을 하던 우리 둘은 첫눈에 서로 반했고 사랑을 키워오고 있었다. 나는 대학원에 가더라도 다이앤과 떨어지고 싶지 않아 청혼했고 다이앤이 내 청혼을 받아주었다. 그리고 그녀의 부모님한테서도 결혼을 허락받아 내가 노스웨스턴에 면접 보러가는 길에 다이앤도 우리 부모님과 동행했다.

메딜대학원의 프라이버거 학장을 비롯해 교수진이 면접관으로 참여했는데 면접이 끝났을 때 프라이버거 학장이 말했다. "어떤 약속도 할 수 없군요. 솔직히 합격 가능성이 별로 없습니다. 어쨌건 결과가 나오는 대로 알려주죠."

나는 거의 포기하다시피 했다. 그런데 얼마 후 기적이 일어났다. 합격한 것이다! 하지만 문제는 또 있었다. 대학 4년도 부모님의 도움을 거의 받지 못하고 고학으로 겨우겨우 졸업했을 정도였으니 당연히 나는 빈털터리였다. 게다가 그때는 저금리의 학자금대출상품이 없던 시절이라 신용대출은 꿈도 꿀 수 없었다. 내 사정이야 어떻건 나는 몇 주 안에 1만 달러의 거금을 만들어야 했고 지금 생각하면 완전 거저이지만 그때 내 형편에서는 정말 큰돈이었다. 하지만 죽으라는 법이 없다는 옛말이 맞았다. 고맙게도 아버지가 대출보증을 서주겠다고 먼저 말씀하셔서 아버지 사업체를 담보로 무사히 학자금대출을 받을 수 있었다.

1972년 6월 6일, 오번대학교를 졸업한 다이앤과 나는 나흘 만에 결혼식을 올리고 2주 뒤 노스웨스턴이 있는 일리노이주 에번스턴으로 출발했다. 이삿짐이라야 별 게 없어 내가 몰던 63년식 포드 갤럭시에 연결한 바퀴 달린 컨테이너 하나로 충분했다. 메딜대학원에서 우리 학과는 총 36명이었다. 나는 정원 외로 들어왔으니 당연히 마지막 36번째로 선발된 학생이었을 뿐만 아니라 메이슨딕슨

선Mason-Dixon Line[6] 이남 출신으로도 유일했다. 이쯤 되자 나는 내 남부 억양이 여간 신경쓰이는 게 아니었다. 남부 사람이 남부 사투리를 쓰는 게 뭐 대수냐 싶겠지만 여하튼 내 말투가 동기들 사이에서 튀는 것은 사실이었다.

학비는 대출로 해결했지만 우리에게는 당장의 생활비도 문제였다. 이번에도 역시나 그냥 죽으라는 법은 없었다. 다이앤이 노스웨스턴 경영대학원의 행동과학학과에 비서로 취직한 것이다. 대우가 꽤 좋은 편이어서 최소한 방세와 식비 걱정은 덜었다. 하지만 사람이 밥만 먹고 잠만 자는 것은 아니지 않은가. 에번스턴에서 자동차로 30분만 남쪽으로 달리면 대도시 시카고가 있었지만 주머니 사정이 여의치 않았던 우리에게 시카고는 그림의 떡이었다. 기껏해야 가끔 핫도그를 준비해서 시카고를 연고로 하는 2개의 프로야구팀 화이트삭스White Sox나 컵스Cubs의 경기를 보러가는 것이 최대한의 사치였다(우리 집과 시카고 컵스의 홈구장 리글리 필드Wrigley Field와의 거리는 13킬로미터 남짓했다).

나와 동기들은 매체 전략Media Strategy, 크리에이티브Creatvie[7] 전략 개발, 캠페인 수립, 홍보 등을 공부했다. 또한 광고대행사나 실제 광고주를 위한 캠페인 프로젝트도 추진했는데, 이는 우리가 수업

---

6 1763년에서 1767년 사이 영국의 천문학자이자 측량사인 찰스 메이슨Charles Mason과 제레마이어 딕슨Jeremiah Dixon이 식민지 시절 메릴랜드의 영주 볼티모어 경Lord Baltimore과 펜실베이니아의 영주 윌리엄 펜William Penn 간의 식민지 분쟁을 해결하기 위해 설정한 경계선이다. 노예제 폐지 전에는 노예주와 자유주를 나누는 기준이었고, 오늘날은 미국의 남부와 북부를 나누는 경계선으로 간주된다.

7 마케팅 용어로 제품 포장, 광고물, 홍보물, 음악, 영상물 등과 같이 마케팅에 필요한 제작물을 통칭한다.

에서 배운 내용을 실무에 곧바로 적용할 수 있는 황금 같은 기회였다. 구체적으로 말하면, 우리는 매 학기마다 특정 광고주를 위해 캠페인 전략, 광고기획안이라고도 불리는 크리에이티브 브리프Creative Brief, 크리에이티브 개발, 매체 전략, 매체 계획Media Plan[8] 등을 수립했다.

오번대학교의 호턴 학장이 강조했듯 메딜대학원의 교수진은 언론과 광고 분야에서 활동한 경력자들로 구성되었다. 따라서 그들은 뜬구름 잡는 이론이 아니라 살아 있는 현장 지식을 가르쳤다. 이것은 메딜대학원의 특별하고 차별화된 강점으로서 졸업생들이 어느 시장에서나 환영받는 이유였으며 메딜대학원은 지금도 이런 교육 철학을 고수한다.

1년 4학기 내내 현장을 무색케 하는 실습 프로젝트가 이어졌다.[9] 우리는 정규수업 외에 특히 조별 사례연구Case Study[10] 준비에 많은 시간을 들였다. 크리에이티브, 매체, 전략 수립 각각을 담당하는 3명이 한 조를 이루었고 가능한 현실 세상과 비슷해지려는 노력의 일환으로 조별 경쟁도 치열했다.

우리는 매 학기 다른 과제를 수행했다. 가령 한번은 우리 조가 단백질 샴푸의 광고 캠페인을 개발하는 프로젝트를 맡아 그 샴푸에 함유된 우유의 여러 장점을 알리는 전략을 통해 그 브랜드의 차별

---

8 표적 청중에게 광고주의 메시지를 가장 효과적으로 전달할 매체의 종류를 선택하고 같은 종류의 매체도 비용 대비 효과가 높은 광고 방법을 선택하는 것

9 노스웨스턴은 1년을 4학기로 나누는 쿼터 학기를 운영한다.

10 개인, 집단, 기관 등을 하나의 단위로 선택해서 그 특수성을 정밀하게 연구·조사하는 방법

점을 부각시켰다.

또다른 학기에는 맥도날드의 실내 놀이터를 알리기 위한 프로젝트를 진행했는데, 이번 일로 희한한 경험도 했다. 맥도날드의 광고대행사가 관심을 보여 실제 면접으로 이어진 것이다.

메딜대학원에서 1년을 보내고 나자 전략 아이디어 구상부터 커뮤니케이션 계획 수립까지 마케팅과 브랜드 구축에 사용할 내 도구함이 그득해졌다. 먼저 브랜드 전략 아이디어를 생각해내서 그 전략을 문서화하고, 다시 그 브랜드 전략에 기초해서 마케팅 계획을 수립하며(마케팅 계획을 토대로 브랜드 전략을 수립하는 것이 아니다), 마지막으로 마케팅 비전을 기반으로 모든 커뮤니케이션 계획을 수립하는 전 과정에서 필요한 도구를 전부 습득했다.

또한 나는 메딜대학원에서 전략적으로 사고하는 법도 배웠다. 오번대학교에서는 소비자행동 연구와 소비자 조사, 매체, 가격 책정, 경제학, 금융, 회계 등 마케팅의 세부 영역 각각에 관한 전통적인 학문적 이론을 접했다. 메딜대학원에서는 학부과정에서 배운 그 모든 지식을 하나로 통합할 수 있었다. 아울러 이런 각 분야가 위에서 말한 더 포괄적인 개념에서 어떤 역할을 하는지도 이해했다. 브랜드를 개발하고 그 브랜드를 지원하기 위한 마케팅 계획을 수립하며 그 계획을 바탕으로 커뮤니케이션 전략을 개발하는 순차적 과정 말이다. 이렇게 볼 때 놀라운 통찰력으로 메딜대학원을 추천해준 호턴 학장이야말로 내 평생의 은인이었다. 그리고 1만 달러의 학비도 거저나 다름없었다.

상생의 프랜차이즈 생태계를 창조하라

다시 애틀랜타로 장면을 돌려보자. 내가 세계 최고의 마케팅 권위자들에게서 브랜드 구축 전략을 배우던 그 시각 트루엣 캐시는 자신의 비전을 구현하는 일에 매진중이었다. 자신의 직관에 근거한 칙필레의 성장 비전이었다. 특히 그 시기에 내린 캐시의 사업상 결정 세 개에 주목할 필요가 있다. 그런 결정이 칙필레가 성공의 문을 여는 열쇠가 되었을 뿐만 아니라 향후 칙필레 매장 생태계의 기틀을 놓았기 때문이다.

첫번째 결정은 일요일 휴무 원칙이었다. 일주일 중 하루는 캐시를 포함해 칙필레의 모든 구성원이 휴식을 취하고 가족과 시간을 보내며 원하는 사람은 교회 예배에 참석하도록 배려한 결단이었다. 이는 칙필레에서 중요한 어떤 가치에 대한 선언이었다. 매출과 수익이 전부가 아니다.

또다른 중대한 결정은 매장 운영진을 위한 재무 모델을 구축하는 것과 관련 있었다. 독특한 그 모델은 오늘날까지도 존속할뿐더러 무엇보다도 칙필레라는 브랜드와 매장 모두에 긍정적인 영향을 미치는 것이 확실하다. 이쯤 되면 다른 패스트푸드 브랜드들이 그것을 앞다투어 모방할 법도 하건만 지금까지처럼 앞으로도 그런 일은 없지 싶다. 도대체 어떤 재무 모델이기에 그럴까? 지금부터 자세히 해부해보자.

트루엣 캐시가 원하는 매장 운영진의 최우선조건은 매장 운영에 전적으로 집중해야 한다는 것이었다. 이런 조건을 확실하게 충족시킬 수 있는 방법은 하나뿐이었다. 앞서 말했듯 1매장 1주인 원칙이었다. 다시 말해, 각 운영자가 매장 한 곳만 경영하는 재무 모델이었다. 그리고 운영자가 매장을 오랫동안 유지하려면 전제조건이 있었다. 각 매장이 장기적인 성장 잠재력을 확보하고 높은 매출을 통해 안정적인 수익을 창출할 수 있어야 했다. 솔직히 프랜차이즈업체 경영자 대부분이 사용하는 전략은 아랫돌 빼서 윗돌 괴는 것에 지나지 않았다. 하지만 트루엣 캐시는 입지조건이 우수한 매장들이 부진한 매장들을 떠받치는 구조는 바라지 않았다. 오히려 모든 매장이 승자가 되어야 했다. 또한 캐시는 매장을 투자처로 생각하는 '큰손' 운영자도 원하지 않았다. 대신에 그는 돈이 많건 적건 유능한 리더가 매장을 소유하고 운영하기를 바랐다. 캐시는 다음과 같은 몇 가지 핵심 원칙에 입각해서 칙필레의 표준 가맹계약서를 확정했고, 사실 수십 년이 지난 현재까지도 거의 원안 그대로 유지되고 있다.

- 선급 가맹비 면제. 매장 운영자는 환불이 가능한 5000달러를 계약금으로 낸다(2016년에 계약금이 1만 달러로 상향 조정되었다).
- 가맹점 사업자의 초기 자본 투자금 면제(이것은 칙필레 본사가 전적으로 부담한다).
- 가맹점 사업자는 매장 한 곳만 운영한다(오랜 시간이 흐른 뒤 여러 예외가 생겼다).

보통의 패스트푸드 브랜드는 매장을 내줄 때 점주에게 100만 달러 이상을 투자하도록 요구하는 것이 관례처럼 되어 있다. 대개는 브랜드 권리사용료 명목으로 선급금이다. 이게 다가 아니다. 매장 부지를 마련하고 설비와 장비를 구비하기 위해 자본이 추가로 소요된다. 하지만 칙필레는 다르다. 칙필레는 매장 부지의 선정과 구입부터 시설 공사와 장비에 이르기까지 본사가 전액 부담한다. 일종의 임대 형식이다. 대신에 가맹점 사업자는 영업을 시작한 후 칙필레라는 브랜드와 본사의 모든 지원시스템을 사용하는 대가로 매출의 15프로를 본사에 지급해야 한다. 또한 매장 운영 비용을 제하고 남은 순수익의 50프로를 칙필레 본사에 '추가 운영자 수수료Additional Operator Charge' 명목으로 지급한다. 그리고 수익의 나머지 절반이 운영자의 몫이다.

트루엣 캐시가 1967년에 만든 계약조건은 운영자들에게 믿을 수 없을 정도로 유리했다. 그리고 오늘날까지도 본사와 운영자 모두에게 윈윈이다. 이런 독창적인 재무 모델은 계약금을 5000달러에서 1만 달러로 인상한 점만 빼면 한 번도 수정되지 않았다. 이러니 운영자는 칙필레 본사를 신뢰할 수밖에 없다. 무엇보다 칙필레 가맹계약의 가장 큰 이점은 동기부여에 있다. 운영자가 고객을 섬기고, 모든 세부 사항을 일일이 챙기고, 손익을 관리하고, 훌륭한 매장 직원을 채용하고, 매장을 성장시키도록 동기를 부여하는 것이다. 칙필레의 가맹계약은 트루엣 캐시가 자신의 '복제품'을 무한 생산할 수 있는 기회도 가져다주었다. 칙필레의 모든 운영자는 기업가정신과 동인, 고객과 직원에 대한 진심 어린 사랑, 미래 리더 육성에 대한 헌신, 따뜻한 환대의 마음 등의 측면에서 캐시와 판박이라는 말이다. 이뿐만 아니라 이것은 운영자를 위해 일하는 매장 직원에게까지 낙수효과를 만들어낸다. 매장 직원의 근속기간은 업계 평균보다 길고, 이는 다시 그들이 개인적으로 그리고 직업적으로 성장할 수 있는 기회가 더 많아진다는 뜻이다.

2018년 칙필레의 매장 운영자는 2000명에 육박했다. 칙필레가 앞으로도 성공을 이어가려면 운영자의 역할이 중요하다. 그들은 자신이 구성한 매장 운영진이 칙필레와의 가맹계약에 명시된 세 가지 핵심적인 성과지표를 충족시키는지 정기적으로 평가해야 한다. 바로 고객, 매출, 브랜드와 관련된 지표다. 한편 칙필레 본사 직원들, 특히 운영자를 선정하는 임무를 맡은 직원들도 자기 점검은 필수다. 트루엣 캐시가 바람직한 칙필레 운영자상像을 만든 본래 취지에 부합하는 미래 운영자를 선정하는가? 이는 매우 중요하다. 궁극적으로는 칙필레 브랜드의 성패가 운영자의 가치관과 매장 운영진에 달려 있기 때문이다. 요컨대 그들의 가치관과 캐시의 가치관이 일치하는가? 유유상종이라는 말처럼 유능한 사람은 유능한 사람을 끌어당기게 되어 있다. 결론은 하나다. 운영자 선정은 칙필레에서 가장 중요한 결정이다.

2017년 칙필레 독립 매장Freestanding의 평균 매출은 맥도날드의 매장당 평균 매출보다는 70프로, KFC의 매장당 평균 매출보다는 무려 4배나 높았다. 또한 칙필레의 매장 당 연간 평균 방문자수는 약 45만 명, 일일 평균 방문자수는 거의 1700명에 이른다. 이토록 많은 고객을 관리하기란 쉽지 않다. 따라서 운영자는 처음부터 장기근속을 염두에 두고 유능한 매장 리더를 뽑아 효과적인 운영진을 꾸린다. 한편 일부 매장 직원도 칙필레의 운영자가 되겠다는 목표를 가지고 장기간 근무한다. 그 목표를 달성하는 최상의 방법 하나가 높은 성과를 달성하는 유능한 운영자 곁에서 직접 보고 배우는 것임을 잘 알기 때문이다.

효과적인 운영진의 필수조건은 인적 구성의 다양성이다. 환대의 정신을 타고난 사람이 있는가하면 봉사활동 등으로 지역사회와의 관계에 헌신적인 사람도 있고 마케팅에 두각을 보이는 사람도 있으며 손맛이 남달라서 주방이 맞는 사람도 있다. 또한 매장 운영, 장부 기재, 재고관리 등도 중요한 부분이므로 운영이나 회계 또는 둘 다를 잘하는 리더도 없어서는 안 된다. 이들 외에도 중요한 리더가 또 있다. 오전, 오후, 저녁의 근무 시간대별로 직원과 매장을 관리하는 일명 교대관리자Shift Manager[11]다. 하지만 그들을 하나로 뭉치는 구심점이 없으면 죽도 밥도 안 된다. 변함없는 북극성이자 강력한 접착제 역할을 하는 사람이 바로 운영자다. 운영자는 각 매장의 총사령관이자 지도자로서 매장 리더들과 긴밀히 협력하고 매장을 누비며 고객과 소통하는 동시에 직원들의 근태까지 관찰한다. 이런 모습이 어딘가 익숙하게 들릴 것이다. 맞다, 트루엣 캐시가 드워프하우스에 있을 때의 모습이다. 아까 말하지 않았는가. 캐시는 자신의 복제품을 생산한다고 말이다. 요컨대 캐시와 운영자는 똑같은 것들에 집중한다. 칙필레가 이 모든 일을 해낼 수 있는 원동력은 운영자와의 재무적인 관계에서 나온다. 칙필레의 파격적인 재무 모델

11 매장, 주방, 식자재 창고 등에 시간대별로 적절한 인원을 배치하고 관리하는 사람

은 운영자가 훌륭한 리더와 유능한 직원들에 과감히 투자할 수 있는 충분한 수익을 보장해준다.

칙필레가 역량 높은 운영자를 끌어 들이고 그 운영자가 다시 우수한 매장 리더와 직원을 유인한다. 이런 선순환의 혜택은 고객에게 돌아간다. 고객들은 미국 전역의 칙필레 매장에서 더 일관되고 더 기분 좋은 경험을 할 수 있다. 게다가 칙필레 매장 직원의 이직률이 업계 평균의 3분의 1도 안 된다는 사실은 운영자에게 커다란 무기다. 그만큼 직원들의 교육훈련과 개발에 부담 없이 투자할 수 있기 때문이다. 내 이력을 아는 사람들에게 가장 많이 듣는 질문도 칙필레 운영자에 관한 내용이다. "그토록 훌륭한 사람들을 프랜차이즈 매장에서 일하도록 만든 비결이 무엇입니까? 관심과 배려와 서비스 수준이 모든 매장에서 놀랄 만큼 비슷합니다." 그 비결은 캐시가 운영자 가맹계약을 통해 구축한 매장 운영진 모델에 있었다. 그 모델의 효과는 초창기 매장들에서 확실히 입증되었고, 이후 수십 년간 핵심적인 원칙을 유지하면서 꾸준히 개선되었다.

트루엣 캐시가 운영자에게서 바랐던 또다른 중요한 자질은 현재에 안주하지 않고 꾸준히 개선하겠다는 강력한 동인이었다. 이것은 그 자신에게도 해당되었다. 그는 "올해 드워프하우스의 매출이 증가했다"라고 말할 수 없으면 두 다리 뻗고 잠들지 못했다. 돈 때문이라고 오해하기 십상이지만 돈은 그에게 주요 동인이 아니었다. 그런데도 매출에 집착한 데는 나름의 이유가 있었다. 매출은 그와 직원 모두가 기존 고객과 새로운 고객들로부터 지지를 얻기 위해 올바르게 일하고 있음을 보여주는 일종의 성적표였다.

칙필레는 바로 그런 동인을 가진 운영자를 선택하기 위해 최선을 다한다. 비록 본사가 매장의 모든 자산을 소유하더라도 기업가적 정신으로 본사와 긴밀하게 협력하여 매출과 수익을 매년 증가시키려는 동기가 부여된 운영자의 건강한 긴장감을 활용하고 싶어서다. 칙필레는 독특한 재무 모델로 운영자를 전폭적으로 지지하는 만큼 성과 기대치와 품질 표준 모두에서 높은 기준을 설정하고 요구할 수 있다. 그리고 만약 특정 매장이 장기간에 걸쳐 기준을 충족시키지 못하면 칙필레는 과감히 변화 카드를 꺼내들 힘도 있다. 어차피 칙필레의 운영자가 되려는 사람들이 줄을 서 있으니 말이다.[12]

칙필레는 운영자 중심의 독특한 비즈니스 모델을 정립했고, 이 모델이 칙필레의 성공을 견인했다. 수익으로 충분히 보상받고 동기가 한껏 부여된 운영자가 매장 소유자가 아니라 임차인 형태로 매장을 운영한다는 개념이었다. 솔직히 칙필레가 이제껏 매장과 브랜드와 관련해 해온 모든 일은 매장마다 유능한 운영진이 버티고 있었기에 가능했다. 이렇게 볼 때 운영자를 포함해 매장 운영진이야말로 다른 프랜차이즈 브랜드들이 모방할 수 없는 칙필레의 최고 강점이라고 해도 과언이 아니다.

트루엣 캐시의 동기가 무엇인지는 의문의 여지가 없었다. 그에게는 운영자의 돈이 아니라 그들의 능력이 중요했다. 칙필레에서 수십 년간 일하면서 훌륭한 운영자를 수없이 지켜본 결과 나는 개시가 두 가지 조건으로 운영자를 선택했다고 확신한다.

12 오늘날 매년 운영자 지원자가 6만 명에 육박하지만 최대 80명만 운영자가 될 수 있다.

- 훌륭한 인재를 유인하고 개발하며 유지하는 능력
- 열정. 혹은 내 표현대로 말하면 '배 속의 불꽃fire in the belly'이다. 캐시는 현실에 안주하지 않고 언제나 한 발짝 더 나아가는 운영자를 원했다. 다시 말해, 그는 운영자가 맛과 품질이 더욱 일관된 음식을 제공하고 서비스를 개선하며 매출을 증가시키기 위해 끊임없이 노력하기를 바랐다.

트루엣 캐시가 드워프하우스를 소유하고 경영했던 경험은 칙필레 체인의 비즈니스 모델로 구체화되어 지금까지 이어지고 있다. 바로 1매장 1주인 원칙이다. 이것은 여타의 프랜차이즈 브랜드와 확연히 구분되는 차별점이다. 캐시는 지극히 예외적인 상황이 아니면 한 명의 운영자가 하나의 매장만 경영하는 원칙을 엄격히 고수했다. 쉽게 말해 동일인이 여러 매장을 소유하는 것이 허용되지 않았다. 캐시 본인이 칙필레 1호점을 열 때까지 21년간 드워프하우스에서 그래왔듯 운영자가 있어야 하는 장소는 딱 두 군데였다. 주방이든 계산대든 홀이든 자신이 경영하는 매장 안, 또는 매장이 위치한 지역사회다.

이제는 트루엣 캐시가 상생의 근무 환경을 조성하기 위해 내렸던 세번째 중대한 결정에 대해 알아보자. 평소 젊음이의 패기를 좋아했던 그이기에 가능한 결정이었다. 또한 대학 졸업자들이 칙필레에 둥지를 틀기를 바랐던 그의 소망이 담긴 결정이기도 했다. 칙필레 직원장학금Team Member Scholarship 프로그램이 그 주인공이다. 내가 노스웨스턴 메딜대학원을 졸업하던 해인 1973년에 패스트푸드

업계 최초로 도입한 장학금 프로그램은 일련의 특정 기준을 충족하는 매장 직원에게 1000달러의 학비를 지원했다. 장학금 프로그램도 운영자 가맹계약과 마찬가지로 매장 직원들이 칙필레에 장기적으로 헌신하도록 동기를 부여하는 것이 목적이었다. 심지어 장학금 프로그램은 처음부터 의도한 바는 아니었지만 운영자에게도 강력한 무기가 되었다. 십대들을 채용하고 보유하는 또다른 효과적인 유인책이었다.

마케팅 세상에 입문하다

나는 힘겹게 석사학위를 취득한 뒤 고향 가까이 가고 싶어 남부 일대에서 일자리를 열심히 찾았다. 특히 코카콜라, 델타항공Delta Air Lines, 세계 최대 놀이공원 식스플래그스, 테크기업 TI, 식품기업 프리토레이Frito-Lay 같은 기업이 내가 선망하는 1순위였다. 욕심이 지나쳤을까 나는 연이어 고배를 마셨고 아내는 지금까지도 불합격 통지서 일부를 보관하고 있다. 그래도 다행히 희망 1순위 중 한 곳이 내게 관심을 보였다. 새로 출시한 소형계산기 부문을 지원하기 위해 소비자 마케팅 사업부를 출범시킬 준비에 한창이던 TI였다. 항공우주 분야의 공룡이니만큼 공학 문제라면 세계 최강이었지만 마케팅은 전문 분야가 아니었던 TI는 소비자 마케팅 사업부를 구성하기 위해 브랜드 관리자와 커뮤니케이션 전문가들에게 적극적으로 구애했다. 게다가 그 회사는 패기 넘치는 '젊은 피'의 수혈도 필요했다. 이런 일련의 조건을 고려할 때 대학에서 마케팅을 전공하고 메달대학원을 갓 졸업한 내가 적임자였다.

TI는 공학기술자, 건축가, 수학자, 화학자, 학생 등을 포함해 여타의 기술직 전문가를 대상으로 직접 마케팅Direct Marketing[13] 방법을 사용했다. 내가 첫 직장에서 맡은 첫 업무는 공학용 계산기를 표적 고객 집단에게 마케팅하는 담당자들을 지원하는 일이었다. 우리는 직접 우편Direct Mail: DM[14] 광고와 여러 업계지를 활용했다. 이는 내가 노스웨스턴 메딜대학원에서 배우지 못한 광고 기법이었다. 메딜대학원은 좀더 전통적인 유통플랫폼Platform[15]과 유통경로Distribution Channel[16]를 통해 소비자 브랜드를 구축하고 마케팅하는 방법에 초점을 맞췄다. 따라서 TI에서의 내 업무는 내 배움의 연장선에 있었다.

나는 세분화된 매체와 직접 우편을 활용하는 법, 직접 우편 수취인 목록을 작성하는 법, 유포나 배포를 통해 목표 고객층에 도달한 광고물 1000개당 투자수익률Returns on Investment: ROI을 계산하는 법 등을 신속하게 배웠다. 또한 즉각적인 반응을 유발하는 광고나 캠페인 같은 크리에이티브 콘텐츠를 개발하는 방법도 사수에게서 직접 전수받았다. 한마디로 그 경험은 현실이라는 대학원에서 마케팅을 1년 더 공부하는 것과 같았다. 공학자, 수학 전공 학생, 건축가

13 마케팅 담당자가 소비자에게 직접적으로 접근할 수 있는 수단을 통해 판매를 소구하는 방식으로, '다이렉트 마케팅'이라고도 하며 전화 마케팅과 직접 우편도 여기에 해당한다.

14 광고주가 고객을 유치하고 관리하기 위해 가정, 회사, 단체 등에 내용물을 첨부하여 우편물로 발송하는 것

15 공급자, 수요자 등 복수 집단이 참여해 각 집단이 얻고자 하는 가치를 공정한 거래를 통해 교환할 수 있도록 구축된 환경

16 상품이 생산자로부터 소비자 또는 최종 수요자의 손에 이르기까지 거치게 되는 과정이나 통로

등 그들과 비슷한 관심을 가진 사람들에게 일대일로 직접 다가가는 환경이었다.

TI가 공학용 계산기 시장을 주도했지만 새로운 경쟁자들의 도전이 이어졌기 때문에 후발 주자들에게 대응할 필요도 있었다. 물론 덩치로 보면 적수가 없었다. 그들 경쟁자의 생산 역량을 전부 합친 것보다 판매량이 더 많았으니 TI의 압승이었다. 그런데도 TI는 그런 우위를 활용하기는커녕 그들 경쟁자의 도전에 맞서 계산기의 원가와 가격을 인하하는 전략으로 반격에 나섰다. 혈기 넘치는 젊은 브랜드 전문가로서 나는 다르게 하고 싶었다. 자사 기술에 가치를 추가하고 또한 시장 평균가격보다 두 배 이상 높은 가격을 인정받는 프리미엄 브랜드Premium Brand로 포지셔닝Positioning[17]해야 한다고 생각했다. 어쨌건 TI는 시장을 선점한 선발 브랜드였고 선도적인 테크기업이었으며 최첨단 기술 분야의 틈새시장을 공략하는 방법을 깨우치는 중이었다. 애석한 일이지만 내 첫 직장은 직접 우편 광고물을 애써 제작하고도 발송조차 못하는 경우가 비일비재했다. 이유는 딱 하나, 수요가 많은데도 불구하고 제품 가격을 인하했기 때문이었다. 나는 이런 모든 상황이 너무 안타까웠다.

이런 어정쩡한 상태로 1년이 금세 흘러갔다. 나는 여전히 말단 딱지를 떼지 못했지만 가끔 내 상사를 비롯해 여러 사람과 회사의 마케팅 비전을 주제로 건전한 논쟁을 벌이곤 했다.

17 기업이나 제품의 명확한 위상을 정립하기 위해 마케팅과 홍보활동 등으로 소비자에게 자사 제품의 정확한 위치를 인식시키는 것

그러던 어느 날 뜻밖의 전화를 받았다. 식스플래그스오버텍사스Six Flags Over Texas: SFOT의 마케팅 책임자 댄 하우얼스Dan Howells였다. 그 놀이공원 바로 옆에 세븐시스Seven Seas 테마공원이 있었는데, 그 공원을 소유한 알링턴 시정부가 공원관리업체로 SFOT를 선정했다. 이에 그 놀이공원은 판촉 관리자가 필요했고 하우얼스가 내게 그 자리를 제안했다.

그러나 한 가지 문제가 있었다. 하우얼스는 알링턴과 세븐시스 사이의 관리계약이 1974년 한 해에만 유효하다고 얼른 덧붙였다. SFOT는 세븐시스를 소유한 알링턴 시청으로부터 세븐시스의 일 년짜리 위탁관리계약자로 선정되었을 뿐이었다. 그래서 하우얼스는 내게 1974년 이후에도 일자리를 보장해준다는 약속을 할 수 없다고 했다. 그런데도 내가 관심이 있다면 토요일에 그곳으로 와서 하루 동안 직접 둘러보라고 제안했다.

사실 나와 댄 하우얼스는 초면이 아니었다. 브랜드 관리자 경험도 있었던 하우얼스는 평소 내가 많이 존경하던 메딜대학원 동문 선배였다. 게다가 그의 동생 밥과 나는 친한 친구였고 메딜대학원 동기이기도 했다. 그래서 결론은? 당연히 관심이 있었다. 아니 솔직히 웬 떡이냐 싶었다.

나는 토요일을 손꼽아 기다렸다. SFOT 마케팅팀의 안내를 받아 마케팅활동과 배움의 산실을 구석구석 둘러보고는 깊은 인상을 받았다. 한마디로 그 놀이공원은 마케팅과 브랜드가 주도하는 사업이었다. 이것은 TI의 공학기술 중심 문화와 흑과 백처럼 극명한 대조를 이루었다. 무엇보다 나는 세븐시스의 마케팅 책임자에게 직접 보고할 거라고 했다. 물론 SFOT 마케팅팀에게서 멘토링 지원을 받아야겠지만 나는 진정한 마케팅 세상에 한 반짝 더 다가갈 터였다.

토요일 현장 방문이 끝났을 때 댄 하우얼스가 입사를 최종적으로 제안하며 조건도 제시했다. TI보다 임금이 두 배였고 회사 소유 차량도 지원된다고 했다. 다만 그가 첫 통화에서 말했듯 일 년짜리 한시적 일자리였다. 일 년 뒤의 고용은 보장해주지 않았다.

하지만 성장하고 새로운 일에 도전할 수 있는 기회의 문이 열렸는데 그냥 지나칠 수는 없었다. SFOT로 둥지를 옮긴 뒤 나는 댄 하우얼스와 더욱 가까워졌고 판촉 관리자 짐 펨버턴Jim Pemberton과도 허물없는 사이로 지냈다. 이뿐만 아니라 식스플래그스 본사의 마케팅 총괄 부사장 조지 델러노이George Delanoy와도 친구가 되었다. 솔직히 델러노이와 펨버턴은 업무적으로 보면 세상 어디에도 없을 훌륭한 멘토들이었다. 나는 표적 고객층을 공략하는 직접 마케팅을 포함해 TI에서의 경험을 적극적으로 활용했다. 특히 학교, 교회, 단체 관광객에게 직접 마케팅 기법을 적용했다. 한편 우리는 기업이 직원들에게 비급여 복지 혜택으로 제공할 수 있는 기업용 특별 우대 패키지 상품도 개발했다. 식스플래그스펀시커스클럽Six Flags Fun-seekers Club이었다. 결론적으로 말해 그것은 세븐시스와 SFOT에서 선풍적인 인기를 끌었고 마침내는 여타의 직접 마케팅 프로그램과 마찬가지로 식스플래그스 놀이공원 전체로 확대되었다. 1974년 여름 시즌 37만 5000명이 세븐시스를 찾았다. 그리고 우리 집에도 반가운 손님이 찾아오는 경사가 있었다. 다이앤과 나는 딸 제니퍼 조이 로빈슨Jennifer Joy Robinson을 품에 안았다.

조이가 태어나던 날은 지금도 어제 일처럼 생생히 기억난다. 아침에 진통이 시작된 것 같다는 다이앤의 말을 듣고도 지독한 일벌레였던 나는 가진통일 경우에 대비해 셔츠와 넥타이까지 완벽한 출근 복장을 갖춰 입고 병원으로 향했다. 장로병원Presbyterian Hospital에 도착해보니 산부인과 병동은 그야말로 북새통이었다. 분만 준비를 마치고 순서를 기다리는 산모만도 우리 앞에 스무 명이 넘어 결국 다이앤은 복도의 칸막이 뒤에서 분만 준비를 해야 했다! 이후 두세 시간 동안 간호사들이 분주히 오가며 다이앤의 상태를 확인한 뒤 마침내 의사가 진찰하더니 출격 명령을 내렸다. "이 산모를 당장 분만실로 옮기세요! 곧 아기가 나올 것 같아요!" 그때서야 나는 넥타이를 당겨 느슨하게 풀었고 몇 시간 뒤 우리 부부의 첫아이 조이가 세상에 나왔다. 하나님이 주신 그토록 엄청난 선물에 나는 흥분으로 온몸이 전율하면서도 막중한 책임도 느껴지고 오만 생각이 들었다. '이제 부모가 되었는데 어떻게 해야 할까? 무거운 가장의 책임을 어떻게 감당하지?' 직접 부모가 되기 전에는 누구도 이런 질문에 명확히 대답하지 못한다. 하나님은 자식이라는 선물을 통해 우리가 자신의 인격을 드러내고 형성하게 만든다. 말하자면 자식은 축복인 동시에 시험이다.

육아는 다이앤이 도맡다시피 했다. 아내는 예전부터 아이가 태어나면 내가 바깥일을 하는 동안 자신이 전업주부로 양육과 내조에 전념하겠다고 마음먹었다. 아내가 조이를 보살피니 나는 안심하고 바깥일에만 집중할 수 있었다. 솔직히 아내는 내 커리어에서 다시없을 든든한 지원군이었다.

한편 세븐시스까지 출퇴근하기가 만만찮았다. 편도로만 90분이 걸렸다. 게다가 테마공원의 특성상 주말이 대목 장사였고 특별행사와 콘서트가 있으면 밤늦게까지 이어졌다. 비록 일 때문이라고는 해도 나는 가족과 많은 시간을 함께하지 못했는데 다이앤은 한 번도 불평하지 않았다.

그러는 사이 알링턴 시당국은 세븐시스의 고객 경험에 더는 투자하지 않기로 결정했다. 위탁관리계약서에는 우리와 재계약할 경우 알링턴이 세븐시스를 재정비하고 놀이기구를 증편할 의무가 있다는 내용이 명시되어 있었다. 따라서 알링턴이 추가 투자를 하지 않기로 결정했다는 사실은 우리에게는 암울한 소식이었다. 위탁관리계약이 일 년짜리 한시적인 협업 관계로 끝날 것이 기정사실 같았다. 나로서는 식스플래그스에서 배우고 싶은 것이 많았기에 3년 아니 적어도 2년은 더 일하고 싶은게 솔직한 심정이었다. 그리고 나는 식스플래그스에서의 경험은 물론이고 일일 방문자수, 소비자 마케팅, 소매 마케팅 이렇게 세 기둥이 떠받치는 테마공원 사업 자체도 사랑했다. 마케팅활동은 일일 방문자수로 곧장 반응이 돌아왔고 이런 신속한 피드백에 짜릿한 전율을 느낄 정도였다. 게다가 식스플래그스가 내게는 또다른 학교였고 마케팅과 관리 부문의 리더들은 선생님이었다. 그들은 내가 마케팅의 전략과 전술뿐만 아니라 고위자들의 관리활동과 관련된 사안들을 이해할 때까지 성심성의껏 가르쳐주었다.

어쨌든 칼자루는 알링턴 시청에 있었다. 계약기간이 만료되었을 때 알링턴은 식스플래그스와의 계약 종료를 공식화했다. 대신에 세븐시스의 새로운 위탁관리자로 시월드Sea World의 창업자를 선정했고 계약까지 마무리되었다고 발표했다. 그리고 나는 피할 수 없는 전화를 받았다. 총괄 관리자의 사무실을 찾아가니 다가오는 주말로 내 고용계약이 끝난다고 말하면서 퇴직수당에 대해 알려주었다. 기대하지도 않은 퇴직수당을 받게 된 것은 감사했지만 어쨌든 나는 며칠 후면 영락없이 백수였다.

막막한 심정으로 운전대를 잡고 퇴근하는데 지난 일 년이 주마등처럼 지나갔다. 도박이나 다름없는 일자리를 위해 안정적인 직장을 박차고 나온 결정부터 되돌아보았다. 일 년짜리 계약이라는 사실이야 처음부터 알고 시작했지만 이제는 아이도 태어났고 주택담보대출도 있었으며 무엇보다 다이앤이 엄청난 희생을 치렀다. 약간의 저축에 두어 달어치 퇴직수당을 더하면 길거리에 나앉지는 않겠지만 다이앤과 나는 아직도 번듯한 침대 하나 없이 침대 겸용 소파에서 잠을 자는 처지였다.

다이앤은 가장이 백수가 되었다는 소식에도 동요하기는커녕 나를 따뜻하게 안아주며 위로했다. "하나님께서 알아서 준비해주실 거야." 내 일과 커리어의 앞날이 안개 속에 있을 때도 다이앤은 외유내강의 힘으로 바위처럼 꿋꿋했고 변함없이 침착했다.

오히려 걱정에 감정이 북받쳐 눈물을 흘린 사람은 나였다.

하나님을 믿는 법을 배우다

다이앤이 옳았다. 갑작스러운 백수생활은 오래가지 않았다. 솔직히 채 2주도 되지 않았다! 식스플래그스가 다시 한번 구원의 손길을 내밀어주었다.

식스플래그스는 미국 전역에서 놀이공원보다 작은 규모의 관광지를 속속 개장했다. 캘리포니아주 디즈니랜드 인근에 위치한 밀랍인형 전시관 무비랜드왁스뮤지엄Movieland Wax Museum도 그중 하나였다.[18] 식스플래그스는 연간 100만 이상이 방문하는 관광 명소가 된 무비랜드의 성공에 고무되어 1975년 플로리다주 올랜도의 디즈니월드 인근에 무비랜드와 비슷한 관광지를 건설했다. 시월드의 바로 옆자리에 위치한 스타스홀오브페임Stars Hall of Fame이었다. 고전영화 속 장면을 재현한 100여 개의 세트에 유명 배우의 밀랍인형 200개가 전시된 그곳은 남녀노소 모든 영화 애호가의 명소가 되었다. 나는 스타스홀오브페임의 판촉 관리자로 채용되어 3년간 일했고 내가 재직하는 동안 큰 성공을 거두었다.

만약 다이앤이 없었다면 나는 그처럼 일에 전념하지 못했을 것이다. 다이앤은 그야말로 내조의 달인이었다. 그녀의 따뜻한 격려와 인내심, 그리고 나와 딸 조이에 대한 완전한 헌신이 내게는 커다란 삶의 원동력이었다. 나도 가장으로서 가족의 든든한 울타리가 되기 위해 사방에서 조언을 구했다. 내 좌우명 하나는 "철이 철을

18 무비랜드왁스뮤지엄은 1962년에 개장했고 1970년에 식스플래그스가 인수했다.

날카롭게 한다"(잠언 27장 17절)라는 성경 구절이다. 내게는 그 문구가 오랫동안 영적인 분별력을 발휘하고 영적 훈련을 실천했으며 성령에 순종해온 사람과 관계를 맺는 것을 의미한다. 비록 직접적인 영적 사역에 헌신하지는 않았지만 그들은 자신의 삶에서 사람들을 이끌고 훈육하며 개발하는 능력을 증명했다. 또한 그들은 아무리 어려운 것일지라도 존경과 감탄을 부를 정도로 진실만을 말한다.

이런 의미에서 내 인생의 첫번째 영적 스승은 아버지였다. 그 다음으로는 고등학교 시절 농구부와 야구부의 코치들인 아이번 존스Ivan Jones, 덴절 홀리스Denzel Hollis, 레스터 스미스Lester Smith가 영적 사부의 배턴을 이어받았다. 세 분 모두는 강골한 리더로 침착함과 절제력과 불굴의 결의를 보여주었고, 이로써 본받을 가치가 있는 훌륭한 사람임을 스스로 증명했다. 게다가 그들은 언행일치의 화신이었고, 선수들도 자신들처럼 내뱉은 말을 반드시 지키기를 기대했다.

영적 스승을 찾는 내 여정은 결혼 후에도 이어졌다. 신혼부부였을 때 다이앤과 내가 교회를 선택하는 확실한 기준이 있었다. 우리는 자신의 삶에서 성경의 말씀을 충실하게 실천하는 목회자를 원했다. 설교와 가르침, 사람들에게 힘을 부여하고 영향을 미치는 능력, 교회의 문화 등을 토대로 목회자를 평가하는 데는 많은 시간이 필요하지 않다. 나는 개인적인 관계를 맺어도 좋을 만한, 즉 내가 영적인 질문을 할 때 오롯이 진실만을 알려줄 성직자를 찾고 싶었다. 우리는 운이 좋았다. 우리가 삶의 터전을 옮길 때마다 그런 목사를 만날 수 있었다. 노스웨스턴에서 공부하던 시절에는 일리노이주 스코키에서, TI와 SFOT에 재직할 때는 텍사스주 댈러스에서, 스타스홀오브페임에 있었을 때는 플로리다주 올랜도에서, 그리고 나중에는 조지아주 애틀랜타에서 귀한 인연을 만났다.

그중 한 사람을 소개하고 싶다. 우리가 올랜도로 이사하고 몇 달이 지났을 때까지도 텍사스의 집이 팔리지도 않았고 세입자도 구하지 못했다. 대출금을 갚기가 힘들 정도는 아니었지만 어쨌든 1600킬로미터나 떨어진 곳에 집이 있다는 사실 자체가 늘 마음을 무겁게 짓눌렀다. 나는 우리 가족이 올랜도에서 다니던 교회의 빌 서턴Bill Sutton 목사에게 그런 걱정을 털어놓았는데 아마도 약간의 위로와 공감을 기대했지 싶다. 그런데 서턴의 반응은 내 예상을 철저히 비켜났다.

"그곳은 형제님의 집이 아닙니다. 다이앤 자매님과 형제님은 하나님이 두 분에게 잠깐 맡긴 집을 지키는 청지기일 뿐입니다. 따라서 그 집을 파는 일은 두 분이 아니라 하나님의 몫입니다. 그저 형제님은 하나님이 그 집을 팔아주신 것에 미리 감사하면 됩니다."

나도 동의한다는 듯 고개를 끄덕였지만 솔직히 서턴의 주장이 너무 나갔다고 생각했다. 하나님이 매달 은행에 대출금을 갚는 것이 아니지 않은가. 꼬박꼬박 대출금을 갚은 사람은 나와 다이앤이었다. 아니, 정말 서턴의 말처럼 하나님이 우리 집의 주인이었을까?

나는 나중에 서턴의 말을 곰곰이 되새겨보았고 그가 진실을 말했다는 사실을 불현듯 깨달았다. 만약 내가 내 삶의 모든 영역에서 하나님을 믿을 작정이었다면 나는 하나님이 구매자를 데려와줄 거라고 믿어야 했다. 그래서 나는 서턴이 제안한 대로 기도했고 우리

(그의) 집을 팔아준 것에 하나님께 감사드렸다. 깨달음을 얻고 나자 그것은 지극히 당연하게 여겨졌다. 그리고 하나님은 정말 그렇게 했다. 내가 서턴에게 하소연하고 한 달도 지나지 않아 구매자가 나타났다. 그날은 7월 4일 미국 독립기념일이었다!

식스플래그스에서의 목적지 마케팅

1973년 SFOG에서 롤러코스터 그레이트아메리칸스크림머신Great American Scream Machine: GASM이 운행을 시작했다. 이름 그대로 '비명 제조기'로 불리는 GASM은 식스플래그스 브랜드에 활기를 다시 찾아주었고 그 놀이공원의 부진한 입장객수를 크게 끌어올린 효자 중에 효자였다. 이뿐만 아니라 GASM은 롤러코스터의 상징으로서 30년간 미국 전역의 놀이공원에 영향을 미쳤다. 그런데 하마터면 GASM은 세상에 나오지 못할 뻔했다.

시간은 1964년으로 거슬러 올라간다. 뉴욕세계박람회 준비가 막바지에 이르렀을 때 린든 베인스 존슨Lyndon Baines Johnson 대통령과 존 코널리John Connally 텍사스 주지사는 SFOT의 성공적인 경험에서 도움을 받고자 식스플래그스의 창업자 앵거스 윈Angus Wynne에게 텍사스관을 감독해달라고 요청했다. 이에 윈은 텍사스관이 들어서는 레이크어뮤즈먼트에어리어Lake Amusement Area 전체를 감독할 책임자로 에럴 매코이Errol McKoy를 파견했다. 매코이는 어느 날 뉴욕의 유명 유원지 코니아일랜드를 방문했다가 1927년에 세워진 역사적인 목재 롤러코스터로 여전히 건재를 과시하던 사이클론Cyclone에 깊은 감명을 받았다.

그로부터 5년 뒤인 1969년 겨우 26살에 SFOG의 총괄 관리자로 승진한 매코이는 얼마 지나지 않아 윈에게 초대형 목재 롤러코스터를 만들자고 제안했다. 윈은 매코이의 제안에 콧방귀를 뀌었다. "이보게, 젊은이, 충고 하나 함세. 자네가 과거를 떠올리게 만드는 무언가를 한다면 그게 뭐건 놀이공원업계에서 자네 커리어는 파리목숨일세."*

1972년 윈이 식스플래그스를 떠난 뒤 매코이는 새 경영진에 목재 롤러코스터를 세우자고 다시 제안했다. 이번에는 매우 긍정적인 대답이 돌아왔고, 1년 뒤 1973년 세상에서 가장 높고 길면서 빠른 롤러코스터가 조지아에 등장했다. 그것이 바로 GASM이었다. 그해에 SFOG 입장객수가 35만 명이나 증가했다. 그리고 그 성공의 주역이었던 GASM은 미국 전역의 놀이공원 사이에서 일약 스타로 떠올랐고 총성 없는 '롤러코스터 전쟁'을 촉발시켰다.

1977년 나는 여전히 올랜도의 스타스홀오브페임에서 일하고 있었다. 그런데 어느 날 SFOG의 마케팅 책임자 스퍼전 리처드슨Spurgeon Richardson에게서 전화를 받았다. 리처드슨은 판촉 관리자가 필요하다고 했다. 도대체 그는 나를 어떻게 알았을까? 식스플래그스 본사의 누군가가 내 이름을 거론한 모양이었다. 나는 면접 기회를 냉큼 붙잡았고 몇 주 지나지 않아 리처드슨팀에 합류하는 행운까지 거머쥐었다.

결과적으로 말해 SFOG에서 2년 동안 판촉 관리자로 일하면서 내가 맡은 역할은 세븐시스와 스타스홀오브페임에서의 임무와 판박이였다. 우리는 기업 야유회와 청소년단체를 대상으로 우대 입장권을 프리셀링Preselling[19]했고, 콘서트 등 여타 특별 행사를 준비했으며, 각종 단체의 회의를 유치하기 위해 팔방으로 노력했다.

SFOG의 우리 팀도 내가 처음에는 TI에서 이후에는 세븐시스와 스타스홀오브페임에서 했던 일을 재탕했다. 먼저, 업계지를 통한 직접 마케팅과 세분화된 직접 우편으로 다양한 표적 고객층을 공략했다. 초등학교부터 대학교까지 각급의 학교, 대학의 남녀 사교클럽, 악단장, 교회의 성가대와 청소년지도자 등이었다. 또한 직접우편 방식에 기반하여 각종 집단과 단체를 대상으로 프리셀링에 집중하는 동시에 독특한 고객층을 겨냥한 행사들도 마련했다. 게다가 유능한 영업 군단이 남동부 곳곳을 누비며 기업을 찾아가서 단체야유회 우대 상품과 팬서커스클럽을 홍보했다. 뿐만 아니라 우리는 재즈밴드들과 공연계약을 체결했고 기독교인들의 장기 자랑 행사를 주최했으며 행군악대 경연 대회를 조직했다. 특히 20대 초반이던 에이미 그랜트Amy Grant 같은 촉망받는 음악인들이 참여한 제1회 찬양콘서트 시리즈가 우리 공원에서 개최되었는데, 행사일인 토요일 하루 입장객이 4만 5000명을 기록하며 대성황을 이루었다. 그랜트가 오늘날 유명한 싱어송라이터이자 현대기독교음악Contemporary Christian Music: CCM으로 명성을 날리니 확실히 될성부른 나무는

19 상품을 실제로 판매하기 전에 광고 등의 수단으로 소비자에게 미리 판매하는 일로서, 기업이나 상품의 지명도, 이해도, 이미지 등을 높이고 상품 구매 의도를 높이는 광고의 사전 판매 기능

떡잎부터 달랐다. 심지어 그녀의 '무대 소품'이라고는 달랑 기타와 등받이 없는 의자가 전부였다. 하지만 공연이 열린 크리스털피스톨Crystal Pistol 극장은 그랜트의 공연을 보려는 사람들로 장사진을 이루었다. 이후 우리의 성공에 고무된 다른 놀이공원들에서도 그런 행사가 봇물을 이루었다.

우리는 입장권 2장을 묶은 획기적인 상품도 개발했다. 한 장으로는 특별 행사가 열리는 날에 입장하고 다른 입장권은 각자 편한 날짜와 시간에 사용할 수 있었다. 우리는 SFOG를 기점으로 사방 수백 킬로미터까지 판촉활동의 범위를 확장했고 가끔은 텍사스주와 미주리주에 있는 식스플래그스 놀이공원들과 판촉 영역이 중복되기도 했다. 우리 놀이공원을 포함해 세 곳의 식스플래그스를 꼭짓점으로 연결하면 테네시주 멤피스를 대략적인 중심으로 하는 삼각형 모양이 얼추 만들어졌다. 우리 세 공원은 미시시피주, 루이지애나주, 테네시주 서부, 아칸소주 등에서 독자적인 판촉활동을 전개하는 한편 서로 윈윈할 기회가 있으면 공동 마케팅을 펼쳤고 대부분은 직접 우편 방식이었다. 이뿐만 아니라 다양한 식스플래그스 놀이공원이 공통으로 제공하는 행사들도 홍보했다.

우리 세 공원은 아이디어를 나누고 서로를 벤치마킹Benchmarking[20]했다. 내게 이것은 또다른 학교였다.

식스플래그스는 전국에서도 지역에서도 평판이 아주 높은 브랜드였기 때문에 그 이름 자체가 내로라하는 기업들과 이어주는

---

20 측정의 기준이 되는 대상을 설정하고 그 대상과 비교 분석을 통해 강점을 따라 배우는 행위

가교 역할을 했다. 나는 서퍼전 리처드슨 덕분에 다양한 공동 브랜딩Co-Branding[21] 프로젝트에 참여할 기회를 얻었고, 이런 프로젝트를 통해 우리 공원이 단독으로 도달할 수 있는 범위 너머까지 브랜드를 확장하는 성공을 거두었다. 가령 우리는 코카콜라와 제휴하여 특별 할인권을 제공했다. 콜라 캔에 할인권을 인쇄하는 방식으로 표적 시장에서 우리 브랜드를 수백만 번 노출시키는 결과로 이어졌다. 이게 다가 아니었다. 코카콜라를 마시는 즐거운 경험과 식스플래그스 브랜드를 연결시키는 효과도 있었다.

뿐만 아니라 자동차제조업체 제너럴모터스General Motors: GM와 세계적인 테크기업 델Dell 같은 많은 기업이 놀이기구와 쇼를 후원했다. 특히 쉐비쇼Chevy Show가 인상적이었는데, 관람객들은 등받이가 뒤로 젖혀지는 편한 의자에 앉아 원형 지붕 내부에 투사되는 영상을 관람했다. 당시는 가상현실이나 액션캠의 대명사 고프로가 널리 보급되기 수십 년 전으로 쉐비쇼는 그야말로 획기적이었다. 오늘날의 아이맥스 영화를 상상하면 된다. 관객들은 제너럴모터스가 생산한 스포츠카 쉐보레 코르벳, 경주용 자동차, 비행기, 보트 등에 직접 탑승한 것 같은 신기한 경험을 할 수 있었다. 예컨대 자동차가 도로 위 장애물에 부딪히는 장면에서는 심지어 의자가 전혀 움직이지 않았는데도 관객들은 엉덩이를 들썩이거나 한쪽으로 몸이 쏠리곤 했다. 오죽하면 쉐비쇼의 바깥에 세워진 팻말에는 멀미에 대한 주의 문구가 포함되었을 정도였다. (여담이지만 현재 우리 집 앞 도로

---

21 다수의 브랜드를 하나로 묶는 전략적 동맹 관계로 공동 상표 마케팅이라고도 한다.

가 쉐비쇼의 애틀랜타 촬영지 중 하나였다.)

우리는 그런 기업 중 상당수와 손잡고 특별 행사를 개최하고 할인권을 제공했다. 이는 그들 기업이 우리 놀이공원에서 전개하는 판촉활동의 연장선상에서 우리 공원의 마케팅 창구가 되었다는 뜻이다. 그들 기업은 콘서트와 특별 행사를 후원했고, 그런 콘서트와 행사 모두는 프리셀링이나 프로모션 판매로 간주되었다. 내가 SFOG에 합류한 1977년 프리셀링을 통한 사전 판매와 현장 판매를 합치면 우리 놀이공원의 입장객수는 60만 명 선이었다. 이듬해인 1978년 우리 공원은 새 역사를 썼다. 세계 최초 3회전 철재 롤러코스터 마인드벤더Mind Bender를 개장한 것에 힘입어 사전 판매만도 100만 장으로 수직 상승했고 이는 총 입장객수를 끌어올려 280만 명으로 신기록을 세웠다. SFOG의 역대 최대 연간 입장객수가 240만 명 수준이었으니 무려 40만 명이 더 많았다. 리처드슨이 "78년에는 280만을 찍자"라는 구호를 주구장창 외쳤는데 운 좋게도 우리는 그 목표치를 달성했다.

내가 치킨샌드위치업계의 떠오르는 신흥 강자를 처음 만난 것이 그때였다. 나는 SFOG의 기업 후원 총책임자의 지시로 그 업체에 입점 제안 프레젠테이션을 하게 되었다. 그곳이 바로 칙필레였다. 나는 칙필레에 대해 아는 것이 별로 없었다. 고작해야 쇼핑몰 식당가에 입점해 있고 양질의 독특한 샌드위치를 판매하며 미국 남동부의 예닐곱 개 주에서 영업한다는 정도가 고작이었다. 성장세가 인상적이기는 했어도 아직은 애틀랜타 지역의 작은 프랜차이즈업체에 불과했다. 나는 이런 얄팍한 지식에 근거해 우리 공원이 '갑'

의 입장이라고 지레짐작했다. 어쨌든 SFOG는 한 해에 280만 명이 찾아오는 지역 명소가 아닌가. 그것도 고객 대부분이 남동부 지역민이고 말이다. 이러니 우리 놀이공원보다 브랜드를 알리고 브랜드를 처음 경험하는 데 적합한 곳이 있었을까?

나는 계약은 거의 따 놓은 당상이라고 생각하며 프레젠테이션 준비에 돌입했다. 첫째는 우리 공원의 조건들을 세부적이고 구체적으로 알릴 필요가 있었다. 아울러 우리가 원하는 입점 장소와 매장의 내·외관을 정확히 설명하고 칙필레에 어떤 이득이 돌아갈지도 확실히 이해시켜야 했다. 대신에 칙필레는 SFOG에 스폰서십 권리Sponsorship Right[22] 명목으로 매출의 일정 부분을 지급해야 했다.

프레젠테이션에는 칙필레의 수석 부사장 지미 콜린스, 고문 변호사 뷰레언 레드베터Bureon Ledbetter, 최고재무책임자Chief Financial Officer: CFO 던 밀러드Don Millard 등이 참석했다. 이후 우리는 칙필레 담당자들과 여러 차례 협상을 이어가면서 매장의 내부와 외관, 위치, 매출과 이익 추정치 등 우리의 요구조건을 설명했다.

결과는 내 예상을 빗나갔다. 칙필레가 우리 제안을 퇴짜 놓았다. 나는 이익분배 조항이 가장 큰 원인이었다고 생각한다. 우리 공원이 매출의 40프로를 가져간다는 내용이 포함된 것이다. 이는 우리 공원의 기존 프라이드치킨 매출의 감소 추정치과 스폰서십 수수료Sponsorship Fee를 합친 금액이었다. 다른 말로 칙필레가 우리 공

22　기업이 재화나 현물을 타인에게 제공하고 그에 따른 마케팅 권리를 제공받아 경영상의 목적을 달성하기 위한 경영활동을 말한다.

원에 입점하면 최소한 손해는 보지 않겠지만 큰돈을 벌지 못할 것이 확실했다. 하지만 칙필레는 돈보다 중요한 것을 얻을 가능성도 있었다. 식스플래그스 경험의 한 축인 입장객들에게 칙필레를 직접 체험할 기회를 제공하고 그들과의 개인적인 연결감을 통해 자사 브랜드를 구축할 수도 있는 기회였다. 당연히 지미 콜린스의 입장도 충분히 이해가 되었다. 그로서는 칙필레의 이익을 포기하느니 우리와 계약하지 않는 것이 최선이었다. 그래도 우리는 그동안 상호이해의 관계를 쌓은 덕분에 좋은 감정으로 헤어졌다.

"눈에서 멀어지면 마음에서도 멀어지고 비즈니스에서도 멀어진다"

1978년 한 해를 성공적으로 마무리한 뒤 SFOG의 부사장 애럴 매코이가 댈러스에 있는 자신의 첫 직장 SFOT로 돌아가게 되었다는 뜻밖의 소식을 전했다. 여담이지만 매코이는 1988년 비영리조직 텍사스주박람회State Fair of Texas의 사장에 임명된다. 어쨌든 스퍼전 리처드슨이 SFOG의 총괄 관리자로 승진했고 이제 우리 공원에는 새로운 지도부의 시대가 열렸다. 노련한 마케팅 전문가가 우리 공원의 선장이 되었다는 뜻이다. 더욱이 리처드슨은 내게 자신의 자리를 물려주어 나를 감동시켰다. 이로써 28살에 불과하던 내가 SFOG의 마케팅 책임자가 되었다.

리처드슨과 나는 각자 새로운 직책을 시작하면서 마케팅을 강화하기 위한 노력의 일환으로 우리 공원의 당일권 판매 부문을 자세히 들여다보고 싶었다. 말 그대로 고객이 예매하지 않고 공원 매표소에서 정상가로 입장권을 구매하는 것을 말한다. 사람들은 무엇 때문에 정상가도 마다하지 않고 우리 공원을 찾았을까? 그 소구점Appeal Point[23]은 무엇이었을까? 사실 정상가 입장권 판매는 놀이공원 사업에서 커다란 숙제였다. (이것은 패스트푸드 사업과 일맥상통하는 점이 있다.)

나는 거의 매일, 더러는 일주일 내내 공원에서 살다시피 했다. 그리고 고객들이 우리 공원에서의 경험을 어떻게 받아들이는지 유심히 관찰했다. 지난 2년간 나를 포함해 우리 마케팅팀은 대규모 단체를 대상으로 프리셀링에 주력했다. 쉽게 말해 그들이 '공원 나들이' 계획을 미리 세우도록 도와주었다. 이런 노력에 힘입어 우리는 기업 야유회, 콘서트, 행사 등을 많이 유치했고, 이것은 사전 판매 입장권의 매출 증가로 이어졌다. 하지만 공원 입장에서 수익성이 가장 좋은 고객은 사전 예약 없이 매표소에서 정상가로 당일권을 구매하는 가족 단위 고객이었다. 이렇게 볼 때 우리 공원이 안정적인 성장세를 유지할 수 있는 비결은 정해져 있었다. 사람들이 미리 계획하지 않고 오늘 갑자기 우리 공원을 방문하고 싶은 강력한 이유를 제공해야 했다. 우리 마케팅 부서의 모든 활동을 하나로 묶는 접착제가 있다면 그것은 바로 주제, 즉 테마로 사람들이 오늘 당장 식스플래그스를 가야 하는 이유였다.

스퍼전 리처드슨은 단순한 마케팅 철칙 하나를 입에 달고 살았

---

23 어떤 제품이나 서비스의 특징 가운데 소비자의 흥미를 불러일으키거나 마음을 끄는 점

다. "눈에서 멀어지면 마음에서도 멀어지고 비즈니스에서도 멀어진다."

우리 마케팅 부서가 해야 하는 일은 그 악순환을 거꾸로 뒤집어 선순환을 만드는 것이었다. "눈에 들어오면 마음에도 들어오고 비즈니스에도 들어온다." 이를 위해서는 우리 공원의 인지도를 최고 수준으로 끌어올리는 것이 관건이었다. 어떻게 해야 했을까? 두 가지가 필요했다. 먼저, 가시성을 높여야 했다. 그리고 우리 공원이 오늘 자기 가족은 물론이고 가족 모두의 삶과 관련 있다는 사실을 기억하게 만드는 매력적인 이유를 제공해야 했다. 이것은 앞서 말한 성공적인 브랜드의 3대 요소 중 하나로 식스플래그스라는 브랜드와의 연관성을 의미했다.

우리는 매표소를 통한 당일권 매출이 하나의 질문에 달려 있다고 생각했다. "일상적이고 매력적인 브랜드 약속은 무엇일까?" 이 질문의 답을 찾는 것이 우리 마케팅 부서와 우리 공원의 광고대행사가 풀어야 하는 숙제였다. 한 가지는 확실했다. 새 놀이기구, 최신 쇼, 특별 행사 등을 홍보하는 것만으로는 충분하지 않았다. 그 이상의 무언가가 필요했다.

나는 놀이기구와 쇼 등 우리 공원의 재미 요소를 널리 알리는 동시에 그런 놀거리와 볼거리보다 더 큰 브랜드 약속을 반드시 해야 한다고 강조했다.

내게 이것은 또다른 학습 여정의 출발점이었다. 요컨대 나는 브랜드를 구축하기 위해 시장조사를 활용하고 고객의 목소리에 귀를 기울이기 시작했다.

가장 먼저, SFOG에 대한 입장객들의 정서적 연결감을 이해할 필요가 있었다. 여기에는 우리 공원의 광고대행사 매캔에릭슨McCann Erickson 애틀랜타 지사가 실시한 맞춤형 조사Custom Research가 큰 도움이 되었다. 보통 가정의 경우, 가족 전체가 식스플래그스를 방문하는 것이 경제적으로 상당한 부담이었다. 그런데도 그들이 목재 롤러코스터 GASM이나 철재 롤러코스터 마인드벤더 또는 크리스털피스톨 쇼를 찾는 이유는 무엇이었을까? 맞춤형 조사에 따르면 그것은 단순히 재미와 기능성이 결합된 기능적 재미 때문이 아니었다. 가족 단위 고객이 우리 공원에 매력을 느끼는 이유도 디즈니에 매료되는 이유와 상당 부분 겹쳤다. 무엇보다 정서적인 경험이 중요했다. 또한 가족, 특히 아이들과의 관계에 시간을 투자하고 가족의 화합이 우리 공원을 찾는 주된 이유의 하나였다.

우리는 이런 사실에서 중요한 통찰을 얻었고, 이것을 토대로 매캔에릭슨에게 양 갈래의 새로운 홍보 방향을 제시했다. 평소에는 모든 놀이기구와 쇼를 골고루 홍보하되 새로운 놀이기구와 쇼에 주된 초점을 맞추고 콘서트와 특별 행사의 일정을 알려라. 반면 휴가, 방학, 공휴일 같은 '대목 특수' 기간에는 SFOG가 가족 모두의 기억에 남을 귀중한 시간을 제공한다는 브랜드 약속을 부각시켜라.

매캔에릭슨 애틀랜타의 '간판' 광고장이 클리스비 클라크Clisby Clarke가 우리 공원의 새로운 광고 프로젝트를 맡았다. 절대음감으로 악보 없이 귀로 들은 멜로디를 곧바로 피아노로 연주할 만큼 다재다능한 클라크는 조지아대학교 미식축구팀 조지아불도그Georgia Bulldog의 열성팬이었다. 오번대학교의 미식축구팀 시즌권을 구매하는 나도 명함조차 못 내밀 정도로 그의 팬심은 정말 대단했다. 심지어 1980년에는 조지아대학교의 운동부를 위해 "불도그 다 물어버려Bulldog Bite"라는 새로운 응원가를 만들었다. 클라크는 팀원들과 함께 우리 공원을 위해서도 환상적인 광고 슬로건을 탄생시켰다. "아이들을 식스플래그스로 안아주세요.Hug Your Kids the Six Flags Way."

그야말로 기대 이상이었다. 클라크의 팀은 우리가 놀이공원에서의 경험과 이미지를 통해 충족시켜줄 수 있는 정서적 약속을 그 한 문장에 고스란히 녹여냈다. 더구나 그는 광고음악까지 직접 작곡했다. 마침내 SFOG에서 한층 끈끈해진 가족애를 보여주는 우리 광고가 라디오와 텔레비전으로 전파를 탔다. 우리 광고는 아이들과 함께 시간을 보내고 그들을 '식스플래그스로 안아줄' 때 얻어지는 관계상의 혜택, 즉 한층 끈끈해진 가족애를 정확히 묘사했다. 뿐만 아니라 우리 공원의 브랜드 자산Brand Asset, Brand Equity[24]도 확실하게 주지시켰다.

이번 광고 캠페인은 초대박이었다. 고객조사에서도 명확히 드러났듯 사람들은 우리 캠페인을 좋아했고 즉각적으로 공감했다. 그리고 이듬해에는 식스플래그스 산하 몇몇 놀이공원도 우리 캠페인을 도입했다.[25] 내 개인적으로도 그 캠페인은 의미가 컸다. 생전 처음으로 브랜드 약속을 진실하게 담아낸 캠페인의 탄생에 일조한 것이었다. 말로는 표현 못할 만큼 뿌듯했다!

---

24 브랜드와 연관된 브랜드 인지도, 고객충성도, 고객신뢰도, 인지도, 상징, 제품이나 서비스의 가치

25 당시에는 식스플래그스의 놀이공원이 총 6개였다.

하지만 빛이 있으면 그늘도 있는 법, 바깥일에 매진하는 동안 나는 남편으로서 아빠로서 낙제점이었다. 나는 깨어 있는 시간 대부분을 다른 가족들이 우리 놀이공원에서 멋진 시간을 보내도록 노력했다. 그런데 정작 내 가족과는 그런 시간을 거의 갖지 못했다. 1979년 맏딸인 조이가 4살 반이 되었을 때 둘째인 아들 조시가 태어나서 이제 우리 가족은 4명이 되었다. 그런데 조이의 생일날 하필 공원에서 특별 행사가 열리는 바람에 나는 도저히 자리를 비울 수가 없었다. 다이앤은 언제나처럼 이번에도 내 상황을 진심으로 이해했고 싫은 내색 하나 없이 엄청난 인내심을 보여주었다.

고민 끝에 우리 부부는 차선책을 생각해냈다. 아내가 조이를 공원으로 데려와 함께 생일을 보내기로 했다. 나는 이참에 밀린 아빠 노릇까지 제대로 하겠다고 다짐하며 희망에 부풀어서 케이크를 포함해 준비에 만전을 기했다. 심지어 회심의 카드로 우리 공원의 다양한 캐릭터 중에서 어떤 만화 캐릭터를 생일파티에 초대하기도 했다. 드디어 다이앤이 꼬마 숙녀 조이와 함께 나타났다. 만화 캐릭터를 실물로 '영접'한 조이의 반응이 궁금하지 않은가? 귀신이라도 본 듯 공포에 질렸다. 그토록 단단히 벼렸건만 내 야심 찬 계획은 수포가 되었다.

나는 생일 같이 가족의 특별한 순간을 함께하는 것은 고사하고 평범한 가장처럼 일요일을 가족과 보내는 것도 여의치 않았다. 솔직히 일요일은 아예 없다시피 했으니 가족과 교회 예배에 참석하는 것은 언감생심이었다. 밥먹듯 하는 야근에 늦은 퇴근은 다반사였고 가족과 저녁 식사를 함께하는 평범한 일상조차 허락되지 않았다. 놀이공원 사업은 흔히 하는 말로 빡세지만 무엇보다 특별 행사를 담당하는 부서는 그야말로 전쟁터다.

나와 스퍼전 리처드슨은 역할 분담이 확실했다. 나는 브랜드 약속을 내세워 가족 단위 고객을 우리 공원으로 유인하는 일에 집중했고, 리처드슨은 그 약속을 어떻게 이행할지에 초점을 맞추었다. 리처드슨은 놀이공원의 브랜드 약속이란 놀이기구, 운영, 안전 등에 국한되어서는 안 된다고 그런 것들을 훨씬 초월해야 한다고 강조했다. 우리는 더욱 우수한 인재를 채용하고 그들에게 고객의 마음을 사로잡는 환대 교육과 훈련을 강화할 필요가 있었다. 이러한 우리의 노력이 결국 좋은 성적표로 돌아왔다. 우리가 브랜드 약속에 바탕을 둔 캠페인을 전개한 첫해에 현장 입장권 판매액이 눈에 띄게 증가했다. 우리가 이런 성공을 거둘 수 있었던 일등공신은 앞에서 강력하게 이끌어준 리처드슨과 든든하게 뒤를 받쳐준 SFOG의 임원진이었다.

그렇게 놀이기구에 묻혀 살다보니 3년 반이 순식간에 지나갔다. 그리고 나는 운명의 전화 한 통을 받게 된다.

3장

칙필레, 마케팅에 눈뜨다

내가 서른 살이던 1980년 여름이었다. 본론부터 말하면 나는 '시험'에 들었다. 우리 가족이 다니던 교회가 250만 달러를 목표로 모금 프로그램을 기획했다. 우리 교회와 주일학교를 위한 새로운 교육시설을 짓기 위한 기금이었다. 주일학교에 다니던 우리집 남매 조이와 조시에게도 좋은 일이라 부모인 나로서는 반대할 이유가 하등 없었다. 우리 아이만이 아니라 그 시설이 문을 열면 아이들 모두가 수혜자였다. 일요일에 더해 평일에도 사용할 수 있는 공간이 생기니 말이다. 그런데 우리 교회의 담임 목사 클라크 허친슨Clark Hutchinson이 내게 뜻밖의 요청을 했다. 그 프로그램을 이끌어달라는 것이었다.

나는 모금 캠페인을 주도해본 경험은 없었지만 우리 부부도 어느 정도 기부해야 한다는 것쯤은 잘 알았다. 나는 SFOG의 4년차 마케팅 책임자였지만 연봉이 아주 높은 편은 아니었다. 다이앤과 나는 허친슨 목사의 제안에 대해 기도했고 마침내 그 제안을 받아들였다. 그때는 몰랐지만 당시 나는 내 삶에서 중요한 전환점의 문턱에 서 있었다. 이제까지 보았듯 당시까지도 나는 진정한 의미의 헌금이 무엇인지 이해하지 못했다.

첫번째 위원회 회의에서 허친슨 목사가 말라기Malachi 3장 10절부터 12절까지 낭독했다.

> 만군의 여호와가 이르노라 너희의 온전한 십일조를 창고에 들여 나의 집에 양식이 있게 하고 그것으로 나를 시험하여 내가 하늘 문을 열고 너희에게 복을 쌓을 곳이 없도록 붓지 아니하나 보라.
> 만군의 여호와가 이르노라 내가 너희를 위하여 메뚜기를 금하여 너희 토지소산을 먹어 없애지 못하게 하며 너희 밭의 포도나무 열매가 기한 전에 떨어지지 않게 하리니.
> 너희 땅이 아름다워지므로 모든 이방인들이 너희를 복되다 하리라 만군의 여호와의 말이니라.

허친슨이 지적했다. "여기서 여러분은 한 가지를 꼭 아셔야 합니다. 하나님이 나를 시험하라고 말씀하시고 그 결과가 좋을 거라고 장담하신 것은 성경에서 이 부분이 유일하다는 사실입니다." 그런 다음 허친슨은 예수 그리스도가 자신은 성경을 파괴하는 것이 아니

라 성경을 완전하게 만들러 왔다고 말했다는 점을 상기시켰다.[1]

나도 나름대로 이 부분을 공부했고 하나님이 "나를 시험하라"고 약속했음을 확인했다. 이것은 중요한 의미가 있었다. 다이앤과 나는 결혼생활 내내 몇 가지만 빼면 의견이 달랐던 경우가 별로 없었다. 하필 헌금이 그런 사안 중 하나였다. 나는 천성적으로 헌금에 후한 사람이 아니었다. 더 정확히는 헌금에 상당히 인색한 편이었다. 다이앤과 내가 헌금에 대한 생각이 크게 달랐던 것은 아마 성장 배경도 한몫했을 거라고 본다. 다이앤은 헌금이 생활화된 장인어른을 보면서 자랐던 반면 우리 본가는 십일조도 하지 않았다. 그렇다고 아예 헌금을 내지 않았다는 말은 아니고, 그저 이렇다 할 액수도 아니었고 체계적이지도 않았다는 뜻이다. 솔직히 자라는 내내 우리 부모님 입에서 십일조라는 단어는 한 번도 듣지 못했다. 따라서 성경이 십일조를 어떻게 말하는지에 대해 내가 아는 것이라곤 어린아이 수준이었다.

이런 내가 모금 캠페인을 맡기로 결정한 것은 순전히 클라크 허친슨에 대한 내 믿음과 헌신 때문이었다. 이유야 무엇이건 일단 맡은 이상 나는 선택의 여지가 없었다. 성경에서 말하는 십일조와 보상에 관한 허친슨의 메시지를 무조건 믿고 지지해야 했다. 요컨대 내게는 그것이 돈이 아니라 신앙심과 믿음의 문제였다.

나는 "그것으로 나를 시험하라"는 하나님의 말씀을 믿기로 결

---

1 "내가 율법이나 선지자를 폐하러 온 줄로 생각하지 말라 폐하러 온 것이 아니요 완전하게 하려 함이라."(마태복음 Matthew 5장 17절)

심했다. 이번 내 결심은 다이앤과는 전혀 무관했다. 오히려 하나님이 하신 긍정적인 보상 약속을 믿었기 때문이다. 다이앤과 나는 십일조를 내기로 마음을 굳혔고 십일조 외에도 모금 캠페인에 기부하기 위해 얼마간의 돈을 따로 준비했다. 그런 다음 우리는 헌금서약서를 제출했다. 캠페인의 지도부가 가장 먼저 헌금을 공식화해야 했기 때문이다.

그리고 교회 내부에서부터 모금 캠페인이 시작되었다. 그런데 나는 우리가 서약한 액수 때문에 마음 한구석이 계속 께름칙했다. 특히 잠들기 전이나 출근길에 기도할 때 몹시 심란했다. 결코 좋은 징후가 아니었다! 솔직히 다른 숫자가 내 머리에서 떠나질 않았다. 우리가 약속한 헌금액보다 무려 두 배가 넘는 액수였다.

내 마음이 안달하고 달음박질쳤다. 우리 형편에서 그런 액수는 당치도 않았다. 나는 내 월급과 성과 상여금 추정치까지 감안해 계산기를 두드리고 또 두드리며 온갖 궁리를 다해보았다. 하지만 어차피 결과는 같았다. 아무리 머리를 짜내도 뾰족한 수가 없었고 나는 그저 식은땀을 흘릴 뿐이었다.

헌금서약서를 제출하고 2주가 지나니 나는 한계에 다다랐다. 더이상은 혼자 끙끙 앓을 수 없었다. 어느 밤 자려고 불까지 다 끄고는 어둠 속에서 내가 다이앤에게 조용히 말했다. "여보, 헌금서약서를 제출한 뒤로 한순간도 마음이 편하지 않아. 아무래도 액수를 바꿔야 하지 싶어. 아니, 꼭 그래야 할 것 같아." 그러고는 내가 생각하는 액수를 말했다. 다이앤이 표시는 안 냈지만 내심 놀랐다는 데에 내 전 재산을 걸 수도 있다. 이제까지 헌금에 그토록 짠돌이 짓을 하던 내가 액수를 줄인 게 아니라 늘렸으니 어찌 안 그랬을까.

다이앤이 가타부타 아무 말도 않다가 잠시 후 웃음을 터뜨렸다. 나는 영문을 몰라 어리둥절했다. 다이앤이 불을 켜더니 침대 옆 탁자에 놓인 성경을 집어 들어 시편Psalm 81장 10절을 펼쳤다. "네 입을 크게 열라 내가 채우리라." 바로 그 문구 뒤에 그녀가 적어둔 숫자 하나가 보였다. 그녀가 원하는 주간 헌금액이었다. 모금 캠페인을 전개하는 3년 156주를 곱해도 하나님이 이제까지 내게 주신 액수에서 몇백분의 1도 되지 않았다. 이제까지 직장생활을 하면서 벌어들인 돈 말이다. 우리 둘 다 환하게 웃고 울다가 불을 끄고 잠에 들었다.

다가온 일요일 우리는 헌금서약서의 액수를 다시 써냈고 마침내 내 마음도 평화를 찾았다. 그렇게 마음은 가벼워졌을지언정 과연 우리가 그 약속을 이행할 수 있을지는 여전히 자신이 없었다. 하지만 이내 나는 그것이, 즉 우리가 금전적으로 감당하지 못할 거라는 사실이 핵심이라는 것을 알게 되었다. 물론 당시에는 나는 그것을 알지 못했다. 하지만 하나님이 클라크 허친슨과 말라기를 통해 내 삶을 바꿔놓은 것만은 분명했다.

칙필레의 바늘구멍 문을 뚫다

이틀 뒤인 화요일 전혀 예상치 못한 일이 벌어졌다. 나는 칙필레의 COO 지미 콜린스의 전화를 받았다. 콜린스가 대뜸 말했다.

"눈치채셨는지 모르겠는데 칙필레에는 아직 마케팅 부서가 없습니다." 나는 속으로 생각했다. '오, 그거야 빤하죠. 마케팅 부서가 있었다면 예전에 식스플래그스와 입점계약을 했을 테니까요!'

"현재 직원 두 명이 마케팅 업무를 보고는 있는데 둘 다 그쪽 전공자도 아니거니와 경험도 일절 없습니다. 기왕지사 까놓고 말씀드리죠. 우리는 운영자들이 매출을 증가시키도록 도와주고 싶어도 그들에게 필요한 것을 제공하지 못하는 실정입니다. 이래저래 칙필레의 동일매장매출이 하락하고 있고요."

콜린스는 브랜드라는 단어는 '브' 자도 입에 올리지 않았다. 사실 브랜드는 운영자가 매출을 끌어올릴 수 있게 자원을 공급하는 문제 이상도 이하도 아니었다. 정말 단순하지 않은가?

이제 그는 본론으로 들어갔다. "우리 사무실에 와서 이야기해봤으면 좋겠는데 어떻게 관심 있으세요? 물론 식스플래그스도 좋은 직장입니다. 당연히 지금의 일을 사랑하실 테고요."

"네, 맞는 말씀입니다." 나는 그의 말에 맞장구를 치면서도 속으로는 딴 생각을 했다. '관심 있다마다요. 꼭 이야기해보고 싶습니다.' 내가 마케팅 세상에 입성한지 벌써 8년차였다. 나는 첫 직장 TI에서 단기적인 거래에 집중하는 것이 휴대용 테크놀로지를 중심으로 브랜드를 구축하는 노력에 걸림돌로 작용하는 현장을 목도했다(그로부터 40여 년이 흐른 오늘날 휴대용 테크놀로지 시장을 누가 지배하는지 삼척동자도 알 것이다). 또한 나는 4년간 식스플래그스에 몸담으면서 회사의 롤러코스터 같은 운명도 지켜보았다. 성장을 지속하던 식스플래그스는 이제 파산에서 회생한 어떤 지주회사에 의해 운영

되었다. 그 회사의 관심은 처음부터 끝까지 오직 현금이었다. 분기별 현금 실적에 대한 압박감 때문에 공원의 시설 개량과 정비는 뒷전으로 밀렸다. 그리고 마케팅 예산도 제자리걸음이었다. 요컨대 우리 공원은 고객 경험을 개선하고 이를 통해 브랜드를 발전시키는 것이 아니라 브랜드를 '쥐어짜 단물을 빨아먹고' 있었다.

이런 생각을 하는 와중에도 나는 허친슨 목사의 메시지를 떠올렸고 문득 궁금해졌다. '대체 지금 이게 다 무슨 일일까? 하나님의 뜻일까?' 나는 지난 1년 반 동안 칙필레의 누구와도 연락한 적이 없었다. 그런데 지미 콜린스는 지금 와서 갑자기 왜 전화한 걸까?

나는 한 번 더 확실하게 못을 박았다. "네, 저도 찾아뵙고 이야기 나누고 싶습니다."

우리는 약속을 잡았고 이렇게 면접이 시작되었다. 나는 길어도 두 주 정도면 가부간의 결정이 날 거라고 막연히 생각했다. 그도 그럴 것이 식스플래그스에 처음 입사할 때 하루 면접 본 것이 전부였기 때문이다.

완전히 내 착각이요 오만이었다! 무려 5달 반 동안 면접이 이어졌다. 트루엣 캐시, 지미 콜린스, 댄 캐시, 버바 캐시, 인적자원 책임자, 운영 책임자 등은 물론이고 본사 실세를 두루 만났고 심지어 운영자 두 명과도 면접을 봐야 했다.

당시 미국은 쇼핑몰 춘추천국시대였다. 자고 일어나면 쇼핑몰이 생길 정도였다고나 할까. 칙필레에게 쇼핑몰은 동반성장할 수 있는 엄청난 기회였다. 1980년과 1981년 두 해에 걸쳐 칙필레는 매장을 100개 이상 늘렸고 총 매장 수가 두 배로 증가하게 되었다. 트루엣 캐시는 이런 가파른 성장률이 못내 불편했지만 여유를 부릴 때가 아니었다. 모 아니면 도, 양자택일해야 했다. 신규 쇼핑몰에 당장 입점하든가 아니면 기회를 놓치든가 둘 중 하나였다.

나는 면접과정이 좀체 진도가 나가지 않아 답답한 마음을 다이앤에게 하소연했다. "그들이 나를 어떻게 조사하고 있는지 감도 안 와. 그래도 이거 하나만은 확실해. 샅샅이 캐고 있을 걸." 그러다보니 어느 순간부터 어떤 두려움이 고개를 들기 시작했다. "스퍼전 리처드슨이 이 모든 사실을 알아내고는 내가 식스플래그스에 불만을 품고 뒤에서 호박씨 깐다고 생각하면 어떡하지……"

그러던 1980년 12월 어느 날 나는 트루엣 캐시와 그의 사무실에서 점심 식사를 함께했다. 아직까지도 칙필레에게서 공식적인 입사 제안을 받지 못한 상태였다. 한 시간쯤 지났을 무렵 나는 단도직입으로 물어보기로 마음을 정하고 운을 뗐다. "회장님, 저는 칙필레가 훌륭한 브랜드로 성장할 토대를 갖췄다고 생각합니다. 정말입니다."

"갑자기 그게 무슨 뚱딴지같은 소린가요?" 그가 되물었다.

내 눈은 그의 책상 위에 놓인 명판에 새겨진 글귀로 향했다. 잠언 22장 1절이었다. "많은 재물보다 명예를 택할 것이요 은이나 금보다 은총을 더욱 택할 것이니라."

"훌륭한 브랜드도 저기 명판 속 글귀와 같습니다"라고 내가 말했다. "훌륭한 브랜드는 곧 좋은 평판입니다."

이제 내가 본론을 꺼냈다. "면접을 시작하고 몇 달이 지나다 보니 슬슬 걱정이 듭니다. 저는 지금 다니는 회사 몰래 면접을 보고 있습니다. 이게 마음에 걸리기 시작합니다. 회장님이 어떤 마케팅 담당자를 찾고 계신지 궁금합니다. 이상적인 후보가 어떤 사람인지 말씀해주시겠습니까? 제가 회장님이 생각하시는 이상적인 후보일까요?"

트루엣 캐시가 손에 들고 있던 샌드위치를 내려놓고 말했다. "그런 것은 생각해본 적도 없습니다. 다만 그게 무엇이건 내가 이상적인 기준을 정해놓고 그것에 맞는 사람을 찾고 있는 것이 아니라는 점은 확실합니다." 그는 농담하는 게 아니었다. 얼굴에는 웃음기가 하나도 없었고 아주 진지했다. 나는 머리를 세게 맞은 기분이었다. "그러고 보니 알고 싶은 게 있긴 합니다. 우리 둘 중 하나가 죽을 때까지 함께 일할 수 있을지 알고 싶군요. 어쨌든 내가 당신보다 더 오래 살 생각이지만요." 이번에는 그가 웃는 얼굴로 말했다. 그렇지만 그가 이것을 단기적인 결정으로 생각하지 않는다는 것은 분명했다. (결국 이날 대화는 내가 칙필레라는 회사가 어떤 곳인지 확실히 이해하는 데 커다란 도움이 되었다.)

"또 한 가지, 우리가 서로를 신뢰하는 즐거운 동료 사이가 될 수 있을지도 알고 싶군요. 하지만 당신이 우리 회사의 마케팅 적임자인지에 대해서는 지미 콜린스와 다른 사람들의 판단을 전적으로 믿을 겁니다. 그들이 당신을 적임자라고 판단한다면 당신이 적합한 후보일 가능성이 매우 높겠죠. 그렇지만 지금 당장 확답을 주기는 시기상조 같습니다."

그는 말을 이어갔다. "우리 회사에서 가장 중요한 결정은 사람을 뽑는 일입니다. 새 식구를 맞이하는 일이니까요. 당신이 칙필레에 입사한다면 내 목표이자 기대는 하나입니다. 당신이 제 발로 회사를 나가는 일은 없어야 한다는 겁니다. 차후에 콜린스와 이야기한 뒤 결정을 알려드리겠습니다만 그것이 바로 내가 원하는 조건입니다."

이런 면접을 경험한 사람도 있겠지만 나는 아니었다. 나는 이런 낯선 전개에 무슨 말을 해야 할지 말문이 막혔다.

나는 1973년 대학원을 졸업한 뒤 7년 반 동안 직장을 세 번 옮겼고 지금이 네번째 직장이었다. 이제까지의 모든 면접은 내가 어떤 역량과 기술을 갖췄는지가 최대 관심사였다. 내가 어떤 성향을 가졌으며 나와의 '화학반응', 즉 성격적 궁합이 어떠한지에 이토록 집착하는 사람은 캐시 말고 본 적이 없었다. 그는 내가 무엇을 할 수 있는가보다 내가 어떤 사람인가에 관심이 더 많다고 선언한 셈이었다. 더욱이 칙필레가 내 마지막 직장이 되어야 한다고까지 은근히 압박하는 것이 아닌가. 제대로 들은 건지 의심스러울 지경이었다.

그럼에도 불구하고 나는 내 눈과 귀로 직접 보고 들은 칙필레의 모든 것이 마음에 들었다. 개인소유의 비상장회사라는 점도 좋았고 회사의 가치관과 창업자 트루엣 캐시의 기업가정신도 인상적이었으며 메뉴 구성도 훌륭했다. 특히 치킨샌드위치는 환상이었다. 그렇다고 빵 두 장에 감싸인 치킨 한 조각에 혹해서 이직하고 싶은 것은 아니었다. 트루엣 캐시라는 사람, 그가 개발한 가맹계약, 쇼핑몰에서 찾은 기발한 틈새시장 등이 나를 끌어당겼다. 무엇보다도 내가 칙필레에서 마케터 1호가 된다는 사실이 너무 매력적이었다. 이는 다른 누군가가 세운 마케팅 계획이나 조직을 물려받지 않아도 된다는 뜻이었다.

당시는 청량음료 브랜드 세븐업이 기존 콜라와의 차별화를 꾀하기 위해 카페인 무첨가를 내세워 "콜라가 아니다"라고 외치는 '언콜라Uncola' 캠페인이 선풍적인 인기를 끌던 때였다. 나는 다이앤에게 세븐업의 언콜라에 빗대 칙필레는 버거인데 버거가 아니며Un-burger 장차 버거업계의 판도를 바꿀 거라고 장담했다. 바로 이것이 애틀랜타에서 최고 직장 중 하나를 다니면서도 몇 달에 걸쳐 캐시와의 대화의 끈을 놓지 못한 이유였다.

"무슨 말씀인지 알겠습니다. 그럼 다음 단계는 무엇입니까?"라고 내가 말했다.

"우선은 지미 콜린스와 상의를 해야죠. 그리고 그가 관여시키고 싶어하는 모든 사람과도 이야기를 해봐야하고요. 그런 뒤에 당신의 입사 여부를 결정하지 않을까요? 내 생각에는 두세 주 안에 대답을 줄 수 있을 거라고 봅니다."

나는 가슴이 철렁했다. "두세 주를 더 기다려야 한다니……"라며 말끝을 흐렸다.

몇 달간 면접을 보며 뻔질나게 드나든 터라 나는 칙필레 본사의 내부구조를 훤히 꿰고 있었다. 캐시의 사무실을 나와 정문으로 나가던 길에 콜린스의 사무실 앞에 이르자 발길이 저절로 느려졌다. 마침 나를 발견한 콜린스가 잠시 들어오라며 청했고 트루엣과의 대화가 어땠는지 물었다. 나는 간략히 요약해서 들려준 뒤 솔직하게 물었다. "언제쯤 결정하실 생각인지 궁금합니다." 나는 캐시에게서보다 나은 대답을 듣길 내심 기대했다. 성탄절과 연말연시

연휴가 목전인데다 나는 어떤 결정이든 받아들일 각오가 되어 있었다.

"회장님 예상이 거의 맞을 겁니다. 적어도 보름은 걸리지 싶군요. 먼저, 회장님과 상의를 해야겠지만 아마도 당신을 한차례 더 만날 자리가 생길 것 같습니다."

그건 빈말이 아니었다. 바로 다음 주에 지미 콜린스와 그의 아내 올레타가 나와 다이앤을 저녁 식사에 초대했다. (이번 만남은 스티브 로빈슨이라는 남자의 배우자가 어떤 사람인지 파악하는 것이 더 중요한 목적이었을지도 모르겠다.) 자리가 끝나갈 무렵 나는 콜린스에게 지난주 캐시에게처럼 단도직입으로 물었다. "이제 그만 말씀해주세요. 제가 된 건가요, 떨어진 건가요?"

콜린스 역시 직설적으로 대답했다. "지금으로선 모두가 당신의 능력과 자질에 매우 만족하는 것 같다는 말밖에 못하겠군요. 당신한테 최종적으로 입사 제의를 하게 되더라도 회장님과 마지막으로 한 번 더 이야기를 해봐야 합니다."

며칠 뒤 나는 사무실에서 일하다가 그토록 기다리던 전화를 받았다. 콜린스는 버바 캐시의 집에서 열리는 칙필레 직원들의 크리스마스 파티에도 다이앤과 나를 초대했다. 나는 퇴근 시간이 되자마자 한달음에 달려가서 다이앤에게 연봉이 지금의 두 배라는 기쁜 소식을 알렸다. 우리는 함께 웃고 또 울었다. 그동안의 마음고생을 씻겨내듯 한바탕 실컷 울었다.

이튿날 나는 힘든 숙제를 하러 스퍼전 리처드슨과 마주 앉았다. 우리 둘은 단순한 직장 동료를 넘어 정말 친한 친구였다. 그는 내가 독실한 기독교인이라는 사실부터 내가 어디에 가치를 두는지 훤히 꿰었고, 나는 그가 내 삶에 미친 영향을 대단히 중요하게 생각했다.

나는 솔직하게 털어놓았다. "리처드슨, 진짜 힘든 말씀을 드리고 싶습니다. 저는 커리어를 바꿔보기로 마음을 정했습니다. 그래서 불가피하게 식스플래그스를 떠나게 되었습니다. 애틀랜타에 있는 어떤 회사로 옮기려 합니다. 비상장회사인데 지향하는 가치가 저와 아주 잘 맞습니다."

리처드슨이 갑자기 말을 끊고 끼어들었다. "칙필레군."

"어, 맞습니다. 제 딴에는 최종적으로 결정될 때까지 비밀을 잘 유지했다고 생각했는데, 어떻게 아셨습니까?"

"내가 알아낸 게 아니네. 하지만 척하면 삼천리 아닌가. 자네하고 그 회사는 생각하는 방식이 같지. 그들에게 중요한 것이 자네한테도 중요하고 그 반대로 마찬가지 아닌가."

그런 다음 리처드슨은 대인배의 모습을 보여주었다. 이제까지 식스플래그스에서 내가 해온 일을 칭찬해주었을 뿐만 아니라 응원도 아끼지 않았다. "자네가 여기서도 잘했지만 그 일이 자네한테 꼭 필요하다고 생각하네. 건투를 비네."

나는 칙필레로 옮기기 전에 마무리를 잘해야 했다. 식스플래그스에서의 마지막 마케팅 계획 개발을 이끌었고 후임에게 업무도 완벽하게 인계했다. 한편 나는 다이앤과 함께 버바의 집에서 열린 칙필레 직원들의 크리스마스 파티에 참석했다. 우리가 조금 늦는 바람에 도착했을 때는 이미 파티가 시작된 뒤였다. 현관문 너머로 집안에서 사람들이 부르는 캐럴 소리가 흘러나왔다. 세속적인 크리스마스 노래가 아니라 전통적인 캐럴이었다. 크리스털피스톨에서 열리는 식스플래그스 직원들의 크리스마스 파티와는 달라도 너무 달랐다. 바야흐로 다이앤과 내가 엄청난 문화적 변화의 목전에 서 있음을 알리는 서막이었다.

파티가 한창 무르익었을 때 회사가 준비한 선물을 직원들에게 나눠주었는데 다이앤과 내 선물도 있었다.

그리고 나는 1981년 1월 12일 칙필레에 첫 출근했다.

무경쟁 시장

1981년은 '블루오션 전략Blue Ocean Strategy'[2]이라는 용어가 탄생하기 전이었다. 기업이 (경쟁자들이 야기하는 거센 파고가 없는) 무경쟁 시장 공간을 창출하는 것을 가리키는 시장이론의 하나인 블루오션 전략은 1990년대에 수면 위로 떠올랐고 2005년 동명의 경영서가 세상에 나왔다.[3] 하지만 내가 블루오션이라는 단어를 알지 못했어도 트루엣 캐시가 무경쟁 시장 공간을 발견한 것은 명백했다. 바로 쇼핑몰이었다. 쇼핑몰이라는 공간은 경쟁자들이 진입하기 쉽수

2 기업이 성공하기 위해서는 경쟁이 없는 독창적인 새로운 시장을 창출하고 발전시켜야 한다는 경영전략

3 프랑스 유럽경영대학원 인시아드의 김위찬과 러네이 모본Renée Mauborgne 교수가 공동으로 『블루오션 전략』을 발표했다.

년 전에 칙필레가 크기와 힘, 즉 양적으로 질적으로 성장할 수 있는 토대가 되었다.

앞서 말했듯 트루엣 캐시는 1961년에 무뼈 닭가슴살을 주재료로 치킨샌드위치 조리법을 완성했다. 하지만 20년 가까이 어떤 프랜차이즈도 그것을 모방하려는 시도조차 하지 않았다. 이는 캐시가 치킨샌드위치를 독점했다는 뜻이었다. (몇몇 식당이 '순살 치킨Filet of Chicken'이라는 유사 샌드위치를 만들어서는 '칙필레'로 둔갑시켜 메뉴에 버젓이 올린 적이 있었다. 캐시와 지미 콜린스가 그런 사실을 발견할 때마다 고문 변호사들에게 특허권 침해 경고장을 발송하라고 요구했다. 결국 유사품은 오래지 않아 자취를 감추었다.) 게다가 캐시는 쇼핑몰에서 식당가가 필수 공간으로 자리잡기 10년도 훨씬 전에 쇼핑몰에 패스트푸드 식당을 운영했다.

1981년 1월 12일은 내가 칙필레에 첫 출근하는 동시에 오늘날의 컬덕트Culduct[4]처럼 문화와 상품을 신중하게 결합한 환경에 입성한 날이었다. 간단히 말해 칙필레 전략은 "쇼핑몰에서 맛있는 음식을 대량으로 만들어 팔자"였다. 이제까지는 그 전략에 'A' 학점을 줘도 좋았다. 1967년에 1호점을 시작한 칙필레는 매장 수가 꾸준히 늘어 1981년 초 184개에 이르렀고, 연매출이 1억 달러를 넘는 등 어엿한 14년차 브랜드였다. 이뿐만 아니라 유일무이한 고급 치킨샌드위치로 여전히 독보적인 명성을 유지했다. 한편 메뉴 구성은

4 문화 'Culture'와 상품 'Product'를 합성해 만든 용어로 상품이나 브랜드의 객관적인 속성을 문화와 결합한 문화융합상품을 말한다.

칙필레 샌드위치, 가느다란 막대형 감자튀김, 양배추샐러드 코울슬로, 레몬파이, 각종 코카콜라 음료, 즉석 레모네이드 등으로 1호점 이후 거의 변화가 없었다. 이제까지는 패스트푸드 시장에서 칙필레의 제품에 도전장을 내민 경쟁자가 없었던 터라 칙필레는 한눈 팔지 않고 자신들이 가장 잘하는 일을 계속해올 수 있었다.

칙필레 문화의 중심에는 샌드위치가 있었다. 또한 고객들이 칙필레에 관해 이야기할 때도 단연 샌드위치가 그 주인공이었다. 이유는 뻔했다. 뛰어난 접근성과 용이성 때문이었다. 말인즉 고객들은 쇼핑몰을 돌아다니다 배가 고프면 칙필레 샌드위치를 사서 편하게 손에 들고 다니며 먹었다. 이러니 칙필레가 어디에 주된 초점을 맞춰야 하는지 의문의 여지가 없었다. 바로 샌드위치 판매량을 늘리는 것.

지미 콜린스는 오직 운영만 생각하고 운영에 미쳐 있었다. 물론 가장 좋은 의미로 미쳐 있었다. 자나깨나 그의 관심사는 단 하나, 운영이었다. '어떻게 하면 칙필레 매장 개념을 일관적이고 반복가능한 운영 방식으로 만들 수 있을까? 어떻게 하면 모든 운영자가 칙필레 방식을 고수하는 것은 당연하고, 모든 매장이 똑같아 보이고 똑같은 품질의 제품을 만들며 똑같은 수준의 서비스를 제공할 수 있을까?'

콜린스는 치킨샌드위치아 이미 완벽하기 때문에 더이상 투자할 필요가 없다는 말을 입버릇처럼 달고 살았는데 그의 바람은 모든 메뉴가 그렇게 되는 것이었다.

그는 관리자로서의 능력이 아주 탁월했고 체계와 공정과 표준이 얼마나 중요한지도 정확히 이해했다. 그런데도 희한하게 경직된 규칙은 좋아하지 않았다. 오히려 그는 운영 일관성을 유지하는 동시에 가맹점 사업자들이 특히 매장 직원들과 매출 증가와 관련해 각자 개인적인 판단에 따라 행동할 수 있는 융통성과 재량권을 보장하는 일련의 절차를 만들었다.

이것이 바로 가맹계약의 핵심이었고, 이런 가맹계약은 기업가적 재능이 뛰어난 인재를 유인했다. 요컨대 캐시와 콜린스는 운영자가 매일 올바른 결정을 내릴 거라고 믿었다.

선무당이 사람 잡는다

칙필레에서의 첫날은 문화 충격 자체였다. 사무실에 도착하고 겨우 숨을 돌리자마자 지미 콜린스가 월요일 아침 예배에 초대했다. 참석 여부는 직원 각자의 선택에 맡겼지만, 사내 예배 시간이 있다는 사실만으로도 내가 얼마나 독특한 업무 환경의 일원이 되었는지 여실히 보여주었다. 한편 내 사무실은 헤이프빌의 버지니아애비뉴에 세워진 사무실용 철골 건물의 후면과 연결된 작은 트레일러에 있었는데 창문조차 없었다. 막 짐을 푸는 중에 난데없이 수탉 울음소리가 들렸다. 나는 순간 '닭소리 들리는 거 실화임?'이라고 생각했다. 식스플래그스의 내 사무실에 있을 때면 비명소리와 롤러코스터의 굉음이 끊이질 않았다. 그런데 이제는 치킨샌드위치의 세상에 들어왔고 수탉과 이웃이 되었다. 아무도 수탉의 존재를 낯설어하거나 이상하게 여기는 낌새는 보이지 않았다. 그냥 수탉도 닭들의 이웃일 뿐이었다.

나는 콜린스를 따라서 도심에 있는 광고대행사와의 회의에 참석했다. "그들이 향후 전개할 광고 캠페인에 관한 아이디어를 발표할 걸세."

칙필레의 광고대행사는 나도 잘 아는 곳이었다. 식스플래그스에서도 거래했던 매캔에릭슨이었다. 물론 담당자들은 달랐다. 우리 일행은 콜린스와 나 말고도 두 사람이 더 있었다. 콜린스가 나와의 첫 통화에서 언급했던 직원들로 둘 다 훌륭하고 점잖았지만 안타깝게도 광고나 마케팅 경험이 일절 없었다. 하긴 얼마 지나고 보니 칙필레에서 내 처지도 그들과 별반 다를 것이 없었다. 쇼핑몰에 기반을 두는 패스트푸드 체인을 마케팅하는 것에 관한 한 나도 왕초보였다.

매캔에릭슨팀은 할인권이 인쇄된 신문전단Freestanding Insert 광고 아이디어를 몇 개 제안했다. 이것은 내가 여타의 패스트푸드 브랜드에서 익히 봐왔던 방법으로 새로울 것이 없었다. 그리고 내가 보기에도 괜찮은 방법 같았다. 그런 전단 광고의 목적은 고객의 발걸음을 칙필레로 유도하는 것이었고, 이것이야말로 예나 지금이나 패스트푸드 브랜드들이 주로 하는 일이다.

그날 회의에 외부인도 참석했다. 조지아주립대학교의 경영대학원 교수 켄 번하트Ken Bernhardt였다. 번하트는 칙필레의 의뢰를 받아 진행했던 첫번째 고객조사의 결과 일부를 발표하기 위해 자리를 함께했다. 결론부터 말하면 그의 조사 결과에는 고객들이 칙필레 브랜드를 어떻게 생각하고 어떻게 인식하는지에 관한 새로운 통찰이 담겨 있었다. 나는 사무실로 돌아와서도 번하트의 자료를 손에서 놓지 않았고 솔직히 첫 주는 거의 대부분 수험생처럼 그 자료에 코를 박고 보냈다. 여담이지만 번하트와 나는 그날의 우연한 인연을 시작으로 평생의 친구이자 직업적인 동료로 발전했다.

나는 칙필레 고객들의 목소리를 처음 접하게 해준 번하트의 조사 결과를 통해 흥미로운 현실을 마주했다. 칙필레는 고객들의 최종 목적지가 아니라는 사실이었다. 당시 칙필레의 모든 매장이 오직 쇼핑몰에만 입점해 있었고, 이는 우리 시장이 매일 우리 앞을 지나갔다는 뜻이었다. 또한 번하트가 제시한 데이터는 우리에게 경종을 울리는 두 가지 정보도 담고 있었다. 첫째는 쇼핑몰에서 음식을 구매하는 사람의 75프로 이상이 쇼핑몰에 도착한 뒤에야 무엇을 먹을지 결정한다는 점이었다. 더욱이 칙필레 브랜드에 대한 비보조 인지도Unaided Awareness[5]는 10프로에도 못 미쳤다. 칙필레 매장은 한마디로 '포로 청중Captive Audience'[6] 환경이었다. 이렇게 볼 때 우리가 해야 하는 일은 명백해 보였다. 이미 그 환경에 들어온 사람들을 공략할 방법을 알아내야 했다. 다시 말해, 우리 매장 앞으로 그들의 발길을 유도할 설득력 있는 이유를 제공해야 했다. 미리 고백하자면 이 통찰은 보이는 게 다가 아니었다. 만약 내가 그것에 함축된 의미를 이해했다면 그것을 '빨간 경고등'으로 해석했을 것이다.

---

5 브랜드 인지도 중 하나로 소비자에게 아무런 단서를 제공하지 않은 채 특정 제품 범주에서 생각나는 브랜드를 열거하도록 하는 것

6 버스나 지하철 승객처럼 '싫어도 어쩔 수 없이 들어야만 하는 청중'이라는 의미

하지만 내가 그것을 깨달았을 때는 이미 엎질러진 물이었다. 지금부터 선무당이 어떻게 사람을 잡았는지 알아보자.

칙필레는 예로부터 신문에 무료 교환권을 끼워 배포하는 방법을 줄기차게 써왔다. 마치 칙필레 매장이 **최종 목적지**라는 듯이 말이다. 그것도 한 번에 수십만 장씩 배포했다. 기존 고객들은 교환권을 움켜쥐고 매장을 방문했다. 오해는 마시길. 무료 교환권 기반의 판촉 전략이 문제라는 뜻이 아니다. 오히려 우리 제품을 알리고 어느 정도의 인지도를 생성시키며 단기적인 매출이 증가하는 효과를 만들어냈다. 하지만 대가는 없었을까? 고객도 칙필레도 무료 교환권에 한 번 맛들이고 나니 갈수록 중독되었다. 많은 패스트푸드업체가 '하나 사면, 하나 공짜' 할인권과 초저가의 '1달러대 매뉴'를 제공하듯 칙필레도 매상을 올리기 위해 그런 임기응변식 처방에 의존하기 시작했다.

다시 매캔에릭슨과의 회의 이야기를 해보자. 매캔에릭슨은 '최초이자 최고First 'n' Best'라고 명명한 미래 캠페인을 준비중이라고 말했다. 내가 칙필레에 공식적으로 합류하기 1년 전인 1980년 맥도날드가 맥치킨McChicken 샌드위치를 야심차게 출시했다. 이는 중요한 의미가 있었다. 거대 패스트푸드 브랜드가 치킨샌드위치 사업에 눈떴다는 증거였다. 더욱이 이제 다른 햄버거 체인들도 앞다투어 그 사업에 진출할 거라는 신호탄이었다. 매캔에릭슨이 우리 경쟁자들의 이런 움직임에 대응하기 위해 준비한 비장의 카드가 바로 '최초이자 최고' 캠페인이었다. 여기에는 칙필레 샌드위치가 치킨샌드위치의 원조일 뿐만 아니라 맛도 월등하다는 의미가 담겨 있었다. 그렇다면 맥치킨의 운명은 어떻게 되었을까? 판매가 너무 저조해서 몇 년을 버티지 못하고 메뉴에서 사라졌다.

칙필레는 본사 돈으로는 전사적全社的 광고에 단 한 푼도 쓰지 않았다. 그럼 광고비는 어디서 나왔을까? 가맹점 운영자의 몫이었다. 그들은 가맹계약에 명시된 대로 총매출의 최대 3.25프로를 본사가 집행하는 광고에 지급할 의무가 있었다. 여기에는 시식 제품과 판촉물의 비용도 포함되었다.

1981년 말 매캔에릭슨은 마침내 '최초이자 최고' 광고 크리에이티브를 발표했다. 4가지 색상으로 아름답게 디자인된 소책자형 신문 전단지였다. 무료 교환권이 포함된 것은 두말하면 잔소리다. 콜린스도 나도 마음에 들었다. 그래서 나는 "이왕 하는 김에 크게 해보죠"라면서 행사 대상 제품과 매체 계획을 확장하자고 제안했다. 매캔에릭슨도 직접 우편 방식을 제안하며 맞장구를 쳤다. 이것은 탁월한 선택이었다. 직접 우편이라면 예전 직장들에서 신물나게 해본 나는 엄선한 신문들에 전단지를 끼워 배포하면 우리 브랜드의 노출 빈도를 극적으로 높일 수 있다고 한술 더 떴다.

일은 일사천리로 진행되었고 전단지가 시장에 풀리자마자 반응이 거의 즉각적으로 나타났다. 고객의 발걸음이 이어졌다. 아니, 고객이 너무 많았다. 당시 애틀랜타 지역에서만 유통되는 신문을 합쳐도 50만 부 정도였으니 고객이 너무 몰릴 걸 예상했어야 마땅했다. 하지만 우리는 기존 시장들의 무료 교환권 환수율Redemption Rate을 토대로 매장들이 십시일반 투자한 3.25프로의 예산으로 충분히 감당할 수 있을 거라고 안이하게 생각했던 것이다.

거의 하룻밤 새에 판매가 통제 불가능할 정도로 급증했고, 주방은 밀려드는 주문에 맞추느라 전쟁터가 따로 없었다. 특히 우리는 레몬파이를 무료로 제공했는데, 다른 모든 메뉴와 마찬가지로 레몬파이도 수제였다. 따라서 주방 직원들의 고생은 말로 다 못할 정도였고 나가떨어질 판이었다! 심지어 레몬파이는 많은 무료 교환 메뉴 중에 하나일 뿐이었다.

얼마 지나지 않아 매장들은 광고비로 책정한 예산 상한선에 도달했다. 그런데도 무료 교환권을 손에 쥔 고객들의 행렬은 멈출 기미가 보이지 않았다. 어쨌건 끝날 것 같지 않던 판촉 행사가 종료되었고 매장들은 예전의 일상을 되찾았다. 하지만 상처로 얼룩진 일상이었다. 칙필레의 모든 매장이 무료로 제공한 음식은 총 얼마치였을까? 각 매장 매출의 최대 3.25프로로 책정된 예산보다 무려 200만 달러가 초과되었다. 예산을 확보하지 못한 200만 달러의 지출은 칙필레의 손익계산서Profit&Loss: P&L에 커다란 쇠망치로 내려친 것 같은 치명타를 입혔고, 내 평판은 땅에 떨어졌다. 입사 첫해에 이런 초대형 사고를 쳤으니 이제는 잘리지 않고 무사히 2년차를 시작할 수 있을지 걱정해도 모자랄 처지였다.

내가 제안한 판촉활동 때문에 회사는 1981년 총매출의 거의 2프로에 맞먹는 돈을 날리고 말았다. 내 실패 원인은 자명했다. 내가 완벽히 이해하지 못하는 일들에 지나치게 적극적이었다. 가만히 있었으면 중간이나 갔을 것을.

주방 직원, 운영자, 본사 회계사 모두 격분했다. 나는 그들을 볼 면목이 없어 쥐구멍에라도 들어가고 싶은 심정이었다. 그 캠페인이

2주차에 접어들었을 때 나는 지미 콜린스를 찾아가 사과했다. "지금 아는 것을 진즉 알았더라면 그런 방법을 제안하지 않았을 텐데 후회막급입니다. 얄팍한 지식만 믿고 제가 너무 설쳤습니다."

콜린스는 너무나 너그러운 이해를 보여주었다. "내게 사과하지 않아도 되네. 어차피 나도 그 결정에 한몫했으니 말일세. 그냥 자네 교육비로 200만 달러를 투자했다고 치면 되네. 그럼 그 실수를 다시는 되풀이하지 않을 게 아닌가."

보나마나 트루엣 캐시도 누구 못지않게 화났을 것이 분명했다. 그는 신사옥 건립 비용으로 1000만 달러를 대출받아 이미 엄청난 압박을 받고 있었는데, 설상가상 의욕을 앞세운 초짜가 멍청한 실수를 저질러 200만 달러 손해까지 얹어준 것이다. 그런데도 캐시는 내게 일언반구도 하지 않았다. 그의 표정과 몸짓에서 풍기는 인상은 분명 우호적이지 않았지만 직접적으로는 한마디도 하지 않았다. 콜린스가 중재자 역할을 자청했을 거라고 보는 것이 맞지 싶다. "이번 일에 관해서는 스티브에게 아량을 좀 베풀어주었으면 좋겠습니다. 저도 그 자리에 있었고 그 계획을 승인했으니 제게도 책임이 있습니다." 캐시와 콜린스 둘 다 은혜와 인내하는 리더십의 살아 있는 화신이었다.

결론적으로 말해 지미 콜린스가 옳았다. 나는 무슨 일이 있어도 그 실수를 절대 되풀이하지 않을 작정이었다. 그 문제와 관련해 내가 할 수 있는 일이 있다면 딱 하나였다. 칙필레가 무료 교환권에 대한 지나친 의존성을 끊도록 일조하는 것이었다. 그런 교환권 기반의 판촉 전략은 '최초이자 최고' 캠페인과 쇼핑몰 고객들을 대상으로 진행한 조사 결과의 중간에 해당하는 것으로 패스트푸드 세상에 만연한 패러다임의 하나였다. 나는 칙필레가 그것과 연관되는 일을 다시는 되풀이하지 않기 바랐다.

이렇듯 내 '교육'과정은 극적이고 값비싼 대가를 치르며 시작되었고 그 과정을 통해 나는 명백한 일련의 교훈을 얻었다.

- 무료 교환권과 할인은 브랜드 가치에 악영향을 미친다. "우리 제품은 제값을 다주고 구매할 가치가 없다"라고 외치는 것이다.
- 무료 교환권은 위험한 도박이다. 결과도 속도도 통제할 수 없거니와 결과의 규모 역시도 우리의 통제권 밖이다.
- 무료 교환권이 야기한 최악의 결과는 칙필레가 최대 경쟁 이점을 잃고 여타 패스트푸드업체와 똑같이 특색 없는 브랜드로 보이게 만든 것일 수도 있다.

이런 재앙적인 성적표를 받아들고 화들짝 놀라 "더이상 무료 교환권은 없다!"라고 말하기는 쉬웠다. 하지만 패스트푸드 산업은 무료 교환권과 할인권의 패러다임이 지배했다. 그런 세상에서 '탈무료 교환권' 전략을 선언했으니 거대한 새로운 도전을 자초한 것이었다.

이제까지 칙필레의 모든 운영자는 가랑비에 옷 젖듯 무료 교환권의 힘에 점점 중독되었다. 칙필레 본사도 무료 교환권 중심의 광고 전략을 집행함으로써 그런 의존성을 부추겼다. 그런데 새파랗게 젊은 마케터가 들어오자마자 일련의 광고 캠페인을 전개했고 특히 무료 교환권 판촉으로 주방 직원들을 사지로 내몰 뻔했다. 그러고는 전문가랍시고 문제를 바로 잡는다며 탈무료 교환권 노선을 선언하는 게 아닌가. 그 모양새가 어떻게 보였을까?

칙필레 사람들과 대화하는 상상을 수없이 반복했다.

운영자가 말한다. "이게 다 무슨 소린지 설명 좀 해보시죠. 나는 우리 매장의 매출을 끌어올려야 합니다."

내가 대답한다. "이제 운영자님은 다른 방식으로 매상을 증가시켜야 합니다."

"도대체 그 다른 방식이란 게 뭡니까, 마케팅 전.문.가.님?"

"그건 저도 모르겠습니다."

우리는 현실성과 수익성을 모두 잡을 수 있는 장기 전략 선택지가 당장 필요했다. 달리 말해 우리는 무료 교환권과 할인 일색의 판촉에서 벗어나 다른 방식으로 매출을 증가시킬 아이디어와 프로그램과 크리에이티브 지원 방안을 가능한 빨리 제시해야 했다.

식스플래그스에서는 새로운 사업을 창출하는 책임이 마케팅 부서에 있었다. 어떻게 하면 입장객수를 늘릴 수 있을지가 최대 화두였다. 배운 게 도둑질이라고 나는 칙필레에서도 그런 태도를 고수했다. 하지만 이내 현실의 벽에 부딪혔다. 칙필레에서의 내 임무가 식스플래그스에서와는 달랐다. 칙필레에서 새로운 사업을 창출하는 일은 운영자들의 몫이었고, 그들이 그렇게 할 수 있는 도구를 제공하는 것이 내 역할이었다. 요컨대 판매와 매출은 내 책임이 아니라 그들의 책임이었다. 입사 초기에 무료 교환권 대참사를 경험하지 않았더라면 내가 이것을 배우기까지 몇 년은 걸렸을지도 모르겠다. 그 사건은 일종의 충격요법이었다.

칙필레에서는 브랜드의 마케팅 주체가 운영자다. 따라서 그들이 자신의 성장과 수입 목표치를 달성할 가능성을 극대화하기 위해 마케팅 투자의 크고 작은 모든 변화를 직접 통제하는 것은 지극히 당연하다. 그렇다면 칙필레에서 마케팅 담당자들은 무슨 일을 했을까? 운영자가 수익 증대와 브랜드 성장이라는 두 마리 토끼를 잡을 수 있는 장비와 도구를 제공하는 역할이었다. 한걸음 더 나아가, 그들이 원하는 만큼 가능한 신속하게 그리고 올바른 방식으로 매장을 성장시킬 수 있도록 지원해야 했다.

우리의 전략적 선택지는 멀리서 찾을 필요가 없었다. 바로 우리 앞에 있었다. 트루엣 캐시가 드워프하우스를 성공시켰던 열쇠에 답이 있었다. 무료 교환권이 아니라 고객과 개인적이고 친밀한 관계를 구축하는 것. 결과부터 말하면 그의 경험이 칙필레의 성장 모델이 되었다.

'최초이자 최고' 무료 교환권 전략이 재앙으로 끝나자 브랜드 구축 전략의 방향 수정이 불가피했다. 고민 끝에 우리는 새로운 고객을 확보하는 데 마케팅 노력을 집중하는 거래 중심형 브랜드Transaction-Chased Brand가 되지 않겠다는 결론에 이르렀다. 대신에 한 번 고객을 평생 고객으로 만든다는 각오로 개인적인 관계에 기초해서 칙필레 브랜드를 구축할 생각이었다. 그렇다고 그런 브랜드가 어떤 모습일지 또는 우리가 어떤 도구를 제공해야 할지에 대해 정확하게 아는 건 없었다. 그래도 한 가지는 확실히 알았다. 무료 교환권에는 개인적인 관계가 없었다. 고객은 신문이나 우편함에서 발건한 교환권을 들고 매장에 가서 공짜 음식으로 바꿨을 뿐이었다. 여기에는 개인적인 관계가 끼어들 틈이 없었다. 게다가 패스트푸드 브랜드는 너도나도 그 전략을 사용했고 따라서 칙필레만의 고유한 색깔이 사라지고 말았다.

우리는 칙필레가 평범한 패스트푸드 브랜드가 아니라는 확신이 있었다. 칙필레만의 고유한 색깔을 아주 분명하게 전달하는 마케팅이 관건이었다. 마케팅 목표는 정해졌으니 다음 수순은 그 방법을 찾는 것이었다. 미리 말하지만 그 여정의 끝에서 우리는 블루오션식의 경쟁 없는 새로운 시장 공간을 만나게 되었다.

인사가 만사

먼저, 우리는 마케팅 조직을 구성할 필요가 있었다. 무엇보다 나와 함께 현장을 누비며 운영자의 목소리를 청취하고 그들의 입장에서 칙필레를 이해할 담당자가 가장 시급했다. 나는 우리 마케팅 부서의 1호 직원이 어디 있는지 알고 있었다. 내가 식스플래그스에서 일할 때 아르바이트했던 데이비드 샐리어스David Salyers가 그 주인공이었다. 샐리어스는 고등학교를 졸업하고 조지아대학교에 입학하기까지 여름 내내 SFOG에서 철재 롤러코스터 덜라너가마인트레인Dahlonega Mine Train을 운행했다. 샐리어스는 대학생이 된 뒤에도 3년간 여름방학 때마다 식스플래그스의 홍보팀에서 인턴으로 일했고 홍보 행사, 언론 대상의 프레스투어Press Tour, Media Tour[7], 콘서트 등에 관여했다.

나는 샐리어스에 대한 확신이 있었지만 그렇다고 '지인 찬스'를 줄 생각은 없었다. 적절한 채용 절차는 필수였다. 트루엣 캐시가 내게 말했듯 조직에서 가장 중요한 결정은 어떤 사람을 새 식구로 맞아들이는가다. 캐시는 평소 소신대로 마케팅 부서 직원을 뽑는 일은 내가 현명하게 판단하리라 믿고 맡기면서도 채용과정에 적극적으로 관여했다. 이제까지 운영자를 선정할 때나 직원을 채용할 때나 그는 모든 후보자를 직접 면접했다. 그가 양보할 수 없는 한 가지 원칙이 있다면, 일단 칙필레의 울타리 안으로 들어온 뒤에는 정말 피치 못할 사정이 아니면 누구든 영원히 정착해야 한다는 것이었다. 이러니 운영자든 직원이든 새 사람을 들일 때는 현명하게 선택할 수밖에 없었다. 나도 그런 엄격한 과정을 통해 칙필레에 입성했다. 앞서 말했듯 캐시와 지미 콜린스는 무려 반년 가까이 면접하고서야 마침내 일자리를 제안했다. 그리고 그 시간이 내게도 유익했다. 그러면서 그들이 어떤 자질을 중요하게 여기는지 이해하게 되었는데, 바로 역량과 품성, 그리고 주변 사람들과의 조화로운 화학반응이었다. 뿐만 아니라 나도 칙필레에서 새 사람을 들일 때마다 그런 채용 기준을 적용하려고 노력했다. 지금부터 역량을 시작으로 하나씩 해부해보자.

나는 사람들이 자랑스레 내세우는 구체적인 기술은 별로 중요

7 제품이나 서비스를 소개하거나 설명하기 위해 기업이 여러 지역을 순회하며 언론매체를 방문하는 것

하지 않다는 사실을 배웠다. 오히려 학습 능력과 배움에 대한 욕구가 우선했다. 칙필레가 바라는 인재상은 팔방미인까지는 아니더라도 최소한 한두 가지 이상을 배울 수 있는 사람이었다. 사실 칙필레만이 아니라 성장하는 대부분의 조직이 이런 인재를 희망했다. 우리는 역량과 관련해 두 가지를 알고 싶었다. 진취적인 기업가정신을 기반으로 새로운 기술을 배울 능력이 있는가가 첫번째였다. 아울러 새로운 도전과 기회를 기꺼이 수용할 의지가 있는지도 확인하고 싶었다.

사람들은 역량이라고 하면 가장 먼저 학업성적과 연결 짓는다. 당연히 학업성적도 중요하다. 어느 정도까지는 그 사람이 좋은 학습자인지를 보여주는 유익한 잣대이기 때문이다. 하지만 공부 잘한다고 해서 반드시 경청도 잘하고 무엇이든 배우려는 태도를 지녔을까? 요컨대 나의 첫번째 평가 기준은 각자가 보유한 일련의 기술이 아니라 학교와 다른 직장들에서 걸어온 배움의 역사였다.

두번째 검증 기준은 품성이었다. 이것은 세 개의 하위 질문으로 나뉘었다. 첫째는 그 사람이 칙필레 문화에서 번성할 수 있을까라는 것이었다. 그리고 칙필레 문화에서 번성하려면 칙필레의 기업목적과 근본적인 가치관을 공유해야 했다. 따라서 두번째 질문은 그 목적과 가치관에 부합하는지 여부를 알아내는 것이었다. 마지막으로, 나는 내 아이들의 상사가 되어도 만족할 만한 사람을 원했다. 이런 모든 질문에 "그렇다"라고 대답할 수 있다면 그 사람은 품성 테스트를 통과했다고 봐도 좋았다.

세번째 요소는 주변 사람들과의 화학반응, 즉 성격적 궁합이었다. 무엇보다 나는 팔로워십Followership[8]에 주목했다. 리더십에 대응하는 개념으로서 팔로워십을 상하 관계의 문맥에서 바라보기 십상이지만 내가 원하는 팔로워십은 지위고하와는 전혀 무관했다. 스스로 팔로워십을 발휘하는 것은 당연했고 다른 사람에게서 팔로워십을 이끌어낼 수 있어야 했다. 스스로 뛰어난 경청 능력과 탁월한 정보처리 능력을 발휘하는 것에 더해 비전을 제시할 수도 있어야 했다는 말이다. 경청 능력과 지적 역량이 뛰어나다는 것은 그 사람의 입에서 나오는 모든 말이 프로젝트나 대화에 가치를 더해주었음을 입증하기 때문이다. 이런 사람은 소위 인간 자석이다. 사람들은 직함이나 직급과는 상관없이 이런 사람에게 저절로 끌린다.

데이비드 샐리어스는 위의 세 기준을 너끈히 통과했다. 게다가 알고 보니 그는 내가 생각한 이상으로 칙필레 사정에 훤했다. 심지어 우리 창업자와도 구면이었다. 트루엣 캐시가 조지아대학교에서 강연했을 때 둘이 안면을 텄다고 했다. 캐시는 샐리어스에게 깊은 인상을 받아 칙필레 운영자세미나Chick-fil-A Operator Seminar에 그를 초대하기도 했다. 그것은 내가 처음으로 참석한 세미나이기도 했는데, 참석자 등록 데스크에 그가 나타났을 때 나는 깜짝 놀랐다. 캐시와 내가 샐리어스를 영입하기 위해 팔을 걷어붙였고 샐리어스도 우리의 제안을 받아들였다.

나는 천군만마를 얻은 기분에 샐리어스가 합류하자마자 숨 돌릴 틈도 없이 '뺑뺑이'를 돌렸다. 우리 둘은 켄 번하트의 고객조사

8　리더를 능동적으로 따르며 조직 목표를 수행하거나 팀원으로서 역량을 잘 발휘하는 것

보고서를 철저히 해부했고 신발 뒤축이 닳도록 매장을 찾아다녔다. 이내 한 가지가 분명해졌다. 쇼핑몰은 칙필레에게 단순한 영업 공간만 제공하는 것이 아니었다. 무료 교환권도 유료 매체도 아닌 쇼핑몰이 칙필레의 광고 1번지였다. 더욱이 쇼핑몰에 높은 임대료를 내는 처지이므로 시쳇말로 본전을 뽑아야 했다. 당시 운영자들이 사용할 수 있는 도구는 BOG 무료 교환권과 매장 입구에서 나눠주는 시식이 전부였다. 둘 다 훌륭한 음식을 알리고 개인적인 연결감을 생성시키는 효과적인 도구임에는 분명했다.

나는 샐리어스와 함께 매장으로, 쇼핑몰로 열심히 발품을 팔았고 마침내 운영자들이 매출을 증가시키고 사업을 궤도에 올리기 위해 무엇이 필요한지 알게 되었다. 그때까지만 해도 우리는 브랜드 구축을 염두에 두지 않았다. 그저 사업을 궤도에 올리고 매출과 수익성이라는 두 마리 토끼를 잡기 위해 노력할 뿐이었다.

가장 우수한 운영자들은 역시나 남달랐다. 그들은 고객이 제품을 직접 체험할 기회를 제공하고 제품에 대한 인지도를 높이기 위해 매장 입구와 쇼핑몰 환경을 활용하는 방법을 스스로 알아내고 있었다. 이에 우리는 그들의 통찰을 바탕으로 쇼핑몰 기반의 첫번째 마케팅 계획을 수립했다. 멀리서도 잘 보이게 메뉴판을 다시 디자인하는 것이 시작이었고, 그런 다음 매장 계산대와 입구에 비치할 새로운 판매시점 광고물Point-of-Sale Materials: POSM[9]을 제작했다. 또

9 유통업체가 책자, 가격표, 현수막 같이 제품을 설명하거나 각종 행사를 소개하기 위해 매장 내에 비치하거나 설치하는 일련의 홍보 광고물로서 판매자의 입장에서 보는 광고물인데 반해 구매자 시점에서 바라보면 구매시점 광고물Point-of-Purchase: POP이 된다.

한 치킨과 레모네이드와 레몬파이를 시식으로 제공하는 일을 도와주고자 홍보물도 새로 만들었다. 이뿐만 아니라 쇼핑몰 내 광고판도 디자인했고 다른 상점들의 고객 기반을 활용해 상생하기 위한 노력으로 교차판촉Cross Promotion 전략까지 개발했다.

그렇게 매장들을 열심히 방문하던 시기에 우리는 운영자 개념의 영향력을 실감했다. 굳이 노력할 필요조차 없었다. 그저 운영자들을 알게 되는 것만으로도 그 개념의 효과가 피부로 와닿았다. 그들은 관리자가 아니었고, 어느 모로 보나 기업가정신을 발휘하는 진정한 비즈니스 리더였다. 그들은 영리했고 독자적인 목소리를 낼 줄 알았으며 정시 출퇴근은 물론 법정 근로 시간인 주당 40시간 근무는 꿈도 꾸지 않았다. 또한 매장의 수익성을 향상시키고 양질의 고객서비스를 제공하기 위해 필요하다면 어떤 일도 마다하지 않았다. 게다가 그들은 본사의 지원활동에 대해 잘하는 것은 무엇이고 잘못하는 것은 무엇인지 거리낌 없이 말했다. 오해는 마시길. 그들은 칙필레와의 제휴 관계를 존중했다. 다만 그들은 자신의 매장을 성장시키도록 도와주는 것이 본사의 책임임을 당당히 요구할 수 있었다는 뜻이다.

심지어 칙필레의 가장 중요한 신제품 일부도 운영자들에게서 아이디어를 얻었다. 아주 좋은 사례가 있다. 1982년 영양과 신제품 개발 전문가로 빌 배런Bill Baran이 칙필레에 합류했다. 식품과학과 영양학으로 박사학위를 취득한 배런도 샐리어스와 나처럼 바쁜 시간을 쪼개 운영자들을 방문했다. 하루는 배런이 버지니아주 리치먼드와 버지니아비치 일대 매장들을 방문하고 돌아온 뒤 어떤 운영자의 경험을 들려주었다. 햄프턴 매장의 운영자 레드 위튼Red Witten은 부모들이 샌드위치에서 살코기만 빼내 아이들이 먹기 좋게 한입 크기로 잘라주는 광경을 자주 목격했다. 위튼은 그것에 착안해 실험을 시작했다. 닭고기를 미리 작은 크기로 잘라서 튀기는 것이었다. 또한 그는 인근의 철공소에 의뢰해 잘게 자른 '너겟'을 튀길 때 사용할 전용 튀김망까지 맞춤 제작했다.

배런은 이제 어른만이 아니라 아이들까지 조각치킨샌드위치에 열광한다면서 우리가 흥행보증수표를 쥐었다고 확신했다. 그는 칙필레의 원육 공급업체들에게는 닭가슴살을 약 15그램 크기로 자르는 기술을 개발해달라고, 주방용품 제조업체들에게는 조각 닭고기에 알맞은 튀김망을 제작해달라고 각각 요청했다. 얼마 지나지 않아 우리는 치킨샌드위치와 동일한 조리법으로 만든 '칙필레 너겟Chick-fil-A Nuggets'을 몇몇 매장에서 시범적으로 출시했다. 결과는? 배런의 예상이 적중했다. 고객들이 너겟에 보인 반응은 열광적이었다.

비록 우연이었지만 때마침 우리는 압력솥으로 치킨누들수프를 만드는 조리법도 완성했다. 이 또한 매장 운영자들이 직접 개발한 제품이었고 이번 역시도 일부 매장에서 시범적으로 선보였다. 우리는 고객들의 뜨거운 반응에 힘입어 신메뉴 두 개가 성공하리라는 확신을 얻었고 1983년에 너겟과 치킨누들수프를 본격적으로 출시하기로 결정했다.

4장

칙필레의 목적: 존재 이유

1980년대 초 트루엣 캐시와 지미 콜린스는 경영위원회를 발족시켰다. 댄 캐시와 버바 캐시를 비롯해 재무, 디자인·건축, 부동산·법률, 마케팅, 운영 등 각 부문의 최고위 리더가 포함되었다. 초창기 어떤 회의에서 벅 매케이브Buck McCabe가 칙필레의 재무제표Financial Statement[1]를 배포했다. 그전에도 회의에서 매출과 비용 관련 수치들을 토론한 적은 있었지만 내가 온전한 재무 보고서를 본 것은 이때가 처음이었다. 매케이브가 요점을 조목조목 알려주면서 보고서를

1 기업의 재무 상태와 경영 성과를 회계 기준에 따라 보여주는 보고서의 묶음으로 재무상태표, 손익계산서, 자본변동표, 현금흐름표 등으로 구성된다.

상세히 설명했다.

내 눈이 항목 하나에 꽂혔다. 칙필레의 자선 기부 항목이었다. 회사 이익의 약 10프로였다. 그랬다, 트루엣 캐시는 회사 이익에서 십일조를 내고 있었다! 칙필레의 단독 소유주였던 캐시는 마음먹기에 따라 그 돈을 자기 주머니에 챙기거나 회사에 재투자할 수도 있었다. 하지만 앞서 여러 차례 말하지 않았는가. 캐시는 칙필레가 하나님의 회사이고, 자신은 칙필레의 소유주라기보다 하나님의 자산인 회사를 지키는 청지기라고 믿었다.

당시는 내가 칙필레에 합류하고 얼마 지나지 않았을 때였다. 재무 보고서의 그 한 줄이 내게는 백 마디 말보다 더 큰 용기를 주었다. 나는 십일조와 헌금에 관한 말라기 3장의 약속을 이해하기 시작했다. 그 약속에는 우리가 돈과 청기지의 책임을 어떻게 생각하는가가 내포되어 있다. 믿음에 바탕을 두는 놀라운 그 약속에서 하나님은 만약 우리가 십일조를 내어 하나님께 영광을 돌리고 하나님을 찬양하라는 원칙을 따른다면 하나님이 우리에게 복을 내릴 거라고 말씀하신다. 하나님은 구체적으로 어떤 복을 주겠노라 밝히지는 않는다. 또한 우리가 평생 아무 걱정 없이 호의호식할 거라고 약속하지도 않는다. 그저 "내가 복을 내리겠노라"고만 말씀하신다. "내가 너희를 위하여 메뚜기를 금하여 너희 토지소산을 먹어 없애지 못하게 하며 너희 밭의 포도나무 열매가 기한 전에 떨어지지 않게 하리니." 다시 말해, 해충을 막아주고 곡식을 지켜주고 땅을 보호해주겠다고 약속하신다. 무슨 뜻일까? 나는 그것이 정확히 말뜻 그대로를 의미한다고 받아들였다. 하나님은 우리의 믿음에 대해 번영을 약속하는 게 아니라 복과 보호를 약속하시는 것이다.

나는 칙필레가 장기적인 성공을 거둘 수 있었던 동력이 우리가 똑똑해서라고 생각하지 않는다. 절대 점잔 떨려고 하는 소리가 아니다. 우리는 그토록 성공할 만큼 똑똑하지 않았다. 경영위원회의 누구에게 물어봐도 나와 똑같이 생각할 거라고 본다. 개개인이 머리가 좋아서 또는 우리의 집단지성이 뛰어나서 칙필레가 그만큼 성공할 수 있었던 게 아니라고 말이다.

칙필레의 창업자이자 최고경영자Chief Executive Officer: CEO는 세상의 잣대로 보면 가방끈이 길다고 볼 수 없었다(대학은 문턱도 밟아보지 못했다). 심지어 어릴 적에는 언어장애까지 앓았다. 물론 그 장애를 훌륭히 극복해서 이제는 그가 입을 열면 하나라도 놓칠세라 너도나도 귀를 쫑긋 세우고 듣는다. 트루엣 캐시는 내 인생에서 가장 현명한 사람에 속했다. 그는 성경에 바탕을 두는 기독교적인 원칙이라고 생각하는 것을 삶과 사업에서 몸소 실천했다. 나는 칙필레에 합류하고 처음 몇 달 동안에도 그런 상황을 수없이 목격했다. 그러던 차에 나는 재무 보고서에서 기부금 항목까지 보게 되었다. 이는 그가 가장 도전적이고 어려운 원칙 중 하나를 사업에서 실천하고 있음을 보여주는 단적인 증거였다. 나는 칙필레에서 34년간 일하는 거의 내내 하나님을 주인으로 섬기는 신앙심 깊고 겸손하며 순종적인 한 남자를 보았다. 또한 그 남자가 한 회사를 온 세상이 우러러보는 높은 곳으로 이끄는 것도 목격했다. 그는 간편식 하나를 개발했고 세상은 그 음식과 사랑에 빠졌다. 빵 두 장 사이에 피클 두 조각과 뼈를 발라낸 닭가슴살을 넣은 샌드위치였다.

트루엣 캐시는 자신이 만나는 모든 사람의 존엄성을 존중했다. 강산이 세 번 이상 바뀌도록 그가 수천 명의 사람들과 상호작용하는 모습을 지켜본 내 결론이니 믿어도 좋다. 요컨대 그는 하나님이 우리를 보는 방식으로 모든 사람을 보려고 애썼다. 이것은 성경에서 나온 가장 근본적인 삶의 원칙인 동시에 핵심적인 경영 원칙이다. 성경에 따르면 우리 인간은 애초에 하나님의 형상대로 만들어졌다고 한다.(창세기Genesis 1장 26절) 우리 인간은 누구나 영혼과 정신과 인격을 갖는다. 트루엣 캐시에게는 이것이 해가 동쪽에서 뜨는 것만큼 진리였고 솔선수범함으로써 이것을 가르쳤다. 나는 그가 이런 태도를 어떻게 갖게 되었는지 알 것 같다. 어렸을 때 하숙집을 운영하며 모든 사람을 존엄하게 대하는 모친을 보고 배웠으리라. 그의 어머니는 단순히 돈으로 얽힌 하숙인과 주인의 관계가 아니라 자신이 섬겨야 하는 대상으로 그들을 생각했고 존중했다.

또한 성경에 따르면, 우리 인간은 '천사보다 못하게'(히브리서Hebrew 2장 7절) 창조되었다. 우리는 창조를 주도하고 지배하기 위해 만들어졌다. 즉, 하나님은 우리 손에 창조를 맡기셨다. 이것이 바로 청지기 정신이다. 나는 마침내 모든 퍼즐 조각이 맞아떨어지는 기분이었다. 관계와 돈과 재능을 포함해 우리가 누리는 모든 것, 그리고 우리가 만지고 손에 쥐는 모든 것에 대해 우리 모두가 청지기로서의 책임이 있음을 이해하게 된 것이다.

나는 이런 청지기적 사명은 영광이라고 생각한다. 이뿐만 아니라 하나님이 트루엣 캐시와 칙필레에 애정을 베풀어주신 방식에는 감탄이 절로 나올 정도다. 가령 반드시 말해야 하는 중요한 메시지가 있을 때면 캐시는 하나님의 말씀을 빌려 대개의 경우 단순하고 명확하되 설득력 있게 설명했다. 그는 현명한 사업 원칙들을 어떻게 적용하고 실천하는지에 관한 우리 모두의 본보기였고, 그는 그런 원칙이 성경의 원칙들과 모순된다고 생각하지 않았다. 내 생각도 캐시와 같다. 이는 내 실제 경험이 뒷받침해준다. 우리가 그런 원칙을 적용했을 때 상황이 잘 풀린 것은 물론이거니와 굉장한 성과를 거둔 적도 많았다.

트루엣 캐시는 자신을 꼭 닮은 분신 같은 사업을 창조했다. 그가 일부러 의도한 것은 아니었다. 그저 사도 바울이 우리에게 요구했던 무언가를 실천하려고 노력한 자연스러운 결과였다. 바로 예수 그리스도의 형상으로 사는 것이었다.

트루엣 캐시는 회사 이익의 일부를 기부함으로써 경영위원회 위원들에게 청지기 정신의 본보기를 보여주고 싶었을까? 나로서는 영원히 모를 일이다. 하지만 적어도 내게는 본보기가 되었다. 나는 그때부터 은퇴할 때까지 우리가 무언가를 결정할 때 그의 '십일조'에 대해 수없이 생각했다.

위기는 명확한 목적을 세울 기회다

1980년대 초 세계 경제가 깊은 불황으로 빠져들었다. 미국의 경우 실업률과 금리는 하늘 높은 줄 모르고 치솟았고 소매 판매는 끝없이 추락했다. 칙필레는 경기 불황의 파괴적인 여파에 속수무책이었다. 1981년 회사 역사상 처음으로 동일매장매출이 감소하더니 해를 넘겨 1982년까지 감소세가 이어졌다. 알다시피 칙필레의 모든 매장은 쇼핑몰에만 입점해 있었다. 그런데 전국에서 쇼핑몰 건설이 중단되었다. 이는 새 점포를 열지 못하니 새로운 시장을 개척할 기회가 없다는 뜻이었다. 설상가상으로 2년간 100개가 넘는 쇼핑몰에서 개업한 매장들에 소요된 자본 지출, 다른 말로 설비투자 비용Capital Expenditures: CAPEX[2]과 금융 비용Financing Cost[3]이 칙필레의 이익에 깊디깊은 주름살을 만들었다. 게다가 신사옥을 건립하기 위해 대출받은 1000만 달러의 부채도 이익을 갉아먹었다. 그리고 한 가지 더, '누군가'가 초래한 '최초이자 최고' 재앙으로 손해 본 200만 달러도 잊지 말자.

트루엣 캐시는 경영위원회 위원 모두를 한자리에 모아놓고 물었다. "이번 위기를 어떻게 극복할지 의견을 듣고 싶군요."

쇼핑몰 건설 붐이 꺼지고 소매 판매가 크게 위축된 환경에서 당장에 상황을 반전시킬 묘수가 보이지 않았다. 단순히 회의 한 번으로 해결될 문제가 아니었다. 이에 우리는 캐시의 질문과 우리의 선택지에 대해 집중 토론할 목적으로 1박 2일짜리 경영위원회 워크숍을 떠났다. 장소는 애틀랜타 인근 레이크러니어로지였고 경영위원회 전원이 참석했다. 트루엣 캐시, 지미 콜린스, 댄 캐시, 버바 캐시, 뷰레언 레드베터, 벅 매케이브, 던 밀러드, 디자인과 건설 부

---

2 미래의 이윤을 창출하기 위해 지출된 비용으로 기업이 장비, 토지, 건물 등의 물질 자산을 획득하거나 이를 개량할 때 사용되는 비율

3 사업을 목적으로 금융기관과 개인으로부터 조달한 차입금에 대해 지난 1년간 지불한 이자 총액

문 책임자 페리 랙스데일Perry Ragsdale, 그리고 나 이렇게 총 9명이었다. 첫날 대부분은 작은 회의실에 모여 우리의 계획과 재무 상황을 검토했고 신제품 출시에 기대를 걸었다. 당시 시범 판매로 가능성이 확인된 너겟과 치킨누들수프를 계획대로 1983년에 정식 출시하면 매장 매출이 반등할 거라고 확신했다.

우리가 1980년과 1981년에 개점한 신규 매장 수백 곳은 개점 후 처음 몇 달간 매출이 부진했는데, 이는 칙필레 브랜드도 칙필레 샌드위치도 아직 인지도가 높지 않은 까닭이었다. 하지만 1982년이 되자 그들 신규 매장에서 고객 기반과 매출 모두가 기지개를 켜면서 희망이 꿈틀댔다. 한편 1982년 개점이 확정된 신규 매장은 단 18곳에 불과했다.

우리는 신제품을 부각시키는 마케팅 전략을 수립했고 너겟과 수프를 무료로 제공하는 시식 이벤트와 BOG 무료 교환권을 극대화하는 판촉 도구도 개발했다. 또한 매장 입구에서 시식용 음식을 나눠주는 데서 탈피해 쇼핑몰 전체로 시식을 확대할 계획을 세웠다. 너겟은 쇼핑몰을 돌아다니며 나눠주기도 쉬워서 안성맞춤이었다. 한마디로 손으로 쉽게 집어먹을 수 있는 맛있는 핑거푸드 음식이 출격 준비를 마쳤다.

문제는 돈이었다. 우리는 재무적 압박을 고려해 본사의 마케팅 지출을 크게 삭감할 수밖에 없었다. 이는 운영자가 광고를 집행하더라도 본사가 재무적으로 보조할 수 없게 되었다는 뜻이다. 이번에도 역시 칙필레 브랜드를 구축하는 결정적인 열쇠는 본사의 마케팅 부서가 아니라 운영자들에게 있었다. 그들이 명실상부한 칙필레의 마케팅 주체로 착실하게 자리를 잡아갔을 뿐만 아니라 그 속도가 갈수록 빨라졌다. 역설적이게도 부분적으로는 본사의 재무 상황이 나빠서, 그들의 광고 지출에 보태줄 여유자금이 없어서였다.

위기가 일어났을 때 사람의 본색이 드러나고 또한 위기가 사람을 만든다는 말이 있다. 나는 위기의 긍정적인 효과는 그 이상이라고 생각한다. 위기는 학습과 창조성을 촉진하는 주요한 촉매제이기도 하다. 위기에 처하면 우리는 더욱 적극적이고 민감한 학습자가 되는데 이는 인간의 본성이 그러하기 때문이다. 또한 우리는 평상시보다 위기를 만났을 때 주변의 조언도 더 잘 받아들이는 경향이 있다.

둘째 날 아침 일찍부터 일정이 시작되었다. 우리는 1983년 계획부터 살펴보았고 첫날 토론했던 결과를 토대로 일단은 합격점을 주었다. 그런 다음 댄 캐시가 주제를 바꾸었다. 그는 신제품, 재무 보고서, 계획보다 더 깊이 들여다보는 심층적인 토론을 제안했다. "우리가 사업을 하는 이유는 무엇일까요? 우리의 존재 이유 말입니다." 그는 칙필레의 모든 구성원이 현재 상황과 미래에 대해 걱정한다고, 심지어는 약간 두려워할 수도 있다고 지적했다. 우리 모두도 같은 생각이었다. 어쨌든 그들은 칙필레에 자신의 미래를 맡겼으니 걱정되고 겁이 나는 게 정상이었다. '경영진은 미래를 어떻게 예상할까? 계획은 있을까? 어떤 계획일까?'

우리는 근원적인 질문을 마주했다. '좋을 때나 나쁠 때나 우리가 사업을 하는 이유를, 그리고 무엇이 진실로 중요한지를 명확히 해야 할 필요가 있을까? 우리의 목적은 무엇일까?' 닭 요리 전문점이니까 치킨샌드위치를 많이 파는 것? 아니, 이것은 우리의 목적이 아니었다. 치킨샌드위치를 신속하게 제공해서 매출을 올리는 것은 칙필레가 존재하는 이유가 아니었다. 트루엣 캐시는 꿈에서도 칙필레를 이런 식으로 생각하지 않았다. 하지만 캐시도 우리 중 누구도 칙필레의 존재 이유를 글로 명확하게 정의하지 않았다. 우리 모두는 캐시의 가치관을 마음으로 받아들였고 그런 가치관이 칙필레의 문화 DNA에 깊이 뿌리내렸다. 그러나 이제는 바야흐로 우리의 '존재 이유'를 글로 담아내야 하는 때가 되었다. 칙필레의 모든 임직원은 그것을 알아야 할 필요가 있었다. 이렇게 해서 칙필레의 존재 이유가 워크숍 둘째 날 우리가 해결해야 하는 숙제가 되었다.

다행히도 우리는 칙필레의 '목적'을 무에서 창조할 필요는 없었다. 좋은 본보기가 이미 우리 눈앞에 있었다. 앞서 말했듯 바로 트루엣 캐시였다. 당시 예순한 살이던 캐시는 현역에서 은퇴하고 255개 매장을 두 아들에게 넘겨준 다음 칙필레에서 지속적으로 유입되는 소득 흐름Income Stream으로 편안하고 풍족한 여생을 보낼 수도 있었다. 혹은 마음만 먹으면 칙필레를 매각할 수도 있었다. 하지만 그에게는 아직 해야 하는 일들이 있었다. 20년 전 대장 용종으로 한바탕 소동을 겪었을 때 그의 아내 지넷이 그에게 건넨 위로처럼 말이다. "하나님은 아직 당신의 생명을 거두지 않아요."

모든 영광을 하나님께

1946년 트루엣 캐시와 그의 동생 벤이 드워프그릴(드워프하우스 전신)의 첫 주말부터 지켜온 철칙이 하나 있었다. 안식일인 일요일에는 무조건 문을 닫는다는 원칙이었다. 캐시는 칙필레에서도 일요일 휴무 정책을 고수했고 그는 그것이 자신이 내린 최고의 사업상 결정이었노라 자주 말했다. 그가 일요일 영업을 포기한 것도 회사 이익의 일부를 십일조로 기부한 것도 목적은 하나였다. 하나님께 영광을 돌리기 위해서였다. 또한 그는 1951년부터 13살짜리 소년들을 대상으로 주일학교 교사로 자원봉사하고 있었다. 이것 역시 하나님께 영광을 돌리기 위함이었고 동시에 직원들에게 안식일 휴식을 주려는 목적도 있었다. 하지만 이 모든 것은 자신이 사랑하는 하나님을 향한 헌신과 진심을 외부로 표현하는 상징적인 수단에 지나지 않았다. 그가 이런 식의 삶을 영위하고 하나님께 영광을 돌린 것은 의무감에서가 아니었다. 오히려 마음에서 우러나는 애정 어린 갈망에서 출발했다. 쉽게 말해 그는 이런 일들을 **하고** 싶었다. 게다가 그는 칙필레호가 출항하기 훨씬 전부터 타협의 여지가 없는 이런 일련의 원칙을 확립했다.

다시 댄 캐시의 질문 이야기로 돌아가자. '칙필레의 존재 이유가 무엇일까?' 이 질문에 대한 답은 트루엣 캐시에게 있었다. 그가 자신의 경영 원칙들을 솔선수범하고 자신의 삶을 살아온 방식 자체가 우리의 목적이었다. 그가 이미 우리를 이끌어오던 리더십 방식이 우리의 존재 이유였다는 뜻이다. 따라서 우리가 할 일은 그것을 명문화하는 것이었다.

이렇게 볼 때 칙필레의 존재 이유를 설명하는 첫번째 문구는 정해져 있었다. "하나님께 영광을 돌린다." 하나님이 우리를 창조한 조물주이자 우리를 사랑할 뿐만 아니라 우리가 소유하고 누리는 모든 것을 포함해 세상 만물의 원천이므로 하나님께 영광과 경의를 드리는 것이 마땅했다. 십계명Ten Commandments은 하나님으로부터 시작한다. 가장 오래된 구약성서Old Testament에 이런 구절이 있다. "너는 마음을 다하고 뜻을 다하고 힘을 다하여 네 하나님 여호와를 사랑하라."(신명기Deuteronomy 6장 5절) 그리고 예수 그리스도는 이것이 가장 큰 계명이라고 인정했다. "예수께서 대답하시되 첫째는 이것이니 이스라엘아 들으라 주 곧 우리 하나님은 유일한 주시라. 네 마음을 다하고 목숨을 다하고 뜻을 다하고 힘을 다하여 주 너의 하나님을 사랑하라 하신 것이요."(마가복음Mark 12장 29절과 30절)

이는 또다른 물음으로 이어진다. 하나님께 어떻게 영광을 돌릴까? 아니나 다를까 이 질문에 대한 답도 트루엣 캐시에게서 찾았다. 캐시는 물질적인 소유물이든 사람들과의 관계든 자신이 가진 모든 것을 하나님이 주신 선물이며 당연히 하나님이 그 모든 것의 주인이라고 생각했다. 그의 생각대로 하나님이 모든 것의 주인이라면 캐시의 역할은? 관리자, 다른 말로 하나님이 캐시와 우리에게 임시로 맡긴 소유물을 관리하는 청지기일 뿐이었다. 이로써 하나님께 영광을 돌리는 방법도 결정되었다. "우리는 하나님이 우리에게 믿고 맡긴 모든 것의 충직한 청지기가 됨으로써 하나님께 영광을 돌린다." 우리가 작성한 목적 선언문에서 캐시 본인에게 가장 중요한 문구는 '충직한 청지지가 **됨으로써**'라는 대목이었고 그 문구에서 가장 중요한 단어 하나는 '됨으로써'라는 네 글자였다. 이것은 캐시의 기본 전제를 이해하면 절로 고개가 끄덕여질 수밖에 없었다. 칙필레는 우리에게 맡겨진 자산, 재능, 영향력, 관계 모두에 대한 훌륭한 청지기 정신에 토대를 두어야 했다. 그렇지 않으면 칙필레는 하나님께 영광을 돌리는 것이 아니라고 캐시는 믿었다. 그는 자신을 만든 창조주에 대한 책임이 있다고, 창조주가 그와 우리 모두에게 맡긴 전부에 대한 책임이 있다고 생각했다. 그랬으니 당연히 그는 칙필레가 그런 일을 잘하는 데에 집중하기를 바랐다.

가장 큰 계명에는 두번째 문구도 있다. "네 이웃을 네 자신과 같이 사랑하라."[4] 이 계명에서 나는 또다시 캐시가 떠오른다. 캐시는 내 평생 가장 자애롭고 관대한 사람 중 하나다. 나만 그런 것이 아니다. 조직관리와 리더십 분야의 권위자이자, 베스트셀러 작가이며, 트루엣 캐시의 삶을 조명한 저서 『나눌수록 커지는 행복한 낭비The Generosity Factor』를 집필한 켄 블랜처드Ken Blanchard는 캐시보다 더 관대한 사람을 알지 못한다고 말했다.

칙필레가 존재하는 이유는 무엇일까? 부분적으로는 "칙필레와 관계를 맺는 모든 사람에게 긍정적인 영향을 미치기 위해서다." 이것은 칙필레에 대한 캐시의 태도와 완벽히 일치한다. 칙필레의 모든 매장을 통틀어 해마다 수천 명의 청년을 채용하는데 그중 상당수는 칙필레가 생애 첫 직장이다. 따라서 운영자가 안전하고 긍

---

4 마가복음 12장 31절

정적이며 사랑이 충만한 업무 환경을 조성할 때 어떤 영향력을 만들어낼지 생각해보라. 직원들은 매장을 찾는 고객과 자신의 가족을 넘어 자신의 학교에까지 그 사랑을 확대하고 자신이 발걸음하는 모든 곳에서 긍정적인 영향력을 생성시킨다.

워크숍 둘째 날 우리는 몇 시간에 걸쳐 초안을 작성하고 토론하며 기도한 끝에 우리가 존재하는 이유를 온전히 담은 목적 선언문을 완성했다.

> 우리의 목적은 우리에게 맡겨진 모든 일을 완수하는 충직한 청지기가 되어 하나님께 영광을 돌리고 칙필레와 관계를 맺는 모든 사람에게 선한 영향력을 미치는 것이다.

이렇게 우리는 트루엣 캐시가 이미 칙필레를 운영하던 방식을 목적 선언문으로 명문화했다. 우리가 처음부터 작정하고 덤빈 일이 아니었다. 그저 성령의 힘이 이끄는 대로 따랐을 뿐이었다. 우리 모두는 알게 모르게 그를 삶의 본보기로 삼아 따르려 노력하고 있었다. 그리고 마침내 우리는 우리 자신은 물론이고 우리를 따르는 칙필레 직원들에게 유익한 길잡이가 되어줄 목적 선언문을 만들었다. 칙필레는 단순한 '기독교 기업'이 아니라 소유주 일가와 경영진이 성경적 원칙들을 적용하고 실천하기를 갈망하는 기업이었다.

1982년 칙필레가 창사 이래 최악의 재무적 곤경에 빠졌을 때 우리는 한걸음 물러나서 회사의 목적이자 존재 이유를 결정했다. 우리는 그 목적을 온 마음을 다해 받아들였고 그 목적에 의지해 위기 속에서도 냉정함과 분별력을 유지할 수 있었다. 우리 모두는 세상에 둘도 없는 유일무이한 기업을 이끄는 데서 각자 재능에 맞춰 일익을 담당했다. 이는 결코 과장이 아니다. 적어도 나는 내가 있던 그곳이 바로 하나님께서 내가 있기를 바라는 장소라고 추호도 의심하지 않았다.

목적 선언문을 작성하고 나자 또다른 숙제가 기다리고 있었다. 본사 직원들과 운영자들에게 그것을 알리고 이해시키는 문제였다. 단순해 보여도 때가 때인지라 이것은 민감한 사안이었다. 당시는 칙필레가 위기에 봉착한 것처럼 보였다. 그랬으니 직원들과 운영자들은 회사가 재정과 매출에서 직면한 일련의 문제에 대응하기 위한 경영진 회의에서 어떤 아이디어와 결정이 나왔는지 기대가 컸을 것이다. 하지만 무엇을 기대했든 결코 목적 선언문은 아니었을 것이다. 우리도 이런 분위기를 잘 알았고 그래서 일단은 적당한 때를 기다리면서 진심을 다해 기도하고 목적 선언문에 대해 생각해보기로 한발 물러섰다. 그렇다고 마냥 미룰 수만도 없는 사안이었다. 경영위원회가 그 문제를 다시 토론했을 때 이번에는 결론을 냈다. 신제품 출시를 포함해 1983년 성장 계획에 대한 경영진의 약속을 발표하면서 기업 목적도 함께 알리자고 만장일치로 결정했다. 어차피 공은 하나님에게 있었다. 칙필레가 하나님이 트루엣 캐시에게 주신 선물이라면 우리가 전진하도록 축복하든 그 선물을 거두든 이는 하나님의 뜻이었다.

반응이 어떠했냐고? '놀랄 노'자였다. 칙필레 전체에 평화가 찾아든 것 같았다. 직원과 운영자 할 것 없이 모두가 목적 선언문을 사랑했을 뿐만 아니라 자신들이 이미 알고 있던 무언가와 동일시했다. 칙필레는 이익이 다가 아니고 더 큰 가치를 추구하는 기업이라는 사실이었다. 게다가 모두는 하나님이 우리를 위기에서 구해주리라 믿고 각자 자신의 일에 매진했다. 설령 하나님이 우리를 위기에서 구해주지 않더라도 이 또한 하나님의 뜻이라고 생각했다. (심지어 그해 말 직원들은 목적 선언문을 새긴 청동 명판을 캐시에게 선물했다. 그 명판은 지금까지도 칙필레 지원센터의 입구에 걸려 있다.)

그렇게 다사다난한 한 해를 마무리하고 맞이한 1983년 가을 트루엣 캐시는 우리를 충격에 빠뜨렸다. 논리적으로 보면 어이없는 결정이었다. 하지만 그 일로 하나님과 미래 세대에 대한 그의 진심 어린 마음이 더욱 명확하게 드러났다. 하루는 캐시가 조지아주 롬 인근에 위치한 베리대학의 캠벨경영대학원에서 강연을 했다. 강연이 끝난 뒤 그는 베리대학의 최초 여성 총장 글로리아 샤토Gloria Shatto의 안내를 받으며 지넷과 함께 교정을 둘러보았다. 20세기 초 마사 베리Martha Berry가 설립한 베리대학은 가난한 산악 지역 학생들에게 생애 처음으로 정규 교육을 받을 수 있는 기회를 제공했다. 한편 베리대학 부속으로 교정이 아름답기로 유명한 베리아카데미라는 남자고등학교가 있었는데, 최근 신탁관리인들이 그 캠퍼스를 폐쇄했다. 캐시와 지넷은 목가적인 숲속에 자리잡은 화강암의 기숙사 건물과 강의 건물들에서 눈을 뗄 수가 없었다. 그리고 그 학교의 역사를 생각해보니 그 건물들의 미래가 어떻게 될지 궁금했다. 캐시와 지넷은 그곳을 둘러보면서 주체하기 힘든 벅찬 감정을 느꼈고

심지어 지넷은 마치 성지에 있는 것 같은 기분이라고 말했다.[5]

캐시는 단 몇 시간 만에 베리아카데미를 설립 취지에 어울리게 활용할 아이디어를 생각해냈다. 칙필레 내부에서 젊은 직원들을 선발해 그들에게 숙소로 제공하자는 것. 다시 말해, 캐시는 이들 젊은 이에게 베리아카데미의 기숙사에서 생활하며 칙필레와 대학이 지원하는 장학금으로 베리대학에서 공부할 기회를 주고 싶었다. (그 계획은 훗날 아동을 위한 위탁가정과 여름 캠프로까지 확대된다.)

트루엣 캐시는 경영위원회 회의에서 자신의 계획을 발표했다. 그렇다고 위원들에게 그 계획에 대한 찬성이나 승인을 구한 것이 아니라 그저 조언을 구했다. 어차피 캐시한테는 우리의 찬성이나 승인은 필요하지 않았다. 캐시는 자신과 지넷이 100프로 개인 재산을 기부해 재단을 설립하고 그 재단에게 자선 사업의 운영 일체를 맡길 생각이었다. 즉, 소유며 운영이 칙필레와는 철저히 분리될 터였다.

하지만 이것 자체는 하나님의 역사役事에 버금가는 엄청난 일이었다. 캐시와 지넷은 사내에서 선발한 장학생 125명에게 그 기숙사를 제공할 계획이었다. 게다가 위탁가정과 여름 캠프를 운영하려면 기반 시설 확충과 직원 충원이 불가피해 보였다. 차라리 기숙사와 식당을 새롭게 단장하는 일은 쉬워 보일 정도였다. 더군다나 시기도 좋지 않았다. 캐시가 칙필레를 옥죄는 재무 건전성 위기를 극복하기 위해 우리가 무엇을 할 것인지 질문하고 채 1년도 지나지

5 베리대학은 기독교 가치를 바탕으로 설립되었다.

않은 시점이었다.

캐시와 지넷은 백문불여일견이라는 듯 경영위원회 위원 모두와 자신들이 다니는 교회의 목사이자 신학박사이며 자신의 가장 친한 친구 찰스 Q. 카터Charles Q. Carter를 베리대학에 데려갔다. 우리도 깊은 감명을 받았지만 확신은 다른 문제였다. 결국 경영위원회 전원은 그의 아이디어에 반대 의견을 냈다. 하지만 캐시와 지넷은 요지부동이었다. 이것이 하나님이 자신들에게 맡긴 소명이라고 믿어 의심치 않았기 때문이다. 그리고 그들은 모든 계획을 끝까지 실행해 1984년 윈셰이프재단WinShape Foundation을 설립했다. 장학 사업은 물론이고 위탁가정도 캠프 프로그램도 그들의 기대를 훨씬 뛰는 넘는, 아니 전례 없는 강력한 영향력을 생성시켰다. 그리고 수십 년이 지난 오늘날에도 세상에 엄청난 선한 영향력을 미치고 있다.

칙필레는 선물이다

개중에는 칙필레의 근간이 되는 기본 원칙들을 이해하기 힘든 사람도 있을 것이다. 트루엣 캐시가 그랬듯 나도 모태신앙의 기독교인으로 살아오면서 그런 원칙을 배웠고 예나 지금이나 삶에서 실천하려 노력한다. 솔직히 고백하면 우리는 칙필레에서 그 원칙들을 완벽히 적용하지는 못했다. 하지만 대접받고 싶은 대로 대접하라, 안식일을 지켜라, 십일조 하라 등 아주 많은 경우 우리가 하나님의 약속들에 의지했을 때 이성적으로는 설명하기 힘든 신비로운 일이 벌어졌다. 하나님의 은혜를 느낄 수 있었던 것이다. 아니, 우리가 신앙을 실천할 때마다 하나님이 은혜를 베푸는 것이 확실해 보였다.

하나님은 트루엣 캐시에게 성경, 특히 잠언에 담긴 지혜를 통해 사랑을 보여주었고, 캐시는 그 지혜를 실천하고 더욱 발전시켰다. 그는 그 지혜를 바탕으로 칙필레의 모든 영역에서 강력하고 유능한 리더들을 엄선했다. 뿐만 아니라 칙필레의 초창기 모든 매장 운영자를 선택할 때도 하나님이 잠언을 통해 알려준 통찰력에 기댔다.

경영위원회 위원들은 개별적으로 그리고 집단적으로 하나님의 지혜와 관점을 갈구했고, 하나님의 지혜와 관점을 알기 위해 기도하고 또 기도했다. 우리에게는 하나님의 통찰과 목적 선언문이 불순물을 걸러내고 유효성분만 남기는 여과기의 역할을 해주었다. 아울러 우리는 세상의 많은 리더에 대해서도 공부했다. 우리의 목표는 단순히 성공적인 기업을 운영하는 것이 아니었다. 비즈니스를 뛰어넘는 리더가 되고 싶었다. 요컨대 우리는 우리가 이끄는 모든 사람에게 선한 영향을 미치고 또한 사람들에게서 '칙필레는 왜 이토록 다르지?'라는 궁금증을 유발하는 방식으로 봉사하고 싶었다.

결론적으로 말해 칙필레의 위기는 오래가지 않았다. 매장 매출이 큰 폭으로 감소하고 목적 선언문을 작성한 이듬해에 동일매장매출이 전년도 대비 29프로가 넘게 증가했다. 신규 매장까지 포함시키면 전체 매출이 36프로 상승했다. 이것은 엄청난 성적표였다. 쇼핑몰업계가 여전히 불황의 늪에서 허우적거리고 있었는데도 칙필레는 마법처럼 보란 듯이 불황에서 빠져나왔다.

1983년 칙필레의 경이로운 회생을 보여주는 또다른 가시적인 증거도 있었다. 트루엣 캐시는 1970년대 운영자 보상 프로그램 심볼오브석세스Symbol of Success를 출범시켰고 수상자들에게 고급 자동차의 대명사 링컨콘티넨털Lincoln Continental을 부상으로 제공했다. 1983년에는 46명의 운영자가 '성공의 상징'으로 링컨을 받았다. 선정 기준과 운영 방식은 이랬다. 먼저, 매장의 연매출을 전년도 대비 40프로 이상 올린 운영자는 1년간 링컨콘티넨털을 무상으로 이용하고, 이듬해 매출도 40프로 이상 올린다면 다른 말로 2년 연속 40프로 매출 증가를 달성시키면 그 자동차의 주인이 되었다. 심볼오브석세스의 수상자들이 북서대서양에 있는 영국령 섬나라 버뮤다에서 열린 1984년 운영자세미나에서 돌아왔을 때 애틀랜타의 하츠필드국제공항Hartsfield International Airport[6] 활주로에 46대의 링컨콘티넨털이 세워져 있었다.[7]

칙필레의 목적 선언문이 탄생한 레이크러니어 회의는 내 개인적으로 깨달음의 시간이었다. 구체적으로, 트루엣 캐시가 소유를 바라보는 관점을 이해할 수 있었다. 그는 자신이 무엇을 소유하고 무엇을 소유하지 않는다고 생각했을까? 솔직히 소유에 관한 기존의 내 생각이 완전히 뒤집혔다. 나의 예전 직장들인 TI와 식스플래그스는 둘 다 상장회사이니만큼 경영진은 회사가 주주들에게 책임이 있음을 인정했다. 말인즉 그들은 주주들을 섬기는 청지기였다.

---

6 하츠필드잭슨애틀랜타국제공항의 전신

7 오늘날에는 심볼오브석세스의 선정 기준이 매출 17프로 증가로 하향되었고, 부상으로는 포드가 생산한 자동차 중에서 원하는 모델을 직접 고를 수 있다.

그리고 나도 그것에 공감했다. 나도 주주였으니까. 하긴 거의 모든 상장회사의 경영진도 그들과 다르지 않다.

칙필레로 둥지를 옮겼을 때 나는 '주주'에게 비슷한 책임을 느꼈다. 물론 비상장 가족회사 칙필레의 주주는 단 한 사람 트루엣 캐시가 전부였다.

하지만 그날 경영위원회 워크숍에서 트루엣 캐시와 그의 두 아들 댄과 버바는 내가 꿈에서도 생각하지 못한 말을 했다. "여러분은 우리 캐시 일가보다 훨씬 높은 어떤 존재에게 책임을 다해야 하는 청지기입니다. 칙필레의 주인은 우리 집안이 아닙니다. 칙필레라는 회사도 샌드위치도 선물입니다."

트루엣 캐시는 그 회의 전에도 후에도 칙필레 샌드위치를 만드는 것은 복잡하지도 어렵지도 않은 일이라는 말을 자주했다. 뼈를 발라낸 뒤 빵가루를 입혀 튀긴 닭가슴살과 피클 두 조각을 버터 바른 빵 속에 넣으면 그만이었다. 따라서 그 샌드위치는 선물이었고, 비슷한 경쟁 제품이 없는 시장 공간인 블루오션에서 사업을 구축할 수 있는 기회였다. 게다가 그는 또다른 선물도 받았다. 쇼핑몰 개발 붐에 편승해 15년간 회사를 순조롭게 성장시킬 수 있었다.

모든 일에는 시작이 있으면 끝이 있기 마련이었다. 전국을 공사장으로 만들었던 쇼핑몰 개발 붐이 1982년 붕괴했다. 하지만 우리는 칙필레를 선물로 바라보는 독특한 관점을 토대로 상황을 다르게 볼 수 있었다. 만약 칙필레가 우리 소유가 아니라면 하나님이 어떤 계획을 틀림없이 세워두었다고 믿었다. 우리는 그저 우리 자리에서 역할을 다하면 그만이었다. 칙필레가 하나님의 선물임을 인정하고 그것을 지킬 뿐만 아니라, 언제나 칙필레를 통해 관계하는 모든 사람에게 긍정적인 영향을 미치기 위해 노력했다. 그리고 이런 청지기적 사명을 완수하기 위해 앞으로 해야 하는 일에 대해 하나님의 지혜를 열심히 갈구했다.

5장

새로운 프랜차이즈 패러다임

맥도날드, 버거킹Burger King, 웬디스Wendy's 같이 내로라하는 브랜드는 물론이고 거의 모든 패스트푸드 프랜차이즈에서 마케팅 지원은 역피라미드 구조로 표현할 수 있다. 이는 가맹 본부의 최고위자들이 통제권과 전략과 돈을 대부분 좌지우지하는 구조다. 원칙적으로 볼 때 그들 브랜드가 고객을 매장으로 유인하는 수단은 두 개로 좁혀진다. 첫번째는 매체, 두번째는 '할인', 다른 말로 저가정책이다. 게다가 가맹점 사업자들은 매장 차원에서 독자적인 마케팅활동을 진행할 권한과 힘이 사실상 전무하다시피 한다.

내가 합류했을 때 칙필레의 사정도 그들 브랜드와 별반 다르지 않았다. 모든 운영자는 전사적 차원의 마케팅비와 광고비라는 명목으로 총매출의 3.25프로를 본사에 지불했고, 우리 마케팅팀은 애틀랜타에서 새로운 고객층을 창출하는 데 마케팅과 광고 역량을 집중했다. 하지만 현장에서 운영자들과 많은 시간을 보내면서 모두가 똑같은 의문이 생겼다. 우리는 쇼핑몰에만 입점해 있고 더군다나 매장마다 유능한 리더가 버티고 있는데 왜 굳이 애틀랜타에서 매출을 증가시키기 위해 노력하는 걸까?

심지어 내가 칙필레호에 승선하기 전부터 트루엣 캐시는 운영자들 '각자가 쇼핑몰의 시장市長, Mayor of Mall'이 될 것을 촉구했다. 만약 칙필레 운영자가 해당 쇼핑몰에서 성경의 빛과 소금 같은 사람이 될 때, 그들은 관계를 만들고 영향력을 확산시킬 뿐만 아니라 상호작용하는 사람들에게 선한 영향을 미칠 수 있다는 판단에서였다. 그리고 그런 관계 각각은 자연히 새로운 사업 기회로 이어지기 마련이었다.

우리는 시식을 제공하는 매장 입구를 시작으로 쇼핑몰 자체를 마케팅 창구로 만드는 일에 초점을 맞추었다. 어쨌건 운영자들은 임대료라는 명목으로 쇼핑객들을 상대로 마케팅할 수 있는 기회를 웃돈을 주고 구매한 셈이었다. 시식을 통해 주고받는 상호작용 하나하나가 운영자에게는 또다른 기회가 되었다. 잠재고객에게 칙필레 제품을 처음 경험하게 만들고 그들과 긍정적인 연결고리를 만들 기회였다. 내친김에 우리는 운영자가 쇼핑몰 내 다른 상인들과 협력할 수 있는 방법에 대해서도 고민했다. '어떻게 하면 그들이 쇼핑몰에서 이뤄지는 행사들과 연계할 수 있을까?'

다행히도 이미 이런 일들을 자발적으로 잘해오던 운영자들이 있었고, 나를 포함해 마케팅팀은 그들에게서 한 수 배웠다. 우리는 칙필레 매장 입구를 넘어 쇼핑몰 내부와 다른 상점들 입구로 시식 공간을 확대하고 또한 다른 상점들, 더 나아가 쇼핑몰과 공동으로 행사를 주최할 수 있는 더욱 다양하고 더 나은 방법들을 패키지화Package[1]하기 시작했다. 또한 운영자가 제품과 매장 직원들을 주요 수단으로 삼아 쇼핑몰을 마케팅 창구로 활용하는 여러 선택지도 만들었다. 운영자들이 그런 사고방식으로 무장하자 더 많은 혁신이 이뤄졌다. 이것은 하나의 선순환이 되었다. 우리가 훌륭한 아이디어를 발견하면 그것을 다듬어 패키지화해서 모든 운영자에게 배포했다.

그런 다음 마케팅팀은 우리의 돈을 우리의 '입'이 있는 곳에 넣어두는[2] 마케팅 전략을 통해 프랜차이즈 산업의 패러다임을 완전히 뒤집어보기로 결정했다. 마케팅 비용을 조달하는 방식도 그중 하나였다. 앞에서 설명했듯 칙필레 운영자는 마케팅 명목으로 본사에 매출의 3.25프로를 납부했다. 우리는 이것에 주목했다. 만약 매장을 브랜드 마케팅의 최일선 전초기지로 만들고 싶다면 우리는 장애물을 제거해야 했다. 운영자에게 매출의 3.25프로는 결코 작은 액수가 아니었다. 아니, 엄청난 부담이었다. 매장 차원에서 마케팅에 쓸 돈이 한 푼도 없다고 하소연하는 운영자가 한둘이 아니었다. 총매출의 3.25프로를 마케팅 비용으로 본사에 납부하고 있었으니 그럴 만도 했다. 결과적으로 말해 그런 마케팅 분담금이 운영자들

1 특정 목적을 달성할 수 있도록 관련성 있는 둘 이상의 요소를 하나로 통합하여 편성하는 것

2 영어의 관용구로 "직접 행동으로 자신의 말뜻을 보여줘라" 또는 "자신이 믿고 주장하는 것에 실질적인 힘을 제공하라"는 의미

에게 그릇된 기대치를 심어주는 역효과를 불러왔다. 각 매장의 매출을 증가시킬 책임이 회사 차원의 마케팅에 있다는 것이었다.

나는 몇 년간 운영자들과 협력하고 본사 마케팅 팀원들의 이야기를 듣고 나서 하나의 결론에 이르렀다. 마케팅 분담금 정책을 폐지할 필요가 있었다. 나는 트루엣 캐시와 지미 콜린스에게 이 아이디어를 건의했다. 나라고 꾸준히 들어오는 그 엄청난 돈을 포기하고 싶었겠는가. 정말 그러고 싶지 않았다. 게다가 일단 그 정책을 포기하는 순간 영원히 되돌릴 수 없을 거라는 사실도 잘 알았다. 하지만 우리는 동기를 부여하고 주인 의식을 고취하기 위해 발상의 전환이 필요했다. 다시 말해, 운영자가 매장과 칙필레 브랜드를 성장시키기 위해 당장은 자신의 매장에서 그리고 나중에는 자신의 시장에서 요구되는 마케팅 비용을 지출하도록 동기를 부여할 필요가 있었다. 또한 자신의 매장이 만족할 만한 매출을 올리지 못할 때 운영자는 본사에 의지하는 것이 아니라 주인 의식을 갖고 스스로 답을 찾기 위해 노력할 수도 있었다.

캐시와 콜린스가 내 제안을 받아들이면서 마케팅 분담금 정책은 역사 속으로 사라졌다. 그리고 얼마 뒤 우리는 쇼핑몰이 아닌 곳에서 처음으로 매장을 열었다. 이름하여 독립 매장 또는 단독 매장이었다. 이는 우리가 쇼핑몰에 더해 거리에서도 운영자들을 주요한 마케팅 주체로 활용할 수 있는 유리한 고지를 점령했다는 뜻이었다. 요컨대 우리는 패스트푸드 산업의 전통적인 마케팅 패러다임을 완전히 뒤엎었다.

마케팅 분담금 폐지 결정은 두 가지 새로운 숙제를 내주었다.

각 매장에서 누가 마케팅을 담당할 것인가와 이제까지 본사 마케팅 부서로 보내던 돈을 운영자가 가장 유익하고 효율적으로 사용할 수 있는 방법이 무엇이냐는 것이었다.

첫번째 문제부터 알아보자. 일단 운영자는 마케팅 담당자 후보에서 제외해야 했다. 가뜩이나 이미 짊어지고 있는 책임만으로도 벅찬데 마케팅활동까지 관리할 시간적 여유가 없을 터였다. 솔직히 말하면, 매장과 브랜드를 위한 마케팅 담당자를 별도로 두지 않는다면 그들은 하루도 버티지 못할 것이 빤했다. 이 문제에 대해서도 우리는 운영자에게서 답을 찾았다. 가장 성공적인 운영자 두 명이 이미 상당한 돈을 써서 각자 마케팅 담당자를 두고 있었다. 우리는 그들의 사례를 본떠 모델을 개발하기 시작했다. 다른 운영자들에게 물었다. "이미 매장에 교대와 주방을 각각 관리하는 담당자가 있습니다. 이참에 매출 증대에 자신의 모든 리더십 역량을 바칠 사람을 두면 어떻겠습니까? 그것도 매일 말입니다. 관계를 구축하는 데도 도움을 주고 브랜드도 홍보하는 사람입니다."

데이비드 샐리어스는 한술 더 떴다. "운영자님, 매장의 매출 증대를 전담하는 직원은 누구입니까?"

운영자들은 스스로가 마케팅을 관리한다고 말할지는 모르겠으나, 현실은 그리 녹록치가 않았다. 운영자로서 매일 매장을 성장시키기 위해 노력하고 싶은 마음이야 십분 이해하고도 남았다. 하지만 그들은 신경써야 하는 일이 아주 많았고 따라서 그들이 매일 마케팅까지 책임지기는 불가능하다고 봐야 했다.

여기서는 **매일**이 핵심이었다. 매장의 마케팅 관리자가 바쁜 점심 시간 고객 응대에 손을 보태야 한다면 성공할 수 없었다. 매장 한 곳을 마케팅하자면 수백만 달러가 필요할 수도 있었다. 이토록 막대한 자금이 들어가는 커다란 사업이니 마케팅을 전담하는 정규직은 충분히 가치가 있었다.

우리는 매장 기반의 마케팅을 활성화시킬 추진력을 생성시키고자 매장 마케팅 관리자Unit Marketing Director: UMD라는 독특한 개념을 도입했다. 본사 직원 몇몇과 운영자 대표 3명 웨인 하슬러Wayne Hassler, 마이클 터커Michael Tucker, 프랭키 터너Frankie Turner가 텍사스주 알링턴의 한 호텔에서 만나 머리를 맞대어 고민한 결과 탄생한 개념이다. 그날 회의에서 양측은 각각 역할을 분담했다. 본사 직원들은 창사 이래 처음으로 교육훈련 프로그램을 실시하기로 동의했고, 운영자 3인방은 마케팅 전담 정규직을 신설하기로 합의했다. 그들은 매장으로 돌아가 크게 세 가지 역량을 토대로 마케팅 전담자를 채용했다. 먼저, 사람들과 만나는 것을 좋아하고 '장사' 소질을 타고난, 한마디로 관계 지능Relational Intelligence이 높아야 했다. 그리고 소통 능력과 설득력이 두번째 자질이었다. 마지막으로 계획의 수립부터 집행까지 마케팅의 모든 과정을 담당해야 했으므로 세부적인 부분까지 꼼꼼하게 챙길 수 있어야 했다. 반면 마케팅을 제외하고 매장의 다른 모든 업무는 부족해도 상관없었다.

칙필레의 본사 마케팅팀도 합의 사항을 지키기 위해 노력했다. 우리는 그들 운영자는 물론이고 그들이 채용한 매장 마케팅 관리자들과 긴밀하게 소통하면서 지식과 정보를 축적했다. 그리고 마침내 그들을 본사 차원에서 지원하기 위한 마케팅 인프라Marketing Infrastructure의 하위 요소들을 완성했다. 여기에는 채용 지침, 훈련·개발 도구, 매출 증대와 브랜드 구축 도구 등이 포함되었다.

그 결과 매장 세 곳에서 모두 가시적이고 고무적인 결과가 나타났다. 매장 기반 마케팅 담당자의 가치가 그들 매장의 매출로 증명되기 시작한 것이다. 가령 그들은 '정령의 밤' '아빠와 딸의 밤 데이트' 등 지역사회를 참여시키는 매장 차원의 행사들을 조직했다. 그들의 성공을 눈으로 목격하자 다른 운영자들도 UMD 프로그램에 하나둘 동참했다. 이후 몇 년간 사실상 거의 모든 매장이 최소한 명 이상의 정규직 마케팅 담당자를 두게 되었다. 오늘날에는 한 걸음 더 나아가, 매출의 성장 동력을 유지하기 위해 매출이 100만 달러씩 상승하는 것처럼 특정 기준을 초과할 때마다 마케팅 인력을 충원하는 운영자도 일부 있다.

이렇게 해서 우리는 마케팅 비용을 조달하고 마케팅 아이디어를 집행하는 모델을 통째로 뒤집었다. 그것도 칙필레가 전국적인 브랜드가 되기 불과 몇 년 전에 마케팅의 새 지평을 열었다. 그렇다면 지금은 어떨까? 브랜드 마케팅을 집행하기 위한 전술·재정적 지원의 80프로에서 85프로를 본사가 아니라 운영자들과 시장별 운영자팀이 부담한다. 대신에 본사는 그들에게 매장 차원의 마케팅에 필요한 도구와 훈련을 제공한다. 하지만 마케팅 재원을 조달하고 마케팅을 집행하는 책임은 온전히 그들의 몫이다.

요컨대 칙필레 본사는 마케팅 예산 마련과 집행의 책임에서 해방되었다. 덕분에 우리는 정서적 연결고리를 생성시키고 브랜드 가치를 창출하는 도구를 개발하고 자원을 창조하기 위해 오직 우리가

할 수 있는 일에만 초점을 맞출 수 있었다. 우리가 할 수 있는 일만 하는 것은 재미있다는 말로도 모자란다. 이건 까무러칠 정도로 신나는 일이다. 환대에 집중하면 어깨춤이 절로 난다. 대학스포츠를 후원하고 관여하는 일도 즐겁고 패러다임을 깨부수는 광고에도 가슴이 설렌다. 이뿐만 아니라 매장 디자인이 미치는 영향을 확인하는 것도 고객 인터페이스Customer Interface[3], 즉 고객접점 경험에 테크놀로지를 적용하는 것도 하늘을 나는 기분이다. 심지어 유니폼을 디자인하는 일마저도 콧노래가 나온다. 이외에도 재미있는 일은 끝이 없다.

칙필레는 정서적 연결고리를 생성시킬 목적으로 탄생한 브랜드였다. 만약 마케팅팀이 점포 수, 고객 수, 분기별 이익 등을 증가시키는 일에만 집중했다면 어땠을까? 오늘날의 칙필레는 없었을 거라고 장담할 수 있다. 이유야 빤하다. 물리적인 시간이 없어서건 창조적인 자유가 부족해서건 우리는 칙필레가 정서적 연결고리를 생성시키는 브랜드가 되는 데서 아무 역할도 못했을 테니 그렇다. 거래에 초점을 맞춘 패러다임하에서 마케팅이 하는 일은, 관계와 정서적 연결고리를 중시하는 환경에서 마케팅이 할 수 있는 일과는 하늘과 땅만큼 다르다.

독립 매장의 운영자들도 '쇼핑몰의 시장'이라는 마케팅 사고방식을 각자의 지역사회에서 실천했다. 쇼핑몰에서 빛과 소금 같은

3 매장에서의 일대일 대면 같이 고객과 기업 사이에 발생하는 정보와 서비스의 동적인 변화로 모든 종류의 교류를 포함한다.

사람이 되라는 트루엣 캐시의 조언은 쇼핑몰 바깥에서도 효과적이었다. 운영자들과 그들의 마케팅 담당자들이 해당 지역의 사업체, 학교, 종교 단체, 스포츠팀 등에 봉사할 기회를 적극적으로 찾은 덕분이었다. 이들이 바로 데이비드 샐리어스의 질문에 대한 대답이다. "매장의 매출 증대를 전담하는 직원은 누구입니까?"

이후 특정 지역들에서 칙필레 매장 수가 본격적으로 증가했고, 당연히 동일 시장에서 영업하는 운영자들은 칙필레 브랜드를 구축하기 위한 조직적이고 통합된 노력의 필요성을 절감하기 시작했다. 이 지점에서 지역 마케팅 관리자Area Marketing Director: AMD 개념이 탄생했다. 이들은 무대만 넓어졌을 뿐 역할 자체는 매장 마케팅 관리자와 다르지 않았다. 같은 지역에서 판촉활동을 공동으로 전개할 파트너들을 발굴해서 협상하고 자선 행사를 주최하며 칙필레 매장들이 지역사회를 위해 발 벗고 나서도록 만드는 일이었다. 반면 그들은 매체 계획과 매체 구매Madia Buying에는 거의 관여하지 않고, 대신에 광고대행사가 (운영자들이 승인하는 예산으로) 해당 지역을 대표해서 매체 계획부터 매체 구매까지 관리할 예정이었다.

본사의 마케팅팀도 UMD와 AMD를 지원하는 일에 박차를 가했다. 우리는 그들이 제품, 인력, 젖소 캠페인, 영향력 등을 활용할 계획을 수립할 수 있도록 훈련 프로그램을 개발하고 연간 자료모음집을 제작했다. 이렇게 우리가 관여함으로써 본사가 브랜드를 구축하고 매출을 증대시키고 싶은 방식이 매장에서 펼치는 마케팅활동에 온전히 반영될 수 있었다. 본사와 그들 사이의 역할 분담은 확실했다. 우리는 계획 수립, 일정 관리, 예산 책정, 크리에이티브, 광고 집행 등을 위한 표준화된 관행을 제공했다. 대신에 그들은 각자의 매장이나 지역사회에서만 존재하는 독특한 기회를 찾았다.

마케팅 분담금 정책을 폐지한 후 수십 년간 본사는 운영자들에게 각자 매출의 약 3프로를 매장 차원의 마케팅활동에 투자하라고 계속 독려했다. 이는 어디까지나 권고 사항일 뿐이었다. 마케팅 비용으로 얼마를 투자하라고 강요하거나 일정액의 마케팅 비용을 계약상의 의무로 규정하지는 않았다. 매출의 3프로가 많아 보여도 경쟁자들의 광고 예산에 비하면 턱없이 작은 액수였다. 더러는 우리 매장의 평균 광고비보다 두 배나 더 많이 지출하는 경쟁자들도 있었다. 그렇지만 우리가 구축하고 싶은 브랜드를 고려할 때 절대적인 광고비 액수보다 더 중요한 것이 있었다. 우리는 거래가 아니라 정서적 참여Emotional Engagement에 바탕을 두는 브랜드를 구축하고 싶었다. 이런 경우에는 개개인의 참여를 유발하기 위한 투자가 매체 중심 전략보다 효과성도 효율도 몇 배나 큰 법이다.

칙필레 본사가 전개한 일체의 매체활동은 브랜드를 '공중엄호'하는 일이었던 반면, 운영자들은 각자의 시장에서 효과적이고 일관된 '지상 작전'을 수행했다. 하지만 굳이 경중을 따지면 지상 작전이 우선이었다. 어차피 본사가 제공할 수 있는 매체 지원은 제한적이었고, 그나마 매장들이 각자의 시장에서 관계를 구축하지 않는다면 그런 지원도 무용지물이었을 테니 말이다.

발 없는 말이 천리 간다

앞서 말했듯 우리의 경쟁 이점은 광고비가 아니었다. 솔직히 경쟁업체들보다 광고비를 더 많이 지출할 생각조차 없었다. 경쟁자들은 마케팅 캠페인에 수백만 달러를 투자한 반면 우리는 신규 매장들에 자본 대부분을 투입했다. 이는 운영자를 위한 기회를 창출하고 매장 직원들을 주축으로 칙필레 브랜드를 구축하는 노력에 사활을 걸었다는 뜻이다. 칙필레에 관한 고객들의 이야기에서 주인공은 누가 뭐래도 그들 직원이었으니 당연했다. 그런 이야기는 널리 퍼져 우리 브랜드에 대한 입소문을 유발하게끔 되어 있었다.

우리가 이처럼 입에서 입으로 전해지는 구전 마케팅을 관리하고 가속화시키기로 처음 결정했던 때가 1982년이었다. 우리는 홍보 관리자가 필요했다. 요즘 유행하는 말로 하면 이른바 '스토리텔러Storyteller', 즉 이야기꾼이다.

백 마디 자화자찬보다 타인의 진심 어린 칭찬 한마디가 울림이 큰 것은 자명한 이치다. 브랜드도 마찬가지다. 브랜드가 자화자찬하는 것보다 고객이나 매체가 브랜드의 이야기를 들려주는 것이 더 강력하다. 이런 맥락에서 나는 광고효과에 몹시 회의적이었다. 아니, 솔직히 말하면 광고를 통해서는 칙필레가 존재하는 이유와 지향하는 가치들을 온전하게 담은 이야기를 들려주는 것이 불가능할 거라고 믿었다. 이런 마당에 그 이야기의 설득력과 신뢰성은 두말하면 잔소리였다.

구전 마케팅에 대한 트루엣 캐시의 반응은 흥미로웠다. 진짜 우리가 들려줄 만한 이야기가 있느냐는 식이었다. 캐시로서는 우리가 하는 일이 이야기를 들려주는 것이 아니라 치킨샌드위치를 파는 것이라고 생각했으니 놀랄 일도 아니었다. 또한 겸손함이 몸에 배인 캐시는 객관적인 제3자가 신뢰성을 갖고 이야기할 만큼 자신의 이야기가 가치 있다고도 생각하지 않았다. 하지만 내 생각은 확고했다. 우리가 매체를 활용하려면 매체의 생리를 잘 이해하고 편집자, 기자, 방송인 등을 솜씨 있게 다룰 줄 아는 홍보 전문가가 꼭 필요했다. 브랜드 이야기를 어떻게 포지셔닝하고 홍보자료를 어떻게 작성하며 위기에는 어떻게 대처해야 하는지 잘 아는 사람 말이다. 칙필레가 어째서 독보적인 브랜드인지를 알려주는 알짜배기 이야기들은 칙필레 내부에 있었다. 따라서 우리는 가장 중요한 '입'인 매체를 비롯해 핵심 관련자 모두가 그런 이야기를 이해할 수 있는 도구와 장비를 제공해야 했다. 비록 캐시와 지미 콜린스를 설득하기가 만만찮았지만 우리의 독특한 이야기 소재는 무궁무진했다.

가령 우리가 일요일에 영업하지 않는 이유는? 여기에는 캐시의 첫 식당으로 거슬러 올라가는 이야기가 있었다.

캐시가 이토록 단순한 치킨샌드위치를 개발한 과정도 하나의 이야깃거리였다.

운영자 가맹계약도 이야기로서 가치가 충분했다. 그 계약의 본질적인 목적은 무엇이었을까? 본사가 운영자와 매장 수익의 절반씩 나눠 갖는 것이었을까?

신메뉴, 신규 점포, 직원 장학제도, 크고 작은 후원 행사, 이 모든 것이 각기 다른 청중에게 독특한 의미를 갖는 이야기였다. 매체는 속성상 독특한 소재를 좋아했다. 게다가 당시는 소셜 미디어가 없던 시절이라는 점도 기억하길 바란다.

마침내 끈질긴 설득 끝에 나는 트루엣 캐시와 지미 콜린스에게 홍보 전문가가 필요하다는 사실을 납득시켰다. 우리는 한 헤드헌팅 회사를 고용했고, 그들이 켄터키주 루이빌에 소재한 다국적 복합 제조업체 제너럴일렉트릭General Electric: GE에서 근무하던 도널드 페리Donald Perry라는 보석을 찾아냈다. 페리는 GE 홍보 분야에서 소비자 부문과 B2BBusiness-to-Business, 즉 기업 간 거래 부문 양쪽에서 일한 경험이 있었다. 그는 조지아주와도 인연이 깊었다. 발도스타 출신으로 조지아주 토박이였고 조지아대학교 그래디언론대학을 우등으로 졸업했다.

도널드 페리의 면접과정은 내 경우만큼 길지는 않았다. 켄터키주에 사는 그를 반 년 동안이나 면접을 보러 조지아주로 불러들일 수는 없는 노릇이었다. 그래도 사정이 허락하는 한 페리는 데이비드 샐리어스와 나는 물론이고 칙필레의 인적자원 책임자와 지미 콜린스와 많은 시간을 보냈다. 마지막 관문으로 그는 캐시를 만났다. 이야기가 잘 풀린다면 둘의 만남은 길어질 터였다. 예상대로 둘은 곧바로 죽이 척척 맞았다. 하숙집을 운영하던 집안에서 가난하게 자란 캐시처럼, 조지아주 남부의 시골에서 담배 농사를 짓던 가정에서 성장한 페리의 어린 시절도 가족이 전부였고 힘든 육체노동으로 점철되었다. 그런 '흙수저'의 성장배경이 둘을 단단히 이어주는 중요한 연결고리가 되었다. 페리는 청렴하고 강직한 성품에 인상적인 이력의 소유자였고 예리한 판단력과 탁월한 유머 감각, 그리고 가족의 가치를 소중하게 여기는 가정적인 사람이었다. 그때 눈치챘어야 했는데 나는 정말 몰랐다. 장차 페리가 캐시와 내게 다시없을 좋은 친구가 되리라는 것을.

또한 나는 페리가 얼마나 큰 '사고'를 칠지도 까마득히 몰랐다. 결과부터 말하면 페리는 트루엣 캐시라는 사람 자체를 하나의 브랜드로 전환시키는 마법을 부렸다.

도널드 페리는 가장 먼저 캐시가 사람들 앞에서 연설할 기회를 마련하기 시작했다. 그리고 그런 현장마다 캐시를 껌딱지처럼 따라다녔던 페리는 그의 이야기를 듣고 또 들어 달달 외울 정도였다. 캐시는 하숙집을 운영하던 어머니의 일손을 도우러 부엌에서 콩깍지를 까고 설거지를 했던 경험부터 유년 시절을 자세히 들려주었다. 또한 어머니가 하숙생들을 어떻게 살뜰히 보살폈는지도 회고했다. 심지어는 눈을 감은 어머니의 모습을 생전 처음 보았을 때가 돌아가셔서 관 속에 안치되었을 때라는 이야기도 했다. 마치 캐시 안에 잠들어 있던 이야기꾼이 깨어난 것 같았다. 캐시는 한 치의 가식도 거짓도 없이 솔직했고 사람들에게 기꺼이 자신의 마음을 나누어주었으며 청중에게서 몰입을 이끌어내는 능력도 탁월했다. 무엇보다 이런 세 가지 자질은 페리가 캐시를 칙필레의 '공식' 얼굴로 만드는 귀중한 재료가 되었다.

캐시와 페리는 더러 함께 출장을 다녔고 이내 서로 신뢰하는 막역한 친구가 되었다. 페리는 엄선한 매체를 대상으로 프레스투어를 준비했는데, 특히 우리가 공을 들이는 새로운 시장들에 집중했다. 그럴 때면 캐시도 운영자들과 함께 마이크를 잡아 브랜드를 구축하는 노력에 힘을 보탰다. 페리는 칙필레의 홍보 전문가를 넘어 트루엣 캐시 개인의 홍보 전문가가 되었다.

캐시는 페리에게 권한과 힘을 부여함으로써 그에 대한 두터운 신임을 보여주었다. 또한 페리가 어떤 의견을 내면 캐시는 찬반 여부를 떠나 일단 그의 말에 귀를 기울였다. 페리는 캐시의 사고방식은 물론이고 그가 칙필레를 어떻게 포지셔닝하고 싶어하는지 잘 알았다. 캐시의 입으로 그런 이야기를 하도 들어 귀에 딱지가 앉을 정도였으니 그럴 수밖에 없었다.

그러나 도널드 페리는 자신의 역할에 경계를 그을 줄도 알았다. 페리는 본인이 전면에 나서 칙필레를 알리는 것이 아니라, 캐시가 자신이 원하는 방식으로 칙필레를 세상에 보여주도록 돕는 조력자가 자신의 역할이라고 믿었다.

1986년 애틀랜타 일대에서 유일한 대형 일간지「애틀랜타저널콘스티튜션Atlanta Journal-Constitution」에 이런 글이 실렸다.

> 트루엣 캐시가 사업가로 성공하지 않았더라면 동기를 부여하는 연설가로 이름을 날렸을 것이다. 칙필레 샌드위치 제왕은 지난주 애틀랜타남부공무원협회 오찬 강연에서 어린 시절 코카콜라 병을 수집해 팔아 돈을 모으고「애틀랜타저널콘스티튜션」을 배달했던 이야기로 30여 명의 참석자에게 감동을 선사했다.
>
> 특히 캐시는 좋은 관계든 나쁜 관계든 사람은 누구나 가랑비에 옷 젖듯 자신과 관계를 맺는 사람들의 일부가 되어간다고 말했다. 이런 의미에서 그는 청중에게 각자가 주변에 미치는 '영향력의 힘'

에 대해 생각해보라고 촉구했다.*

트루엣 캐시는 젖소 캠페인을 시작하기 전까지 칙필레 브랜드를 상징하는 명실상부한 우상이었다. 여기서의 숨은 공로자는 도널드 페리였다. 페리는 매체와 지역사회 관계Community Relations: CR[4] 부문에서 놀라운 리더십과 치밀한 관리능력을 보여주었을 뿐 아니라 그런 분야를 처음부터 끝까지 직접 챙겼다. 페리의 활약을 보여주는 단적인 예로, 1985년 캐시는 미국홍보협회Public Relations Society of America 애틀랜타 지부로부터 애틀랜타홍보우수상Atlanta Distinguished Public Relations Award을 수상했다.

칙필레 내부에는 트루엣 캐시를 충분히 대신할 수 있는 인물이 있었다. 사장이자 COO였던 지미 콜린스였다. 콜린스도 카리스마 넘치는 호감형 리더였으므로 캐시 못지않게 칙필레의 대변인 역할을 훌륭히 해낼 수도 있었다. 하지만 콜린스는 큰 그림을 볼 줄 알았다. 그는 칙필레의 '입'은 딱 한 명이어야 하고 그 주인공은 트루엣 캐시여야 한다고 생각했다. 덕분에 도널드 페리는 아무 부담 없이 캐시 한 사람에게 자신의 모든 에너지를 집중할 수 있었다. 다시 말해, 그는 캐시를 통해 메시지를 어떻게 전달할지 그리고 어떻게 해야 캐시'다운' 방식으로 이야기를 전달할 수 있을지에 모든 역량을 쏟았다.

---

4 기업 같은 특정 기관이 주변 지역사회와 양호한 관계를 유지하는 일

패러다임을 파괴하다:
벌집형 감자튀김

칙필레를 구성하는 인적 요소는 세 가지다. 솔직히 다른 모든 기업도 마찬가지다.

고객
운영자(운영 주체)
소유자(주주)

나는 중요도로 보면 위의 세 요소는 균형 잡힌 삼각형 구도가 아니라 계층적 구조를 띠며, 이 우선순위가 절대적으로 중요하다고 생각한다.

만약 운영자나 소유자를 고객보다 우선한다면 최선의 결정을 못하는 것은 차치하고 심지어는 나쁜 결정이 나올 가능성도 배제할 수 없다. 반대로 고객을 최우선하면 나머지 두 요소는 저절로 이득을 보게 되어 있다. 운영자도 소유자도 승자가 될 거라는 이야기다. 하지만 중요도를 떠나 세 요소는 첨예한 긴장 관계를 형성한다. 가령 운영자는 운영의 용이성을 원하고 즉각적인 결과를 바란다. 그렇지만 브랜드를 구축할 때 언제나 즉각적인 결과를 얻는 것은 아니다. 그리고 고객에게 가장 큰 혜택과 가치를 제공하는 동시에 가장 사랑스러운 브랜드로 포지셔닝하는 일들이 운영적인 측면에서 늘 쉬운 것도 아니다.

소유자는 '이것'을 하고 싶다는 둥 '저것'을 해야 한다는 둥 자신이 원하는 바를 강력하게 주장할지도 모른다. 어쨌든 회사의 주인이므로 자신의 주장을 끝까지 관철시킬 권리가 있다. 하지만 그것이 최선인가는 다른 문제다. 솔직히 최선이 아닐 위험이 크다.

1980년대 초 칙필레가 너겟과 치킨누들수프 같은 신제품 개발에 주력할 당시에는 운영에 주된 초점을 맞추었다. 겉으로 보면 운영의 탁월성에 집중하는 것이 논리적이었다. 하지만 그런 식으로 몇 년이 지나고 나니 외면할 수 없는 진실이 갈수록 뚜렷해졌다. 신제품 개발팀은 매장에서 준비하기 용이한 제품을 개발하고 있었던 것이다. 여기서 우리는 중요한 사실들을 간과하고 있었다. 고객들이 무언가를 원할 때 그것이 언제나 우리가 쉽게 준비할 수 있는 제품이었을까? 신제품 개발과정에서 고객들을 충분히 고려했을까? 다시 말해 고객 중심의 신제품 개발이었나?

정말 고객들이 신속함과 일관성만 원했을까? 결론부터 말하면, 아니었다. 그들은 그 이상을 원한다고 분명하게 말했다. 우리는 신메뉴를 정식으로 출시하기 전에 일부 시장에서 시범적으로 선보이면서 고객들의 반응을 관찰하고 목소리를 수집했다. 우리는 두 가지 항목에 초점을 맞추었다. '해당 제품이 칙필레 브랜드에 대한 고객들의 기존 인식에 부합할까? 가격 대비 심리적 만족도, 즉 가심비가 좋을까?' 제품에 관한 결정은 이런 근본적인 질문에 기반을 두는 것이 마땅했다.

나는 지미 콜린스에게 제품 개발 업무를 마케팅 부서로 이관하자고 제안해 동의를 받아냈다. 그때부터 지금까지 칙필레는 마케팅 부서가 신제품 개발을 이끈다. 이렇게까지 하는 이유는? 고객 중심의 운영 철학을 지켜나가기 위해서다.

"다 좋다고 쳐요. 그런데 그렇게 한다고 뭐가 달라집디까?"라고 묻고 싶은 사람도 있을 것이다. 물론이다. 이것은 초기에 벌어졌던 어떤 상황을 통해 알아보자. 당시에도 칙필레 샌드위치는 패스트푸드 세상에서 단연 으뜸이었다. 하지만 감자튀김은 처지가 달랐다. 모든 패스트푸드 브랜드와 마찬가지로 가늘고 긴 막대형 감자튀김은 전혀 차별화가 되지 않았다. 고객 데이터를 보면 전통적인 막대형 감자튀김이 칙필레 샌드위치만큼 품질이 좋지도 샌드위치의 부족한 부분을 보완하지도 못하는 것이 확실했다. 한마디로 너도나도 판매하는 유사제품Me-Too Product[5]이었고 심하게 말하면 베끼기 제품에 불과했다. 우리가 더 나은 제품을 제공하면 고객들은 그것에 보답해줄까? 이는 시도해보지 않으면 알 수 없는 노릇이었다. 먼저, 우리는 튀김용 생감자를 공급하던 기존 거래처 두 곳을 찾아가 혁신적인 무언가가 필요하다고 말했다. 그리고 우리 조건을 명확하게 제시했다. 품질이 더 좋은 것이야 당연하고 시각적으로도 막대형과 확연히 달라야 했다. 그리고 영양가마저 더 높다면 금상첨화였다. 반면 씹을 때 동물성 지방 같은 느끼한 맛이 나지 않아야 했다.

일은 생각보다 쉽게 풀리는 듯했다. 두 곳 중에서 램웨스턴Lamb-Weston이 때마침 새로운 기술을 완성한 참이었다. 그들은 벌

5 1위 브랜드나 인기 브랜드 또는 유명 경쟁 브랜드의 인기에 편승해 판매할 목적으로 만든 모방제품

집 모양을 내기 위해 감자를 가로와 세로로 이중 썰기 하는 기술을 개발했지만 아직은 시장에 출시하지 않은 상태였다. 우리는 벌집형 감자튀김을 수백 명의 고객과 시식단에게 선보였고 굉장히 긍정적인 반응을 얻었다. 하지만 뜻밖에도 내부에서 난관에 부딪혔다. 트루엣 캐시와 지미 콜린스가 눈에 쌍심지를 켜고 반대했다. 그들은 전통적인 막대형 감자튀김을 유지해야 한다고 주장했다. “우리는 패스트푸드업체일세. 패스트푸드 매장은 막대형 감자튀김을 팔지. 고객들도 그것을 기대하고 말일세.”

둘의 평소 소신을 생각하면 이렇게 반응하는 것이 놀랍지 않았다. 캐시와 콜린스는 메뉴를 쉽게 변경해서는 안 된다는 주의였고, 솔직히 그들의 생각이 백번 옳았다. 칙필레는 모든 메뉴에 최선을 다하는데다 일단 변경하거나 추가하고 나면 어떤 메뉴든 장기적으로 승부를 볼 각오를 해야 했다. 게다가 막대형 감자튀김은 예로부터 패스트푸드 브랜드에게는 타협의 여지가 없는 필수 메뉴였던 반면 벌집형 감자튀김은 더 비싼 고급이지만 부가된 가치는 검증되지 않은 ‘신상’이었다. 하지만 뭐니 뭐니 해도 캐시와 콜린스가 가장 신경썼던 부분은 고객들이 패스트푸드 브랜드에서 벌집형 감자튀김을 기대하지 않는다는 점이었을 것이다. 요컨대 벌집형 감자튀김은 명실상부 패러다임 파괴자였다.

이렇기 때문에 우리는 가시적인 매출 결과가 절실했고 유의미한 결과를 얻으려면 시범 대상을 확대해야 했다. 우리는 벌집형 감자튀김의 시범 판매에 참여하는 매장 수를 늘리는 한편 고객으로부터 현장 피드백을 수집했다. 우리는 몇 가지에 초점을 맞추었다. ‘고객들은 후발 주자인 벌집형 감자튀김을 막대형 감자튀김의 유효한 대항마로 생각할까? 막대형 감자튀김보다 영양가도 더 높은 고급 음식이면서 먹는 재미까지 크다고 평가할까? 감자튀김의 단짝 케첩과의 조화는 어떨까? 잘 어울리고 찍어먹기도 훨씬 편하다고 생각할까?' 결과는 우리의 예상을 뛰어넘을 정도로 긍정적이었다. 고객들은 뜨거운 호응을 보여주었을 뿐만 아니라 막대형보다 벌집형 감자튀김이 칙필레라는 브랜드와도 궁합이 더 좋다고 합격점을 주었다. 심지어 칙필레 말고 다른 패스트푸드 브랜드가 벌집형 감자튀김을 파는 것은 상상조차 못하겠다는 고객도 한둘이 아니었다. 이는 그들이 벌집형 감자튀김을 칙필레와 동일시했다는 뜻이며 따라서 벌집형 감자튀김에 기꺼이 웃돈을 지불할 용의가 있다는 의미였다. 요컨대 벌집형 감자튀김은 가심비도 잡았다.

이런 압도적인 데이터를 받았으니 더는 머뭇거릴 이유가 없었다. 우리는 홀가분한 마음으로 벌집형 감자튀김을 선택했다. 이제는 시장을 선점하고 그런 다음 가능한 오래 무경쟁 시장을 독차지하기 위해 진입장벽을 높일 차례였다. 그래서 램웨스턴이 비슷한 제품을 다른 업체에 판매할 수 없도록 다년간의 독점공급계약을 협상했다. 드디어 1985년 우리는 칙필레 와플프라이Waffle Fries를 공식적으로 출시했고 캐시와 콜린스는 가용한 모든 지원을 아끼지 않았다. 뚜껑을 열어보니 대박이었다. 고객들이 열광했고 감자튀김 매출이 급상승했다! 이로써 우리 브랜드는 한 차원 더 강력해졌다.

이처럼 특정 제품을 대대적으로 변경하기는 쉽지 않다. 아무리 진취적인 기업가라고 해도, 비상장 가족회사의 소유자라고 해도,

이런 결정은 결코 쉽지 않았을 것이다. 오히려 칙필레의 샌드위치와 막대형 감자튀김처럼 초기 성공의 최대 효자 제품의 손을 절대 놓지 못했을 것이다. 하지만 캐시와 콜린스는 고객의 목소리에 귀를 기울였고 유연성을 발휘했다. 오늘날 벌집형 감자튀김은 칙필레에서 판매 1위 자리를 굳건히 지키고 있다.

고객은 변화를 원할 때면 늘 솔직했다. 문제는 우리가 그들의 목소리에 귀를 기울이는 것이었다. 칙필레는 마케팅 부서가 고객의 목소리를 청취하는 시장조사를 주도했다. 따라서 마케팅 부서의 수장으로서 칙필레를 떠나는 날까지 내가 해야 하는 역할 중 하나는 고객의 입이 되어 회사 고위층에 그들의 목소리를 전달하는 일이었다. 가령 고객들이 칙필레의 패러다임(들)에 이의를 제기했을 때 나는 그들의 목소리를 대변했다. 그리고 고맙게도 캐시와 콜린스를 비롯해 경영위원회 전원이 언제나 그 목소리를 진지하게 들어주었다. 칙필레의 모든 것에 대한 그들의 메시지는 명확했다. 고객이 최우선이라는 것.

항상 고객을 최우선으로 생각하고 고객의 목소리를 지도부에 전달할 방법을 알아내라. 그 결과물로 무엇이 나오든, 그것은 나를 비롯한 마케팅 부서의 의견이 아니듯 캐시나 콜린스 같은 경영진의 의견도 아니다. 오롯이 고객의 의견이 반영된 것이다.

고객들은 칙필레가 제시하는 아이디어를 어떻게 생각할까? 이 아이디어가 칙필레를 더 매력적이고 더 사랑할 가치가 있는 브랜드로 만들어줄까? 이것이 바로 핵심이다.

칙필레에서 모든 신제품 개발에는 두 가지 필요가 존재한다.

첫째는 고객들이 원하는 것을 제공해야 하는 외부적인 필요다. 다른 하나는 내부적인 요소인데, 각 매장이 안전하고 신속하며 일관성 있게 준비할 수 있는 제품을 창조해야 하는 필요다. 식품기업이니만큼 칙필레는 예나 지금이나 식품과학자, 영양학자, 요리사 등이 신제품 개발의 선두에 서 있다. 그리고 공학기술자들과 운영 경험이 풍부한 사람들이 고객 중심 마케팅 정책의 기치하에서 협업한다. 따라서 그들 모두는 신제품을 개발할 때 위의 두 가지 필요가 야기하는 긴장을 슬기롭게 헤쳐 나가야 한다.

우리가 신제품을 개발하는 순서는 고객 최우선주의라는 말에 들어 있다. 먼저, 고객의 마음을 움직이는 무언가, 즉 그들을 흥분시키는 무언가에서 시작한다. 그런 다음 운영자의 삶에서 능률과 생산성을 최대한 극대화시켜주는 동시에 고객이 원하는 그 무언가를 제공할 수 있는 방법을 알아내는 데 노력을 집중한다.

패러다임을 연이어 파괴하다: 독립 매장과 조식 메뉴

1980년대 초반 미국을 강타한 금융 위기는 쇼핑몰 건설 붐에 종말을 고했다. 이런 상황에서 제2의 쇼핑몰 전성기를 기대하는 것은 어불성설이었다. 하지만 환경을 탓하며 마냥 손놓고 있을 수는 없었다. 우리는 어떻게든 운영자들에게 기회를 계속 제공하고 싶었다. 이뿐만 아니라 더는 변덕스러운 금융 시장과 이익만 좇는 쇼핑몰 개발업자들의 손에 우리의 운명을 맡기고 싶지도 않았다. 이참에 우리 운명에 대한 통제권을 되찾아야 했다. 방법은? 쇼핑몰 바깥에서 새로운 시장을 개척하자. 우리는 거리로 나갔다.

그렇다고 무작정 거리로 나갈 수는 없는 노릇이었다. 먼저, 타당성과 시장성을 따져보아야 했다. 현장 운영Field Operations[6] 부문에서 일하던 팀 태소펄러스Tim Tassopoulos가 거리로 진출할 때의 가능성을 조사하는 그룹을 이끌었다. 태소펄러스는 십대 시절 칙필레의 매장 직원으로 일하다가 조지아주 브룩헤이븐에 있는 오글소프대학교에 진학해 역사학과 정치학을 공부했다. 그런 다음 워싱턴 DC에 위치한 조지타운대학교에서 경영학 석사학위를 취득했다. 그가 학업을 마친 뒤 칙필레로 돌아온 것은 우리에게 커다란 행운이었다(태소펄러스는 현 칙필레 COO다).

초기 가두 매장들의 위치가 관건이었다. 어찌 보면 칙필레 브랜드를 출시하는 셈이었으니 위치는 절대적으로 중요했다. 19년이라는 역사가 무색하게도 쇼핑몰을 자주 찾는 사람을 제외하면 칙필레는 사실상 무명이었다. 심지어 칙필레의 고향인 애틀랜타에서조차 대다수 시민은 칙필레 샌드위치를 입에 대본 적도 없었다. 따라서 브랜드를 처음 소개하는 입장에서 인적이 드문 곳은 제외 1순위였다. 그리고 매장의 위치 자체가 칙필레의 주요 광고판이 되어야 했으니 좋은 접근성은 필수였다. 옛말에도 있지 않은가. 장사는 첫째도 목이요, 둘째도 목이요, 셋째도 목이라고.

---

6 기업의 현장 마케팅, 판매, 상품화 계획 등을 주도하고 개선하는 것

또한 상점들이 일렬로 늘어서 있는 스트립몰Strip Mall도 선택지에서 배제시켰다. 시장조사에 따르면 쇼핑몰과 마찬가지로 그런 상점가에서도 우리 고객 대부분은 '포로 청중'일 터였기 때문이다. 다시 말해 처음부터 그곳에서 쇼핑하기로 계획한 사람일 가능성이 컸다. 또다른 중요한 문제도 있었다. 스트립몰에서 가시성을 확보하기란 하늘의 별 따기였다. 우리 매장은 무엇보다 가시성이 좋아야 했다. 즉, 눈에 잘 띄어야 했다. 우리가 거리로 진출한다는 것은 거대 패스트푸드 브랜드들의 텃밭에서 그들의 규칙대로 경쟁해야 한다는 뜻이었다. 물론 그 경쟁에서 우리가 이긴다면야 제일 좋겠지만 어쨌든 우리에게 승산이 있을지는 직접 부딪혀보아야 알 수 있었다. 이런 사실을 토대로 우리는 입지조건이 가장 좋은 지역들을 물망에 올려놓았다. 이것은 성공적인 브랜드의 3대 요소 중에서 연관성에 해당했다. 그래서 최종 선택은 어디였을까? 애틀랜타의 노스드루이드힐스가와 브라이어클리프가의 교차로였다. 미국 동남부 지역을 관통하는 85번 주간 고속도로에서 조금 벗어난 그곳은 이미 버거킹, 맥도날드, 로스트비프샌드위치로 유명한 아비스Arby's 등이 터줏대감으로 버티고 있었다. (엄밀히 말하면 칙필레의 독립 매장 1호점은 조지아주 이스트포인트에 위치했는데, 트루엣 캐시는 1972년 그곳에서 가게를 매입했다가 몇 년 후 쇼핑몰에 집중하기 위해 그 가게를 폐업했다.)

우리는 공식적인 1호 독립 매장 위치로 최적의 장소를 선택했다. 행여 망하더라도 매장 위치와 유동인구 때문은, 한마디로 목이 안 좋아서는 아닐 터였다. 한편 이번 매장은 기존의 다른 모든 매장과 확연히 다른 점도 하나 있었다. 처음 2년간 회사가 소유하고 운영할 예정이었다. 이는 운영자의 수입을 희생시키지 않고도 우리가 혁신하고 배울 수 있는 기회가 생겼다는 뜻이었다.

이뿐만 아니라 우리는 사람들의 눈길을 사로잡는 독특한 매장 외관을 갖고 싶었다. 당장은 아니더라도 가까운 미래에 사람들이 멀리서 모양새만 보고도 칙필레 매장임을 알아보도록 만드는 것이 목표였다. 경영위원회 위원이자 디자인 및 건설 부문 책임자인 페리 랙스데일이 설계부터 공사 완공까지 진두지휘했고, 결과적으로 칙필레 브랜드의 중요한 요소가 될 독특한 매장 외관이 탄생했다.

1호점은 트루엣 캐시가 브랜드 구축에 관한 뛰어난 통찰의 소유자임을 다시금 증명한 사례였다. 오래전 치킨샌드위치 조리법을 완성하고 샌드위치 이름을 결정한 뒤 그는 브랜드 로고를 만들기 위해 그래픽디자이너를 고용했다. 캐시는 그 디자이너가 제안한 몇 가지 아이디어에서 하나를 선택했는데, 상호를 굵은 필기체로 쓰고 첫 철자 'C'는 닭을 형상화한 로고였다. 약간 달라진 부분은 있지만 지금의 로고와 거의 똑같다고 봐도 무리가 없다. 빨강색 로고는 쇼핑몰 건너편에서도 뚜렷하게 보였다. 그 로고는 독립 매장 1호점에서도 진가를 발휘했다. 주변의 네온 홍수 속에서도 확실한 존재감을 드러낸 것이다.

이제는 매장 내부로 눈을 돌려보자. 당시 경쟁 패스트푸드 대부분은 독립 매장에서 조식 메뉴를 제공했다. 고객조사를 해보니 아침 식사는 칙필레에게도 커다란 기회가 될 가능성이 컸다. 하지만 운영자들은 아침 늦게 문을 여는 쇼핑몰의 영업 시간을 따랐고 당연히 아침 식사는 메뉴에 없었다. 이뿐만 아니라 운영자들은 아침 영업을 노골적으로 꺼렸다. 아예 기회보다 복잡한 문제가 더 많을 거라고 조목조목 지적했다.

- 조식을 판매하려면 개점 시간을 앞당겨야 하므로 직원을 충원해야 한다.
- 사람들이 아침 식사로 닭 요리를 좋아할 거라고 생각하지 않는다.
- 매일 아침 매장에서 조식 메뉴를 준비한다면 매장 운영이 더욱 복잡해질 것이다.
- 조식 판매가 점심 매출을 갉아먹을 위험이 있다.

하지만 우리가 실시한 고객조사에 따르면 그들 운영자의 우려는 근거가 미약했다. 아침은 점심과 저녁과는 무관할뿐더러 되레 충성도가 매우 높은 시간대였다. 경쟁업체들을 조사했을 때도 비슷한 결과가 나왔다. 아침 영업은 점심 매출에 부정적인 영향을 미치지 않았다. 오히려 삼시 세끼를 동일 브랜드에서 해결하는 경우도 심심찮게 있었다. 우리는 이런 데이터로 무장하고 운영자들을 설득했다. "매장 수익성이 향상될 겁니다. 하루 매출에서 간접비Overhead[7]를 뽑는 시간이 빨라지기 때문입니다. 게다가 조식 고객을 경쟁업체들에게 뺏기지 않아도 되고요."

7 인건비, 재료비, 생산 등과 직접 관련이 없는 기타 비용을 말하고, 이에 반해 회사의 정상적인 업무 운영으로 발생되는 비용은 운영비Operating Expense라고 한다.

우리의 설득에도 불구하고 초기 독립 매장 운영자들의 반발은 이어졌고 이에 우리는 타협안을 제시했다. “좋습니다. 그럼 우리가 가능성을 증명할 기회라도 주시죠. 일단 아침 영업을 시작하는 겁니다. 그리고는 대박일지 쪽박일지 함께 확인해보는 거죠. 최소한 시도도 해보지 않은 채 ‘됐습니다, 우리는 아침 장사를 하지 않을 겁니다’라고 말하는 것은 아니라고 봅니다.”

이것이 칙필레와 운영자 사이의 가맹 관계에서 중요한 측면이다. 트루엣 캐시는 가맹계약에 아침 영업을 의무로 명시할 수도 있었다. 하지만 운영자에게 일방적으로 강요하는 것은 그가 바라는 바도, 우리의 방식도 아니었다. 우리는 지위에서 나오는 힘과 권한보다는 개인적인 영향력을 사용하는 방식을 선호했다. 이제까지 우리는 그런 식으로 운영자들과 함께 배웠고, 또한 운영자들은 우리에게 매우 열성적인 선생님이었다. 게다가 캐시는 아침 장사가 자리잡을 때까지 한시적으로라도 본사가 재정적으로 지원하고자 했다. 운영자에게 매장 손익의 ‘안전망’을 제공하기 위함이었다.

우리는 이번에도 혁신자가 될 수 있다는 믿음을 갖고 조식 메뉴 개발에 박차를 가했다. 영양학 박사 빌 배런이 이끌던 메뉴 개발팀은 즉석 수제 비스킷을 중심으로 칙필레 역사상 첫 조식 메뉴를 창조하기 시작했다. 우리 마케팅 부서도 조식 메뉴와 관련해 고객 조사에 나섰다. “베이컨을 넣을까요? 달걀은요? 조식 메뉴로 칙필레 치킨샌드위치에 집중하면 어떨까요?” 솔직히 우리는 조식 메뉴로 치킨샌드위치에 큰 기대를 걸지는 않았다. 어딘가 조합이 낯설었다. 하긴 캐시가 아주 오래전에 뼈 없는 닭가슴살 샌드위치를 출시했을 때도 이상하게 보이기는 매한가지였다.

어쩌다보니 빌 배런은 '비스킷 빌Biscuit Bill'이라는 영광스러운 별명을 얻게 되었다. 시중에서 판매되는 모든 비스킷과 모양, 촉감, 맛이 차별화된 조리법을 완성하기까지 그가 비스킷 가루 공급업자들과 얼마나 많은 시간을 보냈는지를 단적으로 보여주는 별명이었다. 나는 다른 패스트푸드점에서 판매하는 비스킷을 보면 하키공 같은 작은 고무원반이 떠올랐다. 뿐만 아니라 별다른 풍미도 없이 눅눅하고 버터 함량이 높은데다 더러는 돼지기름을 너무 많이 사용해 느끼하기까지 했다. 배런의 메뉴 개발팀은 기름기가 적어 담백하면서도 퍽퍽하지 않고 또한 칙필레 치킨을 돋보여주는 풍미를 가진 비스킷을 만드는 방법을 찾아냈다. 영업비밀이라 밝힐 수는 없지만 어쨌든 특별한 천연재료 한 가지가 버터 사용량을 줄여준 것이 비결이었다.

마침내 갓 구워 따끈따끈한 비스킷을 반으로 갈라 그사이에 칙필레 치킨을 넣은 치킨비스킷이 베일을 벗었다. 반죽부터 굽기까지 각 매장의 주방에서 탄생한 치킨비스킷은 멋지게 장외홈런을 날렸다. 또한 우리는 치킨 외에도 베이컨, 소시지, 달걀, 치즈 등도 추가할 수 있는 선택지를 제공했다.

이제 우리는 독특한 매장 외관을 디자인하고 참신한 조식 메뉴까지 개발했으니 독립 매장 개념의 성공을 위한 마지막 필살기로 관심을 옮겼다. 이것 또한 우리가 파괴해야 했던 기존 패러다임의 하나였다. 1986년 이전 칙필레는 고객 대부분이 여성이었다. 이는 당연했다. 쇼핑몰 고객의 남녀 성비를 생각해보라. 우리가 쇼핑몰 외부 시장을 공략함으로써 얻을 수 있는 긍정적인 상승 기회는 고객 기반의 다변화였다. 기존 여성 고객을 독립 매장으로 안고 가는 동시에 남성 고객을 새롭게 유인했고 이는 고객 기반의 확대로 이어졌다. (오늘날 칙필레 고객의 남녀 성비는 거의 50 대 50, 반반이다.) 조식 메뉴 판매가 고객 다변화에 도움이 된 것은 두말하면 잔소리다.

1호 독립 매장을 개점하기 몇 주 전부터 도널드 페리와 칙필레 홍보대행사 콘앤울프Cohn&Wolfe는 장기적인 홍보 기회를 발굴하기 위해 노력했다. 그중 하나가 아래와 같이 언론의 머리기사에 소개되는 것이었다.

자랑거리 부잣집 칙필레에 새로운 자랑거리가 생겼다
칙필레가 이곳에 1호 독립 매장을 연다

개점을 거의 2주 앞둔 시점부터 우리 마케팅팀이 본격적인 활동에 시동을 걸었다. 우리는 매체에 많은 돈을 들이지 않았다. 심지어 광고판도 없는 상황이었다. 대신에 신규 매장의 인근 주민들에게 직접 우편물을 발송했고 집집마다 돌아다니며 현관문에 전단지를 걸었다. 하지만 우리의 가장 강력한 마케팅 무기는 언제나 그랬듯 무료 시식이었다. 본사 직원들이 1호점 매장 주변의 상점과 사무실을 돌아다니며 샌드위치, 치킨비스킷, BOG 무료 교환원 등을 나눠주었다. 아울러 신규 매장이 곧 개점한다는 소식만이 아니라 조식 메뉴도 판매한다는 사실을 적극적으로 알렸다. 심지어 우리는 그들을 지원하기 위해 음식을 따뜻하고 신선하게 보관할 수 있는 휴대용 가열식 보온 용기까지 제작했다.

조식은 거의 출시되자마자 효자 메뉴로 등극했다. 그리고 독립 매장 시도도 대성공을 거두었고 특히 독립 매장 1호점의 첫해 매출과 이익은 우리 예상치의 2배가 넘었다.

조식 메뉴에서도 고객들은 변화를 원할 때 먼저 요구했다. 이번에는 조식 메뉴를 확대해달라는 요청이었다. 솔직히 우리가 조식 메뉴를 출시하고 지금까지도 그런 요청이 이어진다. 그리고 우리는 언제나처럼 고객의 목소리에 호응했고 베이글, 잉글리시머핀, 조식용 부리토, 생과일, 요구르트 등을 조식에 포함시켰다. 이뿐만 아니라 조식 메뉴의 대표 주자 비스킷의 인기를 반영하듯 오늘날 거의 모든 칙필레 매장에는 비스킷을 굽기 위해 오븐이 두 대 설치되어 있다.

조식 판매가 성장함에 따라 음료 선택지에도 변화가 생겼다. 커피였다. 이 또한 고객들의 요구에 따른 것이었다. 그것도 그냥 커피가 아니라 인근의 어떤 커피전문점과 겨누어도 손색이 없을 고품질의 커피를 요구했다. 뜻이 있는 곳에 길이 있다고 하던가. 우리는 커피 재배 농가와 원두를 직거래하는 스라이브커피Thrive Coffee를 알게 되었다. 애틀랜타에 기반을 둔 스라이브는 중남미 전역의 커피 재배 농가에서 생두를 공급받았는데 대부분은 가족 소유의 영세한 농장이었다. 스라이브는 우리의 요구조건에 맞춰 원두를 배합해주었다. 그리고 우리는 미국 커피전문점 시장의 양대 산맥 스타벅스Starbucks와 카리부Caribou, 그리고 고급 호텔의 대명사 리츠칼튼Ritz-Carlton에서 판매하는 커피와 우리 커피를 비교 시음했다. 시음

행사에 참여한 고객들은 우리 커피가 전통의 커피 강호들과 맛과 향에서 전혀 차이가 없다고 평가했다.

이게 다가 아니었다. 커피 컵도 전략의 일부가 되었다. 우리는 영세한 커피 농장을 운영하는 농부들의 이야기를 커피 컵에 담았고, 그들을 지원하는 것이 어느새 우리의 자부심이 되었다. 가족 전부가 커피 재배에 매달리는 그들은 만약 칙필레가 원두를 구매하지 않으면 십중팔구는 가난에 시달렸을 것이기 때문이다.

이 글을 쓰는 현재 기준으로 조식 메뉴는 전체 매출에서 약 16프로를 차지한다. 여기서 한 가지 주목할 점이 있다. 조식은 오전 10시 30분까지만 판매한다는 사실이다. 심지어 하루 매출의 20프로를 아침 영업에서 달성하는 매장도 드물지 않다. 나는 향후 5년 안에 칙필레 모든 매장에서 조식 판매가 전체 매출의 20프로를 상회할 거라고 예상한다. 근거가 있냐고? 집에서 아침을 먹는 일명 조식 집밥족이 갈수록 줄어들고 있지 않은가. 뒤집어 생각하면 조식 판매 시간대에서 성장할 여력이 충분하다는 뜻이다. 이러니 운영자들은 조식 메뉴 판촉에 돈과 노력을 늘리는 추세다.

구운 닭고기로 원조 중심 패러다임을 파괴하다

트루엣 캐시와 지미 콜린스는 경영위원회 위원들이 서로에게 마음껏 도전할 수 있는 환경을 조성하기 위한 노력을 계속했다. 아무리 어려운 대화일지라도 피하지 않고 끝까지 물고 늘어지는 환경이었다. 단, 언제나 정중하게 예의를 갖춰야 했다. 지금 와서 생각하면 캐시와 콜린스가 새삼 고마울 따름이다. 만약 우리가 갈등을 회피하는 환경을 구축했더라면? 생각만 해도 아찔하다. 칙필레는 '국민 치킨'이라는 애칭을 절대 얻지 못했을 것이다. 적어도 나는 그렇게 생각한다.

이것에 대한 아주 좋은 사례가 있다. 경영위원회 내부에서 역사상 가장 어려웠던 대화 중 하나였는데, 오늘날 칙필레의 건강식 메뉴를 선도하는 제품과 관련된 것이었다. 바로 그릴드치킨샌드위치Grilled Chicken Sandwich였다.

나를 포함해 마케팅 팀원들은 고객들이 구운 닭고기를 원한다는 확신이 있었다. (이는 우리의 사견이 아니라 고객들이 직접 요구한 것이었다.) 하지만 캐시와 콜린스는 그릴드치킨샌드위치에 몹시 회의적이었다. 자칫 원조 치킨샌드위치와 고객과의 관계에 부정적인 영향을 미칠까 우려한 것이다. 심지어 콜린스는 농담반 진담반으로 구운 닭고기를 '그을린 닭고기'라고 말하기도 했다. 대개는 웃는 얼굴이었지만 어쨌든 마뜩찮은 그의 속내가 고스란히 드러난 발언이었다. 고객들이 그것을 원한다는 확신이 있었기에 나도 물러설 생각이 없었다. "그릴드치킨샌드위치에 대해서는 고객의 목소리에 귀를 기울여야 합니다. 일단은 가능성을 열어두고 고객조사, 시식단, 시범 판매 등으로 반응을 보면 좋겠습니다. 고객들의 이야기를 들어보고 그것이 총매출 대비 품목별 매출 비중Sales Mix과 원조 샌드위치에 어떤 영향을 미칠지 알아보는 것이 순서라고 생각합니다. 그런 다음 결정해도 늦지 않다고 봅니다."

나도 기업 소유자의 막중한 책임을 모르지 않았다. 또한 매장 운영상으로도 엄청난 도전이 될 수밖에 없었다. 하다못해 당시 우리 매장에는 그릴도 없었다. 솔직히 칙필레처럼 미리 만들어둔 음식이 아니라 주방에서 즉석으로 조리한 음식을 판매한다면 누구라도 변화를 시도하기는 쉽지 않다. 칙필레 매장은 모든 면에서 진짜 식당이었고 매일 매장 주방에서 음식을 직접 만들었으니까. (물론 지금도 그렇게 하고 있다!) 따라서 조리법이 바뀌거나 신메뉴가 나오면 그것은 결코 작은 문제가 아니었다.

하지만 우리는 고객들이 기름에 튀기는 것보다 구이 조리법이 더 건강식이라고 생각할 뿐만 아니라, 원조 치킨샌드위치에 더해 새로운 선택지를 원한다는 사실을 깨달았다. 이런 고객의 목소리를 무시한 채로 원조 칙필레 샌드위치의 장점을 주구장창 강조할 수도 있었다. 일반적인 햄버거와 여타 샌드위치에 비해 열량이며 지방 함량이 현저히 낮은 것은 엄연한 사실이었으니 이 점을 귀에 딱지가 앉도록 외쳐대는 것이었다. 하지만 인식이 곧 현실이라지 않던가.[8] 고객들이 어떻게 생각하는가가 관건이라는 뜻이다. 칙필레 샌드위치가 정제된 땅콩기름을 사용하고 전형적인 햄버거보다 칼로리가 절반에 불과하다는 것은 명백한 현실이다. 그럼에도 불구하고 칙필레 샌드위치가 건강식이 아니라고 '인식'하는 고객에게는 우리가 아무리 그 '현실'로 반박한들 소의 귀에 경 읽는 헛수고에 지나

---

8 사람들은 사실, 현상 등 무언가를 받아들일 때 자신의 지식과 경험에 기초해서 그것을 해석하므로 같은 대상에 대해서도 사람마다 인식이 다를 수 있음을 의미한다.

지 않았을 것이다.

우리는 정면 대응으로 돌파를 시도했다. 먼저, 우리는 구이 조리법을 개발해서 다양한 시식단에게 맛 평가를 받았다. 그런 다음 몇몇 매장에서 그릴드치킨샌드위치를 시범적으로 출시했고 시범 매장을 점차 늘렸다. 마지막으로 우리는 매출 결과를 조사했다. 수치로 드러난 결과는 명백했다. 고객들은 우리가 또다른 선택지로 제공한 그릴드치킨샌드위치를 열렬히 환영했다.

그릴드치킨샌드위치는 원조 샌드위치의 매출을 크게 잠식하지 않으면서도 운영자 각자에게 연간 수천 달러의 추가 소득을 안겨줄 것으로 예상되었다. 이는 고객조사가 뒷받침해주었다. 새로운 고객층을 확보할 뿐만 아니라 기존 고객에게는 매장을 더 자주 방문해야 하는 설득력 있는 이유도 제공할 수 있을 것이기 때문이었다. 우리는 그릴드치킨샌드위치의 성공에 힘입어 고객의 목소리에 더욱 귀를 기울였다. 급기야 우리는 고객의 목소리를 믿고 닭고기를 사용하는 주메뉴를 전혀 새롭게 구성하기에 이르렀다(그릴드치킨샌드위치를 시작으로 나중에는 치킨샐러드와 차가운 샌드위치인 그릴드치킨쿨랩Grilled Chicken Cool Wrap도 개발했다). 결론적으로 말해 캐시와 콜린스를 설득한 사람은 내가 아니었다. 고객들이었다. 이번에도 역시 캐시와 콜린스는 고객의 목소리에 귀를 기울였다. 칙필레의 그릴드치킨샌드위치는 1989년에 출시되었고 이번 모험에서도 고객과 운영자 모두가 공동 승자가 되었다.

패러다임 파괴는 철저한 시장조사의 결과물이다

나는 해마다 마케팅 예산안을 수립할 때 시장조사 예산을 꼭 포함시켰다. 내가 칙필레에 합류한 초창기에 트루엣 캐시는 마케팅 부서에 시장조사 예산이 그토록 많이 필요한 이유가 무엇이냐고 묻곤 했다. 더러는 눈을 찡긋하기도 했지만 진지하게 정색을 하고 물은 경우도 많았다.

"회장님, 시장조사가 필요한 이유는 예전에 회장님이 5년 동안이나 사람들에게 '우리 샌드위치 어떻습니까? 드실 만합니까?'라고 물었던 것과 똑같습니다."

1960년대 초 캐시가 드워프하우스 하나만 운영하며 칙필레 치킨샌드위치의 조리법을 한창 개발하던 때의 이야기다. 그는 말 그대로 조리법을 완성하기까지 수년을 쏟아부었고 한 가지를 바꿀 때마다 고객들에게 피드백을 구했다.

피클을 넣을까요, 말까요? 식빵하고 햄버거용 빵 중에 뭐가 어울릴까요? 버터를 바를까요, 안 바르는 게 좋을까요? 양념을 좀더 강하게 할까요, 싱겁게 양념할까요?

"예전에 회장님은 훨씬 개인적이고 관계 지향적인 방식으로 시장조사를 하셨습니다." 내가 말을 이었다. "그것이 바로 정성적 조사Qualitative Research[9]입니다. 회장님이 하신 일이 그런 질적 조사입

---

9 비수치 데이터를 수집하고 분석하는 작업이며, 수치적 지표에 초점을 맞춘 활동은 정량적Quantitative 조사라고 한다.

니다. 오늘날 시장조사는 회장님이 5년을 투자했던 그 과정을 단축시키는 것이 목적입니다."

그 조사에는 시식단, 시범 판매, 브랜드 성과Brand Performance[10] 조사 등을 포함했다. 캐시는 우리가 세운 가정의 옳고 그름을 입증하기 위해 고객의 목소리에 귀를 기울이는 그 과정을 순차적인 방식으로 완주할 수 있도록 흔쾌히 허락함으로써 언제나 든든한 지원자가 되어주었다.

고객행동을 이해할 수 있는 고객 피드백을 얻으려면 두 가지 선행조건이 있다. 첫번째는 적절한 고객 데이터를 확보하는 것이다. 그리고 두번째는 결과가 유효성을 가질 수 있게 오랜 기간 해당 제품의 판매 변화 조사Sales Test를 연속적으로 진행하는 것이다. 우리는 특히 신제품을 출시할 때 이런 과정을 고수했다. 어느 기업이든 마찬가지겠지만 우리도 신제품을 개발했다고 곧바로 정식으로 출시하지 않았다. 대개는 최소 60개에서 최대 100개의 매장에서 시범 판매한 뒤에야 출시 여부를 결정했다. 심지어 매장에서 신메뉴를 시범 판매하는 기간이 1년을 넘긴 경우도 드물지 않았다. 신속성은 떨어질지 몰라도 이런 과정이야말로 우리로서는 절대 포기할 수 없는 마지막 보루였다. 우리가 결정에 대해 확신을 가질 수 있는 유일한 방법이었으니 선택의 문제가 아니었다. 한편 우리는 시범 판매 기간 동안 운영자들로부터 절차와 공정에 관한 피드백도 꾸준히 수집했다. 종합해보면 우리는 고객에 관한 광범위한 통찰과 운영자

10 브랜드의 결과를 사업 목표와 마케팅 목표에 대비해 측정하는 것

들의 피드백을 축적하고 매출 성과와 운영자들의 수입에 미치는 영향을 측정한 뒤에야 신제품을 정식으로 출시했다.

우리는 신제품을 출시할 때 매장 운영진을 위한 자원을 구축하는 데도 공을 들였다. 재고관리 방법이나 판매시점, 즉 POS 관리 컴퓨터시스템[11]의 환경을 재설정하거나 재프로그래밍하는 방법, 마케팅 도구와 교육훈련 자료를 개발하는 방법 등이었다. 쉽게 말해 신제품 출시가 야기할 운영 복잡성을 해결해줄 자원 일체를 제공했다. 우리가 그런 자원을 제공할 수 있었던 것은 고객과 운영자와 수치에 눈과 귀를 집중시키는 체계적이고 엄격한 과정을 거쳤던 덕분이었다.

우리는 제품 품질, 서비스 품질, 청결, 정확도, 신속성, 주의력Attentiveness[12], 응대 친절도 등에 관해 모든 매장에서 고객 피드백을 얻어야 했다. 이런 모든 항목은 좋은 매장의 필수 요소였다. 이것은 새로운 시도가 아니었다. 우리는 쇼핑몰 매장만 운영하던 시절부터 이런 매장 차원의 표준적인 벤치마크[13] 조사를 시작했다. 그런데 독립 매장이 꾸준히 증가하면서 브랜드의 덩치가 나날이 커졌고 이는 조사활동의 규모도 덩달아 확대되었다는 뜻이었다. 이에 우리는 쇼핑몰 매장 비즈니스 모델에서 구축한 조사 방법론을 독립 매장들에서 더욱 발전시켰고 추가적인 조사 자원을 투자했다.

---

11 프랜차이즈 매장 같은 소매점 경영에 필요한 각종 정보와 자료를 수집하고 처리하는 시스템

12 질문, 요구, 문제 같은 고객의 욕구를 처리하고 고객의 취향을 이해하는 능력

13 조사 대상을 여러 방법으로 측정하여 누구라도 인정할 수 있도록 표준화시킨 기준점

불가피한 성장통을 해결하라

1980년대 후반부터 1990년대 초반에 걸쳐 우리는 가두 매장을 지속적으로 늘렸다. 그런데 고객 피드백에서는 명암이 엇갈렸다. 일종의 성장통이라고 할 수 있었다. 고객들은 직원몰입도Talent Engagement와 고객서비스를 높이 평가했다. 하지만 음식의 품질 일관성, 음식 온도, 주문 정확도, 청결 등을 포함하는 운영관리 측면에서는 고객들의 평가점수에서 편차가 심했다. 한마디로 운영관리에서는 일관성이 없다는 평가였다. 개중에는 차이가 거의 없고 판매계획 적중률이 높은 등 운영 탁월성에서 거의 만점을 받은 매장과 운영자도 일부 있었다. 반대로 성과점수가 전체 매장의 평균에서 10점이나 20점 심지어 30점까지 낮은 매장도 없잖아 있었다. 이것은 정말 큰 문제였다. 우리가 매장 운영에서 일관성을 달성하지 못한다면 매장 수를 늘려봤자 아무 소용없었다. 외형 확장보다 내실이 더 중요했다. 일관된 제품과 경험을 제공하지 못한다면 속 빈 강정으로서 명실상부한 브랜드가 될 수 없을 것이 자명했다. 앞서 말했듯 트루엣 캐시는 칙필레 체인을 시작하기 오래전부터 제품이 브랜드를 떠받치는 근본적인 토대라는 사실을 이해했다. 가령 나이키는 일관성 있는 운동화 제품을 제공하는 것이 무엇보다 우선이다. 그렇지 않으면 천하의 나이키라도 브랜드를 가질 생각은 하지 말아야 한다.

칙필레도 예외가 아니었다. 당시 칙필레의 운영총괄부사장이었던 댄 캐시가 총대를 메고 나섰다. 그는 일관성 부재가 문제임을 깨달았다. 우리가 성장하고 싶다면 그리고 지속가능한 브랜드를 가지고 싶다면 방법은 하나뿐이었다. 운영의 탁월성과 일관성을 모두 잡아야 했다.

댄 캐시와 직속 팀원들은 먼저 칙필레 바깥으로 눈을 돌려 운영 일관성Operational Consistency이 높은 기업들을 벤치마킹했다. 그런 다음에는 칙필레 내부에서 운영 표준을 혁신하고 그런 표준을 교육시킬 방법을 대대적으로 손보기 시작했다. 그들은 모든 세부 사항을 철저히 조사했다. 일례로 즉석 레모네이드에 들어갈 레몬을 자르는 방법이나 샐러드 재료를 손질하고 자르는 방법에 관한 표준까지 정했을 뿐만 아니라 그런 표준을 가르치는 더 나은 훈련과정도 개발했다. 이게 다가 아니었다. 각 매장의 운영 일관성 수준을 평가하기 위한 조치들도 강구했다. 매장에서 사용할 수 있는 측정 도구들을 개발해서 배포했고 심지어 피드백을 더 자주 얻을 수 있도록 운영자들이 현대판 암행어사를 직접 고용할 수 있는 권한도 부여했다. 일명 잠행고객Mystery Shopper[14]이었다.

비록 상당한 시간이 걸렸지만 댄 캐시와 그의 팀원들은 운영 탁월성을 구현하고 향상시키기 위해 회사 전반에서 모든 측정 도구를 완벽히 개선시켰다. 목표는 무결점Zero Defect: ZD[15] 상태가 되는 것이었다. 그중 최종적이면서도 결정적인, 요컨대 궁극적인 성과척도

14 고객으로 가장해 매장을 방문한 뒤 친절도, 판매 기술, 매장 분위기 등을 평가하여 개선점을 제안하는 사람

15 구성원 각자의 주도하에 결함을 없앰으로써 신뢰도 높은 제품이나 서비스를 생산하는 동시에, 원가를 절감하고 납기일을 엄수하여 고객 만족도를 높이도록 동기를 계속 부여하는 것

는 '고객 벤치마크 데이터Customer Benchmark Data'였다. 우리는 그 데이터를 기준 삼아 매장별 그리고 시장별 운영 탁월성의 성취도를 확인할 수 있었다. 쉽게 말해 그 데이터를 보면 어떤 시장의 어떤 운영자가 어떤 척도에서 평균 이상의 성적을 거두는지, 반대로 평균 이하인 시장과 매장은 어디이고 무슨 문제가 있는지 한눈에 알 수 있었다. 하지만 전사적으로 운영 탁월성과 일관성을 달성하는 일이 단시간에 가능할리는 만무했다. 우리는 전사적으로 운영 성과의 격차를 10프로 미만, 그것도 가능한 가장 낮은 한 자리 수로 줄일 때까지 얼마가 걸리든 포기하지 않을 작정이었다. 물론 격차가 '0'이 된다면야 더이상 바랄 게 없었다.

우리는 경쟁자들과도 성과를 비교할 필요가 있었으므로 시장조사업체들의 도움을 받아 핵심 경쟁자들로부터 비슷한 기준이 될 만한 데이터를 수집했다. 좋은 소식도 경각심을 부르는 소식도 있었다. 일단 우리는 많은 경쟁자보다 우위에 있었다. 하지만 패스트푸드업계의 샛별로 떠오르는 몇몇 신생업체의 도전도 만만찮았다. 결과적으로 말해 그 데이터는 칙필레 운영자들에게 강력한 자극제가 되었다. 운영자 각자가 스스로 성과를 개선하는 데 도움이 되었을뿐더러 그들이 우물 안 개구리에서 벗어나 다른 운영자들과 긴밀히 협력하도록 동기를 부여했다. 그리고 이런 노력이 헛되지 않았다. 고객들의 호응으로 매출이 증가했다.

한편 우리는 창사 이래로 지켜오던 1운영자 1매장 원칙을 고수하기 힘든 상황에 직면했다. 매장을 계속 늘리는 와중에 고객들의 요구로 기존 칙필레 매장의 상권과 겹치는 지역들에 신규 매장을 열 수밖에 없었다. 이에 우리는 모든 운영자가 매장 한 곳만 운영한다는 기존 원칙을 다소 완화해 다점포Multi-Unit[16] 운영자 개념을 새로 도입했다. 이로써 성과가 우수한 운영자는 인근에 두번째 매장을 가질 수 있는 길이 열렸다. 그렇다면 다점포 운영자의 선발 기준은 무엇이었을까? 당연히 매출과 수익을 고려했다. 하지만 고객 데이터와 운영성과점수야말로 운영자가 두번째 매장의 행운을 거머쥘 수 있을지를 가르는 결정적인 변수였다. 우리는 특정 운영자의 첫번째 매장을 경험한 고객들의 피드백을 기반으로 두번째 매장을 운영할 능력이 있는지에 관한 데이터를 얻었다.

운영자가 두번째 매장을 가질 기회가 생기자 운영 개선에 강력한 추진력이 붙었다. 또한 쇼핑몰 내 매장 운영자 중에 독립 매장으로 이전하고 싶은 사람들도 있었는데 이런 욕구가 운영 개선을 가속화했다. 우리가 운영 성과의 척도와 고객 데이터에 관심과 주의를 기울인 것은 시기적으로도 절묘했다. 높은 성과를 달성하는 우수 운영자들에게 주어지는 그런 새로운 기회들과 시기적으로 일치한 것이다. 그리하여 둘이 시너지 효과를 내면서 운영 일관성을 극적으로 향상시켰고 브랜드 일관성도 몰라보게 높아졌다.

---

16 한 가맹 사업자에게 동일 지역에서 복수의 매장을 운영할 수 있는 권한을 주는 것

판단력은 지혜를 먹고 자란다

1990년대 초반 경영위원회 위원들 사이에서 칙필레의 앞날과 관련하여 어떤 공감대가 형성되기 시작했다. 미래지향적으로 칙필레를 운영하고 관리하려면 우리의 통합된 역량을 초월하는 지혜가 필요하다는 자각이었다. 우리는 가까운 미래에 연매출이 10억 달러를 상회하고 매장 수도 1000개가 넘을 걸로 예상했다. 이런 물리적인 성장에 더해 우리는 크게 여섯 가지 영역에서 전환기를 맞이했다. 첫번째는 부채 전략이었고 시장 침투Market Penetration[17]와 브랜드 일관성이 두번째와 세번째 영역이었다. 그리고 지속적인 차별화와 혁신과 브랜드 연관성 확보가 네번째 사안이었으며 인재 유치와 개발이 그 뒤를 이었다. 마지막으로 본사가 매장에 제공하는 적절한 수준의 지원을 포함하는 강력한 운영자 관계에도 변화가 불가피했다. 말인즉 우리는 우리가 관리 및 통제할 수 있는 한도 내에서 칙필레의 성장 속도를 조절해야 했다.

그때까지만 해도 칙필레의 다양한 부문은 마치 각각이 독립적인 영역처럼 활동했다. 한마디로 직능적 이기주의가 만연한 사일로 문화Silo[18]가 지배했다. 운영, 재무, 마케팅, 법무, 부동산 등은 그 자체로 독립적인 조직이었다. 물론 각 부문의 지도부가 지미 콜린스와 정기적으로 만났고 가끔이나마 서로 정보를 교환했다. 하지만

17 기존 시장에서 기존 제품으로 시장점유율을 끌어올리는 것

18 조직의 부서들이 다른 부서와 소통하지 않고 내부 이익만을 추구하는 부서 간 이기주의 현상을 뜻하는 말로, 본래 사일로는 곡식이나 사료를 저장해두는 굴뚝 모양의 창고를 가리킨다.

그게 다였다. 지도부는 각자의 '사일로'로 돌아가 내부 챙기기에 급급했다.

그러다가 경영위원회가 출범하고 10년이 지난 1990년대 초반부터 경영진이 달라지기 시작했다. 우리는 서로의 책임에 더 깊이 관여하고, 더 많이 이해하게 되었으며, 자신의 부서와 직접적인 관련이 없는 역할도 기꺼이 떠안는 모습을 보였다. 이런 변화는 하루아침에 이뤄진 것이 아니었다. 트루엣 캐시가 그동안 구축해온 경영진 문화가 만들어낸 자연스러운 결과물이었다. 10년이면 강산도 변한다지 않던가. 우리는 경영위원회에서 10년 넘게 호흡을 맞추면서 동지를 초월하는 관계를 구축했다. 다른 위원들은 몰라도 내게는 그들 모두가 가장 친한 친구라고 당당히 말할 수 있었다. 우리가 단일 집단으로서 똘똘 뭉칠 수 있었던 것은 경영위원회 자체가 위원들이 업무적으로 동반성장하면서 개인적으로도 서로를 배려하고 신뢰할 수 있는 토대가 되어준 덕분이었다.

우리의 일사불란한 결속력은 칙필레가 운영 탁월성에 집중하는 기업에서 브랜드형 기업으로 진화하는 과정에서 일익을 담당했다. 내가 칙필레에 합류한 초창기에 직원들에게 칙필레가 브랜드형 기업이라고 말했더라면 어땠을까? 그들은 황당함을 넘어 내가 제정신이 아니라고 생각했을 것이다. 운영 탁월성과 성장 사이에는 분명 긴장이 존재하지만 그것은 긍정적이고 생산적인 긴장이다. 칙필레는 그런 긴장을 회피하기는커녕 고유한 문화와 독보적인 운영자 모델 덕분에 그런 긴장을 환영했다. 즉, 운영에 집중하면서도 마케팅을 회사의 성장 동력으로 활용하고자 노력했다. 그러는 사이 우리를 가로막던 사일로가 하나둘 자연스럽게 무너졌고 벽이 사라지자 우리의 시야가 넓어졌다. 우리는 칙필레를 구성하는 가장 중요한 인적 요소가 고객이며, 극대화된 브랜드 가치를 전달하는 방식으로 고객을 섬기는 운영자가 우리의 두번째 강점이라는 사실을 이해하기 시작했다. 그리고 그 두 가지 보물에 대한 우리의 책임도 이해했다. 우리 **모두**는 고객과 운영자가 계속해서 '승자'가 될 수 있도록 칙필레 브랜드를 구축할 책임이 있었다.

경영위원회 회의는 매번 기도로 시작했고 더러는 회사보다 서로와 가족을 위해 기도하는 시간이 더 길었다. 위원 모두는 연배가 얼추 비슷해 아이들도 거의가 또래였던 터라 우리는 우리 자신만이 아니라 아이들과 배우자를 위해서도 기도했다. 또한 중요한 비밀이 아니라면 개인적인 걱정이나 필요에 대해 서로에게 솔직하게 털어놓았다.

마찬가지 맥락에서 우리는 회사에 대해서도, 특히 회사의 문화적 사안에 대해서도 정직했다. 가령 전략적 사안이든 가치관 문제든, 누군가가 별로 내켜하지 않았다고 치자. 만약 우리가 그 사람의 마음을 돌리지 못한다면 선택지는 둘 중 하나였다. 그것을 포기하든가 아니면 보류했다. 이는 우리가 서로의 판단력을 얼마나 신뢰하는지에 관한 문제였다. 마케팅 전문가로서 내 관점이 재무 전문가인 벅 매케이브의 관점과 달랐고, CFO로서 매케이브의 관점이 부동산과 디자인 부문을 이끌었던 페리 랙스데일의 관점과 다른 식이었다. 우리는 각각의 관점을 소중하게 여기는 법을 배웠다.

우리는 하나님의 지혜를 다 함께 좀더 의도적이고 계획적으로 추구하고 싶었다. 그래야 우리의 지혜를 모으고 버무려 집단지성을 이룰 수 있을 테니 말이다. 다행히도 좋은 본보기가 있었다. 트루엣 캐시였다. 캐시는 이른바 '고졸'이었지만 회사에서는 대학 졸업자들에게 둘러싸였고 심지어 대부분은 석사학위 소지자였다. 하지만 캐시는 현명함의 DNA 3종 세트를 타고났다. 현명하게 결정하는 능력, 현명한 조언을 해주는 능력, 상대방이 현명한 선택을 하도록 도와주는 능력이었다.

그는 그런 지혜를 어디서 얻었을까? 나는 그 답이 뻔히 보인다. 성경을 공부함으로써 그런 지혜를 얻었고 그는 기도를 통해 지혜를 갈구했다. 다른 말로 캐시는 자신의 신앙을 통해, 성경이 들려주는 하나님의 말씀을 통해, 성령의 선물인 통찰을 통해 지혜를 얻었다. 더군다나 그는 그런 지혜를 얻는 데에 그치지 않고 사업과 개인적인 삶 모두에서 그 지혜를 실천했다. 한편 나는 그가 자신도 모르게 본능적으로 그랬을 거라고 본다.

그의 마음은 하나님의 지혜를 받아들일 준비가 되어 있었다. 다른 사람들이 필요로 하는 것에 마음의 주파수가 맞춰져 있었다는 말이다. 그랬으니 그는 사람을 대하는 방법, 의사 결정 방법, 할 말과 못 할 말을 가려서 하는 방법 등에 관한 성경의 지혜를 스펀지처럼 빨아들였다. 그리고는 그 지혜를 품위 있고 겸손하며 가식 없는 진솔한 자세로 충실히 실천했다. 내가 기억하는 한, 캐시는 이런저런 사안에 대해 하나님이 어떻게 하라고 말씀하신다는 등의 설교를 절대 하지 않았다. 그런데도 그는 많은 사안에 대해 하나님의 관점을 정확히 알고 있는 것처럼 보였다.

대학과 대학원을 거쳐 직장생활을 하면서 나는 짐 콜린스Jim Collins와 톰 피터스Tom Peters를 비롯해 수십 권에 달하는 다양한 부문의 경영 서적을 두루 읽었다. 그리고 위대한 경영학자들과 경영 전문 작가들을 존경한다. 가령 짐 콜린스와 톰 피터스가 경영에서 이룬 업적을 존중하고 브랜드 자산과 관련해서는 데이비드 아커David Aaker를, 마케팅 부문에서는 필립 코틀러Philip Kotler를 높이 평가한다. 칙필레 경영위원회 위원들도 나와 마찬가지로 지속적인 학습에 진심이었다고 내가 보장할 수 있다.

동시에 우리는 지혜도 추구했다. 앞서 말했듯 지혜라는 주제에 대해서는 우리 모두가 의도적이고 체계적으로 공부하고 싶었다. 그러던 차에 벅 매케이브가 외부에서 지침을 찾아보자고 제안했다. 우리는 일리노이주 휘턴에 위치한 기독교대학 휘턴칼리지에서 철학을 가르치는 마크 탤벗Mark Talbot 교수를 초빙해서 일주일짜리 워크숍을 열었다. 우리는 탤벗 교수의 지도하에 잠언을 중심으로 성경적 지혜를 심도 깊게 공부했다. 우리는 하나님의 뜻을 이해할 수 있기를 기도했고 하나님의 관점을 갈구했다. 또한 모든 운영활동에 성령의 통찰을 꼭 적용하고 싶었다. 잠언에 이런 구절이 있다. 지혜와 이해를 원한다면 하나님을 찾아 하나님의 말씀에서 지혜와 이해를 배우고 얻어라.[19] 따라서 우리가 갈 길은 정해져 있었다. 우리는 집단적으로 그리고 개인적으로 하나님의 지혜를 공부하고 갈구했다.

---

19 "지혜를 얻으며 명철을 얻으라 내 입의 말을 잊지 말며 어기지 말라."(잠언 4장 5절)

이처럼 하나님의 지혜를 찾아가는 시간을 통해 나는 어떤 사실을 재확인하게 되었다. 지혜는 '왜?'라는 질문에서 시작한다는 사실이었다.

나는 칙필레의 기업 목적으로 귀결되었던 사고과정과 질문들을 되짚어보았다. '내가 존재하는 이유는 무엇이고 칙필레가 존재하는 이유는 무엇일까? 하나님께 영광을 돌리고 선한 영향력을 전파하기 위함이다.' 이 경험은 결국 내가 무엇이든 결정하기 전에 '왜?'라는 질문을 먼저 하게끔 만든다. 나는 왜 이것을 하고 싶을까? 이것이 칙필레의 존재 이유에 도움이 될까, 도움이 되지 않을까? 이것이 다른 사람들에게 이득을 안겨줄까? 이것은 "평판을 구축하고 유지하라"는 트루엣 캐시의 인생 좌우명에 토대가 되었던 잠언 22장 1절[20]의 내용과 일치할까? '왜?'라고 묻는 순간 우리는 지혜를 찾는 과정에 들어서게 되고, 우리가 지혜를 어디서 찾아야 하는지는 이미 정해져 있다.

---

20 "많은 재물보다 명예를 택할 것이요 은이나 금보다 은총을 더욱 택할 것이니라"

6장

젖소를 타고 전국적인 브랜드가 되기 위한 여정을 시작하다

1990년대 초 칙필레의 매장은 전국으로 퍼져나갔으며 500호 매장을 목전에 두고 있었다. 하지만 우리의 마케팅 노력은 여전히 개별적인 매장과 각각의 시장에 초점을 맞추고 있었다. 이제 우리는 스스로 묻기 시작했다. "언제쯤이면 운영자와 시장을 지원하는 것을 넘어 칙필레를 지역적인 브랜드로 그런 다음 전국적인 브랜드로 만드는 일을 시작할 수 있을까?"

우리는 그 시점을 정했다. 35번째 주에 매장을 오픈할 때였다. 1990년 중반 정도면 35개 주에서 칙필레를 볼 수 있을 거라고 무난하게 예상되었다. 아직 미국의 서부 태평양 연안 지역까지 닿지 못했지만, 텍사스에 막대한 투자를 감행했고 남서부 지역을 더 깊숙이 점령했다. 또한 독립 매장을 앞세워 중서부와 동북부 대서양 연안 지역을 집중 공략하는 중이었다.

우리는 지역적인 마케팅과 전국적인 마케팅을 구상할 때조차 우리 한계를 잘 알았다. 전사적 매출과 광고비 지출 사이에 정비례 선형 관계Linear Relationship를 구축할 만큼 충분한 광고비를 절대 투자할 수 없을 거라는 사실이었다. 어차피 매출과 광고비 투자를 직결시키는 것은 거래 중심형 전략으로 우리와는 맞지 않았을 것이다. 오히려 우리로서는 칙필레의 최초 상기 인지도Top-of-Mind Awareness[1]를 쌓는 데 도움이 되는 독특한 성격을 창조함으로써 브랜드를 구축하는 것이 정답이었다.

19년간 칙필레는 고객 입장에서 궁극적인 목적지, 즉 쇼핑몰의 일부였고 포로 청중 환경의 수혜자였다. 반면 독립 매장은 마케팅 관점에서 전혀 새로운 도전을 야기했다. 1986년 최초로 가두 매장을 시작했을 때 두 가지 문제가 전면으로 부상했다. 하나는 브랜드 인지도였고 다른 하나는 우리 브랜드가 지지하는 가치가 무엇인가였다. 각 매장이 매출을 증대하도록 도와주는 일에 계속 매진해야 하는 것은 타협의 여지가 없는 필요였다. 동시에 우리는 장기적인 관점을 가지고 브랜드에 투자해야 했다. 이처럼 마케팅 노선에 변화를 꾀하는 조직의 일부가 된다는 것은 구성원 모두에게 재미있는 경험이면서도 가끔은 벅찬 도전이기도 했다. 매출 증대라는 단기목표와 브랜드 인지도 구축이라는 장기목표 사이에는 생산적인

---

1 브랜드 인지도 중 하나로 가장 먼저 머리에 떠오르는 브랜드

긴장이 조성되기 마련이다. 그런 긴장의 땅에 발을 들인 이상 슬기롭게 헤쳐 앞으로 나아가야 했다.

우리가 이제까지 손잡았던 광고대행사는 쇼핑몰에 특화된 마케팅활동에 집중했다. 다시 말해, 소매 상품화 계획Merchandising[2]에서 역할을 훌륭히 완수했고 효과적인 매장 홍보물과 메뉴판을 개발했다. 하지만 매장 내부에서 벗어나 옥외 광고판과 라디오에 마케팅을 집중함에 따라 그런 기존의 마케팅활동이 고객의 기억에 충분히 각인되는지가 의심스러웠다. 이제는 바야흐로 샌드위치만 전면에 내세우는 광고에서 탈피할 때가 되었다. 우리는 칙필레 자체를 최종 목적지 브랜드로 자리매김하게 만드는 차별화된 광고가 필요했다. 그런 광고가 어떤 건지는 몰라도 한 가지는 확실히 알았다. 단순히 음식 사진을 보여주는 것으로는 그 목적을 달성할 수 없었다. 솔직히 첫 매장부터 지금까지 샌드위치 사진은 칙필레의 정체성을 전혀 담아내지 못했고, 그냥 빵과 닭고기 한 덩이를 보여주는 시각적 장치에 지나지 않았다. 다시 말해, 그 사진에는 정서적인 연결성은 고사하고 매력적인 요소가 눈을 씻고 봐도 없었다. 이런 상황에서 고객 인지도를 바라는 것은 우물에서 숭늉 찾는 격이었다.

1967년 내가 십대였을 때 맥도날드가 창사 이래 최초로 전국적인 텔레비전 광고 캠페인 중 하나를 선보였다. 광고대행사 다시 맥마너스D'Arcy MacManus가 제작한 그 광고에서 아이들이 등장해 노

2 마케팅활동의 하나로, 시장조사 같은 과학적 방법에 의거하여 수요에 적합한 상품이나 서비스를 적시적소에 적정 가격으로 유통시키기 위한 일련의 판매 촉진책

래를 불렀다. "맥도날드는 우리에게 딱 맞는 곳이야. 행복의 나라야!McDonald's is our kind of place. It's such a happy place!" 비록 광고 후반에서 내레이션으로 제품을 간단히 소개했지만 주요 시각적 요소는 행복한 아이들과 그들의 부모였다. 4년 후 니덤하퍼앤스티어스Needham, Harper&Steers: NH&S가 지금도 유명한 슬로건으로 다시맥마너스의 품에서 맥도날드를 빼왔다. "당신은 오늘 쉴 자격이 있어요.You deserve a break today." (앞서 말했듯 나는 메딜대학원에서 진행한 프로젝트 과제를 인연으로 졸업 뒤 니덤하퍼앤스티어스에서 면접을 본 적이 있다.) 이 광고 슬로건은 내가 칙필레에서 첫 해를 보내던 1981년에 부활했다. 왜 이렇게 사설이 기냐고? "100프로 순 쇠고기로 만든 패티 두 장……"이라는 문구가 가장 유명한 패스트푸드 햄버거를 강조했지만, 그 뒤에는 세계 최대 프랜차이즈업체의 경험을 중심으로 브랜드를 성장시키기 위한 노력이 있었다는 이야기를 하고 싶어서다.

우리가 처음으로 치킨샌드위치를 알리는 광고판을 세웠을 때 샌드위치 사진은 볼품없었지만 크게 문제되지 않았다. 당시는 치킨샌드위치 시장이 칙필레의 독무대였기 때문이다. 그런데 경쟁자들이 하나둘 치킨샌드위치를 출시하면서 사정이 달라지기 시작했다. 우리 샌드위치 사진이나 그들의 광고 사진이나 별반 다른 점이 없었다. 솔직히 맥도날드 치킨샌드위치 광고판에 칙필레 로고를 붙여도 대부분 사람이 알아차리지 못했을 것이다. 심지어 지금 두 개의 사진을 나란히 보여주어도 둘을 구분하지 못하리라 본다. 물증은 없고 심증뿐이지만, 맥도날드가 피클 두 조각을 포함해 일부러 그런 식으로 사진을 연출했다고 봐도 되지 싶다.

1990년대 초반 칙필레의 광고대행사는 음식에 초점을 맞춘 것에 더해 그들이 만든 광고 문구조차 차별화에서 완전히 실패했다. "어서 일어나세요, 당신의 비스킷이 준비되었어요Wake up, your biscuits are ready"라는 슬로건을 누가 기억하겠는가? 이제까지 칙필레가 쇼핑몰 전문 프랜차이즈였을 때는 그들이 만든 광고가 주효했다. 하지만 이제는 상황이 달라졌다. 성경에도 있지 않은가. 새 포도주는 새 부대에 담아야 한다고. 브랜드를 구축하기 위한 기존의 광고활동으로는 원하는 목표를 달성하지 못할 것이 확실했다. 시름은 깊어져갔다. 그런 광고가 패스트푸드업계의 정형화된 패러다임에 지나치게 충실했을까?

우리는 전통적인 매체 광고에 훨씬 더 적극적으로 뛰어들 만큼 분위기가 무르익기를 기다렸다. 마침내 몇몇 도시에서 독립 매장이 충분히 많아졌을 때 우리는 공격적인 광고를 시험해보기로 결정했다. 1993년에 1장 서두에서 소개했던 마케팅 컨설턴트 앨프 누시포라를 고용했고 그에게서 두 가지 역할을 기대했다. 첫째는 우리가 미래의 광고와 크리에이티브의 밑그림을 그리도록 도와주는 것이었다. 또한 우리가 적절한 마케팅 인프라를 구축하는 데 힘이 되어주기를 기대했다. 우리는 유명 광고대행사 두 곳에서 사장을 역임한 누시포라와 사흘에 걸친 마케팅 회의를 진행한 끝에 '1999년 시장 모델Market 1999 Model'을 탄생시켰다. 먼저, 애틀랜타에 독립 매장 100개와 쇼핑몰에 입점한 매장 10개가 위치한다고 가정한 모의실험Simulation을 만들었다. 그런 다음에는 앨라배마주 버밍햄과 사우스캐롤라이나주 컬럼비아에도 인구 대비 비슷한 수의 매장이 침투

한다고 예상했다. 마지막으로 그런 수치를 바탕으로 그들 세 도시에서 전개할 마케팅과 광고 전략을 수립했다.

계획을 수립했으니 이제는 그 계획의 유효성을 검증할 차례였다. 아울러 우리가 그 계획을 성공적으로 구현할 역량을 갖췄는지도 함께 시험해야 했다. 이에 우리는 그들 도시에서 2년간 진행할 마케팅과 광고 캠페인을 출범시켰다. 여기서 한 가지 분명하게 짚어야 하는 것이 있다. 우리는 6년 후인 1999년을 시장 침투의 원년으로 정했고 마케팅 비용으로 얼마를 투자할지 결정했다. 그런 다음 1993년 위의 세 도시에서 그 예산과 동일한 금액을 투자했다. 하지만 마케팅 비용이 급격하게 증가하면 그 지역들의 매장 운영자들에게 부담이 되리라는 것은 기정사실이었다. 그래서 그들의 부담을 덜어주려 1993년 매출의 1.5프로를 초과하는 모든 마케팅 비용을 칙필레 본사가 안았다. 결과적으로 말해 우리는 2년이라는 시간이 필요하지 않았다. 우리의 현주소를 깨닫는 데는 단 몇 달의 경험만으로도 충분했다. 칙필레는 패스트푸드 세상에서 맹주가 되기 위해 필요한 만큼 창조성을 갖추지 못한 것이 분명했다.

우리가 창조성 문제로 골머리를 앓고 있던 어느 아침 댄 캐시가 그 문제를 간단히 두 단어로 요약했다. 획기적인 크리에이티브였다. 댄 캐시가 데이비드 샐리어스와 광고책임자 그레그 잉그럼Greg Ingram에게 단도직입으로 물었다. "우리는 어째서 더 나은 광고를 만들지 못하는 거죠? 아무도 우리 광고에 대해 말하지 않잖습니까." 아무도 그의 말에 아무런 대꾸도 못했다. 그야말로 유구무언이었다.

당시 칙필레의 현실을 전체 역사의 관점에서 반추해볼 필요가 있다. 그때까지도 칙필레의 전략적인 우선순위는 운영에 집중되었고 마케팅은 뒷전으로 밀려 있었다. 질책인지 한탄인지 헷갈리는 댄 캐시의 질문에 대해 샐리어스가 정공법을 택했다. "위대한 크리에이티브를 원한다면 초일류 크리에이티브회사를 고용해야 합니다." 샐리어스가 에둘러 말했지만 탁 까놓자면 "일단 돈부터 내놓으시지!"라는 뜻이었다.

이에 댄 캐시 역시 단도직입으로 말했다. "자네가 그런 대행사를 찾아오시게. 돈은 우리가 만들어올 테니."

마케팅의 2막이 오르다

잠시 광고대행사를 찾는 전형적인 과정을 알아보자. 먼저, 기업은 광고대행사들에게 포트폴리오Portfolio와 각종 자격 증명 자료를 제출하라고 요구하는 제안요청서Request for Proposal: RFP를 배포한다. 또는 자사 홈페이지에 제안요청서를 게시하는 경우까지도 있다. 그런 다음 1차로 추린 광고대행사들에게 광고기획안에 관한 피치Pitch를 준비해서 발표하도록 요청한다. 경쟁 프레젠테이션Presentation: PT이라고도 불리는 이런 피치는 형식의 구애를 받지 않는다. 가령 차분한 회의부터 행군악대를 동원한 퍼레이드까지 어떤 분위기여도 무방하다.

하지만 우리는 떠들썩한 서커스 같은 분위기가 연출되는 것은 피하고 싶었다. 가급적 칙필레에게 아주 중요한 속성들에만 초점을 맞추고 싶었다. 그래서 그레그 잉그럼과 데이비드 샐리어스는 광고대행사들에게 통상적인 제안요청서를 무차별적으로 배포하지 않았다. 그들은 전국의 광고대행사 중에서 우리와 문화적 궁합이 좋아 보이는 일부 대행사를 조사하기 시작했다. 대부분의 마케팅 전문가가 으레 그렇듯, 잉그럼과 샐리어스도 크리에이티브 아이디어들을 모은 파일과 자신들이 좋아하는 광고를 제작한 대행사의 목록을 갖고 있었다. 둘은 그런 자료와 자신들의 경험을 바탕으로 광고대행사를 추린 예비 목록을 만들었다. 그런 다음 그 목록에 대해 여러 마케팅 리더에게 의견을 구하기 시작했다. 코카콜라에서 CMO를 지낸 세르지오 자이먼Sergio Zyman도 그중 하나였다. 잉그럼의 말에 따르면 그 과정은 우리가 고려해야 하는 광고대행사를 목록에서 누락시키는 실수를 저지르지 않기 위해서였다.

잉그럼과 샐리어스는 마침내 10개 대행사로 압축해서 그들에게 광고기획안에 관한 더욱 상세한 정보와 크리에이티브 샘플을 요청했다. 아울러 샘플은 옥외 광고와 라디오 광고에 초점을 맞춰달라고 요구했다. 그들로부터 받은 광고기획안을 토대로 잉그럼과 샐리어스는 텍사스주 댈러스에 위치한 더리처즈그룹The Richards Group: TRG을 포함해 최종 후보 세 곳을 선정했다.

이때까지는 광고업계 어디서나 볼 수 있는 흐름이었다. 이후에도 그런 표준절차를 따랐다면 최종 후보 세 곳에 칙필레를 위한 일반적인 피치를 요청했을 것이다. 하지만 우리는 표준적인 절차에서 이탈했고 그들에게 구체적인 과제를 내주었다. (당시는 비교적 신기술이었던) 입체 광고판과 일련의 라디오 광고였다. 목적은 명백했다. 세 곳의 크리에이티브를 일대일로 비교하기가 수월할 것이기 때문이었다. 솔직히 대형 프랜차이즈업체들에 비하면 우리의 연간 광고 예산은 보잘것없었다. 더욱이 우리는 앞으로 한동안 광고에 대대적으로 투자할 계획도 없었다. 따라서 우리는 최소한의 예산으로 최대한의 광고효과를 뽑아야 했다. 이는 우리 광고대행사가 광고판, 매체 광고 등 모든 광고 집행에서 깊은 인상을 줄 수 있어야 한다는 뜻이었다. 우리는 우리의 제한적인 예산을 고려해 광고의 우선선위를 이미 정해두었다. 일단은 옥외 광고가 최고의 선택지였고, 그중 입체 광고판이 우리 브랜드를 차별화하는 데 가장 효과적일 거라고 결정했다. 또한 크리에이티브만 잘 만들면 굳이 텔레비전을 공략하지 않고 라디오 광고만으로도 충분히 효과를 거둘 수 있다고 믿었다.

우리는 그들 대행사에게 한 가지 더 당부했다. 이미 우리와 계약을 체결한 대행사인 것처럼 우리와 협력하자고 부탁했다. "우리의 마음을 읽으려 하지 마세요. 오히려 우리가 무엇을 원하는지 알아내세요. 무엇이든 좋습니다. 질문하십시오. 그리고 나머지는 여러분이 직접 알아내십시오." 계약을 빌미로 그들을 공짜로 부리며 '갑질'할 마음은 전혀 없었다. 그들의 노력에는 소정의 성의를 표시했다. 큰돈은 아니었지만 우리가 그들의 아이디어를 존중할 뿐 아니라 우리도 기꺼이 위험을 부담할 용의가 있음을 보여주기에는 충분한 액수였다. 몇 주에 걸쳐 그들은 패스트푸드 산업을 요모조모 점검했다. 그리고 여러 표적 집단을 통해 일대일로 우리 고객과 대화했을 뿐만 아니라 우리의 우수 운영자들을 면담했다. 또한 홀과 주방 등 우리 매장들을 구석구석 관찰했고 심지어 칙필레 운영자세미나에도 참석했다. 우리도 그들이 최고의 피치를 준비하는 데 필요한 모든 정보를 획득하기를 바라는 마음에 최대한 지원을 아끼지 않았다.

당시의 우리 목적에 대해 반드시 짚고 넘어가야 할 것이 있다. 우리는 칙필레의 영구적인 광고 방향을 구체적으로 결정하려는 것이 아니었다. 그저 광고대행사를 선택하려 했을 따름이다. 광고장이로서 그들이 가진 재능과 헌신을 평가하는 수준이었다는 이야기다. 짐 콜린스가 저서 『좋은 기업을 넘어 위대한 기업으로Good to Great』에서 했던 말을 빌리자면, 그것은 '적절한 사람들을 버스에 태우는' 단계였다. 적절한 사람들을 버스에 태운 뒤에 어디로 갈지 목적지를 정해도 늦지 않다.

트루엣 캐시가 즐겨하던 말이 있었다. 우리가 선택한 운영자와의 관계는 '영원'하다는 것이었다. 우리는 새로운 광고대행사와도 그들 운영자와 똑같은 종류의 잠재적인 관계를 구축하고 싶었다. 그런 종류의 헌신은 이직률이 높아 철새 문화로 악명 높은 광고업계에서는 천연기념물이다. 심지어 최고위급에서도 이직은 일반적이다. 대형 광고대행사들은 대개가 상장회사의 자회사이고 따라서 경영진은 단기 수익성, 모든 고객으로부터의 수익 창출, 청구 대상 시간Billable Hour[3] 등에 초점을 맞춘다. 광고업계는 치열한 경쟁이

3 고객의 업무를 해결하는 데 사용되어 고객에게 비용을 청구하는 시간

벌어지는 이전투구의 세상으로 업계 종사자들은 더 나은 일자리를 차지하기 위해 '스펙' 쌓기에 몰두하고 이력서에 한 줄을 추가할 수만 있다면 당장 짐을 싼다. 오죽하면 광고대행사 한 곳에서 3년 이상 버티는 사람은 장기근속자에 속한다. 결국 잦은 담당자 교체로 인한 손해는 고객에게 돌아간다.

나는 광고주가 어떤 광고를 갖게 되는지는 각자가 어떻게 하느냐에 달려 있다고, '자기 하기 나름'이라고 믿는다. 잉그럼과 샐리어스는 최종 후보 세 곳을 직접 방문했고, 그들 회사의 역량과 성격, 그리고 그들과 칙필레의 문화적 화학반응을 평가하려고 애썼다. 무엇보다 누가 우리 이야기에 귀를 기울이고 뚜렷한 광고 철학이 있는 곳은 어디인지 알고 싶었다.

최종 후보 중에서 TRG가 특히 인상적이었다. 잉그럼과 샐리어스는 TRG 사람들과 상당한 시간을 함께 보냈는데도 단기적인 문화의 증거는 하나도 보지 못했다. 솔직히 그들은 그 회사에서 정반대를 보았다. 창업자이자 CEO 스탠 리처즈의 직원 채용 기준도 트루엣 캐시와 같았다. 오랫동안 함께 일할 수 있는 '식구'를 뽑았다. 그리고 칙필레에서처럼 그곳에서도 이직률이 극히 낮았다. 당시 TRG는 17년차 광고대행사였는데 크리에이티브 부문의 수장들은 평균 근속연수가 거의 9년에 육박했다. 리처즈는 자신이 세운 광고대행사를 19세기 어떤 명화 제목을 따서 '평화로운 왕국The Peaceable Kingdom'이라고 불렀다. 성경 이사야Isaiah 11장에서 영감을 받은 그 그림에는 사자와 양, 곰과 황소, 표범과 어린아이가 평화롭게 함께 누워 있다.[4] 리처즈는 자신이 세운 광고대행사의 사명이 '벽을 허무는 것'이라고 설명했다.

데이비드 샐리어스는 당시를 이렇게 회상했다. "결정적인 변수는 우리가 느꼈던 화학반응이었습니다. 광고기획안이야 세 곳 다 훌륭했습니다. 그런데 TRG는 다른 여러 측면에서 돋보였습니다. 광고업계는 자칫하면 오만해지기 십상입니다. 꼴불견일 만큼 오만할 수도 있습니다. 그런데 TRG는 그렇지 않았습니다. 스탠 리처즈를 보니 왜 그런지 고개가 절로 끄덕여졌습니다. 한마디로 진국이었습니다. 한줌의 가식도 없는 진실성과 광고에 대한 진정한 헌신이 똑똑히 보였습니다. 그에게는 돈이 중요하지 않은 것 같았습니다. 눈앞에 돈뭉치를 흔들어보여도 꿈쩍할 것 같지 않았습니다. 오히려 그에게는 광고 자체가 전부였습니다! 게다가 우리에게 중요한 의미를 갖는 무언가도 있었습니다. TRG는 비상장회사였습니다. 칙필레처럼 개인회사였죠. 흥미로운 공통점은 또 있었습니다. 캐시처럼 스탠 리처즈도 결코 '현역에서 은퇴'하지 않을 사람이었습니다."

한편 샐리어스는 최종 후보 각각이 칙필레에게서 무엇을 기대하는지 알고 싶었다. 이것도 결정에 영향을 미칠 터였다. 칙필레는 고액의 광고비를 무기로 사용할 형편이 아니었다. 그저 광고대행사가 우리와 함께 일하는 데 애정을 쏟을 수 있도록 훌륭한 광고주가

4 19세기에 활동한 미국의 민속 화가 에드워드 힉스Edward Hicks는 이사야 11장 6-8절에서 묘사하는 '평화로운 왕국'에 영감을 받아 <평화로운 왕국> 시리즈를 그렸다.

되는 것이 최선이었다. 샐리어스는 그들 각각에게 말했다. "우리는 죽었다 깨어나도 여러분 회사의 최대 광고주는 절대 못될 것입니다. 대신 여러분의 최고 광고주가 되겠습니다. 우리가 어떻게 하면 될지 알려주십시오."

스탠 리처즈는 샐리어스의 그 말에 감동받았고 대답하기 전에 잠시 골똘히 생각했다. 나는 리처즈와 그의 팀이 그 질문을 유독 주목했던 이유가 무엇인지 알 것 같다. 그들이 자사 고객들에게 했던 약속과 맥을 같이했기 때문이라고 본다. 그래서 리처즈는 어떻게 대답했을까? 그들의 일을 존중해주면 우리가 훌륭한 광고주가 될 거라고 말했다. "어떤 경우에도 우리 담당자들을 존중해주시면 됩니다. 우리가 매번 훌륭한 아이디어를 제안할 거라는 뜻도 아니고 그런 약속을 드릴 수도 없습니다. 일을 하다보면 우리가 궤도를 벗어나고 놓치는 아이디어도 있을 것입니다. 그럴 때면 그것을 곧바로 지적해주셔도 좋습니다. 다만 언제나 존중해주십시오. 올바른 대답을 찾기 위해 함께 열심히 노력하는 동반자 관계가 되었으면 합니다."

그날 대화는 두 회사가 앞으로 써내려갈 관계의 '서사'에서 중요한 부분이 되었다. 20년이 넘는 오랜 세월 동안 리처즈와 샐리어스는 걸핏하면 그 이야기를 소환했고 그것도 항상 목소리에서 애정이 뚝뚝 묻어났다. 우리는 내부적으로 TRG를 새 광고대행사로 최종 낙점했다. 샐리어스는 이 발표와 관련해 독창적인 아이디어를 냈고 그 아이디어까지도 우리와 그들 사이의 서사에서 일부가 되었다. 우리 팀이 TRG를 알아가던 시절로 시간을 잠깐 돌려보자. TRG

에는 독특하면서도 중요한 문화 현상이 하나 있었다. 일명 '계단 회의'였다. 그들과 보내는 시간이 늘어나면서 우리는 그들의 간헐적인 계단 회의에도 익숙해졌다. 당시 TRG는 댈러스에서 어떤 고층 건물의 4개 층을 사용했는데, 리처즈는 그런 물리적인 공간이 직원들을 서로에게서 고립시키는 것을 바라지 않았다. 마침 그 건물의 중앙은 4층 높이의 중정처럼 꾸며져 있었다. 그리고 각 층마다 중정을 빙 둘러 발코니가 있었고 각 층의 발코니는 계단으로 연결되었다. 리처즈는 직원들에게 회사에서는 되도록 엘리베이터 말고 계단을 이용하라고 권유했다. 누구든 그곳에 발을 들이자마자 놀랄 만한 희한한 광경이 눈에 들어왔다. 사람들이 끊임없이 계단을 오르락내리락했고 그러다가 발코니 난간에서 발길을 멈추고는 서로 대화하거나 거기서 즉석 회의가 이뤄지곤 했다. 그 공간에서는 펄떡이며 살아 숨쉬는 에너지가 손에 잡힐 듯 느껴졌다.

스탠 리처즈도 그 계단과 발코니를 적극 활용했다. 특별한 발표나 좋은 소식을 알려야 할 때 계단과 발코니에서 전체 직원회의를 즉흥적으로 열었다.

데이비드 샐리어스는 이것에 착안해 깜찍한 계획을 세웠다. 계단 회의를 소집하기 위해 TRG의 한 직원과 물밑 작업을 벌였다. 심지어 스탠 리처즈에게도 귀뜸을 주지 않았다. 드디어 회의가 예정된 날 샐리어스가 300인분의 칙필레 샌드위치와 함께 좋은 소식을 갖고 깜짝 등장했다. 두 회사가 흥미진진한 여정을 함께 할 새로운 관계를 시작하게 되었다는 소식이었다. 샐리어스는 TRG의 계단에서 그곳의 전체 임직원에게 자신이 앞서 스탠 리처즈에게 했던 것과 똑같은 약속을 다짐했다. "우리가 여러분의 최대 광고주가 되지는 못할지라도 여러분이 사랑하는 광고주가 되도록 노력하겠다고 약속드립니다."

당시로서는 가장 좋은 광고주가 되겠다는 약속이 우리가 할 수 있는 최선이었다. 우리는 업계 경쟁자들에 비하면 그리고 TRG의 기존 고객들에 비하면 조무래기라고 생각했다. 우리가 여정을 함께하고 몇 년이 지난 후 스탠 리처즈는 말했다. "우리가 사랑하는 최고의 광고주가 되겠다는 그때의 약속을 칙필레는 첫날부터 지금까지 완벽히 지켰습니다."

우리가 TRG를 선택한 것은 그들이 1차 발표에서 보여준 크리에이티브만을 근거로 내린 결정이 아니었다. 우리에게는 결정적인 요소가 따로 있었다. 우리 광고의 최종 책임자가 누구인가였다. 그날 참석했던 스탠 리처즈는 자신이 모든 것을 직접 챙기겠다고 단호하게 말했다. 칙필레와 관련된 크리에이티브의 모든 측면에 직접 관여하겠다는 약속이었다. 그것은 생각보다 훨씬 대단한 일이었다. 리처즈는 세계 최대 비상장 광고회사의 창업자이자 CEO였다. 그런 거물이 작은 광고주에 불과한 우리를 위해 크리에이티브의 하나하나까지 사전에 직접 살펴보겠다고 약속한 것이다. 의례상 하는 말도 허언도 아니었다. 그는 그 약속을 완벽히 지켰다. 이뿐만 아니라 TRG의 광고주 관리 부서와 크리에이티브팀의 지도부에서 인력 교체나 변동이 거의 없을 거라는 약속도 했다(실제로 우리는 처음부터 우리를 담당했던 크리에이티브 리더 두 명과 10년 넘게 함께 일했다). 그랬으니 2009년 댈러스-포트워스의 지역 일간지 「댈러스모닝뉴스Dallas Morning News」가 TRG를 그 지역에서 '가장 일하기 좋은 직장'으로 선정했다는 소식을 들었을 때 우리는 아무도 놀라지 않았다.

데이비드 샐리어스는 광고대행사 선정과정을 자신이 칙필레에 입사하면서 배웠던 어떤 교훈에 빗대 설명했다. "저는 제 커리어를 두 가지 시선으로 바라볼 수 있다는 것을 배웠습니다. 조직으로부터 가치를 추출하는가 아니면 조직에 가치를 부가하는가, 둘 중 하나였습니다. 스탠 리처즈도 가치 착취냐 부가적 가치 창출이냐를 중요하게 생각하는 것 같았습니다. 가치를 추출하는 데 혈안이 된 광고회사가 일부 있었지만 리처즈는 가치를 부가하려는 쪽이었습니다. 누구든 조직을 위해 지속적으로 부가적 가치를 창출하는 것은 군계일학처럼 돋보일 수 있는 지름길입니다. 게다가 그 일로 인정도 받을 수 있고요."

광고대행사를 선정하는 과정이 칙필레에게 이토록 중요했는데 마케팅 책임자인 내가 어떤 역할을 했는지 궁금한 사람도 있을지 모르겠다. 이제는 내 이야기를 해도 좋을 성싶다. 나는 샐리어스와 잉그럼에게 필요할 때면 상담가인 동시에 그들을 힘껏 응원하고 지지하는 치어리더였다. 하지만 그들이 모든 과정을 주도하고 최종적으로 TRG를 추천할 준비가 될 때까지 나는 일부러 그 과정에서 방관자를 자처했고 감 놔라 대추 놔라 일절 간섭하지 않았다. 여기에는 샐리어스와 잉그럼에 대한 내 믿음도 한몫했다. 이번 광고대행사 선정은 우리 브랜드에게 중요했고 나는 그들이 이번 일에서 일상적인 리더십을 발휘할 거라고 확신했다. 또한 그들은 그 결과는 물론이고 우리와 TRG와의 관계에 대해서도 주인 의식을 갖고 스스로 감당해야 했다. 게다가 앞날은 모른다지만 최소한 한두 해로 끝날 관계가 아니었기에 이는 더욱 중요했다. 요컨대 나는 트루엣 캐시가 내게 권한과 힘을 부여했던 바로 그 방식으로 그들에게 권한과 힘을 부여하려고 노력했다. 이유는 빤하지 않은가. 그들의 판단력을 신뢰했기 때문이다. 그리고 내가 옳았다. TRG를 선택했는데 그들의 판단력에 대해 다른 무슨 말이 필요할까!

이제는 TRG의 관점에서 생각해보자. 결과부터 말하면 스탠 리처즈는 칙필레에게서 가슴을 뛰게 만드는 짜릿한 무언가를 보았다. 그는 수차례 우리 매장을 직접 찾아 제품을 맛보았고 우리의 가능성에 구미가 당겼다. 말인즉 칙필레의 현재만이 아니라 칙필레가 만들어갈 미래도 궁금했다. 우리의 미래에 끌린 것은 리처즈만이 아니었다. TRG의 사장 브래드 토드Brad Todd도 칙필레가 진실로 위대한 브랜드가 될 수 있는 근본적인 토대를 구축했다고 믿었다(우리도 당연히 그렇게 생각했다!). 이에 그들은 칙필레가 위대한 브랜드로 성장하는 여정을 함께하고 싶었다. 특히 토드는 예전에 세계적인 제과업체 프리토레이에서 브랜드 관리자로 일했다는 점에서 볼 때 위대한 브랜드를 구축하는 일이 그의 전문 분야였다. 리처즈와 토드는 자사 팀과 우리 팀이 손잡으면 시너지가 만들어져 따로 일할 때보다 훨씬 강력한 힘을 발휘할 거라고 확신했다. 이것은 우리의 필요와도 일맥상통했다. 우리는 단순히 광고를 대행해줄 누군가가 아니라 그 이상의 존재를 찾고 있었다. 우리는 칙필레 브랜드를 함께 구축하면서도 부가적인 가치를 창출해줄 수 있는 동반자가 필요했고 TRG에서 그 동반자를 찾았다.

칙필레 샌드위치를 못 먹은 미국인은 있어도 스탠 리처즈의 광고를 못 본 미국인은 없지 싶다. 광고장이로서 그의 본격적인 여정은 1968년에 시작했다고 볼 수 있다. 리처즈는 댈러스에 있는 한 고객의 소개로 영화제작사 20세기폭스에 고용되었고 실화에 바탕을 둔 파격적인 서부영화 〈내일을 향해 쏴라Butch Cassidy and the Sundance Kid〉의 광고를 맡았다. 그 영화의 각본을 썼던 윌리엄 골드먼William Goldman은 리처즈의 광고가 마음에 들었던 차에 할리우드에서 제작팀이 오프닝 타이틀 크레딧을 디자인하는 데 애를 먹자 리처즈를 떠올렸다. 그가 직접 리처즈에게 전화를 걸어 그 일을 부탁했고 리처즈는 그의 기대에 부응해 무성영화 같은 인상적인 타이틀시퀀스를 만들어냈다. 캐시디와 키드가 산골짜기 갱단을 이끌고 열차를 강탈하는 장면이었는데, 온통 암갈색에 깜빡이는 효과를 낸 화면에 크레딧 자막이 등장했다. 여담이지만 폴 뉴먼Paul Newman이 부치 캐시디를, 로버트 레드포드Robert Redford가 선댄스 키드를 연기한 〈내일을 향해 쏴라〉는 1970년 아카데미 시상식에서 4개 부문을 석권했다.

이후 스탠 리처즈는 영화 크레딧시퀀스에서 손을 뗐지만 TRG는 승승장구했다. 가정용 건축자재유통업체 홈디포Home Depot, 해충방제업체 오르킨Orkin, 세계적인 경매회사 소더비스Sotheby's, 맥주 브랜드 코로나Corona, 자동차업체 닷지Dodge의 트럭 브랜드 램Ram, 이탈리아 자동차업체 피아트Fiat 등을 비롯해 많은 광고주를 위해 놀랄 만큼 창의적인 광고를 제작했다. 하지만 그처럼 내로라하는 기업들이 포함된 기다란 고객 명단보다 TRG의 활약을 더 분명하게 보여주는 것은 따로 있다.

모텔식스Motel 6라는 단어를 들으면 누가 혹은 무엇이 가장 먼저 생각나는가? 라디오 프로그램 진행자이자 성우로 모텔식스 광고에서 목소리로 출연한 톰 보데트Tom Bodett를 떠올리는 사람도 있을 것이요, 모텔식스 광고 말미에서 보데트가 들려주는 "당신을 위해 불을 켜둘게요We'll leave the light on for you"라는 내레이션을 생각하는 사람도 있을 것이다. 이것은 내 사견이 아니라 어떤 설문조사가 뒷받침해준다. 한 설문조사에서 모텔식스라는 브랜드를 언급했을 때 미국인 응답자의 95프로가 그 둘 중 하나를 떠올렸다.

모텔식스는 위대한 아이디어 하나로 브랜드를 구축한 가장 대표적인 사례 중 하나이며, 우리가 TRG를 선택한 이유 중 하나이기도 하다. 모텔식스가 TRG에 구조 요청을 했을 때는 거의 난파선 처지였다. 모텔식스 구조 작전에 대한 스탠 리처즈의 설명을 들어보자. "가장 먼저 브랜드 구축과정을 시작했습니다. 보통 그 과정에는 많은 시장조사가 포함되죠. 특히 모텔식스의 경우에는 정량적 조사가 아주 많이 필요했습니다."

TRG는 거리로 나가서 수십 명을 면담했고 모텔식스를 이용해 본 적이 있는지 물었다(하지만 그들에게 TRG가 모텔식스의 광고대행사라는 사실은 말하지 않았다). 그런 다음 모텔식스에 투숙한 경험이 있던 사람 중 12명에게 배심 토의에 참여해달라고 요청했다.

"우리는 유리 칸막이 뒤에 앉아서 12명의 배심원이 토의하는 모습을 지켜보았습니다. 우리 회사의 광고주 기획가Account Planner가 배심 토의 진행자로 참여했습니다. 그는 토론자들에게 여행지에서

묵었던 숙소가 어디였는지 물었는데 단 한 명도 모텔식스를 언급하지 않더군요. 그래서 그가 또다른 숙박 시설을 말해달라고 요청했지만 결과는 같았습니다. 같은 질문을 세번째 반복하게 되자 그는 토론자들을 잘못 고른 것 같다는 생각이 들어 당황하기 시작했습니다. 그런데 마침내 누군가가 모텔식스를 입에 올렸습니다. '밤늦게 모텔식스에서 자야 한다면 자동차 기름을 가득 채울 수 있을 만큼 돈을 아끼게 되겠죠.' 그러자 누군가가 맞장구를 쳤습니다. '나도 그런 경우라면 아낀 숙박비로 손주들에게 선물을 한아름 안겨줄 수 있을 겁니다.'"

리처즈의 말을 계속 들어보자. "유리 칸막이 뒤에 있던 우리는 불현듯 깨달았습니다. 그들은 모텔식스에 숙박했노라 솔직하게 인정하지 않았다는 사실이었죠. 가난하거나 짠돌이처럼 보이고 싶지 않아서였습니다. 그런데 누군가가 돈을 아낄 수 있다는 관점에서 모텔식스를 언급하자마자 너도나도 입을 열더군요. 하긴 절약하는 생활 습관을 나쁘다고 하는 사람은 없죠. 좋은 일이잖습니까. 하지만 빈티 나는 것은 이야기가 다르죠."

그 아이디어가 모텔식스 캠페인의 핵심이 되었다. 하지만 스탠 리처즈는 모텔식스 자체를 절대 광고에 등장시키지 말자고 최소한 한동안은 그래야 한다고 제안했다. 여기서 그의 진면목이 빛을 발했다. "광고회사가 광고주에게 그렇게 말하는 것은 참 어렵습니다. 하지만 어쩌겠습니까. 모텔식스는 내세울 수 있는 제품이 아닌걸요. 오히려 사람들이 끔찍하게 생각하죠. 가령 텔레비전을 보고 싶으면 동전을 넣어야 하고, 전화를 걸고 싶어도 로비까지 가야하니 말입니다. 사람들이 우리가 만든 광고를 보고 모텔식스에 왔다가 무슨 일이 벌어질지 눈에 그려졌습니다. 시설이 끔찍할 정도로 열악하다는 사실에 충격 받아 다시는 모텔식스를 찾지 않겠지요. 그래서 우리는 모텔식스가 지역별로 시설을 개선하고 재정비할 때까지 기다렸다가 준비가 되는 지역순으로 광고를 시작했습니다."

그로부터 30여 년이 지난 오늘날에도 그 광고 캠페인의 핵심 요소들은 그대로다. 다른 말로 광고의 내용은 변해도 접근방식은 한결같다. 무엇보다 지배적인 매체 하나를 통해 고도로 창조적인 훌륭한 아이디어를 전달한다. 여타 매체에 비해 광고비가 크게 저렴한 라디오가 그 주인공이다. 사실 모텔식스 캠페인은 예나 지금이나 라디오에 거의 전적으로 의존한다고 봐도 무방하다. 뿐만 아니라 모텔식스의 광고는 언제나 재미있고 매력적이며 30초 남짓한 광고 한 편에 늘 미소가 함께한다. TRG가 보잘것없는 예산으로도 이토록 창조적인 캠페인을 전개한 덕분에 모텔식스는 남부럽지 않은, 아니 모두가 부러워할 만한 브랜드 회상Brand Recall[5]을 자랑한다.

TRG는 칙필레의 광고에도 모텔식스에서와 똑같은 접근법을 시도했다. 칙필레의 광고를 수주하기 위한 그들의 광고제안서는 이랬다.

우리는 우리가 제작하는 모든 광고가 세 가지 요소를 갖춰야 한

5 브랜드 인지의 한 종류로, 소비자에게 구체적인 제품 범주나 구매 상황을 단서로 제시했을 때 특정 브랜드를 기억으로부터 끄집어낼 수 있는 능력을 뜻하며 상기라고도 한다. 소비자에게 특정 브랜드를 단서로 제시했을 때 이제까지 그 브랜드에 노출된 적이 있는지를 확인할 수 있는 능력은 브랜드 재인Brand Recognition이라고 한다.

다고 믿습니다. 사랑스러움Endearing과 정서적 보상Rewarding, 그리고 연관성Relevant입니다. 우리 목표는 소비자가 우리 광고를 보고 이렇게 반응하는 것입니다.

"나는 당신네들이 했던 말이 마음에 들어요."
"나는 당신네들이 그 말을 하는 방식이 좋아요."
"나는 당신네들이 좋아요."
"구매할게요."

젖소 캠페인을 통해 자세히 알아보자. 사실 젖소 캠페인의 토대는 우리가 TRG를 최종적으로 선택하기 전에 이미 잉태되었다. 우리 입장에서는 광고대행사를 선정하기 위해 TRG와 회의를 이어가던 중이었고 TRG는 피치를 준비하기 위해 시장조사에 매진하던 때였다. TRG팀은 자신들이 '가장 설득력 있는 아이디어'라고 부르는 무언가를 찾는 데 총력을 기울였다. 그것은 비단 우리 광고만이 아니라 그들이 집행하는 모든 광고에서 적용했던 개념이었다. 특히 그들은 잠재고객인 칙필레를 위해서는 장차 광고 캠페인의 주축이 될 하나의 아이디어를 찾고 싶었다. 그들이 말하는 설득력 있는 아이디어는 아래의 다섯 가지 요소를 두루 갖춰야 했다.

- 경쟁자들이 넘볼 수 없는 경쟁우위 하나를 활용한다.
- 칙필레의 브랜드 성격과 문화가 담겨 있다.
- 칙필레만의 고유한 특징이다.

- 사랑스럽다.
- 쉽게 기억할 수 있다.

TRG는 후보 아이디어를 네 개로 추려서 자체적인 조사활동과 칙필레 고객들과의 면담을 통해 각각을 평가했다. 칙필레는 패스트푸드업계에서 고객 만족도가 가장 높다, 고객에게 햄버거를 대신할 수 있는 맛있는 선택지를 제공한다, 매일 매장에서 모든 음식을 직접 준비한다, 차별화된 재료와 비법 양념을 사용해 맛이 더 좋다, 이렇게 네 가지였다.

이런 아이디어 각각은 '운영 탁월성'에 편향되어 있는데, 논리적으로 보면 이는 당연한 결과였다. 칙필레는 운영 탁월성에 거의 전적으로 의존하는 브랜드를 의도적으로 구축했기 때문이다. TRG 팀은 칙필레가 패스트푸드 햄버거를 대신할 건강식이라고 자체적인 결론을 내렸고 칙필레 제품의 세 가지 장점에 초점을 맞추었다. 첫째는 모두가 인정하는 맛이었고, 두번째는 닭고기가 육류 중에서 건강한 식재료라는 인식이었으며, 재료의 신선도가 세번째였다. 한편 칙필레의 마케팅 부서는 즉석조리과정과 음식의 신선도가 여타 패스트푸드업체와 차별화되는 핵심적인 경쟁우위라고 확신했다. 이는 TRG의 크리에이티브팀도 우리 매장들을 점검하고 조사했을 때 동의한 부분이었다. 솔직히 그들은 우리가 사용하는 거의 모든 식자재가 냉동 상태가 아니라 신선품이라는 사실을 알고는 깜짝 놀랐을 정도였다. 그리하여 우리는 바로 그 부분에 집중하기 시작했고 다양한 표적 집단을 대상으로 그 점을 부각시키는 광고들을 시험했다. 그런데 고객들의 반응은 우리 예상과는 달랐다. 모두가 입을 맞추기라도 한 것 같았다. "그것을 어떻게 만드는지는 관심도 없고 알고 싶지도 않아요. 그저 내 입맛에 맞을 뿐이에요." 결론은? 우리는 광고에서 우리의 가장 강력한 경쟁우위를 부각시키는 것을 포기해야 했다. 운영 탁월성에 대한 우리의 집착 말이다. 대신에 언제나 그래왔듯 고객들이 이끄는 방향으로 나아가야 했다.

고객의 목소리가 얼마나 강력한지는 반복해서 입증되었다. 고객들은 칙필레 브랜드에 대해 일종의 주인 의식을 느꼈을 뿐 아니라 우리 브랜드에 그런 주인 의식을 갖고 싶다고 직접 말해주었다.

하지만 우리 앞에는 여전히 진퇴양난의 딜레마가 놓여 있었다. 기존 고객은 그렇다 치더라도 아직 칙필레를 경험하지 못한 사람에게는? 우리 제품이 맛있다는 걸 납득시키려면 어떤 광고를 만들어야 했을까? 세상에 자기 식당의 음식이 더 맛있다고 주장하는 것이야 인지상정이었다. 그래서 소비자들은 그런 주장에 대해 색안경을 쓰게 되었다. 바로 그때 브랜드 토드가 참신한 어떤 개념을 제안했고, 결국 그것은 TRG가 찾던 가장 설득력 있는 단일 아이디어가 되었다. 칙필레가 치킨샌드위치를 발명했다는 것이었다. 다시 말해, 우리 샌드위치가 '원조'라는 것이었다. 이 원조 아이디어는 우리 브랜드의 완전성Integrity과 진정성Authenticity, 그리고 독창성Originality을 전달했다. 아울러 칙필레를 치킨샌드위치 전문가로 포지셔닝하는 데서 크고 작은 다양한 효과를 발휘했고 또 한편으로는 칙필레 샌드위치가 신선한 고급 먹거리라는 메시지를 미묘하게 전달했다. 그런 다음 토드는 카피라이터 더그 러커Doug Rucker의 도움을 받아 그 개념을 재미있게 풀어내는 일명 '발명자' 광고 슬로건을 탄생시켰다.

칙필레
우리는 닭을 발명하지 않았다.
치킨샌드위치를 발명했을 뿐이다.

드디어 우리는 소원을 성취했다. 이 문구를 읽은 고객들이 우리가 꼭 듣고 싶었던 말을 들려주었다. 치킨샌드위치를 발명했다면 칙필레는 당연히 그것에 대해 잘 알고 그것에 대한 최고의 전문가이며 다른 모든 치킨샌드위치는 모조품이라는 반응이었다. 또한 치킨샌드위치의 발명자이니 칙필레 샌드위치는 먹어보나 마나 맛은 보장된다고도 했다. 요컨대 고객들은 우리가 단 한 줄, 가장 설득력 있는 아이디어라는 포괄적인 개념을 통해 전달하고 싶었던 모든 특성을 칙필레 샌드위치에 부여해주었다.

젖소가 외친다, "닥고기 마니 머거"

광고기획안 발표 당시 TRG팀은 칙필레에 4개의 입체 광고판을 포함해 총 12가지 광고판 아이디어를 제안했다. 어떤 것도 제품 사진을 사용하지 않았고 대부분은 '발명자' 개념을 활용한 아이디어였다. 가장 재미있던 아이디어는 "칙필레가 아니라면 그냥 뻥

이야If it's not Chick-fil-A, it's a joke"라는 문구가 써진 약 15미터 너비의 광고판에 부착된 거대한 입체 고무닭이었다. 우리는 그것을 칙필레의 첫번째 입체 광고로 골랐고 텍사스주 댈러스의 남북을 가로지르는 주요 간선도로에 그 광고판을 세웠다. 처음에는 고무닭만 설치했다. 광고 문구도 로고도 없었다. 그곳을 지나가던 수만 명의 사람들이 그 닭을 보고 미소 지었으며 도대체 무슨 광고인지 궁금해했다. 그런 다음 그 광고판을 소개하는 매체가 급격히 늘어났다. 이제 우리는 광고 문구와 로고를 추가해 사람들의 호기심을 풀어주었고 우리 광고판은 댈러스 시민들의 사랑을 독차지했다. 그러자 댈러스 일대의 칙필레 운영자들이 그 닭과 문구가 인쇄된 티셔츠를 제작해 판매했다. 그 티셔츠까지 매진되자 우리는 확신을 갖게 되었다. 대박을 터뜨린 것이다.

두번째 입체 광고판은 애틀랜타에 등장했다. 자동차 두 대가 광고판을 뚫고 통과하는 것Drive-through처럼 보이는 그림과 인근 칙필레 매장의 2차선 드라이브스루Drive-thru를 홍보하는 문구를 실은 광고판이었다. 이 광고판은 칙필레의 가장 설득력 있는 아이디어인 '발명자' 개념과 직접적인 관련이 없었지만 '자리 덕'을 톡톡히 보았다. 75번 주간고속도로에서 아주 잘 보여 결과적으로 입소문을 유발시킨 것이다. 당시 그 광고판 아래에 위치한 매장을 운영했던 제이슨 빌로티Jason Bilotti는 고객들이 매장 주차장에서 광고판 사진을 찍던 모습을 지금도 생생히 기억한다. 그런 다음 댄 캐시도 드디어 염원 하나를 풀었다. 코카콜라 사장에게서 드라이브스루 광고판을 축하하는 서한을 받은 것이다. 마치 일전에 그가 아무도 칙필레의 광고에 대해 이야기하지 않는다고 한탄하던 것에 대한 반응 같았다. 아니, 코카콜라 사장만이 아니라 댈러스에 이어 애틀랜타도 칙필레 광고판 하나에 관한 이야기로 뜨거웠다.

이후 일련의 광고 집행이 뒤따랐고, 그 끝에 칙필레 젖소가 탄생했다. TRG는 칙필레 치킨샌드위치의 사진과 "소고기 먹지 마세요!Don't Have a Cow!"라는 문구가 적힌 평범한 평면 광고판을 제작했다. 그즈음 더리처즈그룹에서 칙필레 광고의 미술감독을 맡았던 데이비드 링David Ring은 한 직원이 사다리가 놓인 캣워크[6]에서 어떤 광고판에 그림을 그리는 광경을 보았고, 그 순간 영감이 꿈틀거렸다. 마침내 그는 캣워크를 소재로 하는 독창적인 입체 광고판을 만들었다. 그리고 몇 주 후 링은 작업자들이 댈러스에 세워진 첫번째 고무닭 광고판을 철거하는 현장에 있었다. 도대체 어떤 광고판이었을까? 캣워크 위에 놓인 사다리는 비어 있었고 광고판의 칙필레 샌드위치 그림은 거의 완성 직전이었다. 그리고 샌드위치 그림 옆에는 검정 페인트로 휘갈겨 쓴 메모가 있었다. "사장님, 배고파 밥 먹으러 갑니다. 금방 돌아오겠습니다."

또한 데이비드 링은 "**소고기 먹지 마세요**"라는 광고 문구에 대해 생각하다가 무릎을 탁 쳤다. 사람들이 '소고기 먹는 것'을 누가 원하지 않을까? 맞다, 소였다. 링은 한발 더 나아가 칙필레가 소고기를 취급하지 않는다는 사실에 주목했고 급기야 소들은 칙필레 매장에서 벌어지는 일들에 관심이 있을 거라는 데까지 생각의 줄기가

6 '고양이가 다니는 길'이라는 뜻으로 좁은 공간으로 연결된 간이 작업 복도

뻗어나갔다. 심지어 소들은 인부들이 자리를 비운 캣워크로 올라가는 방법은 물론이고 페인트 붓을 사용하고 사다리를 이용하는 방법을 알아낼 수도 있었다. (창의성이 뛰어난 사람들은 이런 생각의 도약Mental Leap을 이뤄낸다!)

데이비드 링의 말을 들어보자. "소, 사다리, 페인트 붓, '소고기 먹지 마세요'. 이것들을 하나로 합쳐보세요. 딱 하나로 귀결되겠죠? 나는 이런 모든 것을 충족시키는 아이디어는 하나뿐이라고 생각합니다. 다른 것은 있을 수 없습니다."

데이비드 링이 어느 아침 일찍 책상에 앉아서 그림을 그리던 중이었는데 갑자기 모든 조각이 하나로 합쳐졌다. 그는 캣워크에 젖소 두 마리가 올라가 있는 광고판을 스케치했다. 젖소 한 마리가 다른 젖소의 등에 올라타서 "닥고기 마니 머거"라는 문장을 쓰고 있었다. 맞다, 평범한 미국인이라면 이제껏 눈에 박히도록 보고 또 본 것과 거의 똑같은 광고판이었다. 링은 당시를 이렇게 회상했다. "나는 그것이 재미있다고 생각했습니다. 하지만 그 아이디어를 어떻게 써먹을지 또는 그것이 "우리는 닭을 발명하지 않았다. 치킨샌드위치를 발명했을 뿐이다"라는 슬로건에 초점을 맞춘 캠페인과 어울릴지 확신이 없었습니다." 링은 곧바로 스탠 리처즈를 찾아가 스케치를 보여주었다. 리처즈가 보는 눈도 생각도 데이비드 링과 같았다. 잘하면 큰 물건이 나오겠다고 맞장구치면서도 한편으로는 링과 똑같은 걱정이 들었다. 그 아이디어도 그 문구도 당시 집행하던 캠페인과 일치하지 않는다는 점이 마음에 걸린 것이다. 그렇지만 리처즈는 천생 광고장이였다. 굉장한 아이디어가 있는데 그냥 썩힐 수 없다면서 어떻게든 되는 방향을 찾아보라고 말했다.

당시 TRG의 크리에이티브팀은 칙필레에게 광고 아이디어를 정식으로 제안할 계획이 없었다. 하지만 링의 아이디어가 너무 마음에 들어 차마 버릴 수가 없었다. 그래서 그들은 칙필레에 전화를 걸어 다음날 아이디어를 몇 개 보낼 테니 가볍게 살펴봐달라고 했다. 그러면서 그중 하나가 진행중인 광고 전략에 정확히 부합하지는 않겠지만 꼭 보여주고 싶다고 특별히 덧붙였다. 이튿날 아침 그레그 잉그럼은 TRG가 보낸 서류를 받았다. 하필 내가 사무실을 비운 바람에 그는 내 책상 위에 여섯 가지 광고판 집행 아이디어를 엎어놓고 갔고 나중에 사무실에 돌아온 나는 엎어진 광고판 아이디어를 하나씩 들춰보았다.

다섯 개를 뒤집어볼 때까지 각각은 기존의 전략에 부합했고 '발명자' 개념에 바탕을 두었다. 드디어 마지막 스케치를 뒤집었다. "닥고기 마니 머거"를 쓰고 있는 젖소들이 툭 나왔다. 하마터면 웃다가 의자에서 떨어질 뻔했다. 웃음소리를 듣고 내 사무실로 한걸음에 달려온 잉그럼과 나는 누가 먼저랄 것도 없이 뜻이 맞았다. 이 아이디어를 그냥 버리면 바보라고. 정말이지 너무 좋다 못해 파격적이었다. 하지만 그날 아침 우리가 아는 건 딱 거기까지였다. 그 아이디어가 어떤 태풍을 몰고 올지 짐작도 못했다. 젖소 두 마리가 더 큰 전략적 아이디어로 발전할지, 칙필레 광고 캠페인을 우리가 상상도 못한 곳으로 데려갈지 말이다. 훗날 우리는 그것이 완벽한 신의 한 수였음을 깨달았다. 치킨샌드위치의 혁신자에서 창조적 혁신자로의 변신이었고 버거 세상에서의 탈버거Nonburger 선언이었다.

젖소, 글자를 쓰다

스탠 리처즈는 뉴욕 브루클린에 위치한 유명 예술대학 프랫인스티튜트를 졸업했다. 이런 배경이 말해주듯 그는 명품 서체를 창조하기 위해 열과 성을 다했고 점차 사라져가는 이 예술이 자신의 회사에서만이라도 명맥을 이어가도록 지원을 아끼지 않았다. 그의 저서 『평화로운 왕국』을 보면 프랫인스티튜트에서의 경험을 회상하는 대목이 나오는데 여기서 그의 서체 사랑을 엿볼 수 있다. "대학에서 서체를 발명하는 법을 배웠다. 처음에는 연필로 쓰다가 손가락에 굳은살이 생길 만큼 세세한 과정을 거친 뒤 마침내는 까마귀 깃털로 만든 잔글씨용 철펜으로 마무리했다. 모든 것은 수작업이어야 했고 모든 것이 완벽해야만 했다." 이런 서체를 향한 스탠 리처즈의 집념은 특히 젖소 캠페인에서 빛을 발했다. 그 캠페인에서는 광고 문구의 글자 '모양'이 매우 중요했기 때문이다.

'닥고기 마니 머거' 광고판의 '아버지' 데이비드 링의 이야기를 다시 들어보자. "보면 알겠지만 젖소 캠페인의 문구는 매우 시각적입니다. 그러니 문구 하나 글자 하나에도 삽화가나 사진사를 고용할 때와 똑같은 관심을 쏟아야 하죠. 예컨대 젖소는 글자를 가능한 소리 나는 대로 쓰려다보니 철자가 엉터리입니다. 또한 철자와 단어 간격에도 많은 주의를 기울여야 합니다. 평소에 글 쓰듯 하면 안 된다는 말입니다. 단어 철자는 약간 더 붙이는 대신에 단어 간격은 약간 더 벌일 필요가 있습니다. 그래야 사람들이 운전하면서도 잘 읽을 수 있겠죠. 마지막으로 젖소들이 3살짜리 꼬마보다 글씨를 더 잘 쓸 수는 없지 않겠습니까. 그래서 글자 간격도 단어 간격도 들쭉날쭉해야 합니다."

젖소들이 등장하는 첫번째 광고판의 문구는 지금의 광고 문구와 철자 하나가 달랐다. 그때는 'chickin'이었는데 오늘날에는 중간의 'c'를 빼고 'chikin'으로 쓴다. 그렇다면 중간의 'c'에게 무슨 일이 생겼을까?

1996년 젖소들이 자기 보존의 메시지를 부르짖으며 칙필레 매장에 처음 등장했다. 너비가 15미터 가까이 되는 옥외 광고판을 매장 안에 설치하는 것이야 당연히 불가능했다. 젖소들은 융통성을 발휘해 세로 모양의 샌드위치 광고판Sandwich Board[7]을 선택했다. 또한 세로 광고판에 'Eat Mor Chickin'이라고 적었을 때 공간이 부족하자 가운데 'c'를 빼고 'chikin'이라고 줄이는 임기응변도 보여주었다. 그들은 'c' 하나를 빼면 나머지 글자들을 약간 더 크고 더 읽기 쉽게 쓸 수 있다는 것을 이해할 정도로 영리했다. 게다가 역시 젖소들은 철자법을 잘 몰라야 제 맛이지 않겠는가! 그리하여 중간의 'c'는 이후 모든 광고판에서 영원히 사라졌다. 이상이 'c' 실종 사건의 전말이다.

7　사람이 몸의 앞뒤로 매고 다니는 광고판

젖소, 대중 무대에 첫 등장하다

1995년 우리는 브랜드 인지도를 높일 절호의 기회를 눈앞에 두고 있었다. 1996년 세상이 애틀랜타로 몰려들 예정이었다. 제26회 하계올림픽이 열리는 것이다. 우리는 이참에 칙필레를 세상 방방곡곡에 알리자는 야심찬 계획을 세우고, 공항에서 출발해 애틀랜타 시내로 진입하는 초입에 위치한 광고판 하나를 2년간 임대하는 계약을 체결했다. 그 광고판은 젖소 캠페인이 세상에 공식적으로 데뷔하는 무대가 되었다. 우리는 당분간 애틀랜타에서 젖소를 내세운 최신 광고는 그 광고판만 이용할 계획이었다. 그레그 잉그럼은 젖소가 공식적으로 선보인 그 주의 어느 아침이 지금도 잊히지가 않는다. 유독 그날따라 출근길에 기분이 우울했다고 한다. 그때 휴대전화가 울렸다. 상대방이 말했다. "지금 주간고속도로로 출근하고 있는데 도로가 많이 막히네요. 그런데 내가 지금 뭘 보고 있는지 아세요? 내 평생 가장 웃기는 광고판이에요! 당신 덕분에 신나게 웃고 기분 좋게 하루를 시작합니다. 이 말을 꼭 해주고 싶어 전화했어요." '닥고기 마니 머거' 1호 광고판은 우리의 진격을 알리는 첫 나팔수가 되었다. 잉그럼의 우울한 기분도 한순간에 날려버렸다. 그것은 단지 서막에 불과했다. 매체들이 곧바로 떠들썩한 반응을 보였다.

첫번째 광고판이 베일을 벗고 일주일쯤 지났을 즈음 나는 트루엣 캐시의 호출을 받았다. 당시에는 캐시가 나를 자신의 사무실로 부르는 경우가 거의 없던 때라 걱정부터 앞섰다. '어쩌지, 뭔가 안 좋

은 일이 있는 게 분명해.'

그의 사무실에 가보니 이미 손님이 있었다. 캐시가 조지아낙농육우협회 Georgia Cattlemen's Association 협회장이라고 그를 소개했다. (도대체 캐시의 속은 알다가도 모르겠다.) 캐시는 사실 1제곱킬로미터 면적의 농장에서 고급 소고기 애버딘앵거스 Aberdeen Angus 흑우를 키우는 농장주였고 그 협회의 정식 회원이었다.

소개를 마치고 모두가 자리에 앉자 캐시가 나를 쳐다보며 말했다. "스티브, 협회장님이 우리의 새로운 광고판에 대한 걱정이 크시네. 그리고 조지아낙농육우협회 회원인 나에 대해서도 우려하시지…… 우리가 협회장님께 뭐라고 말씀드려야겠나?"

내가 이제껏 겪어본 캐시라면 손님에게 이번 광고에 대한 자신의 생각을 명확히 밝히지 않은 것이 분명했다. 그 정도는 듣지 않아도 알 만큼 그와 보낸 시간이 충분히 길었다. 게다가 그 광고를 중단하라고 나를 부른 것은 더더욱 아니었다. 솔직히 아직 캠페인이라고 부를 수준도 아니었다. 그저 광고판 하나만 내걸었을 뿐이었다. 그런데도 그 광고판은 이미 커다란 반향을 불러일으켰다.

내가 캐시의 손님에게 말했다. "그건 정말로 웃자고 하는 광고입니다. 그 이상도 이하도 아닙니다. 철자법도 잘 모르는 젖소가 아닙니까. 젖소는 그저 자기 보존을 걱정할 뿐입니다. 그것은 저도 어찌할 수 있는 부분이 아니고요. 비록 캐시 회장님이 소를 키우시더라도 닭고기 사업이 회장님의 본업인 것은 엄연한 사실입니다. 그리고 제 일은 회장님이 닭고기를 많이 파시도록 돕는 것이지요. 반항적인 투사가 된 젖소 두어 마리가 우연히 종족을 위한 혁명에 나셨을 뿐입니다. 제가 지금 협회장님께 드릴 수 있는 말씀은 하나뿐인 것 같습니다. 사람들의 뜨거운 반응을 보인 이상 젖소는 한동안 우리와 함께 가야 할 것 같습니다."

내 말에 흡족했는지 캐시가 약간 능글맞은 미소를 날리며 그를 쳐다보았다. 내가 보기에는 그저 예의상 대놓고 웃지 않을 뿐이었다. 그리고 그가 말했다. "음, 아마도 스티브의 생각이 맞지 싶습니다."

우리 둘 다 칙필레를 감싸는 대박의 기운을 감지했다.

젖소, 광고를 확대하다

우리는 젖소를 앞세운 '닥고기 마니 머거' 광고가 불러온 뜨거운 반응에 한껏 고무되었고 더 많은 시장으로 당장 확대하고 싶었다. 나는 지미 콜린스를 찾아갔다. "우리가 사고를 제대로 친 것 같습니다. 조짐이 정말 좋아요. 하지만 그 광고의 잠재력을 정확히 알아보려면 더 많은 시장에서 시험해볼 필요가 있습니다."

당시 칙필레는 매출 상위 20개 시장이 전체 매출의 3분의 2를 차지했고, 그들 시장 모두에는 독립 매장이 최소 한 곳 이상이었다. 콜린스는 우리 광고 전략의 목표가 무엇인지 정확히 간파했다. 사람들에게 매장 위치를 알려주는 것이 아니라 입소문을 유발해서 브랜드를 구축하는 것이었다. 문제는 역시나 돈이었다. 칙필레 매장은 매체 광고 예산으로 (매출의) 1.5프로를 책정했는데 그 돈으로 광고판을 설치하기에는 어림도 없었다. 본사가 20개 시장에 총 40만 달러를 지원해야 했다. 매장의 자체적인 예산과 본사 지원을 합치면 젖소 광고판을 제작하고 90일간 광고판을 유지할 수 있을 것으로 보였다. 그리고 운영자들이 젖소 광고판의 결과에 만족한다면 젖소 광고판을 최소 2년간 유지하자고 설득할 요량이었다. 물론 그 전에 본사의 투자가 선행되어야 했다. 콜린스는 1초도 머뭇거리지 않았다. 그는 자신의 힘이 닿는 한 전폭적으로 지원해주었다.

뜻밖의 어부지리도 있었다. 우리가 테네시주 남동부의 채터누가에 입체 광고판을 설치한 직후 십대들이 젖소들을 훔치는 일이 발생했다. 지역의 여러 매체가 그 도난 사건을 보도하면서 재미있는 해프닝으로 포장했고, 그런 다음 24시간 전국에 뉴스를 방송하는 CNN이 그 사건을 보도해 해외에까지 알려졌다. 칙필레의 홍보 담당 부사장 도널드 페리가 훔쳐간 젖소들을 훼손 없이 온전한 상태로 돌려준다면 고소하지 않겠다는 보도자료를 배포했다. 그리고 젖소들은 우리 품으로 무사히 돌아왔다. 십대들의 치기어린 장난 같은 이 사건 덕분에 우리는 상상 이상으로 매체에 많이 노출되었다. 몇 년 후 나는 플로리다주의 한 골프장에서 친구와 골프를 치는데 친구의 일행 중 한 사람이 젖소들을 '훔친' 십대 둘 중 하나를 안다고 고백했다. 나는 그와 하이파이브를 했고 칙필레 샌드위치 무료 교환권과 함께 깊은 감사를 전했다. "그가 우리 캠페인을 출범시키는 데 어마어마한 공헌을 했어요!"

우리는 해마다 사람들이 칙필레 광고에서 무엇을 보았고 무엇을 기억하는지 알아보기 위해 연례 설문조사를 벌였다. 그해도 마찬가지였다. 당시 애틀랜타 인근에 설치된 광고판은 얼추 서른 개였는데 그중 '닥고기 마니 머거' 광고판은 딱 하나였고 다른 모든 광고판은 제품 사진을 실었다. 설문조사 결과에 따르면, 젖소들의 압승이었다. '닥고기 마니 머거' 광고판 하나를 기억한다고 말한 응답자들이 다른 모든 광고판을 지목한 응답자를 전부 합친 것보다 더 많았다. 회상률은 무려 80프로였다! 사람들은 웃음을 안겨준 젖소들을 기억했고, 젖소들이 가진 역설적인 상징성 때문에 칙필레를 기억했다.

상위 20개 시장 각각에 '닥고기 마니 머거' 광고판이 하나씩 등장했지만 이는 고무닭과 2차선 드라이브스루 광고판과 마찬가지로 여전히 단발성 옥외 광고 집행이었다. 우리는 '닥고기 마니 머거' 광고가 **운동**, 즉 캠페인으로 발전할 가능성에 대해 궁금해하기 시작했다. 나는 데이비드 샐리어스와 그레그 잉그럼과 함께 스탠 리처즈와 브래드 토드를 만나 젖소 광고를 캠페인으로 전환시킬 가능성에 대해 이야기를 나누었다. 먼저, 우리가 말했다. "샌드위치 장사꾼한테는 뭐니 뭐니 해도 사람들이 '열심히 씹어주는' 것이 최고 아니겠습니까. 물론 우호적인 입소문이어야겠죠. 또한 우리가 그런 입소문을 조장하고 있다는 것을 사람들이 거의 눈치채지 못해야겠죠." 젖소 광고는 우리에게 또다른 무기도 쥐어줄 가능성이 있었다. 음식 사진으로 도배하는 요식업계의 지배적인 광고 전략에서 탈피해 확실한 차별화를 이루는 것이었다. 스탠 리처즈는 석 달만 주면 젖소를 주인공으로 하는 캠페인 아이디어들을 준비하겠다고 약속했다.

이쯤해서 한 가지 고백성사를 해야겠다. 모두가 젖소 광고를 재미있게 생각한 것은 아니었다. 젖소가 세상에 데뷔하고 몇 년간 트루엣 캐시와 나는 교사들로부터 항의 편지를 참 많이도 받았다. 학생들을 가르치는 입장이니만큼 그들은 젖소가 철자를 엉터리로 쓰는 것을 문제삼았다. 그러면 나는 의례적인 답장을 보냈다. "우려하시는 점은 충분히 공감합니다만 안타깝게도 젖소라 철자를 알지 못하는군요. 그냥 재미있는 광고로만 봐주시길 바랍니다. 외람되지만 우리 광고를 아이들이 올바른 철자법을 배우도록 동기를 부여하는 객관적인 교훈으로 사용하시면 어떻겠습니까? 저희는 선생님들이 아이들을 위해 하시는 모든 일에 감사드립니다!"

광고 마스코트의 영향력과 책임

텔레비전을 보다가 정말로 좋아하는 광고가 나오는데 2분 후 그것이 어떤 브랜드 광고였는지 도통 기억나지 않는다. 아마 당신도 이런 경험이 아주 많을 거라고 생각한다.

브랜드 마스코트Brand Mascot가 있다면 이런 일은 걱정하지 않아도 된다. 오리, 도마뱀붙이, 분홍 토끼 등을 보면 당신은 광고주가 누구인지 굳이 들을 필요도 없다. 생명보험회사 아플락Aflac의 오리요, 자동차보험회사 가이코GEICO의 도마뱀붙이이며, 건전지 브랜드 듀라셀Duracell의 분홍 토끼라는 것을 단박에 알아차린다. 이제 사람들은 젖소를 보면 칙필레를 떠올릴 것이다. 모든 게 TRG 덕분이었다. 우리는 칙필레의 마스코트를 만들어달라고 요청하지도 심지어 그렇게 하리라 기대하지도 않았다. 하지만 TRG가 칙필레의 브랜드 상징을 창조했다는 사실을 알게 되었을 때 우리는 그 기회를 냉큼 붙잡았다.

우리는 유명 인사의 반열에 오른 젖소의 위상을 연예 기획사의 관점에서 바라보았다. 유명 인사는 연관성을 이어가기 위해 언제 어디서나 사람들의 주목을 한 몸에 받아야 한다. 가령 20년 전에 활약하다 은막에서 사라진 영화배우가 당신이 며칠 전 보았던 영화에 출연한 배우보다 흥미롭지 않을 것은 당연지사다. 따라서 젖소 캠페인을 성공시키기 위해 우리가 해야 할 일은 명백했다. 광고판이나 산발적인 텔레비전 광고만이 아니라 모든 광고 집행에서 젖소를 등장시켜야 했다. 특히 젖소는 자신들이 전개하는 자기 보존 캠페인과 혼연일체가 되어야 했다. 이 정도는 되어야 미국 CFP 칙필레볼[8] 경기 중에 젖소들이 천장에서 무더기로 낙하해도, 미국의 거대 지상파 방송 CBS나 스포츠 전문 케이블방송 ESPN이 칙필레볼 경기를 중계방송하는 중에 뜬금없이 젖소가 난입해 광고판을 카메라 앞에 들이밀어도 사람들이 놀라거나 이질감을 느끼지 않을 수 있었다. 만약 마케팅 피라미드의 모든 단계에서 등장하지 않는다면 젖소는 브랜드 마스코트가 될 수 없었다. 말 그대로 피라미드의 맨 꼭대기부터 가장 밑바닥까지 수단과 방법을 가리지 말고, 안면몰수하고, 뻔뻔하게, 어디든, 얼굴을 들이밀어야만 했다.

---

8 자세한 내용은 7장과 11장을 참조하기 바란다.

마스코트를 내세운 귀중한 캠페인이 한순간에 역사의 뒤안길로 쓸쓸히 퇴장한 경우는 한둘이 아니다. 이것의 피해는 고스란히 브랜드에게 돌아갔다. 켈로그Kellogg's 콘푸로스트 시리얼의 마스코트 호랑이 토니Tony the Tiger와 제과·제빵 브랜드 필스버리Pillsbury의 요리사 모자를 쓴 흰 밀가루 반죽 마스코트 도우보이Dough Boy도 비록 몇 년 후 부활했지만 한동안 모습을 볼 수 없었다. 심지어 세계 최고의 광고전문지 「애드버타이징에이지Advertising Age」[9]가 20세기 가장 인지도 높은 광고 마스코트 3위에 선정한 녹색 거인Green Giant*은 수년 동안 텔레비전에서 완전히 종적을 감추었다. 동명의 통조림 브랜드의 상징인 녹색 거인은 2016년 말 현역 마스코트로 복귀하면서 더 건강한 신제품을 개발하느라 잠시 광고계를 떠났노라 너스레를 떨었다. 이런 것이 바로 광고 마스코트의 힘이다.

칙필레의 마케팅 부서와 운영자들은 젖소가 지역 행사나 언론에 '출연'할 일정을 잡는 등 젖소가 계속 대중에 노출될 수 있게 노력했다는 점에서 여느 연예 기획사와 다를 바가 없었다. 칙필레의 젖소는 자타공인 '슈퍼스타'였다. 그렇지 않으면 어린아이, 청소년, 어른 할 것 없이 사람들이 왜 칙필레의 젖소와 같이 사진을 찍고 싶어하겠는가? 젖소는 늘 씩씩한 모습을 보여주어야 한다. 또한 자신들의 자기 보존 메시지와 유머 감각을 널리 알릴 기회를 만들기 위해 자신들에게 주어진 마스코트로서의 위상도 필요하다. 반면 우리는 투자한 만큼 의인화된 젖소의 유명 인사 지위에 편승해 우리가

9 보통 「애드에이지Ad Age」로 줄여서 부른다.

가고 싶은 곳으로 갈 수 있었다. 수많은 미국 기업에서 마케팅 부서는 칙필레 젖소를 부러워하고 제2의 칙필레 젖소를 오매불망한다. 신박한 개성은 물론이고 유명 인사의 힘과 영향력을 지닌 마스코트 말이다. 우리가 얼마나 큰 축복을 받았는지는 우리도 잘 알았다.

이뿐만 아니라 우리는 젖소 캠페인의 크리에이티브 측면에서도 절대 선을 넘지 않았다. TRG와 20년 동안 손발을 맞추면서 나를 포함해 마케팅 부서의 누구도 광고 아이디어를 제안한 적이 없었다. 광고야 우리보다 TRG의 크리에이티브팀이 훨씬 전문가였으니 광고는 그들이 할 일이었다. 이런 확실한 역할 분담에는 또다른 장점이 있었다. 누구 아이디어가 더 좋은지를 둘러싸고 전략적인 밥그릇 싸움을 벌일 필요가 없었던 것이다. 단지 우리는 그들이 제안한 아이디어가 실효성을 거두지 못했거나 개선의 여지가 있다고 생각할 때면 다시 시도하라고 요청했을 뿐이었다.

젖소가 가르쳐준 위대한 광고의 조건

진정한 브랜드를 만드는 광고의 특성은 무엇일까? 나는 다음의 삼박자가 필수라고 생각한다.

첫번째는 **몰입**Engaging이다. 브랜드를 세우는 광고는 사람들의 관심을 단박에 사로잡아 눈을 떼지 못하게 만들어야 한다. 그런 광고는 사람들이 보자마자 어디 브랜드인지 즉각 알아본다. 그것이 칙필레인지 아플락인지 보는 순간 알 수 있다. 이런 특성이 바로 몰입이다!

브랜드를 각인시키는 광고는 **사랑스럽다**Endearing. 이것이 두번째 요소다. 사람들은 다음 광고 집행을 고대할 정도로 그 광고에 깊은 애정을 갖는다. 사람들이 특정 브랜드를 사랑스럽게 여기면 그 브랜드는 그들의 삶에서 대체불가한 정서적인 일부가 된다. 심지어 그들과 그 브랜드 사이에 어떤 물리적인 상호작용이 없을 때도 그렇다. 이것이 칙필레의 젖소 캠페인이 지닌 세 가지 강점 중 하나였다. 젖소 캠페인은 사랑스럽다!

마지막 요소는 **영속성**Enduring이다. 브랜드를 확실하게 자리매김시키는 광고는 캠페인의 다양한 크리에이티브를 장기적으로 집행할 수 있는 창조적인 토대를 닦는다. 칙필레를 예로 들면, 광고는 전체 캠페인의 일부이므로 충실한 청지기 정신을 반영한다. 수년 전에 만들어진 젖소 크리에이티브 하나를 지금 당장 다시 사용해도 여전히 효과적일 수 있는 이유가 바로 영속성이 있어서다. 다른 말로 브랜드를 구축하는 광고는 시대를 초월한다. 이렇듯 한 번의 금전적인 투자로 오래 '우려먹을' 수 있으니 충분히 본전을 뽑을 수 있다. 영속성이 이토록 중요하다!

진짜 젖소를 활용하다

젖소를 칙필레의 마스코트로 정하고 나서 우리는 또다른 숙제에 직면했다. 젖소를 매장 안으로 끌어들이는 문제였다. 처음에는 만화 캐릭터로 형상화하는 방법을 고려하기도 했다. 솔직히 한칸 만화 시리즈 〈더 파 사이드The Far Side〉를 그린 만화가 게리 라슨Gary Larson이 창조한 '소들을 영입'하려 그에게 접촉하기도 했다. 라슨이 우리 제안을 거절해 그 계획은 무산되었지만 결과적으로 보면 우리에게는 전화위복이었다. 어차피 젖소를 형상화한 만화 캐릭터로는 승산이 없었을 것이기 때문이다. 세상에 만화로 그려진 샌드위치를 먹는 사람은 없다. 샌드위치가 진짜라면 젖소가 처한 위험과 자기 보존 메시지를 전달하는 젖소도 진짜여야 한다.

그러던 중 TRG팀의 누군가가 자신이 알던 어떤 사진작가와의 협업을 제안했다. 그 사진작가는 동물, 특히 개를 피사체로 하는 사진을 주로 찍은 다음 디지털 기술을 이용해 피사체 주변을 인간 사회와 유사한 환경으로 재탄생시켰다. TRG팀은 진짜 젖소의 사진을 사용하고 또한 젖소가 무언가를 하게 만들어보자는 아이디어를 냈다. 그들이 우리에게 맨 처음 보여준 것은 2미터 남짓한 젖소 모델이었는데 '닥고기 마니 머거' 광고판을 몸통에 두르고 있었다. 우리는 곧바로 직감했다. 이것이 우리가 찾던 정답이었다. 우리는 1996년 7월 모든 칙필레 매장에서 다양한 POP를 새롭게 출시했다. 주인공은 (자신들이 직접 쓴 광고판을 들고) '서 있는' 젖소들이었다. 반응은 즉각적이었다. 오죽하면 고객들이 홍보물을 하도 많이 집어가는 바람에 채 보름도 지나지 않아 추가로 인쇄해야 하는 정도였다. 정말 짜릿했다! 심지어는 샌드위치와 샐러드가 인쇄된 칙필레의 홍보물을 가져가서 집과 사무실의 벽에 장식물로 붙이는 사람들이 생기기 시작했다.

그로부터 25년이 훨씬 흐른 지금도 젓소는 여전히 대중에게 놀라움을 안겨줄 방법을 궁리한다. 예컨대 휴스턴애스트로스가 2000년부터 홈구장으로 사용하는 (그리고 2017년 애스트로스가 미국프로야구리그 챔피언결정전 월드시리즈World Series에서 우승 반지를 거머쥐었던) 미니트메이드파크Minute Maid Park에서 파울 기둥Fowl Pole[10]을 타고 올라가거나 배수탑Water Tower에 매달려 있기도 했다. 이런 광경을 본 뒤로 사람들이 가끔 묻는다. "저런 장난을 치는 게 가능해?" 두 가지가 맞아떨어진 덕분이었다. 어린이다운 발상이 주특기인 TRG의 훌륭한 크리에이티브팀을 고용한 것이 첫 단추였고, 광고를 집행하는 기발한 방식에 창의성과 융통성을 발휘해준 매체들과 제휴한 것이 마지막 단추였다.

제품군을 지배하다

칙필레는 1967년 1호점을 시작으로 이제까지 쉼 없이 성공가도를 달려왔다. 도대체 비결이 무엇이었을까? 지극히 보잘것없는 예산으로도 여러 제품군을 지배할 수 있었던 능력에 그 열쇠가 있었다. 더구나 이런 능력에 대한 가장 명백한 사례가 1호 제품이다. 트루엣 캐시는 닭가슴살에서 뼈를 발라낸 순살로 샌드위치를 개발했고 10년이 넘도록 경쟁자 없이 치킨샌드위치 제품군을 독점

10 야구 용어로 본루에서 1루와 3루의 파울선을 담장까지 그어 끝나는 지점에 높게 세운 경계 기둥

했다.

또한 쇼핑몰에서 패스트푸드 시장을 개척한 선구자로서 캐시는 쇼핑몰 환경에서도 칙필레를 지배적이고 독보적인 지위에 올려놓았고, 칙필레 전체가 쇼핑몰 환경에서 번영을 구가할 수 있는 토대를 구축했다.

1980년대 초 캐시는 쇼핑몰을 벗어나서 시장 다각화를 꾀하기로 결정했다. 거리로 진출한다는 것은 칙필레의 연간 마케팅 예산보다 일주일치 브랜드 홍보 비용이 더 많은 거대 프랜차이즈들과 정면으로 경쟁해야 한다는 뜻이었다. 이에 우리는 지배적인 경쟁자가 없는 마케팅 영역에서 돌파구를 찾아야 했다. 우리가 지배력을 선점할 수 있는 영역은 어디였을까?

대부분의 패스트푸드 광고는 텔레비전에 주력한다. 다른 매체들은 부차적인 선택지다. 우리의 빈약한 예산으로 보건대 어차피 텔레비전에서는 그들의 적수가 될 수 없었고 정면 대결은 해봐야 결과는 필패였다. 대신에 우리는 브랜드를 구축하는 수단으로 옥외 광고에 주력하기로 선택했다. 심지어 옥외 광고 분야에서도 패스트푸드의 거인들이 우리보다 수백만 달러를 더 투자하리라는 것은 불을 보듯 빤했다.

패스트푸드 산업은 예로부터 옥외 광고판을 두 가지 용도 중 하나로 사용했다. 첫째는 제품 가격을 알리는 것이었다. 또는 어디서 좌회전하거나 우회전하라는 등 매장 위치를 알려주는 데 초점을 맞추었다. 이뿐만 아니라 패스트푸드업계의 광고 전략도 크게 두 갈래로 나눠볼 수 있었다. 옥외 광고판은 해당 지역의 매출을 증대시키는 것이 목적이었던 반면 여타 매체는 전사적 브랜드를 구축하기 위해 활용했다. 여기서 우리는 청개구리가 되기로 했다. 옥외광고판을 브랜드를 구축하는 수단으로 사용하는 것이었다. 이렇게 업계의 고정관념을 정면으로 거슬리는 역발상으로 맞서는 우리의 노림수가 무엇이었냐고? 브랜드 구축 수단으로 옥외 광고판을 활용하는 유일한 패스트푸드 프랜차이즈가 된다면 그리고 광고를 영리하게만 집행한다면, 그 영역을 지배할 수 있다고 믿었다.

문제는 방법이었다. 특정 시장에서 경쟁자들보다 광고판을 더 많이 세웠다면 우리의 목표를 달성할 수 있었을까? 언뜻 그럴듯하게 들리지만 이것은 올바른 접근법이 아니었다. 아니 솔직히 말하면 우리가 그렇게 하고 싶었다고 해도 불가능한 일이었다. 쉬운 예로 2009년 인구가 500만 명이 넘는 애틀랜타 도시 권역에서 칙필레의 입체 광고판은 채 스무 개도 되지 못했다. 우리의 성공 열쇠는 광고판의 물량공세가 아니라 일종의 선택과 집중 전략이었다. 결과적으로 교통량이 많은 지역을 엄선해서 소수의 광고판을 세운 우리의 크리에이티브가 사람들의 입에 오르내렸다. 이로써 가시성과 높은 주목도라는 두 마리 토끼를 다 잡을 수 있었다. 광고의 양이 아니라 광고가 어떤 인상을 주느냐, 다른 말로 광고의 질이 관건이라는 사실에 승부수를 띄운 결과였다.

광고판의 또다른 장점은 1년 365일 쉼 없이 '일한다'는 것이었다. 우리가 주요 시장에서 6주 내지 7주간 내보낼 텔레비전 광고 시간을 구매하는 돈이면 광고판의 명당인 주간고속도로 옆의 공간을 1년간 임대할 수 있었다. 우리는 후자를 선택했고 그리하여 공은 광고대행사에게 넘어갔다. 그들은 매일 24시간 내내 작동하는 크리에이티브를 창조해야 했다.

그렇다면 우리는 크리에이티브를 어떻게 평가했을까? 우리의 평가 방식은 복잡하지 않았다. 크게 두 가지 기준이 있었다. 모든 광고 집행이 우리에게 웃음을 주어야 했고 사랑스러워야 했다. 또 젖소를 어떻게 활용해도 좋지만 반드시 적절해야 했다. 젖소의 입장에서 바라본 자기 보존의 요소를 포함하면서도 그런 유머가 칙필레의 문화와도 부합해야 했다는 이야기다. 반면 무엇이든 비열한 것도 지나치게 저속한 유머도 절대 사절이었다.

우리는 젖소를 7살짜리 꼬마처럼 생각했다. 더러는 의욕이 지나쳐 칙필레 브랜드에 어울리지 않는 아이디어를 제안하거나 젖소가 주장할 만한 재미있는 메시지라고 보기에는 너무 정교한 무언가를 창조하는 크리에이티브팀도 있었다. 하지만 우리 젖소는 사고방식이며 지능이 7살짜리 꼬마여야 했다. 이런 명확한 전제를 세웠기 때문에 칙필레라는 기업의 관점에서 부적절한 아이디어는 많지 않았다. 우리는 아무리 재미있어도 20대 중반 사람들끼리만 이해할 수 있는 유머는 절대 피하고 싶었다. 젖소들의 유머는 특정 연령대에 국한되지 않고 더 포괄적이어야 했다. 예순의 할머니, 할아버지도 매력적이고 재미있으며 사랑스럽게 생각해야 했다.

브랜드의 나팔수가 되어서는 안 된다

우리가 많은 주의를 기울였던 또다른 측면도 있었다. 젖소가 칙필레 홍보의 첨병이 되어서는 안 된다는 것이었다. 젖소가 '닥고기 마니 머거'라고 외치는 것은 칙필레가 아니라 자기 종족의 이익을 위해서였다. 특정 제품과 재료를 홍보하는 등 젖소가 너무 노골적으로 칙필레를 광고하는 것처럼 보이기 시작한다면 역풍을 맞을 터였다. 젖소는 곧바로 자신들의 신박한 개성은 물론이고 심지어는 신뢰성마저 잃을 위험이 컸다.

그렇지만 솔직히 이 원칙을 지키기 힘들 때도 많았다. 특히 신제품을 출시할 때면 그런 유혹을 떨치기가 정말 힘들었다. 당연히 우리는 젖소에게 더 많은 역할을 요구하고 싶었다. 하지만 과유불급의 교훈을 새겨 젖소에게 너무 많은 역할을 기대하지 않도록 주의해야 했다. 젖소가 "닥고기 마니 머거"라고 말하는 것이야 누구라도 완벽히 수긍할 수 있었지만 "밀크쉐이크 더 많이 마셔"라고 말하는 것은 다른 문제였다.

앞서 말했듯 지미 콜린스는 사장에서 은퇴하기 직전에 참석한 운영자세미나에서 이렇게 이야기했다. "성공의 자리에 오르는 것보다 성공을 유지하기가 더 어렵습니다. 매사에 자중하십시오." 콜린스의 이 발언은 칙필레에 관한 당부였지만 젖소 캠페인에도 정확히 해당되었다. 젖소 캠페인은 정말이지 만들기보다 유지하기가 훨씬 어려웠다. 우리의 광고 목표는 의심의 여지가 없었다. 의식적으로든 아니든, 사람들이 "나는 칙필레 사람들이 좋아. 그들이 그 광고를 어떻게 만들어냈는지 모르지만 뭐 어때. 너무 재미있는 걸"이라고 생각하게 만드는 것이었다. 이런 생각을 하면서 배가 고프기 시작한다면 그 다음은 뻔하지 않은가. 어디로 가서 무엇을 먹을지 결정할 때 칙필레는 가장 먼저 떠올리는 브랜드 중 하나가 되었다.

이것과 관련해서도 TRG는 아주 영리했다. 우리의 목표를 염두에 두고 젖소 캠페인이 정상 항로에서 이탈하는 것을 막아줄 방어벽으로 칙필레 음매 선언문Chick-fil-A Moo Manifesto을 작성했다. 나는 광고주든 광고회사든 마스코트 중심의 캠페인을 관리하는 사람이라면 이와 비슷한 선언문 하나쯤은 다 있을 거라고 본다.

칙필레 음매 선언문

칙필레 젖소 캠페인을 전개할 때 모든 크리에이티브 집행은 중요한 몇 가지 기준을 반드시 지켜야 한다(이는 칙필레 치킨샌드위치의 피클 두 조각만큼 절대적으로 중요하다).

젖소는 언제나 반항적인 이단아처럼 행동한다

칙필레의 젖소는 평범한 홀스타인Holstein종이 아니다. 사람들이 가장 기대하지 않은 장소에서 '펑' 하고 나타난다. 광고판에서, 텔레비전 광고에서, 심지어 애틀랜타의 배수탑에서 불쑥 등장한다. 젖소는 사람들에게 놀라움과 즐거움을 계속 안겨주지 못한다면 자신들은 예상을 벗어나지 않는 지루하고 빤한 존재가 된다는 사실을 잘 안다. 이것이야말로 버거용 소고기가 되는, 다른 말로 자기 보존이 위험해지는 지름길이다.

젖소는 칙필레에서 월급 받는 직원이 아니다

젖소는 오직 자기 보존을 위해 행동할 때만 신뢰성이 커지고 더 재미있으며 무척 사랑스럽다. 젖소는 지극히 단순한 이유로 우연히 칙필레를 지지할 뿐이다. 칙필레가 가장 맛있는 닭 요리를 만들고 그리하여 사람들이 소고기보다 닭고기를 먹을 확률을 높인다는 이유다. 젖소는 칙필레의 광고 마스코트라는 사실이 못내 불편하므로 칙필레를 대변하는 모든 상징물과 거리를 두려 최선을 다한다. 행여 그들이 기업의 로고를 착용하는 일이 있다면 당연히 칙필레 로고다. 칙필레가 그들의 자기 보존 운동에 도움을 주기 때문이다. 솔직히 젖소는 어디든 기업이 자신들에게 돈을 주면 불쾌해질 것이다. 심지어 그들은 주머니조차 없다.

젖소의 유머는 솔직담백하다

젖소는 정교하고 요란한 보여주기식의 행위를 믿지 않는다. 그들의 자기 보존 메시지는 '풀뿌리' 운동이고, 따라서 자신들의 메시지를 명확히 전달하기 위해 언제나 가장 단순하면서도 경제적인 방법을 선택한다. 그들은 들판에서 한가로이 풀을 뜯고 (또는 되새김질하고) 그렇지 않으면 페인트 통과 붓을 집어드는 것이 전부다. 그들이 선보이는 유머는 유치할 만큼 순박하다는 점이 가장 큰 무기다. 멍청하다고 말하는 사람도 있겠지만 그 정도까지는 아니다.

젖소는 어설프게 인간화되어가고 그 속도는 갈수록 빨라진다

젖소가 처음에는 자신들의 방식대로 메시지를 주장하고 여기에 아무 불만이 없다. 하지만 나중에는 자신들의 메시지를 점점 더 인간의 눈높이와 입맛에 맞춘다. 이는 분장과 어설픈 의인화에 꾸준히 의존한다는 뜻이다. 지나치게 미묘한 것은 하나도 없다(최소한 우리에게는 그렇다). 그렇지만 인간 문화에 동화하려는 그들의 시도가 엉성해도 존경할 만하다. 우스꽝스러운 것은 맞지만 그럼에도 노력이 가상하다.

젖소는 철자를 잘 모른다

젖소가 최선을 다한다는 점은 높이 산다. 하지만 젖소는 본래 세상에서 가장 영리한 동물이 아니며 특히 다른 종족의 언어를 사용할 때는 더욱 그렇다. 게다가 그들의 문법 실력도 형편없다. 역설적이지만 이래서 그들의 메시지가 더 재미있다.

젖소는 기술 초보자다

젖소가 어렵사리 테크놀로지를 사용하더라도 가장 기초적인 수준이고 더러는 잘못된 방식으로 사용한다. 그들은 손가락 대신에 발굽이 있고 무게만도 230킬로그램에 육박할 뿐만 아니라 사용법을 거의 읽지 않기 때문에 기술 수준이 낮다.

젖소가 언제나 정치적으로 올바르지는 않다 Political Correctness: PC[11]

젖소는 사람들이 자기 종족을 먹고 싶어한다는 사실을 오래전에 깨달았다. 그들의 심정이 어떤지는 말 안 해도 짐작될 것이다. 약간 화가 나 있다. 이러니 자신들의 메시지를 널리 알릴 수만 있다면 물불을 가리지 않을 것이다. 두 가지를 명심하기 바란다. 첫째는 젖소가 칙필레의 이익을 위해 일하지 않는다는 점이다. 따라서 칙필레가 하지 않을 무언가를 '주장'하고 행동할지도 모른다는 사실도 명심하라. 그들도 우리 인간을 불쾌하게 만들면 역풍을 맞을 수도 있음을 모를 정도로 무모하지도 어리석지도 않다. 하지만 그들은 기꺼이 정중함의 경계를 넘어 촌철살인의 돌직구를 날릴 것이 확실하다("햄버거 뱃살 좀 빼 Lose That Burger Belly"라는 말이 대표적이다).

우리가 광고를 만들고 평가할 때 위의 단순한 7가지 지침을 염두에 둔다면 일거삼득의 효과를 거둘 수 있다. 더 좋은 광고가 탄생하고 닭고기 판매가 증가하며 젖소들은 훨씬 더 행복해질 것이다.

이런 전략적 명료성은 장기적인 혜택도 있었다. 우리는 수많은 광고뿐만 아니라 마스코트 중심의 캠페인도 전개할 수 있었다. 사람들을 끌어당기는 몰입력 강하고, 사랑스럽고, 영속성 있는 캠페인이었다. 맞다, 브랜드를 구축하는 광고의 세 가지 필수 요소를 모

---

11 정치적 올바름 또는 정치적 정당성은 인종, 민족, 언어, 종교, 성차별 등등의 편견이 포함되지 않는 표현이나 용어를 가급적 사용하자는 주장을 말한다.

두 충족했다. 이런 캠페인이 있다는 것은 더없는 축복이요 정말이지 신명나는 일이다!

상복 터진 젖소 캠페인

젖소 캠페인은 효자 중에 효자였다. 무엇보다 매출과 고객 참여Customer Engagement[12]를 싹쓸이했다. 또한 미국옥외광고협회Outdoor Advertising Association of America: OAAA가 창의성과 시각적 효과를 평가하는 오비상OBIE Award[13] 한 번, 미국마케팅협회American Marketing Association: AMA에서 실질적인 마케팅 성과Effectiveness를 기준으로 선정하는 에피EFFIE[14] 광고상 두 번을 포함해 수년간 많은 상을 휩쓸었다. 이뿐만 아니라 명예의 전당 두 곳에도 이름을 올렸고 스미스소니언 미국사박물관Smithsonian American History Museum에도 입성했다. 한편 스탠 리처즈는 2017년 미국 광고 명예의 전당American Advertising Hall of Fame에 헌액했으며 그의 이력에는 칙필레 젖소 캠페인이 그의 광고장이 커리어를 통틀어 이정표적인 광고 중 하나로 소개되었다.

---

12 기업이 고객과 직접적이고 의미 있는 관계를 구축하고 유지하기 위해 사용하는 일련의 모든 활동

13 오비는 고대 이집트에서 법령과 조약의 공표를 위한 상징물로 세워진 오벨리스크Obelisk에서 기원한 명칭으로, 많은 역사학자들은 오벨리스크를 진정한 세계 최초의 광고물로 인정한다.

14 에피는 'Effectiveness'를 지칭한다.

7장

대학미식축구에서 환상의 짝꿍을 만나다

우리가 새로운 광고대행사를 찾기 시작했던 무렵으로 시간을 다시 돌려보자. 우리는 겹경사의 기회를 맞이했다. 잘하면 칙필레가 미국 남부와 남서부를 넘어 전국적인 브랜드로 발돋움할 수 있는 기회가 생겼다. 칙필레의 독특한 개성은 물론이고 창업자이자 CEO인 트루엣 캐시의 성격과도 완벽히 부합하는 일이었다. 결과부터 말해 이 기회의 종착지에서 우리는 CFP를 만났다. 그렇다면 그 기회의 출발지는 어디였을까? 여자 프로골프에서 시작했다. 맞다, 우리가 다 아는 그 골프였다.

캐시의 친구였던 부동산개발업자 조지프 토머스 윌리엄스Joseph Thomas Williams는 애틀랜타 남쪽에 이글스랜딩Eagle's Landing이라는 골프장을 소유했다. 그는 그곳에서 미국여자프로골프협회Ladies Professional Golf Association: LPGA의 골프대회를 개최하고 싶었는데 대회를 개최하려면 후원자들이 필요했다. 캐시는 칙필레가 그 대회를 후원하기를 바랐다. 하지만 솔직히 나는 칙필레가 그렇게 큰 행사를 후원할 만큼 인지도 높은 브랜드인지 확신이 없었다. 그래도 일단은 그 가능성을 조사해보았고 마침내 LPGA와 칙필레는 물론이고 애틀랜다 남부 지역에 도움이 되도록 모험을 해보자고 결정했다.

칙필레는 1992년 처음으로 LPGA의 대회를 후원했다. 대회의 공식 명칭은 칙필레컵 자선골프대회Chick-fil-A Charity Championship였다. 우리는 기왕 후원하는 김에 그 기회를 최대한 활용했다. 그 대회에서 우리 제품과 인력을 적극적으로 '활성화Activation[1]'시켰고 우리의 사업파트너인 공급업체들도 참여시켰다. 또한 매장을 넘어 골프장으로까지 환대의 정신을 확대시킨 덕분에 많은 고객은 이번 대회를 통해 칙필레 브랜드를 처음으로 접했다. 그 골프대회는 칙필레 본사에서 약 30킬로미터 떨어진 곳에서 열렸으니 칙필레의 안마당이나 다름없었다. LPGA 선수들만이 아니라 미국 각지와 전 세계로부터 방문자들을 칙필레의 터전으로 불러들였다. 갤러리Gallery[2]에 프로암 경기Pro-Am[3] 참가자들이며 언론까지 있었다. 짐작하겠지만 그들 중 상당수는 칙필레라는 브랜드가 지구상에 존재하는지조차 모르는 상태였다. 우리에게 이번 대회는 꿩 먹고 알 먹기였다.

---

1 고객이 제품이나 서비스의 중요한 기능을 처음으로 사용하는 것

2 골프대회의 관중을 이르는 말

3 공식 대회가 열리기 전에 프로선수와 아마추어가 한 조를 이뤄 대결하는 경기

그 과정에서 후원 행사를 개최하고 활용하는 방법을 배웠을뿐더러 LPGA 중계권을 보유한 스포츠 전문 방송 ESPN이 중계한 덕분에 전국적으로 브랜드를 노출할 수도 있었다.

몇 년 지나지 않아 여자 골프계의 대모 낸시 로페즈Nancy Lopez가 주최하는 칙필레컵 자선골프대회는 LPGA 경기 중에서 인기와 자선 모금액이 최상위인 대회 중 하나가 되었다. 당연히 골프 여제 로페즈가 개인적으로 관여하고 지원한 덕을 톡톡히 본 결과였다. 우리는 골프대회 후원으로 받은 놀라운 성적표에 고무되어 여타의 스포츠행사를 후원하고 제휴할 기회를 적극적으로 물색하기 시작했다. 사람으로 치면 어느덧 서른 살의 문턱에 와 있었던 칙필레는 20개가 넘는 시장에서 500개 이상의 매장을 거느린 어엿한 중견 브랜드라고 해도 과언이 아니었다. 이제 칙필레는 브랜드를 전국적으로 더 넓게 노출시켜줄, 아니 최소한 지역적인 가시성을 크게 올려줄 행사를 고려할 여력이 충분했다는 뜻이다. 우리는 세계 3대 자동차경주 중 하나인 미국개조자동차경기연맹National Association for Stock Car Auto Racing: NASCAR, 미국프로남자골프협회PGA, MLB, NFL 등을 물망에 올려놓고 조사했다. 결과적으로 말해 우리는 그런 모든 대회를 포기할 수밖에 없었다. 먼저, 그런 모든 행사의 관중이 우리의 잠재고객으로는 부적합하거나 효율성이 없다는 것이 문제였다. 또한 일요일에 영업해야 한다는 요구조건도 우리의 발목을 잡았다. 일요일 휴무 원칙을 고수하는 우리에게는 애당초 그림의 떡이었다.

하지만 우리는 독자적인 조사를 이어갔고 분수령이 될 중요한 사실 두 개를 발견했다. 첫째는 칙필레 고객은 여타 패스트푸드 브랜드의 고객보다 대학미식축구 경기의 텔레비전 중계방송을 시청할 가능성이 40프로가 더 높다는 사실이었다. 아울러 대학미식축구를 '직관'하는 관중은 다른 패스트푸드점보다 칙필레를 이용할 가능성이 6배나 더 높다는 사실도 알게 되었다. 인구통계학적으로 볼 때 대학미식축구와 칙필레는 찰떡궁합이었다. 이렇게 되니 우리가 해야 하는 숙제는 명백했다. 이토록 명확하고 강력한 연결성을 활용할 방법을 찾아야 했다. 고효율, 즉 고객으로 전환될 가능성이 높은 열정적인 팬이 있었고, 일요일 휴무도 문제가 되지 않았으며[4], 텔레비전으로 중계까지 되었으니 삼박자가 완벽했다.

1993년 12월 31일, 나는 다이앤과 새해 전야 데이트로 피치볼 경기를 보러갔다. 사우스캐롤라이나주 클렘슨대학교와 켄터키대학교가 맞붙었다. (대학미식축구의 팬이라면 두 대학의 라이벌 경기는 연인과의 데이트로 손색이 없다!) 나는 2층 관중석에 앉아서 조지아돔을 둘러보았는데 빈자리가 족히 수천은 되어보였다. 하지만 경기장 열기만은 용광로도 저리가라였다. 잠시 피치볼의 역사를 알아보자. 1968년 애틀랜타 라이온스클럽Lion's Club이 조직한 피치볼은 발전을 거듭하다가 1980년대 중반 폐지 직전까지 몰리며 우여곡절을 겪었다. 조지아돔은 피치볼의 세번째 경기장이었다. 처음에는 조지아공과대학교의 그랜트필드Grant Field에서 열리다가 나중에는 애틀랜타-풀턴카운티스타디움Atlanta-Fulton County Stadium[5]으로 옮겼는데

4 대학미식축구 경기는 토요일에 열린다.

5 미국프로야구팀 애틀랜타브레이브스Atlanta Braves와 미국프로미식축구팀 애틀랜타팰컨스의 홈구장으로 사용하다가 1997년 철거된다.

둘 다 노천 경기장이라 가끔은 악천후 속에서 경기가 치러졌다. 특히 1985년 미국육군사관학교와 일리노이대학교가 격돌한 피치볼은 추운데다 폭풍우까지 휘몰아치는 바람에 관중은 채 3만 명도 들지 않았다. 여담이지만 그 경기는 웨스트포인트라는 별명으로 유명한 육군사관학교가 승리했다. 어쨌든 당시 텔레비전 중계권을 보유한 CBS는 계약을 파기했고 설상가상 피치볼은 전미대학체육협회National Collegiate Athletic Association: NCAA가 규정한 최소 입장권 판매량 기준을 간발의 차이로 채우지 못해 퇴출될 위험에 처했다. 그 뒤 애틀랜타상공회의소Atlanta Chamber of Commerce가 피치볼 운영권을 인수했고 애틀랜타에 본사가 있는 주요 기업들에게 피치볼이 지역사회에서 가지는 중요하고 상징적인 의미를 설득했다. 그리하여 델타항공, 코카콜라, 홈디포, 조지아주 최대 전력회사 조지아파워Georgia Power 모두가 피치볼 후원사로 참여했다. 1992년 조지아돔이 개장함으로써 피치볼도 실내에서 경기를 치를 수 있게 되었고 1년 후 나는 다이앤과 조지아돔의 2층 관중석에서 경기를 관람했다.

나는 다이앤에게 말했다. "피치볼에 왜 타이틀스폰서가 없는지 알다가도 모르겠어. 다른 것은 차치하고라도 적절한 타이틀 스폰서의 후원이 받쳐주면 이 경기장이 관중으로 가득 차는 건 일도 아닐 텐데 말이야."

"그럼 당신이 해보면 되겠네"라고 다이앤이 말했다. 물론 내가 아니라 칙필레를 말하는 것이었다.

다이앤은 내 머릿속을 훤히 들여다보고 있었다. '그래, 칙필레가 하면 되잖아.' 피치볼은 사실상 칙필레에게 인구통계학적으로나

지리적으로 천생연분일 수 있었다. 관중 모두가 우리의 잠재고객이나 다름없었으니 그렇다. 게다가 현장 브랜드 활성화Brand Activation[6] 측면에서도 최적의 조합이었다. 또한 우리는 사방으로 뻗어 있는 피치볼의 '빨판'을 타고 대학 도시, 대학 동문회, 운동부 등으로 이뤄진 대학 생태계에 진입할 수도 있었다. 이런 생태계는 운영자가 지역사회에서 자력으로 협력 관계를 맺기란 하늘의 별 따기라도 해도 틀리지 않았다. 심지어 일이 되려니까 시기적으로도 거의 완벽했다. 칙필레가 대학 교내 매장을 열기 위해 대학들과 라이선스계약을 체결하기 시작한 참이었던 것이다. 만약 대학미식축구와 손을 잡는다면 그런 기회는 에너지와 추진력의 날개를 달고 비상할지도 몰랐다.

대다수 칙필레 매장은 지리적으로 대서양연안콘퍼런스Atlantic Coast Conference: ACC와 남동부콘퍼런스Southeastern Conference: SEC의 십자선상에 위치했으니 그야말로 대학미식축구의 성지나 다름없었다.[7] 게다가 피치볼은 그 두 콘퍼런스와 매년 조지아돔에서 플레이오프 경기 중 하나를 치르기로 장기계약을 맺었으니 금상첨화였다.[8]

"하려면야 못할 것도 없지"라고 내가 대답했다. 그때부터 나는 의자에 몸을 깊숙이 파묻었고 경기가 눈에 들어오지 않았다. 내 머릿속은 그 가능성에 대한 생각으로 가득찼다.

---

6 사람들이 특정 브랜드의 제품, 웹사이트, 콘텐츠 등을 처음 접한 후 브랜드에서 원하는 행동이나 다음 단계를 수행하는 것

7 ACC와 SEC는 지역적으로도 중복되는 전통적인 경쟁 관계로 PAC12, Big Ten, Big 12와 더불어 미국 5대 대학스포츠리그를 구성한다.

8 각 볼게임은 주최측이 자신의 볼게임에 참가할 학교를 초청해서 경기를 치른다.

나는 1994년 새해 첫 주에 데이비드 샐리어스를 비롯해 팀원들을 만나 내 생각을 밝혔다. 당시 우리 매장은 10곳 중 7곳이 ACC와 SEC의 권역에 위치해 있었다. 따라서 우리는 전국적으로 대학미식축구 경기를 후원할 생각까지는 하지 않았다. 그저 피치볼에 참가하는 팀들과 ESPN에서 중계방송을 시청하는 학생, 팬, 동문까지만 염두에 두었다.

이렇게 하는 것은 트루엣 캐시의 방식이었다. 그러니까 우리는 캐시에게 아이디어를 제안하기도 전에 그의 방식을 무심코 따르고 있었다. 캐시는 칙필레를 어떤 브랜드로 만들고 싶은지 타고난 직감을 통해 직관적으로 알았다. 이는 그가 사업상의 결정을 할 때 칙필레와의 정서적 궁합을 보는 눈이 있었다는 뜻이다. 1981년 칙필레에 합류한 이후 캐시를 주의깊게 관찰하고 칙필레의 마케팅 현장에서 15년 가까이 보내고 나자 나도 데이터 기반의 의사 결정을 열렬히 지지하게 되었다. 하지만 나는 데이터의 한계 또한 잘 알았다. 데이터는 어디까지나 참고용으로서 최종적인 의사 결정은 우리의 몫이지 데이터에 휘둘리기는 것은 절대 금물이었다. 특히 고객과 진실한 연결고리를 만들고 싶은 브랜드일 때는 더욱 그래야 한다고 믿었다. 내가 '정보에 입각한 직관'이라고 불렀던 그것이 정서적 '적합성Fit'과 '사실Fact'을 바탕으로 무엇이 칙필레에 브랜드 가치를 부가해줄지 알려주었다. 대학미식축구는 정서적 적합성과 사실 모두를 완벽히 충족시켰다.

대학미식축구의 두번째 강점은 에너지였다. 캐시는 늘 에너지에 끌렸고 누구보다 어린이와 젊은 사람들의 에너지에 매혹되었다.

칙필레를 통해 관계를 맺는 모든 사람을 섬기는 것이 사명이니만큼 그는 매장에서 어른들과 함께 있는 일에도 기쁨을 느꼈다. 하지만 뭐니 뭐니 해도 아이들 앞에서는 맥을 추지 못했다. 아이만 보이며 자석에 이끌리는 쇠붙이마냥 다가가 "젖소가 무슨 말을 하니?"라고 물었다. 아이들 다음으로 그가 애정을 쏟은 대상은 계산대 뒤쪽에서 일하는 십대들이었다. 여든을 훌쩍 넘긴 나이인데도 그는 여전히 십대들의 에너지와 교감할 수 있을 정도였다. 그는 칙필레 내부는 물론이고 주변에서도 열정과 에너지가 넘치기를 바랐고, 대학미식축구야말로 에너지의 '끝판왕'이기 때문에 칙필레가 대학스포츠와 손잡는 것은 캐시의 성격으로 보건대 기정사실이나 다름없었다. 대학스포츠는 에너지를 좋아하는 그의 성격과 자연스럽게 연결되었다는 말이다. 더욱이 내게는 부가급부도 있었다. 나도 대학미식축구를 사랑한다!

우리는 일단 피치볼의 타이틀스폰서가 되는 문을 두드려보기로 결정했다. 먼저, 피치볼 집행위원장 로버트 데일 모건Robert Dale Morgan과 두 명의 집행위원들(앨버트 태리카Albert Tarica와 밥 코긴슨Bob Coggins)에게 타이틀스폰서로 후원하고 싶다는 뜻을 전달했다. 그들은 우리 이야기를 주의깊게 경청했지만 처음에는 반응이 미지근했다. 우리가 두세 해 남짓 타이틀스폰서를 하다가 그만둘까봐 가장 걱정했다. 그러면 경기 명칭까지 바꿔야 하는 번거로움이 있었다.[9] 당시 볼게임에서 타이틀스폰서의 잦은 교체는 고질병이었다.

---

9 타이틀스폰서는 대회 명칭을 변경하는 권리인 명명권을 가진다.

하지만 모르는 말씀, 칙필레가 어떤 브랜드인가. 헌신을 가장 중요한 문화 원칙 중 하나로 떠받드는 회사가 아닌가. 하지만 그들은 칙필레가 헌신을 얼마나 중요하게 생각하는지 몰랐으니 그런 걱정을 할 법했다. 트루엣 캐시와 칙필레는 운영자, 직원, 공급업체, 제휴기업 등을 선택할 때 단기적인 관계는 1초도 고려하지 않았다. 오히려 관계를 맺기 전에 상대방을 철저히 조사하고 약속했으며, 일단 약속한 다음에는 모든 관계에 최선을 다했다. 그런 노력의 최종적인 결과는 명백했다. 양측 모두에게 장기적이고 유익한 윈윈 상황이 만들어졌다.

"최소 3년 계약과 더불어 계약만료 시점에 3년 더 연장할 수 있는 선택지를 보장해드리면 어떻겠습니까?"라고 내가 승부수를 띄웠다. "우리와의 계약이 마음에 들지 않으면 계약을 갱신하지 않으셔도 됩니다. 그리고 우리도 만족스럽지 않으면 계약을 이어갈 의무가 없고요. 잠재적인 6년짜리 계약인데 어떻습니까?" 내 예상이 맞았다. 이제야 그들은 관심을 갖고 귀를 기울이기 시작했다.

그 만남을 시작으로 이후 몇 달에 걸쳐 회의가 줄기차게 이어졌다. 만남이 거듭될수록 피치볼 집행부는 우리 제안에 더욱 끌렸고 어느덧 후원금 납부 일정과 관련 권리들을 협상하는 단계까지 이르렀다.

일단은 첫해 후원금을 상대적으로 낮게 책정했고 이후 칙필레의 성장 예상치를 반영해서 점차 인상하기로 합의했다. 또한 피치볼의 중계권을 따낸 ESPN과는 광고 시간 10개를 구매하기로 약속했는데 칙필레가 전국적인 텔레비전 방송에 데뷔하는 기회가 될 터였다.

“입장권 매진과 시청률 증가에 일조하는 것이 우리 목표입니다”고 내가 호언장담했다. 진심이었다. 칙필레의 이름을 걸고 하는 일인데 완전한 성공을 목표로 하지 않을 거면 시작하고 싶지 않았다. 이런 의미에서 우리는 피치볼을 칙필레의 잠재적인 브랜드 자산으로 여겼다. 모건 집행위원장은 점차 확신을 갖게 되었고 우리와의 타이틀스폰서계약과 공동으로 전개하는 브랜드 마케팅 노력을 적극적으로 지지했다.

이렇게 피치볼과 핵심적인 계약조건 대부분에 대한 협상을 마무리지은 뒤 나는 나를 제외한 총 8명의 칙필레 경영위원회 위원들에게 그 기회를 설명하고 설득하는 숙제를 앞두었다. 이것은 많은 자금이 소요되는 장기적인 헌신이었다. 우리는 닭고기 판매에서 브랜드 구축으로 전사적인 사업 철학을 전환하려고 애를 썼지만 아직은 완벽히 전환하지 못한 상태였다. 따라서 브랜드 구축으로의 전환이 시기상조라는 분위기가 아주 강했다.

하지만 내 생각은 좀 달랐다. 나는 이미 지역적인 브랜드가 **된 뒤**에는 지역적인 브랜드를 홍보하기 위해 노력할 필요가 없다는 주의였다. 이는 주객이 전도된 것으로 지역적인 브랜드가 되고 싶기 **전**에 지역적인 브랜드로 홍보하는 노력을 시작해야 옳다는 것이 내 지론이었다. 마찬가지 맥락에서 전국적인 브랜드가 되기 **전**에 전국적인 브랜드로 알리는 노력을 시작해야 한다.

어쨌든 결정의 칼자루는 경영위원회가 쥐고 있었다. 나는 경영위원회 회의에서 피치볼과의 거래를 설명하면서 힘주어 말했다. "먼저, 우리는 한 가지를 꼭 이해해야 합니다. 저는 우리가 장기적으로 발을 담글 준비가 되어 있지 않다면 이 거래를 포기해야 한다고 생각합니다. 우리가 장기적으로 헌신하지 않으면 브랜드 제휴Brand Affiliation[10]를 구축하는 것이 불가능하기 때문입니다. 피치볼과 칙필레를 엮어 하나의 새로운 '브랜드'로 만들지 못할 거라는 뜻입니다. 최소 6년짜리 거래라는 생각으로 이번 기회를 붙잡아 칙필레에 어떤 도움이 될지 확인해볼 의지가 없다면 아예 처음부터 발을 담그지 말아야 합니다. 일단 피치볼을 후원하게 되면 우리의 투자 비용Investment Cost은 해마다 증가할 것입니다. 최상의 시나리오는 그 비용이 우리를 옥죄는 재무적인 사슬이 되지 않도록 칙필레의 사업 규모도 그것에 발맞춰 성장하는 것입니다. 그러나 아시겠지만 그것은 제가 보장할 수 있는 일이 아닙니다."

나는 말을 계속 이어갔다. "이것은 브랜드 투자입니다. 다시 말해, 운영자들이 할 수 없는 일을 우리가 대신 해주는 것입니다. 오직 본사만이 이렇게 할 수 있습니다."

나는 열변을 토했지만 모두를 납득시키지는 못했다. 하지만 우리는 피치볼에 가부간의 결정을 알려주어야 했기에 결정을 미룰 수가 없었다. 결국 트루엣 캐시를 빼고 총 8명이 투표했는데 결과는 4 대 4였다.

그러자 피치볼과의 거래에 찬성표를 던졌던 지미 콜린스가 캐시를 쳐다보며 말했다. "회장님 생각은 어떠십니까?"

---

10 소비자의 관심을 끌기 위해 브랜드를 두 개 이상 연관시키는 의도적인 과정을 포함하는 비즈니스 전략

“나는 좋은 아이디어라고 보네. 이 기회를 붙잡지 않을 이유가 없지 않은가.”

1996년 12월 31일, 트루엣 캐시는 ACC 소속 클렘슨대학교과 SEC 소속 루이지애나주립대학교의 경기에 등장했다. 그는 양 팀 주장들과 나란히 경기장 한복판에 서서 내년 시즌부터 칙필레와 피치볼의 제휴 관계가 시작된다고 선언했다. 이것은 칙필레가 전국적인 브랜드가 되기 위한 여정에서 중요한 첫걸음을 떼는 순간이었다. 이런 행보에 발맞추어 우리 광고대행사 TRG도 젖소 캠페인을 확대하기 위해 바빠졌다. 요컨대 이제 칙필레는 결코 전과 같을 수 없게 되었다. 새로운 역사의 장에 접어든 것이었다.

우리는 1회 칙필레피치볼을 준비하기 위해 브랜드 구축에 특화된 전문가가 필요했다. 무엇보다 피치볼과의 새로운 제휴 관계를 브랜드로 정립시키는 일에 도움이 절실했다. 내가 평소 눈여겨보던 사람이 있었다. 국제커뮤니케이션 전략 전문가 조지 허슬러George Hirthler였다. 허슬러는 애틀랜타가 근대 올림픽 개최 100주년을 기념하는 1996년 하계올림픽 개최권을 획득하는 데서 혁혁한 공을 세웠고 나는 그의 활동을 존경했다. 그러던 차에 칙필레피치볼의 브랜드 얼굴을 만들어야 하는 숙제를 맡게 되자 나는 허슬러 외에는 다른 대안이 떠오르지 않았다. 우리에게는 허슬러와 그의 팀이 완벽한 선택이었다.

1회 칙필레피치볼이 열린 뒤 2000년 프로미식축구 챔피언결정전 슈퍼볼Super Bowl을 개최하는 애틀랜타 조직위원회가 로버트 데일 모건을 영입해서 집행위원장에 임명했다. 그리하여 피치볼 집행위원회는 농구선수 출신으로 노스캐롤라이나주립대학교농구팀 지도자를 지낸 게리 스토컨Gary Stokan을 공석인 집행위원장에 앉혔다. 스토컨은 글로벌 스포츠용품 브랜드 아디다스Adidas와 나이키의 자회사이자 스니커즈의 대명사인 컨버스Converse의 기업 스포츠 관리 부문에서 일했고, 자기 소유의 스포츠마케팅회사 두 곳을 운영한 이력도 있었다. 스토컨이 피치볼의 새로운 사령관이 된 뒤 우리와 공동 브랜드로서의 여정이 본격적으로 시작되었다. 우리는 스토컨과 그가 새롭게 단장한 피치볼 집행위원회와 매달 최소 한 번 이상 만나기 시작했다.

이후 우리는 ACC와 SEC의 공식적인 후원기업이 되어 대학미식축구를 비롯해 각종 대학스포츠에서 칙필레 브랜드를 더욱 폭넓게 노출시켰다. 후원기업이라는 지위는 우리가 스포츠 종목을 불문하고 그 두 콘퍼런스에서 개최하는 모든 대학스포츠행사와 그런 행사에 참여하는 팬들에게 다가갈 수 있는 만능 통행권이 되었다. 특히 미국 대학스포츠의 꽃으로 불리는 미식축구와 농구의 경우 ACC 챔피언결정전과 SEC 챔피언결정전에서 팬들과 직접 상호작용하는 것은 현장에서 대면하여 연결고리를 만들 수 있는 절호의 기회가 되었다. 하지만 이런 호시절도 몇 년 가지 않아 막을 내렸다. 두 콘퍼런스는 우리가 기존 방식대로 우리 제품과 인력을 통해 팬들을 상대로 직접적인 활성화 전략을 사용할 수 없다고 통보했다.

결국 우리는 두 콘퍼런스가 주관하는 일부 행사의 후원을 중단했고, 대신에 SEC 대학미식축구 경기 중계권을 가진 CBS와의 새로운 거래에 그 돈을 보탰다. 한편 그즈음 우리는 스포츠 후원과 관련하여 또다른 전략적 변화도 모색하고 있었다. 낸시 로페즈와 손잡고 1992년부터 후원해온 LPGA의 칙필레컵 자선골프대회였다. 우리는 그 대회의 영향력을 재고했고 몇 가지 변화를 준다면 대회 인기가 급등할 수 있다고 판단했다. 대회 장소를 애틀랜타 인근에서 가장 오래된 명문 골프장 이스트레이크골프클럽East Lake Golf Club으로 이전하는 것도 그런 변화 중 하나였다. 여담이지만 이스트레이크골프클럽은 2004년부터 PGA의 투어챔피언십Tour Championship이 해마다 열리는 상설 대회장이 되었다. 하지만 칙필레컵 자선골프대회의 인기를 끌어올리기 위해 우리가 제안하는 변화들이 받아들여지지 않았고, 우리에게는 다른 선택의 여지가 없었다. 11년간 후원해온 그 대회에서 손을 떼는 것이 우리에게는 최선이었다. 이번에도 우리는 그 가욋돈을 CBS와 ESPN에서 광고 시간을 늘리는 데 사용했다. 그리고 마침내 우리는 양 방송사로부터 대학미식축구 시즌 전체에 대한 광고를 구매하기 시작했다. 그러자 우리 브랜드의 인지도가 몰라보게 증가했고, 이는 다시 동일매장매출 증가로 가시화되었다. 운영자들도 대학미식축구의 중계방송 광고가 매장 매출에 긍정적인 영향을 미치고 있음을 실감한다고 말했다.

우리는 칙필레가 단순히 '금고' 역할을 하는 광고주 이상이 되기를 바랐다. 그리고 우리의 바람을 잘 알았던 TRG의 크리에이티브팀은 자나깨나 젖소를 활용할 새롭고 참신한 방법을 고민했다. 예를 들어 ESPN과 CBS를 설득해 중계방송 중간에 우리 크리에이티브를 내보내는 식이었다. 내가 '경기 중 눈요기In-Game Ditties'라고 부르는 이것은 일반적인 30초짜리 광고와는 차원이 달랐다. TRG는 선발 출전 선수들과 유명 선수들을 소개하는 것처럼 젖소가 하고 싶어할 만한 재미있는 일들을 주제로 크리에이티브 아이디어를 제안했다. 이런 일련의 크리에이티브는 젖소 캠페인의 광고들과 철학이며 전략이 동일했다. 또한 그런 크리에이티브를 화면에 얼마 동안 노출시킬지 그리고 화면의 어느 방향에서 등장하거나 어디로 퇴장할지에 관한 방송사의 관련 기준에도 부합해야 했다. 하지만 분위기와 메시지만 놓고 보면 젖소의 반항적인 이단아 캠페인의 연장선이었다. 요컨대 젖소의 임무는 경기 중계방송을 보는 시청자가 미소 짓게 만드는 것이었다.

안 될 이유라도 있을까? 이것은 단순히 거래적 가치만이 아니라 정서적 가치를 중심으로 브랜드를 구축할 때 생기는 재미와 미묘함의 일부였다. 특정 제품을 알리거나 한 달간 할인 행사를 홍보하는 판촉 광고를 내보내는 것이 아니었다. 오히려 사람들이 칙필레 자체를 좋아하도록 만들 무언가를 하고 싶었다. 스탠 리처즈가 즐겨하던 말에 우리의 정답이 있었다. "최장수 브랜드의 비결은 사랑받는 브랜드가 되는 것입니다."

우리는 방송사와 그런 '눈요기'를 보여주는 가격을 협상해야 했다. 하지만 그럴 만한 가치가 충분했다. CBS의 간판 스포츠 프로그램 진행자로 스포츠와 방송과 관련된 여러 명예의 전당에 이름을 올린 번 런드퀴스트Verne Lundquist가 "소들을 몰고 오세요"라고 말하면서 웃었을 때 우리는 또다른 승자를 찾았다는 사실을 직감할 수 있었다. 런드퀴스트의 웃음은 우리에 관한 백 마디 칭찬보다 훨씬 효과적일 수 있었다. 게다가 그의 웃음은 전염성이 있었다.

피치볼이 맺어준 소중한 우정

칙필레피치볼은 우리 브랜드의 지지기반을 구축했다. 이에 더해 칙필레가 대학미식축구 세상에서 영향력을 넓히고 성장하는 데 결정적인 역할을 해줄 사람들과 관계를 맺을 기회도 가져다주었다. 대학 운동부의 책임자와 지도자들이었다. 다이앤과 나는 그들과 업무적으로는 물론이고 사적으로도 우정을 쌓았고 그런 우정은 세월이 흐를수록 더욱 단단해져 지금까지 이어지고 있다.

2001년 ACC 소속 노스캐롤라이나주립대학교와 SEC 소속으로 내 모교인 오번대학교가 맞붙었을 때 다이앤과 나는 오번대학교 운동부 책임자 데이비드 하우슬David Housel과 그의 아내 수전Susan 그리고 수석 코치 토미 튜버빌Tommy Tuberville과 그의 아내 수전을 우리집에 초대해 저녁 식사를 대접했다. 그들에게 군중의 열기에서 벗어나 잠깐의 휴식을 주고 싶은 순수한 마음에서였다. 그날 저녁 튜버빌은 팀내 상근 목사이자 스포츠선교단체 기독운동선수협의회Fellowship of Christian Athletes: FCA 소속의 셰티 윌리엄스Chette Williams가 선수들에게 미치는 긍정적인 영향력에 대해 말했다. 그 협의회는 고등학교와 대학교의 운동선수들에게 도움을 주기 위해 사제들을 파견하는 전통이 있었다. 튜버빌 코치는 독특하게도 오번대학교 미식축구팀에만 오롯이 헌신하는 전임 목사를 두었다. 그가 바로 셰티 윌리엄스였다. 오번대학교에서 운동선수로도 활약했던 윌리엄스는 젊은 선수들에게 아버지 같은 존재인 동시에 친구이자 멘토였고 목사였으며 훌륭한 역할모델이었다. 그들 중에는 아버지 없이 자란 선수가 많았던 만큼 윌리엄스의 영향력은 대단했다. 코치진은 선수들을 지도하는 것만으로도 바빠 그런 모든 역할을 해줄 만한 시간이 없었다고 튜버빌이 말했다. 게다가 지도자와 선수의 관계는 일종의 위계 구조로서 규율이 필요했고, 이런 특수한 여건 때문에 그들의 관계에는 본질적으로 어느 정도의 거리가 불가피했다.

전임 목사를 두면 급여와 사무실 임대료 등 비용이 만만찮게 들어갔을 텐데 대학 당국과의 갈등은 없었을까? 데이비드 하우슬은 FCA가 전임 목사와 관련된 비용을 일체 부담했기 때문에 그런 문제는 없었다고 설명했다. 협의회가 기부금을 모아준 덕분이었다. 그날 대화는 다이앤과 내게 새로운 세상을 보여주었다. 우리는 그 협의회에 관심을 갖게 되었고 그 관심을 행동으로 옮겨 협의회 활동에 직접 관여하고 지지하기 시작했다. 지금은 우리 부부만이 아니라 우리 가족 전체가 FCA 활동에 적극적으로 참여한다. 심지어 우리 사위는 2015년부터 그 협의회의 애틀랜타 지부에서 일하고 있다.

또 한 가지, 그날 저녁 모임은 뜻하지 않게 새로운 '전통'으로 이어졌다. 그날 모임이 있고 얼마 지나지 않아 게리 스토컨 집행위원장이 우리 부부에게 특별히 부탁을 해왔다. 내년 피치볼에도 저녁 식사 자리를 마련해달라는 것이었다. 아울러 다음번에는 양 대학팀의 수석 코치와 운동부 책임자들을 초대해달라고 요청했다. 다이앤과 나는 그의 요청을 흔쾌히 들어주었다. 그리하여 2002년에는 ACC 소속 메릴랜드대학교의 랠프 프리전Ralph Friedgen과 그의 아내 글로리아Gloria 그리고 SEC 소속 테네시대학교의 필립 풀머Phillip Fulmer와 그의 아내 비키Vicky가 저녁 모임에 참석했다. 그때부터 피치볼이 열리기 전, 양 팀 지도자와 운동부 책임자들이 부부 동반으로 참석하는 저녁 모임이 연례행사가 되었다. 주말 시합에 대한 경쟁의식도 없었고 주변 시선을 신경쓸 필요도 없었으며 압박감도 없는 휴식 같은 시간이었다.

칙필레 매장이 대학 교정을 접수하다

뿐만 아니라 칙필레피치볼은 칙필레가 대학 교내 라이선스 임대 매장을 확장하는 데도 도움이 되었다. '라이선스'는 교내에서 음식을 판매할 수 있는 권리를 보유한 양허계약자Concession Contractor[11]들과 우리가 협력해야 한다는 뜻이었다. 대학스포츠에서 칙필레의 가시성과 노출이 크게 증가함에 따라 라이선스계약에 속도가 붙었다. 이 글을 쓰는 현재 칙필레는 미국 전역 250개 이상의 대학에서 라이선스 임대 매장을 운영한다.

대학 교내 매장은 우리에게 두 가지 연쇄적 가능성을 안겨주었

11 통상적으로 민간회사와 정부 간의 계약을 말하는 양허계약은 계약 당사자인 민간회사에 특정 조건하에서 일정 기간 동안 자산이나 공공서비스 같은 계약 목적 사업을 운영할 수 있는 권리를 부여한다.

다. 첫째는 그런 매장이 아니면 영원히 칙필레를 경험하지 못할 사람들에게 칙필레를 노출시킬 가능성이 있었다. 이는 다시 칙필레가 미래 고객에 대한 독점적 지배력을 구축할 기회가 되었다.

앞서 말했듯 트루엣 캐시는 사업 초기 라이선스계약으로 칙필레 샌드위치의 제조와 판매에 관한 권리를 다른 식당들에게 부여했을 때 아픈 경험을 했었다. 그래서인지 대학 교내 라이선스 매장에 대해 유보적인 입장이었다. 말이 라이선스지 사실상 우리 제품의 제조과정을 다른 기업에 넘긴다는 뜻이었기 때문이다. 이는 다시 우리가 제품의 품질에 대한 통제력을 잃는다는 의미였다. 하지만 우리는 잭 센텔Jack Sentell과 배리 화이트Barry White의 주도하에 새로운 비즈니스 모델을 설계했다. 지역의 운영자가 라이선스 매장의 교육훈련은 물론이고 매장 운영의 품질을 검증하는 일에도 직접 관여하는 모델이었다. 결과적으로 말해 이번 라이선스 모험으로 칙필레도 관련 운영자들도 놀라운 성적표를 받았다. 대학 교내 매장은 칙필레 브랜드 구축의 선봉에 서는 동시에 신제품을 시험하는 주된 무대를 제공했다. 또한 제휴 관계를 맺은 운영자들은 라이선스 수수료로 소득이 지속적으로 유입되는 또다른 수익 창출원을 갖게 되었다. 시간이 흐름에 따라 그 프로그램은 더욱 확대되었고 급기야 병원과 공항에서도 라이선스 매장이 하나둘 들어서게 되었다.

8장

새로운 도약을 준비하다

2001년 3월, 팔순 생일을 맞이하는 트루엣 캐시를 위해 본사에서 축하 파티가 열릴 예정이었다. 그는 특별히 드라이브인Drive-In[1] 식당인 바시티Varsity에서 음식을 주문하라고 요청했다. 프랭크 고디Frank Gordy가 1928년에 창업한 바시티는 지금도 애틀랜타의 터줏대감으로서 매일 수천 명이 찾는 맛집이다. 애틀랜타가 자동차 중심 도시로 변신하기 시작하던 시점에 드라이브인 식당을 개업했으니 고디는 기존의 시장 질서를 뒤흔드는 시장 교란자Marketplace Dis-

1 자동차 안에서 음식을 주문하고 수령한 후 지정된 공간에서 음식을 취식할 수 있다는 점에서 드라이브스루와 차이가 있다.

ruptor가 확실했다.

여기서 트루엣 캐시의 엉뚱한 유머가 반짝였다. 패스트푸드 체인점의 창업자가 자신의 생일날 경쟁업체의 로고와 냄새와 맛으로 본사를 채운 것이다. 칙필레의 직원과 외부 손님들은 생일 주인공의 창작품이 아니라 칠리맛 핫도그와 감자튀김으로 즐거운 시간을 보냈다.

1930년대 바시티 인근 공공주택단지에서 살았던 캐시는 가끔 바시티까지 걸어가곤 했다. 그럴 때면 고디는 어김없이 둘 중 한 군데에 있었다. 주차장에 나와 주차를 안내하거나 매장 안 계산대 앞에서 손님을 맞고 있었다. 당시 십대였던 캐시에게 그 모습이 매우 인상적으로 남은 듯하다. 수십 년이 지난 뒤에도 고객을 대하는 고디의 자세가 자신과 칙필레의 본보기였다는 말을 자주 하곤 했으니 말이다. 여담이지만 이후 애틀랜타의 토박이들인 캐시 집안과 고디 집안은 가까운 사이가 되었다.

여든 살 생일 파티 직후 어느 아침이었다. 지미 콜린스의 주재로 경영위원회 회의가 열리고 있었다. 당시 캐시는 일상적인 회사 운영에 관여하는 시간은 차츰 줄이고 대신에 자신이 설립한 윈셰이프재단 활동에 투자하는 시간을 늘리는 중이었다. 회의가 시작하고 한참이 지났을 때 캐시가 회의실에 들어와서 탁자 상석에 자리를 잡았다.

콜린스는 캐시의 참석을 예상하지 못한 듯했다. "회장님, 특별히 하실 말씀이 있으십니까?"

"그렇다네. 나는 여든 살 노인이라면 누구든 2억 5000만 달러에 육박하는 엄청난 빚을 져서는 안 된다고 생각하네."

모두가 낄낄 웃으며 캐시가 본론을 꺼내기를 기다렸다. "농담이 아니네. 정말 진지하네. 내가 그 빚을 갚도록 자네들이 어떻게 해줄 생각인지 알고 싶네."

나는 예나 지금이나 재무 전문가가 아니다. 하지만 서당 개 삼 년이면 풍월을 읊는다지 않던가. 나도 그랬다. 경영위원회에서 오랫동안 활동하면서 수치들을 자주 접하다보니 어느샌가 재무 지식도 축적되었다. 최소한 성장하는 견실한 기업이라면 부채가 전년도 매출의 25프로를 넘지 않을 경우 매우 보수적인 채무자로 여겨질 거라는 정도는 충분히 알았다. 물론 수치 자체만 놓고 보면 2억 5000만 달러는 엄청난 액수 같았다. 하지만 2001년 우리 매장은 이미 1000개가 넘었고 해마다 50개에서 60개의 매장을 새로 열었으며, 개점 비용만으로도 연간 1억 5000만 달러 이상이 소요되었다. 게다가 차입금은 오직 매장 부지와 매장 외관에만 사용되었으니 말하자면 경제적 가치 증가Appreciation[2]형 자산이었다. 그리하여 칙필레는 지금까지 그래왔듯 거의 현금흐름Cash Flow[3]에만 의지해 성장을 이어가고 있었다.

트루엣 캐시에게는 이런 모든 상황이 불편하기 짝이 없었다. 그도 그럴 것이 어린 시절 대공황을 겪은 그에게는 종류를 불문하고 빚은 부담이었다. 게다가 앞에서 언급했듯 19년 전인 1982년 칙

---

2 감가Depreciation와 대립되는 회계학 용어

3 기업 경영에 따른 현금의 움직임을 말하는 것으로 회사채를 발행하거나 제품을 판매해서 창출된 현금이 설비 도입, 원료 구매, 인건비, 공장 부지 매입 등에 지출된 내용을 뜻한다.

필레는 캐시가 회사의 미래를 걱정했을 정도로 커다란 재무 안전성에 커다란 위기가 찾아온 적이 있었다. 그때의 마음고생이 오죽했는지 캐시는 재무 문제만 아니면 어떤 문제든 해결할 자신이 있노라고 걸핏하면 말했다. 하지만 2001년에 2억 5000만 달러의 부채는 이야기가 달랐다. 절대 문제가 아니었고 위기 더더욱 아니었다.

연방기금금리Fed Funds Rate[4]는 이미 지난 석 달 만에 1.5포인트가 인하되었고 연말이 되면 연초 6프로에서 1.75프로로 하락할 것으로 예상되었다. 다른 말로 칙필레의 역사상 2001년에 돈이 가장 저렴했다. 이는 다시 저금리 시대를 맞이해 '빚내서 투자'하는 레버리지Leverage[5] 전략으로 매장 수를 신속하게 늘릴 수 있다는 뜻이었다. 당시도 지금도 전통적인 사고를 가진 사람이 저금리 시대를 바라보는 관점은 같다. 돈을 덜 빌리는 것이 아니라 더 빌릴 수 있는 기회를 적극적으로 활용하라.

그런데 트루엣 캐시는 그런 통념을 거슬렀다. 더이상 대출을 받지 않는 것을 넘어 디레버리지Deleverage, 즉 기존 부채도 청산해야 한다고, 그것도 오직 현금흐름만으로 해결해야 한다고 주장했다. 이게 다가 아니었다. 더욱이 지금까지처럼 현금흐름만으로 성장도 달성해야 했다. 이뿐만 아니라 그는 이번이 매우 이례적인 경우가 될 거라면서 협상의 여지가 없음을 명확하게 했다. 솔직히 내 기억

4 미국의 중앙은행 연방준비제도Federal Reserve System: Fed의 통화정책에 관한 핵심적인 지표로 한 은행이 다른 은행에 제공하는 지급준비금의 1일물 대출에 부과되는 금리

5 지렛대를 이용하면 작은 힘으로 큰 물체를 들어 올릴 수 있듯, 부채 또는 차입을 이용해 투자 규모를 키우면 큰 수익을 올릴 수도 있다는 의미에서 '지렛대 효과'라고도 한다.

으로는 그런 일이 다섯 손가락으로 꼽을 정도로 드문 경우였다. 회사의 단독 소유주로서 과반수 의결권을 사용할 작정이었다. 이는 경영위원회에서 거수로 투표할 필요가 없었다는 뜻이다.

벅 매케이브와 그의 팀이 '부채 제로 작전'의 재무적인 해결책을 찾아야 하는 총대를 멨다. 그리고 다음 회의에서 그는 시간차를 둔 두세 개의 순차적 시나리오에 따라 부채를 완전히 정리할 수 있다고 보고했다. 매케이브의 계획으로 가장 큰 제약을 받을 항목은 신규 매장의 개수였다. 한마디로 양적 성장의 동력이 크게 약화될 터였다.

하지만 매케이브의 야심찬 계획은 트루엣 캐시를 만족시키지 못했다. 캐시는 기간이 너무 길다고 일축했다. "나는 내가 살아 있을 때 회사가 빚에서 벗어나길 바라네."

매케이브와 그의 팀은 다시 한번 심기일전했고 10년 만에 모든 부채를 청산하겠다는 새로운 계획을 제안했다. 이렇게 하려면 칙필레는 성장 면에서 커다란 대가가 불가피했다. 매케이브의 1차 계획에 따르면, 향후 10년간 우리가 기존 성장률을 유지하고 차입금을 활용한다면 50억 달러 연매출은 무난히 달성할 것으로 보였다. 그런데 두번째 계획에 따라 우리가 새로운 차입을 중단하고 모든 부채를 청산한다면 10년 후의 총매출은 35억 달러에 그칠 것으로 예상되었다.

트루엣 캐시는 부채만 없앨 수 있다면 그런 대가를 기꺼이 치르겠다는 각오였다.

해가 지날수록 캐시의 결정이 얼마나 현명했는지 점점 명확해졌다. 부채를 청산하는 동시에 신규 차입 없이 현금흐름과 수익만으로 성장에 투자하게 되자 우리의 기반구조가 감당할 수 있는 역량보다 더 무리한 성장을 욕심낼 가능성이 줄어들었다. 고속 성장하는 회사가 대출을 받거나 주식을 처분하고 그로부터 2-3년 뒤 자사의 기반구조가 지탱할 수 있는 역량보다 더 신속하게 덩치가 커진 바람에 성장 동력을 잃고 곤경에 처하는 것은 드문 일이 아니다. 그런 회사는 품질관리Quality Control: QC[6]를 유지할 수 있는 적절한 기술이나 충분한 인재 또는 적합한 시스템이 부족할지도 모르겠다. 물론 차입이나 주식 처분을 통해 마련한 현금으로 단기적으로는 성장을 견인할 수도 있다. 하지만 일정 시간이 지나고 나면 브랜드는 자력으로 그 성장을 지탱할 능력이 없으므로 브랜드에 대한 통제력을 잃을 위험이 크다. 패스트푸드 프랜차이즈업계에서도 이런 사례는 쉽게 찾아볼 수 있었다. 통닭구이 전문 보스턴마켓Boston Market과 건강한 간편식을 지향했던 딜라이츠D'Lites가 이미 그런 전철을 밟았고, 우리는 그것에서 귀중한 교훈을 얻었다.

또한 트루엣 캐시는 부채가 없으면 칙필레에 투자하건 자선활동에 기부하건 재무적 유연성Financial Flexibility[7]이 커진다고 생각했다. 캐시의 한결같은 바람 하나는 가령 예상하지 못한 뜻밖의 사업 기회가 나타나거나 성령이 자신에게 특정한 기독교적 사역에 투자하

6 넓은 의미로는 시장성이 가장 높은 제품을 가장 경제적으로 생산하기 위한 일련의 체계적 조치를 가리키고, 좁은 의미로는 품질 요구를 만족시키기 위해 사용되는 운영상의 제반적인 기법과 활동을 말한다.

7 기업이 적시에 자금을 조달하여 불확실한 사건을 예방하거나 가치 있는 투자 기회를 포착하여 기업 성과를 극대화하는 능력

라고 말할 때 재무적으로 유연해지는 것이었다. 이것은 청지기 정신의 핵심 원칙과 연결되었다. 그런데 부채는 그런 재무적 유연성에 제약을 가했다. 은행이 칙필레의 일부를 통제한다면 캐시는 하나님이 자신에게 믿고 맡긴 모든 일을 수행하는 충직한 청지기가 될 수 없었다. 칙필레는 은행에 부채를 갚아야 하는 의무가 있기 때문이었다.

2001년 매케이브가 수립한 '부채 청산 10개년 계획'이 마무리될 즈음인 2011년 캐시는 「애틀랜타저널콘스티튜션」과의 인터뷰에서 이렇게 말했다. "대공황에는 사람들이 주머니에 돈이 있으면 무조건 쓰기 바빴습니다. 이제 우리 칙필레는 부채의 굴레에서 거의 벗어났습니다. 다시는 남의 돈을 빌리지 않게끔 1달러도 허투루 쓰지 않고 최대한 아낄 것입니다. 빚과 근심은 동전의 양면입니다. 빚이 있으면 근심이 따라오기 마련입니다. 나는 모든 사람이 빚에서 완전히 해방되기 위해 노력해야 한다고 생각합니다."

마침내 2012년 댄 캐시는 연례 칙필레 운영자세미나에서 부채 청산 10개년 계획이 마무리되었고, 부채를 완전히 청산했다고 발표했다. 심지어 신용한도Credit Line[8]도 해지했다.

8 크레디트라인이라고도 하며 은행이 일정 기간을 정해 다른 은행이나 고객에 대해 미리 설정해둔 신용공여의 최고한도

집단 지도부 체제로 전환하다

칙필레 1호점에서의 인연으로 1968년부터 칙필레와 동고동락한 지미 콜린스 사장이 2001년 33년간의 여정에 마침표를 찍고 댄 캐시가 후임 사장에 오를 예정이었다. 이것은 칙필레에 중차대한 일이니만큼 경영위원회는 순조로운 사장직 승계를 위해 몇 년에 걸쳐 만반의 준비를 해왔다. 그러던 중 댄 캐시의 제안으로 칙필레 지도부에 중대한 변화가 있었다. 우리는 1인 리더 체제에서 다수의 동료가 책임을 공유하는 집단 지도부 체제로 전환했다. 말인즉 우리는 계획 수립도 예산 책정도 함께 머리를 맞댔고 사업적으로나 조직 문화 측면에서 가장 중요한 사안도 다 같이 토의했다. 만약 합의를 도출하지 못하면 우리는 합의에 이를 때까지 그것에 대해 생각하고 또 기도했다. 그런데도 끝내 합의를 도출하지 못해 누군가가 궁극적인 결정을 내려야 한다면 댄 캐시가 그 역할을 맡았다. 또한 댄이 사장 겸 COO였지만 트루엣 캐시가 칙필레의 회장 겸 CEO 직책을 유지했다.

나도 지미 콜린스 이후 체제에서 막중한 새 임무를 맡았다. 콜린스의 배턴을 이어받아 회사의 전략계획 수립을 촉진하는 중책을 맡게 되었다. 동시에 나는 전략계획에 관한 핵심적인 사안에 대해서는 경영위원회와 협력했다. 궁극적으로 볼 때 내 역할은 우리가 공통의 목적과 목표를 달성하는 데 도움이 되도록 전략계획이 모든 부서의 주요한 프로젝트에 반드시 포함되도록 만드는 일이었다. 그리고 경영위원회는 적절한 시점에 전체 계획과 예산에 대한 보고를 받아 그것을 다각도로 검증하고 토론한 다음 계획과 예산을 승인했다. 이렇게 재편된 경영위원회의 구조와 의사결정과정은 2014년 트루엣 캐시가 세상을 떠날 때까지 지속되었다. 이후 CEO에 오른 댄 캐시가 자신의 리더십 양식과 목표를 보완하기 위해 경영위원회를 재정비했다.

9장

제 기쁨입니다

2001년 연례 칙필레 운영자세미나가 열렸다. 900명에 이르는 운영자 전원과 그들의 배우자, 그리고 본사 직원 대부분이 참석했다. 그 자리에서 트루엣 캐시가 한 가지를 요청함으로써 칙필레의 대변신 신호탄을 쏘아 올렸다.

그는 리츠칼튼호텔에서 겪은 경험으로 포문을 열었다. 그 호텔을 찾았을 때 자신이 도움을 받은 누군가에게 감사를 표현하면 상대방은 어김없이 미소와 함께 "제 기쁨입니다My pleasure"라고 대답했다고 한다.

캐시는 되레 도움을 줄 수 있어 기쁘다는 그 말이 정말 듣기 좋았고, 자신을 도와주었던 상대방과의 유대에서 오는 짜릿함도 느겼다. 그는 짧은 두 마디와 곁들여진 상대방의 미소가 며칠 동안 뇌리에서 떠나지 않았다고 말했다. 미소와 함께 "제 기쁨입니다"라고 말하는 것은 상대방에게 기쁜 마음으로 봉사했다는 진심을 전달할 수 있는 훌륭한 방법이었다.

캐시는 운영자들에게 직접 요청했다. 고객이 고맙다고 인사할 때 "천만에요You're welcome"라거나 "괜찮습니다No problem" 대신에 "**제 기쁨입니다**"라고 대답하라. 즐거운 마음으로 봉사했다는 사실을 상대방이 알게 하라. '내가 좋아서 한 일'이었음을 보여주라. 그는 그 두 단어의 강력한 힘을 믿었다. 우리 자신은 물론이고 우리 고객에게 우리가 정말로 기쁘게 봉사했다는 사실을 일깨워주는 힘이 있었던 것이다. 캐시가 한 가지 더 당부했다. "이렇게 말하면서 상대방의 눈을 똑바로 쳐다보지 않을 수 없겠지요." 당연히 눈맞춤은 개인적인 연결고리로 이어진다.

트루엣 캐시는 그래도 미덥지 못했는지 마지막으로 덧붙였다. "사람들은 굳이 배고프지 않을 때도 식당을 찾죠. 그들은 그저 경험을 원하는 것입니다."

우리 모두가 캐시의 제안을 곧바로 실천했다고 말할 수 있으면 좋으련만 현실은 그렇지 못했다. 개중에는 캐시의 도전에 기꺼이 응한 운영자도 더러 있었지만, 대부분의 운영자와 본사 직원들은 별로 심각하게 여기지 않았다.

운영자는 매장을 꾸려가는 일만으로도 엄청난 운영상의 압박에 시달린다. 나는 그들의 신체 언어만 봐도 속내를 훤히 짐작할 수 있었다. '**나더러 그렇게 오글거리고 낯간지러운 행동을 하라고? 진심인**

가? 개인적인 연결성 어쩌고저쩌고하는 명분으로? 주문을 정확하게 받아 뒤집고 굽고 음식을 포장해 손님 손에 건네는 것만도 벅찬데 말이야. 게다가 드라이브스루 주문도 완벽히 처리해야 한다고. 그런 날더러 뭘 더 어쩌라는 거야? 눈을 맞추고 "제 기쁨입니다"라고 말하는 게 대체 매상에 무슨 도움이 된다는 거야?'

1년 후 2002년 칙필레 운영자세미나에서 캐시는 참석자들에게 "제 기쁨입니다"라고 말해야 한다고 재차 당부했다. 이번에는 그의 조언을 실천하는 운영자가 1년 전보다는 약간 늘었다. 그리고 마침내 2003년 댄 캐시 사장은 아버지가 그 인사말 한마디에 얼마나 진심이었는지 깨달은 뒤로, '제 기쁨입니다' 말하기의 전도사를 자처했다. 두 단어를 자신의 단골 레퍼토리로 만드는 동시에 칙필레의 모든 구성원에게도 이를 따르기를 독려했다. 댄 캐시의 말을 직접 들어보자. "그 두 마디가 입에 붙고, 그 태도가 몸에 익기 시작하면서 한 가지를 깨달았습니다. 잘하면 이것이 우리 서비스의 상징이 될 수도 있을 것 같더군요. 피클 두 조각이 우리 샌드위치의 상징인 것처럼 말이죠. 모든 매장에서 그것이 일관된 관행으로 자리잡는다면 고객에게 엄청난 영향을 미치겠다 싶었습니다."

2003년 운영자들과 직원들에게 보내는 칙필레 연례 서한에서 캐시 부자는 "제 기쁨입니다"라는 제목의 경영진 메시지를 공동으로 작성했다.

"제 기쁨입니다"라는 표준적인 운영활동 이상의 의미가 있습니다. 우리가 단순히 개인적으로 드리는 요청이라고, 해도 그만 안

해도 그만이라고 생각하지 마십시오. "제 기쁨입니다"라는 마음 깊은 곳에서 우러나오는 표현입니다. 이는 운영자와 매장 직원이 자발적으로 더 봉사하고 싶다는 진심을 보여줍니다. 또한 상대방에게 진정으로 관심을 기울인다는 명백한 징후입니다. 이뿐만 아니라 기대 이상의 서비스를 제공할 만큼 상대방을 소중하게 여긴다는 뜻입니다.

칙필레에게 이것은 기존의 '블루오션 전략' 공간을 강화해줄 커다란 변곡점이었다. 블루오션이란 앞서 말했듯 경쟁자가 없거나 경쟁자가 있어도 무의미한 활동 영역을 가리킨다. 트루엣 캐시가 시작한 (그리고 그의 아들 댄이 발전시킨) '제 기쁨입니다' 운동은 그저 하나의 운영활동이 아니었다. 칙필레를 새로운 환경으로 안내하는 길을 개척하는 혁신이었다. 따뜻한 환영이 모든 매장에 스며들어 진심 어린 환대의 문화를 창조하는 환경 말이다(환대 문화에 대해서는 나중에 좀더 자세히 알아보자).

이렇게 새로운 여정의 서막이 올랐다.

광팬의 등장

2003년 10월, 장소는 애리조나주 피닉스였다. 댄 캐시는 그곳에서 개인적인 연결고리를 만드는 또다른 마케팅 행사를 경험했다. 결과부터 말해 댄만이 아니라 우리 모두 그 행사를 통해 칙필레 브랜드에 잠재된 힘이 얼마나 독보적인지 명확히 깨달았다.

우리는 캘리포니아에서 매장 몇 곳을 성공적으로 개점한 뒤에 피닉스에서 독립 매장 1호점을 개업할 예정이었다. 언제나 그렇듯 우리는 서부의 새로운 시장들에 보수적으로 접근하고 있었다. 댄 캐시는 개점 하루 전날 아침 피닉스에 도착했다. 우리 마케팅 부서의 티파니 홀랜드Tiffany Holland는 일찌감치 피닉스에 도착해 개업 준비를 도왔다. 첫 영업을 일주일 정도 앞둔 어느 날 홀랜드가 배리 화이트에게 전화를 걸어 어떤 판촉 아이디어를 제안했다. 잘하면 약간의 홍보로 입소문을 내는 데 무리가 없어 보였다. 선착순 100명에게 1년짜리 칙필레 무료 교환권을—1년간 매주 1회에 한 해 콤보 메뉴를 공짜로 먹을 수 있는 BOG 무료 교환권 52장—나눠주자는 아이디어였는데, 화이트는 눈이 번쩍 뜨이는 기분이었다. 화이트는 데이비드 샐리어스와 상의해서 내게 보고했고 나는 그 아이디어를 승인했다.

홀랜드는 영리하고 과감하며 특히 세부적인 부분을 처리하는 능력이 뛰어났다. 우리는 그녀라면 그 일을 충분히 해낼 수 있다고 확신했다. 홀랜드는 개점 하루 전날 도착한 댄 캐시에게 1년짜리 무료 교환권 아이디어에 대해 보고했다. 그런데 뜻밖에도 댄은 그 아이디어에 약간 회의적이었고, 어떤 식으로 진행할 것인지 자세한 설명을 요구했다. 또한 사람들에게 그 판촉 행사를 어떻게 알릴지도 궁금해했다. 홀랜드는 제휴 관계를 맺은 라디오 방송사 한 곳을 포함해 지역의 라디오, 텔레비전, 신문 등을 통해 개업 행사를 홍보하기에 적합한 광고를 이미 내보냈다고 설명했다.

댄 캐시가 흡족해하는 것을 확인한 뒤 홀랜드는 다른 일을 처리하러 자리를 떴다. 그즈음이었다. 자동차 한 대가 주차장으로 들어오더니 운전자가 댄에게 어디서 줄을 서냐고 물었다.

댄은 대기 줄이 없다고, 아직 매장이 개점하지 않았다고, 내일 다시 와야 한다고 차분히 설명했다.

그러자 그 남자는 선착순 100명에게 무료 교환권을 나눠준다는 개업 특별 행사 때문에 왔다면서 무료 교환권을 놓치고 싶지 않다고 말했다. 맞다, 그는 그곳에서 밤샘할 작정이었다.

댄은 무료 교환권을 받으러 밤샘 야영을 작정했다는 사실에 너무 기뻐서 시쳇말로 팔짝 뛰고 싶은 심정이었다. 그리고 한편으로는 그 사람이 홀로 주차장에서 밤을 보낼 거라는 생각에 걱정도 되었다. 하지만 얼마 지나지 않아 그 걱정은 기우가 되었다. 한 여성이 야외용 접이식 의자까지 들고 도착했다. 보아하니 내일 아침까지 밤이슬을 맞을 심산임에 분명했다. 그리하여 이제 어엿한 공식적인 대기 줄이 만들어졌다. 이는 단지 시작에 불과했다. 저녁 어스름이 내리자 10명 남짓한 사람이 더 도착했다.

아무도 이런 일을 예상하지 못했다. 댄은 피닉스 매장 운영자를 찾아가 모든 대기 고객이 안전하게 밤을 보낼 수 있게 '숙직'할 직원을 두자고 제안했다. 또한 고객들이 화장실을 자유롭게 사용할 수 있게 해주자고도 했다.

드디어 날이 밝았다. 대기 줄은 100명이 넘었다. 동이 트자마자 방송국 헬리콥터가 매장 상공을 맴돌았고, 헬리콥터에 탑승한 앵커가 북새통을 이룬 현장 소식을 생방송으로 전했으며, 텐트며

접이식 의자며 줄서서 기다리는 대기자들의 모습을 날것 그대로 방송했다. 또다른 지역 텔레비전 방송국에서도 기자가 나와서 아침 뉴스에 내보내기 위해 몇몇 대기자를 인터뷰했다. "어젯밤에 여기서 밤을 새운 이유가 무엇입니까? 칙필레는 어떻게 알게 되셨죠? 아직 피닉스에는 칙필레 매장이 없는데 말이죠."

그들의 대답은 어떤 광고보다 강력했고 홍보의 효과와 영향은 우리의 상상을 초월했다. 우리는 텔레비전, 라디오, 신문 등에서 칙필레에 관해 보도한 기사를 일일이 세어보았다. 그런 식의 보도기사는 돈으로 환산하면 수십만 달러에 버금가는 가치가 있었다. 노천 야영까지 불사했던 대기자들의 소셜 미디어도 잊지 마라. 또한 우리는 그들을 통해 한 가지를 확실히 깨달았다. 칙필레 브랜드는 이미 우리가 생각하는 것보다 미국 사회와 미국인들의 삶에 정서적으로 훨씬 넓고 깊이 파고들었다는 사실이다.

댄 캐시에게는 이 모든 것이 놀라운 경험인 동시에 새로운 통찰을 안겨주었다. 이것은 그가 칙필레의 광팬[1]을 처음으로 대면한 시간이었다. 또한 그는 그런 광팬이 칙필레 브랜드의 미래에서 결정적인 역할을 할 수도 있다고 믿었다. 애틀랜타 본사로 돌아온 댄은 두 눈으로 직접 목격한 놀라운 경험을 설명하느라 입이 바빴다. 아울러 그는 '선착순 100명 무료 교환권 제공'이 칙필레의 모든 신규 매장에서 브랜드의 상징적인 행사가 되어야 한다고 덧붙였고, 우리로서도 반대할 하등의 이유가 없었다.

---

1 이후 칙필레가 신규 매장을 열 때마다 개점 전날 야외에서 밤샘하는 고객을 이르는 별칭이 되었다.

칙필레는 1호점부터 지금까지 신규 매장을 열 때마다 (지나치게 공격적이지 않도록) '평소 영업일normal day' 전략을 고수했다. 여기에는 두 가지 가정이 전제되었다. 첫째는 신규 매장을 개점하는 운영상의 압박감은 그 자체로 충분히 힘들기 때문에 구름처럼 몰려드는 사람들까지 보탤 필요가 없다는 것이었다. 그리고 매출은 시간이 흐름에 따라 자연스럽게 증가할 거라는 계산도 깔려 있었다. 하지만 나는 이런 전략에 변화가 필요하다고 확신했고, 피닉스 1호점은 그런 전략적 변화의 분수령이 되었다.

변화의 필요성에 대한 확신은 데이터에서 비롯되었다. 데이터는 우리의 두번째 전제에 강한 의문을 제기했다. 무엇보다 데이터에 따르면 신규 매장의 매출이 가장 높은 때는 첫 석 달이었다. 더 중요한 사실도 있었다. 개업 후 첫 석 달의 매출이 높을수록 장기적인 매출 전망도 더 밝았다. 이렇게 볼 때 결론은 명백했다. 개업 첫날 매장 방문자 수를 극대화해야 했다. 또한 신규 매장은 그런 모든 활동과 공짜 홍보, 그리고 초기 고객들의 실제 경험을 활용해 미래로 나아가는 추진력을 생성시킬 수 있었다.

물론 외면할 수 없는 부작용도 있었다. 운영자와 매장 직원들이 개업 후 처음 90일 동안 '평소' 방문자의 두세 배나 되는 고객에게 '평소'처럼 봉사하도록 준비시키는 문제였다.

티파니 홀랜드의 아이디어에서 시작된 홍보활동 하나로 칙필레 본사는 중요한 숙제를 해결해야 하는 입장이 되었다. 당연한 말이지만 피닉스 1호점의 성공을 보고도 선착순 100명 판촉 행사를 유지하지 않는 것은 바보 같은 짓이었다. 이로써 우리는 칙필레 브랜드 자체의 강점에 더해 신규 매장을 열 때 사용할 수 있는 새로운 무기를 쥐게 되었다. "드디어 칙필레가 여러분을 찾아왔습니다! 여러분의 도시에서, 바로 이곳에서 여러분을 만납니다!"라고 선언하는 화려한 홍보 행사를 여는 것이었다.

이제까지 우리는 신규 매장이 결정되면 개업 몇 주 전에 본사 운영팀과 마케팅팀 소속 직원들을 파견했다. 운영자가 개점 계획을 수립하고 개점 준비에 만전을 기하도록 도와주기 위해서였다. 예컨대 그들은 운영자를 도와서 매장 직원을 채용하고 훈련시켰으며, 시식과 BOG 무료 교환권을 직접 나눠주었을 뿐만 아니라, 여타의 마케팅 기회도 포착했다. 또한 본사는 해당 지역사회에 칙필레 브랜드를 알리기 위해 매체 전문가는 물론이고 젖소까지 보내주었다.

선착순 100명에게 1년간 매주 사용할 수 있는 무료 교환권을 나눠주는 전략적 변화로 우리는 새로운 운영상의 도전에 대비해야 했다. 매장 문을 여는 순간부터 파도처럼 밀려드는 고객을 맞이할 준비를 해야 했다. 이는 기존과는 전혀 다른 수준의 직원 채용과 훈련 관행이 필요하다는 뜻이었다. 단계적 또는 시범적 개업Soft Opening[2] 뒤에 3주간 매출 엔진을 서서히 가속화하는 연착륙 전략은 이제 옛말이 되었다. 오히려 새벽 6시 첫 영업을 시작하는 순간부터 모든 것이 최고 출력으로 내달렸다.

2 시설, 메뉴, 운영 등을 시도하기 위해 큰 홍보 없이 입소문 등의 방법에 의존하는 개업 방식

광팬 전략

우리는 피닉스에서 첫번째 '선착순 100명' 행사를 경험한 뒤에 광팬을 체계적으로 양산할 방법을 고민하기 시작했다. 칙필레와 개인적인 인연이 깊은 리더십 권위자 켄 블랜처드가 셸던 M. 볼스Sheldon M. Bowles와 공동으로 1993년에 발표한 저서 『열광하는 팬: 고객을 팬으로 만드는 1프로의 비밀Raving Fans: A Revolutionary Approach to Customer Service』에서 광팬을 자세히 해부한다.

우리는 지피지기 접근법에 공을 들였다. 먼저, 지피를 시작했다. 당대의 위대한 브랜드들을 조사해보니 그들 브랜드의 열혈 고객 집단에서 몇 가지 공통된 특징이 드러났다. 위대한 브랜드를 구축한다면 다음과 같은 세 가지 긍정적인 결과가 만들어진다.

- 사람들이 더 자주 찾는다.
- 그들은 기꺼이 제값을 치른다. 브랜드가 기능적인 편익을 초월하는 가치를 제공하기 때문이다.
- 그들은 브랜드를 체험한 자신의 경험을 주변에 입소문을 낸다.

여기서 한 가지 첨언할 것이 있다. 충성 고객이라면, 쉽게 말해 '찐팬'이라면 당신의 브랜드가 긍정적인 경험을 제공할 때 주변에 그 경험을 알리는 것이야 당연하다. 그런데 행여 당신의 브랜드에 실망한다면 어떻게 될까? 그들은 다른 사람이 아니라 당신에게 그것을 알려줄 것이다. 이는 당신 브랜드에 그만큼 애정과 관심이 깊다는 반증이다.

특히 광팬의 세번째 공통점(입소문을 낸다)에 대해 우리의 길라잡이가 되어준 사람이 있었다. 미국 유력 일간지 〈뉴욕타임스New York Times〉가 선정한 베스트셀러 작가이자 글로벌 경영컨설팅업체 베인앤드컴퍼니Bain&Company에서 활동하는 경영 전략가이며 영국에서 발행되는 국제적인 정치, 경제, 문화 전문 주간지 〈이코노미스트Economist〉가 '고객충성도 부문의 대사제high priest of loyalty'라고 칭송한 프레더릭 F. 라이켈트Frederick F. Reichheld였다. 라이켈트의 저서 『지속적 성장을 위한 1등 기업의 법칙The Ultimate Question: Driving Good Profits and True Growth』은 하나의 대전제에 기반을 둔다. 고객 만족을 측정할 수 있는 궁극적인 질문이 "오늘 당신이 한 경험을 바탕으로 친구에게 이 회사를 추천할 수 있습니까?"라는 것이다. 우리는 고객들을 대상으로 설문조사를 진행했고, 그 질문에 대해 1점('절대 추천하지 않는다')부터 10점('반드시 추천한다')까지 점수를 매겨달라고 요청했다. 우리는 10점이라고 대답한 고객들만 광팬으로, 위의 세 가지 특징을 보여줄 가능성이 가장 높은 고객으로 분류했다.

우리가 두 눈으로 똑똑히 목격한 대로 칙필레도 광팬이 있었고 나는 그들을 브랜드 홍보 대사Brand Ambassador라고 불렀다. 문제는 광팬을 더 많이 확보하는 것이었다. '우리는 광팬을 양산하는 전략을 개발할 수 있을까? 신규 매장에서만이 아니라 매일 모든 칙필레 매장에서 골수팬을 더 많이 만들 비법은 무엇일까?'

이제는 '지기'에 집중할 차례였다. 우리는 칙필레의 역사와 더불어 현재 강점들을 자세히 살펴보았다. 마침내 우리가 이제까지 매장에서 전개한 활동 중에서 시너지 효과를 내며 광팬을 만들어냈던 세 가지 포괄적인 전략적 활동 범주를 확인했다.

- 운영 탁월성 구현
- 고객들의 기대를 넘어서는 '2마일' 서비스 제공
- 정서적 연결고리를 생성시키는 마케팅 활성화

운영 탁월성

트루엣 캐시와 지미 콜린스는 칙필레 1호점이 영업을 시작한 첫날부터 운영 탁월성을 고수했다. 그런 다음 캐시는 '제 기쁨입니다' 운동을 출범시킴으로써 우리가 2마일 서비스를 추구하도록 만들었다. 또한 우리는 젖소 캠페인은 물론이고 매장 직원과 음식을 매개로 형성되는 개인적인 관계를 통해 고객과 정서적으로 연결시키는 마케팅의 힘에도 눈을 떴다.

운영 탁월성과 2마일 서비스, 그리고 정서적 연결고리 기반의 마케팅을 3대 축으로 포괄적인 전략을 개발한다면 우리는 각각의 힘을 증대시킬 수 있다고 판단했다.

운영 탁월성은 우리 제품에서 시작한다. 앞서 말했듯 캐시는 라이선스계약자들에게 자신이 개발한 샌드위치의 제조와 판매 권리를 부여하면서 고품질을 유지하라고 요구했다. 하지만 그들 식당이 양질의 샌드위치를 제공하지 못했고 이에 새로운 시장이 필요했던 캐시는 1967년 한 쇼핑몰에서 칙필레 1호점을 열었다. 그로부터 50년이 지난 뒤에도 칙필레가 '식탐을 부르는craveable' 음식을 제공하기 위해 1순위로 삼는 것은 그대로다. 바로 신선한 재료다. 칙필레한테는 각 매장이 즉석에서 조리한 음식이 언제나 운영 탁월성의 중심이었고 칙필레는 운영 탁월성을 개선하기 위한 노력을 잠시도 쉬지 않았다. 여기까지가 우리의 '1마일First Mile' 서비스였다. 양질의 음식, 직원들과의 친밀한 상호작용, 청결, 신속함, 정확성 등을 아우르는 '1마일'은 칙필레가 평판이라는 집을 짓는 기초가 되었다. 부실한 기초공사가 부실한 집을 부르듯, 1마일에서 문제가 하나라도 생기면 2마일 서비스를 제공할 수도, 2마일 서비스의 신뢰성을 구축할 수도 없다. 1마일부터 완벽히 잘해야 한다. 그렇지 않으면 우리의 환대는 신뢰성을 얻을 수 없고, 신뢰성이 없거나 부족하다면 환대는 빛 좋은 개살구다. 이것은 칙필레만이 아니라 예나 지금이나 모든 요식업계의 핵심이다. 그리고 칙필레는 이를 위해 부단히 노력한다.

2마일 서비스

트루엣 캐시와 댄 캐시가 2003년 칙필레 모든 가족에게 보내는 연례 서한에서 강조했듯 "제 기쁨입니다"라는 진실한 마음의 표현이었다. 그 표현은 결국 칙필레 모든 매장이 실천하는 2마일 서비스에 영감을 주었다.

댄 캐시가 환대 모델을 개발하는 역할을 자처했고 가장 먼저 2마일 서비스를 정의하도록 도와주었다. 그는 “2마일을 가라”, 즉 “십리를 가라”는 문구의 기원에 대해 조사했다. 그것은 마태복음 5장 41절에 나오는 구절로 예수 그리스도는 제자들에게 “누구든지 너에게 억지로 오리를 가게 하거든 그 사람과 십리를 동행하라”고 말씀하셨다. 이것은 그리스도가 제자들에게 “원수를 사랑하라”[3]와 “다른 뺨을 대라”[4]고 말씀하신 것과 같은 맥락이었다.

2마일의 기원은 로마제국이 팔레스타인을 점령했던 시절로 거슬러 올라간다. 당시 로마 병사는 로마법에 의거해 유대인이라면 아무에게나 자신의 짐을 강제로 들게 할 수 있었다. 그런데 그 거리가 딱 1마일, 즉 1.6킬로미터까지였다. 그 이상은 강요할 수 없었다. 강압에 의해 일시적인 노예가 된 유대인들은 발걸음을 하나하나 셌고 법적으로 허용된 지점에 이르자마자 로마 병사의 짐을 내려놓은 것은 당연했다. 그런데 유대인 출신의 예수 그리스도가 동포에게 로마 병사의 짐을 1마일 더 들어주는 친절을 행하라고 말했다. 그런 자발적인 봉사는 빤한 하나의 질문을 하게 만들었고 결과적으로 병사와 강요된 노예 모두를 새 사람으로 만들었다. “당신은 대체 왜 그러겠다는 겁니까?” 로마 병사가 이렇게 묻자 예수의 추종자는 자신이 어째서 그 병사를 하나님의 피조물 중 하나로 여기고 그를 섬기는지 이유를 알려주었다. 댄 캐시는 바로 여기에 주목했다. ‘칙필

3 마태복음 5장 44절
4 마태복음 5장 39절

레 매장 문을 열고 들어오는 모든 사람에게 그와 똑같이 명예와 품위와 존경의 마음으로 대하면 어떨까? 그리고 상대가 기대하지 않은 2마일 서비스를 자발적으로 제공한다면?'

그런 다음 댄 캐시는 아버지 트루엣 캐시에게 '제 기쁨입니다' 영감을 주었던 리츠칼튼호텔을 조사했다. 될성부른 브랜드는 위대한 브랜드에게서 배우는 법이다. 이런 의미에서 칙필레처럼 환대가 생명인 서비스 업종에서 리츠칼튼보다 더 나은 본보기는 없을지도 모르겠다. 호텔리츠Hôtel Ritz는 1898년 프랑스 파리에서 첫 선을 보인 것과 거의 동시에 고급 호텔이라는 명성을 얻었다. 그도 그럴 것이 유럽 최초로 객실마다 욕실과 전화기를 구비했을 뿐만 아니라 모든 객실에 전기가 들어왔으니 그런 평판을 얻을 만했다. 스위스의 호텔업자로 호텔리츠를 소유한 세자르 리츠César Ritz는 런던 리츠칼튼호텔의 단골이었던 에드워드 7세Edward VII로부터 "왕들의 호텔 경영자요 호텔업자들의 왕"이라는 찬사를 받았다. 또한 러시아계 미국 작사자 겸 작곡가 어빙 벌린Irving Berlin이 1929년 작사한 〈리츠를 입어Puttin on the Ritz〉[5]는 우아하고 고급스럽다는 리츠칼튼호텔의 브랜드 평판을 그저 노랫말로 녹여냈을 뿐이었다.

하지만 세월 이기는 장사 없다는 말처럼 수십 년이 지난 뒤 리츠 브랜드의 아성이 전 세계에서 흔들렸고 급기야 1983년에는 손바뀜도 있었다. 애틀랜타 출신으로 프랜차이즈 와플하우스의 소유주였던 윌리엄 B. 존슨William B. Johnson이 리츠 브랜드를 7500만 달러

---

5 '최신 유행하는 최고급 옷을 세련되게 차려입다'는 뜻이 있다.

에 인수해 새 주인이 되었다. 존슨은 곧바로 전문가들로 구성된 팀을 앞세워 리츠 브랜드에 새 생명을 주입하는 여정을 시작했다. 하얏트호텔Hyatt Hotels의 총지배인과 부사장을 지낸 호스트 슐츠Host Schulze가 소생 작전을 이끌었던 팀의 수장을 맡았다. 리츠는 COO를 겸하던 슐츠의 전두지휘하에 10년도 지나지 않아 전 세계에 30개의 호텔을 세우며 화려하게 재기했다. 슐츠는 "우리는 신사 숙녀를 모시는 신사 숙녀다"라는 리츠의 슬로건을 만든 장본인으로 유명하다. 리츠칼튼은 고객서비스에 대한 헌신을 인정받아 미국 상무부Department of Commerce가 수여하는 권위 있는 맬컴볼드리지국가품질상Malcolm Baldrige National Quality Award을 두 차례 수상했다.

우리는 이왕이면 최고에게서 배우고 싶었다. 마침 리츠칼튼의 본사도 애틀랜타에 있어서 호스트 슐츠가 우리 직원과 운영자 대표단을 만나러 시간을 내기도 편리했다. 알고 보니 그는 칙필레에 대해 거의 전문가였고 패스트푸드업계 전체에 대한 이해도 깊었다. 그는 우리 앞에 서서 네모 하나를 그리더니 가로로 줄을 두 개 그어 세 칸으로 나누었다. 각 칸은 요식업계의 각기 다른 서비스 수준을 의미했다. 그는 맨 위 칸에 리츠칼튼의 다이닝룸Dining Room 같은 고급 레스토랑의 상호를 적었다. 여담이지만 당시에는 다이닝룸이 애틀랜타에서 유일한 5성급 레스토랑이었다. 그리고 두번째 칸에는 애플비스Applebee's와 롱혼스테이크하우스Longhorn Steakhouse 같은 풀서비스 레스토랑Full-Service Restaurant: FSR[6]과 패밀리 레스토랑을 포함

6 고객에게 필요한 모든 서비스를 제공하는 형태로 정통 레스토랑이 여기에 포함된다.

시켰고, 맨 아래 칸은 패스트푸드 레스토랑의 차지였다.

그렇다면 슐츠는 칙필레를 어디에 포함시켰을까? 그는 맨 아래 칸 패스트푸드 부문 중 가장 상단에 칙필레를 써넣었다. "여러분은 맨 하위 범주에서 최고입니다"라고 우리의 아픈 현주소를 딱 짚어주었다. "꼴찌 중에서 최고인 것입니다. 칙필레가 재미와 즐거움을 주는 장소가 되려면 시간이 걸리겠지만 장기적인 비전을 갖고 이 무리에서 탈출해야 합니다. 어떤 브랜드가 되고 싶은지, 고객에게 어떤 경험을 선사하고 싶은지 다시 정의해야 한다는 뜻입니다." 문제는 그 '탈출법'이 무엇이냐는 것이었다.

고맙게도 슐츠가 그 답까지 알려주었다. "행여 1등 패스트푸드 업체가 되고 싶다는 생각이라면 당장 그 생각부터 버리십시오. 그런 제한적인 기대는 압박감만 가중시키게 될 뿐입니다. 대신에 반드시 서비스 수준을 한 단계 끌어올리겠다는 목표를 추구하세요. 적어도 칙필레보다 가격이 두 배 비싼 레스토랑의 서비스를 제공하겠다고 말입니다. 그런 레스토랑과 비슷한 서비스 모델을 개발하셔야 합니다." 요식업 시장에는 패스트푸드 레스토랑에도 캐주얼 레스토랑에도 속하지 않는 틈새, 다시 말해 칙필레가 온전히 소유할 수 있는 공간이 있다고 그가 설명했다. 김위찬과 러네이 모본의 공동 저서 『블루오션 전략』이 2005년에 출간되었으니, 슐츠는 그 책이 세상에 나오기도 전에 우리의 블루오션과 그 시장을 지배할 전략을 정확히 짚어냈다.

바로 그 순간이었다. 슐츠와 함께 있던 우리 직원과 운영자들은 그 가능성을 머리에 그리다가 갑자기 해방감을 느꼈다. 패스트푸드업계의 전통적인 일련의 제약조건에 구애받지 않고 전혀 새로운 서비스 모델을 자유롭게 창조할 수 있다니, 생각만으로도 홀가분해진 기분이었다. 우리는 슐츠의 아이디어가 마음에 들었다. 그래서 휴스턴스Houston's와 마카로니그릴Macaroni Grill 등 우리보다 가격이 세 배 정도 비싼 레스토랑을 조사하기 시작했다. 무엇보다 한 끼에 15달러에서 20달러나 하는 음식에 사람들이 흔쾌히 지갑을 열게 만드는 서비스 요소들이 무엇인지 알고 싶었다. 그런 다음에는 칙필레에서의 경험에 그중 어떤 것들을 주입할 수 있을지 고민했다.

이것은 마케팅 전략의 변화이면서도 매장부터 본사 직원에 이르기까지 칙필레의 모든 부문에 영향을 미칠 대변신이었다. 이번 일은 마케팅 부서가 주도했고, 마크 모라이타키스Mark Moraitakis가 그 프로젝트를 이끄는 중책을 맡아서 사실상 칙필레의 환대와 서비스 설계 부문의 총책임자가 되었다. 그에게 주어진 가장 큰 숙제는 명확했다. 이처럼 서비스를 혁신하는 여정 전반에서 칙필레의 고객 중심 철학을 유지하는 동시에 일관성 있는 환대 모델을 설계하고 구축하는 것이었다.

모라이타키스와 그의 팀은 우리가 아니라 고객에게 관심의 초점을 맞추었다. 그들은 우리가 고객에게 어떤 서비스를 제공하고 싶은지 묻는 대신에 고객은 칙필레에게 어떤 서비스를 기대하는지 그들에게 직접 물었다. 또한 모라이타키스는 일부 운영자가 각자의 매장에서 이미 시행하고 있는 여러 아이디어도 전사적으로 시범 도입했다. 탁자에 꽃을 꽂아두고 비 오는 날에는 매장 입구에 우산을 비치하고 조미료 선반에 후추 분쇄기를 포함시키는 일 등.

그런 다음 우리는 고객들을 대상으로 설문조사를 진행했다. "우리 매장이 시범적으로 시행하는 활동 중에서 가장 배려 깊다고 생각하는 아이디어는 무엇입니까? 칙필레를 재방문한다면 그 이유는 무엇 때문입니까?"

90프로가 넘는 응답자들이 대답했다. "누군가가 내게 미소 짓고 나와 눈을 맞추며 내가 살뜰한 보살핌과 융숭한 대접을 받는다는, 한마디로 귀빈이라는 기분을 안겨줄 때입니다. 내가 패스트푸드 식당에 기대하는 것 이상입니다." 과연, 사람들이 바라는 것은 비슷했다!

그런 행동 중에서 새삼스러운 것은 하나도 없었다. 우리가 지난 수십 년 동안 운영자 대부분에게 요구했던 행동들이었다. 하지만 머리로 아는 것과 행동으로 보여주는 것은 다른 문제였다. 하루에만도 응대하는 고객이 몇인데 어떻게 매번 그렇게 할 수 있겠는가. 여타의 많은 요구 때문에 뒷전으로 밀렸건 아니면 매장 직원이 그저 깜박했건, 언제 어디서나 미소와 따뜻한 인사와 눈맞춤이 이뤄지는 것은 아니었다. (초창기 시절 신규 매장이 개업하던 날 트루엣 캐시와 마사의 일화를 기억하는가? 기억나지 않는다면 1장 마지막 부분을 참조하라.)

만약 고객이 미소와 따뜻한 인사와 눈맞춤을 바란다면 우리가 할 일은 정해져 있었다. 매장 직원들이 쉽게 기억하고 실천할 수 있는 방식으로 고객들의 요구를 일목요연하게 묶어 통으로 제공하는 것이었다. 그리하여 우리는 4대 행동 수칙Core 4을 만들었다.

- 눈을 맞추어라.
- 미소를 지어라.
- 열정을 담아 말하라.
- 개인적인 관계로 발전하도록 계속 관심을 기울여라.

위의 목록은 강제적인 조치가 아니었다. 고객과 상호작용할 때마다 매장 직원에게 권장되는 행동 수칙이었다. 바람직한 행동들을 이렇게 하나로 묶자 가르치는 사람도 한결 수월해졌고 배우는 사람도 학습효과가 몰라보게 높아졌다. 말인즉 직원들의 머리에 단단히 각인되었다. 그러자 이제 더는 높은 품질을 유지하기 위한 다른 운영상 요구조건들에 밀려 그런 행동이 간과되는 경우가 없어졌다.

칙필레 환대팀은 호스트 슐츠 외에 또다른 스승을 찾아냈다. 뉴욕에 위치한 그래머시태번Gramercy Tavern 같이 상징적인 서비스 업종을 여럿 소유한 종합요식기업 유니언스퀘어호스피탤리티그룹Union Square Hospitality Group: USHG의 CEO 대니얼 마이어Daniel Meyer였다. 특히 마이어는 '계몽된 환대Enlightened Hospitality'[7] 문화의 선구자로 명성이 자자했다. (대니얼 마이어는 2004년 고급 수제 버거 브렌드 쉐이크쉑Shake Shack을 창업했다.)

마이어는 우리가 서비스와 환대를 구분하도록 도와주었다. 그는 서비스란 우리가 음식을 제공하는 방식이라고 강조했다. 요컨대

---

7 유의미하고 지속가능한 조직의 핵심이 구성원들이라는 믿음하에 고객, 지역사회, 공급자, 투자자보다 구성원들을 우선시하는 경영 철학

서비스는 응대, 일관성, 품질과 동의어였다. 반면 환대는 식사를 제공한 후에 당신이 어떻게 가치를 부가하는가를 말한다. 칙필레 용어로 말하면 2마일 서비스에 해당하는 환대는 고객이 주문한 음식을 정확히 그리고 친밀하고 훌륭한 태도로 제공하는 것을 초월하며 개인적인 연결고리까지 생성시킨다.

환대는 거창하지도 어렵지도 않다. 고객이 식사를 즐기는 동안 음료를 다시 채워주거나 깜짝 디저트를 제공하는 것처럼 단순할 수도 있다. 하지만 이런 환대는 고객이 예상하지 못한 돌발 행동이기에 기분 좋은 놀라움을 안겨준다. 물론 고급 레스토랑에서는 고객이 이런 수준의 서비스를 당연히 기대할지도 모르겠다. 하지만 패스트푸드 식당에서 이런 행동은 기대하지 않은 환대로서 고객에 대한 깊은 감사를 보여주는 확실한 방법이다.

호스트 슐츠는 고객 경험에 대해서도 예리한 통찰을 보여주었다. 리츠칼튼은 고상함이 목표인 반면 칙필레는 즐거움을 추구해야 한다고 지적했다. 고객이 매장을 방문할 때마다 밝고 즐거운 경험을 제공할 수 있어야 한다는 뜻이었다.

슐츠의 말을 직접 들어보자. "즐거움은 따뜻한 마음에서 출발합니다. 형식에 지나치게 집착하지 마세요. 칙필레는 패스트푸드 업체라는 사실을 명심하세요. 여러분은 순수한 즐거움과 다정한 마음을 서비스의 필수 요소로 만들어야 합니다. 꼭 그래야 합니다. 이 두 가지를 빼면 음식밖에 남지 않는데 음식만 가지고 장사한다면 큰 브랜드로 성장할 수 없습니다." 슐츠는 우리가 요식업의 기능적 편익에 충실한 것을 넘어서서 사랑받는 브랜드가 될 수 있는 또다른 방법을 배우도록 도왔다.

이에 우리는 운영 일관성이 월등할 뿐만 아니라 훌륭한 고객서비스로 평판 높은 기업을 벤치마킹하기 위해 다른 업종들로 눈을 돌렸다. 디즈니, 애플Apple, 할리데이비슨, 사우스웨스트항공Southwest Airlines, 신발 전문 온라인쇼핑몰 재포스Zappos 등. 우리는 그중 일부 기업의 본사를 직접 방문했고 그들의 서비스 철학을 배우려 노력했다. 그들은 환대를 표준화하기 위해 어떤 인프라를 구축했을까? (환대를 '제도화'한다는 개념이 언뜻 납득이 되지 않을 것이다. 하지만 환대를 일관성 있게 표현하려면 적절한 도구들이 필요하다.) 그런 다음에는 칙필레 내부에서 그런 표준을 훈련시킬 방법을 고민했다.

우리가 무엇을 원하는지는 의문의 여지가 없었다. 미소와 눈맞춤, 그리고 "제 기쁨입니다"라고 말하는 것 이상을 원했다. 우리는 2마일 서비스를 제공하기 위해 필요한 부가적인 요소들을 찾기 시작했다. 마침내 세 가지 행동을 추가로 결정했는데 보다시피 모두 선제적 행동이다.

- 매장 내 취식 고객은 자리까지 음식을 갖다준다.
- 고객의 필요 사항을 먼저 확인한다.
- 칙필레 트레이Tray 메뉴 같이 대량 주문은 자동차까지 배달한다.

이처럼 요구에 반응하기보다 먼저 움직이는 단순하면서도 적극적인 이런 행동은 우리의 '서비스 조리법Recipe for Service'이 되었다. 명칭에서 알 수 있듯 이 조리법의 재료도 칙필레가 제공하는 모든 메뉴의 재료만큼이나 절대적으로 중요하다.

이제는 이런 새로운 행동을 모든 매장의 직원들에게 훈련시킬 차례였다. 우리 마케팅 부서는 지역별로 별도의 외부 장소를 정해 교육하는 방법이 가장 효율적일 거라고 생각했다. 그런데 모라이타키스팀은 생각이 달랐다. 실제 매장에서 훈련하는 것이 교육효과와 영향력 면에서 더 나을 거라고 제안했다. 일단 그들이 제안하는 방식으로 시범 교육을 제공하기로 결정되었고, 애틀랜타 지역에서 시범 매장 9곳을 선정했다.

우리의 계획은 이랬다. 그들 매장 9곳의 운영자들과 매장 직원들을 교육시키고 교육을 마친 뒤, 다른 말로 2마일 서비스 전문가가 된 뒤, 그들이 각자 지역의 다른 매장들에게 본보기가 되는 것이었다. 모라이타키스팀은 그들 운영자를 도와줄 외부 컨설턴트로 전문가 두 사람을 고용했다. 9명의 운영자와 그들의 매장 직원들을 2마일 서비스 전문가로 키워줄 사람들이었다. 유능한 교육훈련 전문가Edutrainer 피터 구드Peter Goode와 웨스트버지니아주에 위치한 고급 휴양지 그린브라리어리조트Greenbrier Resort에서 30년간 음식 서비스 책임자를 지내다 은퇴한 로드 스토너Rod Stoner였다. 구드와 스토너가 매장 9곳을 매달 두 차례 방문해 운영자와 직원들을 교육시켰고 그들의 이야기에 열심히 귀를 기울였다. 이토록 강도 높은 교육훈련을 제공한 것은 칙필레 창사 이래 처음이었다.

그렇게 몇 달간 준비 작업을 마친 뒤 우리는 동일 지역에서 영업하는 모든 매장의 직원들을 매장 한 곳에 모아 첫 교육을 시작했다. 그런데 하필 날씨가 말썽이었다. 아침에 폭풍우가 휘몰아치는 악천후로 말미암아 식자재 배송 트럭이 어떤 매장에 늦게 도착했고 그 바람에 학습 환경이 제대로 갖춰지지 못했다. 마크 모라이타키스는 그 일을 이렇게 회상했다. "나는 첫 교육이 예정된 날 앞 주에 그 매장에 나갔었습니다. 믿을 수 없을 정도로 좋은 경험이었어요. 모두가 2마일 서비스의 전문가가 되어 있었습니다. 그러니까 훈련 날에 생긴 문제는 그 매장 운영자나 직원들하고는 전혀 무관했습니다. 오히려 본사의 속도에 문제가 있음을 의미했습니다. 우리는 한 가지를 확실히 깨달았습니다. 우리 매장은 고객들에게 봉사하기에는 이상적인 장소이지만, 새로운 행동을 가르치기에 이상적인 환경은 아닐 수 있다는 것이었죠."

다시 말해, 모라이타키스와 그의 팀은 그날 그 매장에서 발생한 문제를 통해 교육과 훈련에 모든 초점을 집중할 수 있는 환경이 필요하다는 사실을 절감했다. 그리하여 그들은 매장 직원들이 매일 직면하는 현실을 고스란히 담아내면서도 통제된 훈련 환경을 제공할 수 있는 방법을 고민하다가 '훈련 캠프'가 필요하다는 결론에 이르렀다.

때마침 칙필레대학교Chick-fil-A University가 애틀랜타 본사 인근의 한 창고에 실물크기의 매장 모형을 한창 건설중이었다. 이곳의 목적은 통제가 강화된 환경에서 새 식구가 된 운영자들을 교육하고 제품 사진을 비롯해 여타 판촉물을 개발하기 위해서였다. 우리는 그 모형을 운영자들의 훈련 캠프로 활용하는 방안을 다각도로 조사했다. 그러나 장소가 협소해 모든 운영자를 수용하기가 어려웠다. 시기적절하게 모두를 훈련시키려면 이런 '교실'이 두 개는 필요할 터였다.

그래서 우리는 두번째 모형을 건설했다. 이번에는 드라이브스루 창구와 드라이브스루 '고객'이 사용할 전동 골프 카트까지 구비했다. 심지어 가능한 현실에 가까운 경험을 제공하기 위해 이 모형에서 손님 역할을 하고 그런 다음 자신의 경험에 관한 피드백을 제공해줄 고객들을 채용했다. 우리는 매장별로 운영자를 포함 2명을 한데 모아 총 2000명이 넘는 리더를 교육시켰고, 그들 리더가 다시 각자 매장으로 돌아가 직원들을 훈련시켰다.

칙필레 환대팀은 트루엣 캐시가 7년 전 운영자세미나에서 제안했던 마법의 두 단어 "**제 기쁨입니다**"에서 시작했다. 그 두 마디가 결국에는 칙필레 역사상 브랜드를 구축하는 가장 강력한 도구를 탄생시켰다. 칙필레 운영자와 매장 직원의 따뜻한 마음이었다.

정서적 연결고리 마케팅

그렇다면 광팬 전략의 세번째 기둥은 어떨까? 트루엣 캐시는 1946년 드워프그릴을 시작했을 때부터 고객과 우정을 나누는 친구가 되고 음식을 나눠주는 등 수많은 방식으로 자신의 진심을 표현함으로써 정서적 연결고리를 만들었다. 그로부터 반세기가 지난 뒤에는 칙필레의 젖소가 사람들에게 웃음을 선사하면서 캐시와는 다른 종류의 정서적 연결고리를 만들어나갔다. 이제 우리는 정서적 연결고리 마케팅에서 다음 단계로 나아가야 했다. 정서적 유대를 만드는 과정을 확대하고 촉진하는 것이었다. 이번 단계의 주인공은 운영자와 매장 직원이었다. 운영자는 매장 직원들이 적극적인 브랜드 홍보 대사가 될 수 있도록 준비시킬 필요가 있었다. 그들이 계산대 뒤에서 나와 매장 홀과 지역사회로 들어가서 새로운 고객 경험을 창조하는 주체가 되어야 했다. 그리고 본사는 그들 운영자가 직원들을 브랜드 홍보 대사로 만들 수 있는 도구와 지원을 제공해야 했다.

우리는 양면전술을 펼쳤다. 먼저, 브랜드를 구축하고 매출을 증가시키는 일은 이제까지 그랬듯 운영자에게 맡겼다. 반면 우리는 경쟁자들보다 더 우위에 있는 네 가지 마케팅 자산에 초점을 맞추었다. 오직 칙필레 운영자에게만 허락된 유무형의 자산이었다.

- 음식
- 매장 직원
- 젖소
- 위의 세 자산이 지역사회에 미치는 영향력

음식

우리는 가장 먼저 우리 제품, 즉 음식에 집중했다. 음식이야말로 우리의 고유한 자산 1호였다. 그런데도 우리가 그것을 과소평가하고 충분히 활용하지 못한 채 낭비한 시간이 너무 많았다. 앞서 말했듯 트루엣 캐시는 원조 드워프그릴의 초창기 시절부터 음식을 나눠주었고, 특히 질병이나 죽음처럼 어려움에 처한 사람들에게 음식을 무료로 제공했다. 그것은 캐시가 친근한 이웃으로 다가가 사람들과 관계를 쌓는 나름의 방식이었다. 그런 다음 1967년 쇼핑몰에 진출해 칙필레 1호점을 열었을 때 캐시 일가는 이쑤시개에 꽂은 시식 제품을 손에 들고 매장 앞에 서서 나눠주었다. 이제까지 듣도 보도 못한 전혀 새로운 음식을 경험한 사람들의 반응은 즉각적이었다.

우리는 그동안 칙필레 샌드위치로 바꿀 수 있는 BOG 무료 교환권을 말 그대로 수백만 장이나 배포했다. 하지만 우리는 천하의 어떤 무료 교환권도 진짜 음식이 가진 강력한 힘은 따라올 수 없다고 믿었다. 우리는 그런 믿음을 바탕으로 신규 매장의 개점 행사와 연계한 마케팅활동을 계획했다. 지역사회에 BOG 무료 교환권 1만 장을 대방출하되 그 교환권과 함께 칙필레 샌드위치를 공짜로 나눠준 것이다. 교환권 개수와 똑같이 1만 개를 말이다. 샌드위치와 함께 제공된 BOG 무료 교환권의 회수율은 교환권만 나눠준 경우보다 두 배 반이나 더 높았다. 이는 우리의 믿음이 옳다는 것을 뒷받침해주었다.

식당들이 신메뉴를 알리거나 기존 제품의 매상을 끌어올리기 위해 자주 사용하는 전략이 '시식'이다. 예컨대 휴스턴 일대 칙필레 운영자들은 갹출한 자원을 한데 모아 6주간 매주 하루씩 매장당 800개의 시식용 조식을 나눠주었다. 이것은 '하나 사면, 하나 공짜' 같은 원 플러스 원 할인 행사가 아니었다. 말 그대로 순수한 선물이었다. 사람들은 칙필레 음식을 좋아하기 때문에 우리가 음식을 무료로 주면 자신에게 '선물'을 준 칙필레의 누군가와 즐거운 경험을 연결시킨다. 그 행사가 종료될 즈음 휴스턴 일대 칙필레 매장들은 조식 메뉴 매출이 두 배로 껑충 뛰어올랐다.

우리가 시식을 제공하는 데에는 세 가지 주요한 목표가 있었다. 짐작대로 해당 제품을 알리는 것이 첫번째 목표였고, 나머지 목표들은 사람들에게 칙필레라는 브랜드를 상기시키는 것과 나눔의 정신을 강화하는 것이었다. 우리는 아무 조건 없이 음식을 나눠줄 만큼 우리가 그들에게 마음을 많이 쓴다는 사실을 그들이 알기를 바랐다. 그들은 우리의 친절을 즐기면 그만이었다. 우리에게 아무것도 되돌려줄 필요가 없는 그야말로 공짜였다. 요식업계에서 무언가를 '공짜'로 주면 거의 예외 없이 부가조건이 따른다고 봐도 무방하다. 그러나 트루엣 캐시는 달랐다. 그는 온전하고 순수한 나눔의 정신을 실천했다. 우리가 그 정신을 계승해 칙필레의 모든 매장으로 확대하고 발전시키는 게 당연하지 않을까?

오늘날 칙필레 운영자가 매장 매출의 최대 1프로에 상응하는 음식을 무료로 나눠주는 전략은 너무 흔해 이야깃거리조차 되지 않는다. 속담도 있지 않은가. 빵을 물 위에 던지면, 즉 이해득실을 따지지 않고 좋은 일을 하면 언제나 보상이 돌아온다.[8] 그들 운영자의 행동이 이런 순수한 나눔의 정신에 해당된다. 이는 또한 수확의 법칙과도 같다. 뿌린 것보다 더 많이 거둔다는 이야기다. 아무런 조건 없이 베풀면 정서적인 보상이 따라온다.

---

8 "너는 네 떡을 물 위에 던져라. 여러 날 후에 도로 찾으리라."(전도서 Ecclesiaste 11장 1절)

이뿐만 아니라 1946년 이래로 트루엣 캐시가 그랬듯, 칙필레의 모든 매장 운영자는 지역사회가 크고 작은 어려운 상황에 직면하면 언제나 음식으로 반응했다. 내가 이 글을 쓰는 동안에도 애틀랜타에서 이와 관련된 훌륭한 사례가 두 건 있었다. 2017년 4월, 애틀랜타의 주요 도로망 중 하나인 85번 주간고속도로가 화재로 붕괴되었을 때 칙필레 운영자들이 구조대원들에게 식사를 무료로 제공했다. 또한 그 고속도로가 몇 달간 폐쇄되자 애틀랜타 시당국은 교통량 감소를 위해 시민들에게 출퇴근시 자동차를 함께 이용해 달라고 호소했다. 칙필레 운영자들은 그 캠페인을 응원하고 더 많은 참여를 독려하기 위해 '자동차 함께 타기'를 실천하는 시민들에게 조식 메뉴를 무료로 제공했다. 얼마 지나지 않아 2017년 12월 어느 일요일, 애틀랜타 하츠필드잭슨애틀랜타국제공항에서 정전이 발생해 몇 시간 동안 공항 기능이 마비되는 사건이 있었다. 카심 리드Kasim Reed 애틀랜타 시장은 밤 10시에 댄 캐시에게 전화를 걸어 도움을 요청했다. 이에 공항 인근에 살던 칙필레의 본사 직원들과 매장 직원들이 즉각 움직였고 공항에 발이 묶인 여행자들에게 5000개가 넘는 무료 샌드위치와 생수를 전달했다.

위의 대표적 두 사례는 전국적인 관심을 받았다. 하지만 대개의 경우 우리는 소박한 미소와 함께 일대일로 음식을 제공하는 평범한 나날을 보낼 뿐이었다.

매장 직원

칙필레에서 매장 직원 관리는 대단한 것이 아니었다. 그들이 가장 잘하는 일을 하도록 준비시키는 것이 전부였다. 바로 고객과의 상호작용이었다. 칙필레의 운영자는 진심 어린 환대의 정신이나 탁월한 마케팅 재능을 선천적으로 타고난 장차 '크게 쓰일' 직원을 용케도 채용해서 상업적 거래를 개인적인 관계로 전환시킬 수 있는 적재적소에 배치했다. 매장 내부나 드라이브스루 창구에서 고객들을 응대하는 자리 또는 지역사회에서 사람들과 직접 상호작용할 수 있는 자리였다.

이와 관련된 아주 유명한 사례가 있다. 2017년 허리케인 하비가 휩쓸고 지나간 휴스턴에서였다. 한 노부부가 폭우로 불어나는 물 때문에 집안에 꼼짝없이 갇혔다. 그들은 119에 긴급 구조를 요청하는 전화를 걸었지만 전화가 연결되지 않자 차선책을 선택했다. 단골이었던 인근의 칙필레 매장에 전화한 것이다.

노부부 중 남편 J. C. 스펜서J. C. Spencer는 지상파 방송사 ABC의 아침 간판 프로그램 〈굿모닝아메리카Good Morning America〉와의 인터뷰에서 이렇게 말했다. "나는 달걀을 추가한 그릴드치킨부리토 두 개와 보트 한 척을 주문했습니다. 그런데 믿을 수 없는 일이 벌어졌습니다. 칙필레 관리자 한 사람이 우리 부부를 (보트에 태워) 데려오라고 자신의 남편을 보낸 겁니다. 세상에 이렇게 고마운 분들이 어디 있겠습니까."*

감동적인 이 '구조 작전'은 스펜서 부부가 단골이었던 매장에 전화를 건 일에서 출발했다. 마침 스펜서 부부의 전화를 받은 사람이 매장의 총지배인 제프리 어번Jeffrey Urban이었는데 그는 스펜서 부부의 전화번호를 알아보았을 뿐만 아니라 스펜서의 말을 예사로 흘려듣지 않았다. 어번은 동료에게 연락했고, 그 동료가 다시 자신의 남편에게 전화했으며. 그가 자신의 보트를 몰고 가서 스펜서 부부를 구조했다.

방송을 타서 널리 알려진 위의 미담은 매우 특이한 사례였다. 그리고 당연한 말이지만 개인적인 관계를 구축하는 이런 영웅담은 아무리 이야기해도 질리지 않는다. 그렇더라도 비오는 날 고객에게 우산을 씌워 주차장까지 데려다준 매장 직원에 대한 이야기나 음료를 다시 채워주는 일 같은 소소한 환대가 훨씬 일반이지만 말이다.

젖소

칙필레의 젖소가 만드는 정서적 연결고리는 많은 점에서 상당히 독특하다. 일례로 젖소가 주인공인 칙필레 달력은 스포츠잡지 〈스포츠일러스트레이티드Sports Illustrated〉가 제작한 수영복 달력조차 한참 전에 밀어내고 세계 최다 판매 달력에 등극했다. 수백만 부의 칙필레 달력이 미국의 수많은 가정과 사무실과 학교 사물함의 벽을 차지했다. 이는 그들이 칙필레 브랜드를 자신의 개인공간에 들여놓았다는 뜻이다. 그들은 1년 365일 달력 속의 젖소를 보며 미소 짓고 '닥고기 마니 머거'라는 메시지를 떠올렸다.

칙필레의 젖소는 언젠가부터 고객들에게 하나의 광고 캠페인 이상의 의미를 갖게 되었다. 그들에게는 젖소가 예상치 못한 순간에 뜻밖의 즐거움을 주는 하나의 연결점으로 확실히 자리잡았다. 젖소는 미식축구 경기장에, 소도시의 축제 행렬에, 칙필레 매장에 불쑥 등장했고 인기 스타 부럽지 않은 큰 사랑을 받았다. 또한 젖소는 미식축구 선수들을 비롯해 수많은 유명 인사와 함께 어린이 병원을 방문하기도 했다. 어린이 환자들은 젖소를 보자마자 얼굴이 환해졌고, 비록 유명인도 좋아했지만 같이 사진을 찍고 싶었던 1순위는 늘 젖소였다.

운영자라면 "익숙함에 속아 소중함을 잃지 말자"라는 누군가의 말처럼, 이따금씩 젖소가 얼마나 특별한 존재인지 스스로를 상기시켜야 한다. 젖소와 오랜 시간을 함께 보낸다고 해서 그들의 힘과 영향력에 둔감해지면 절대 안 된다. 오히려 소속 연예인을 관리하는 연예 기획사처럼 '매니저'가 되어 젖소가 유명 인사 지위를 유지하도록 도와야 한다. 광고판에서, 텔레비전과 라디오에서, 지역 행사에서 젖소가 집중조명을 계속 받을 수 있게 하면 된다. 사람들은 칙필레의 젖소를 사랑한다. 그리고 이 젖소는 오직 칙필레에만 있으므로 우리에게는 사람들과 젖소를 공유할 책임이 있다.

지역사회에 미치는 영향력

영향력은 칙필레의 기업 목적 선언문에서 가장 핵심이다. 우리의 목적은 '칙필레와 관계를 맺는 모든 사람에게 선한 영향력을 미치는 것'이다.

운영자 개념의 장점 하나는 대개의 경우 운영자가 한 장소에서 몇 년간 매장을 유지한다는 점이다. 심지어 수십 년간 한 자리를 지키는 운영자도 드물지 않다. 따라서 지역사회는 그들에게 단순한 돈벌이 대상이 아니라 삶의 터전이다. 지역사회와 떼려야 뗄 수 없는 이해관계로 얽혀있다는 말이다. 그들은 그곳에서 가정을 꾸린 지역사회의 당당한 일원이고 그러니 지역사회 주민들에게 정이 들고 애착이 생기는 것은 인지상정이다. 운영자는 자신의 매장을 매개로 지역사회에 봉사할 수 있는 기회가 생기고, 그런 봉사는 지역사회에서 직원을 채용하는 것으로 시작한다.

이런 끈끈한 관계가 쌓이면 지역 주민들도 칙필레 브랜드를 사랑할 수밖에 없지 않을까. 오해하지 않기 바란다. 트루엣 캐시가 브랜드에 대한 호감을 사려는 목적으로 그 모든 활동을 일부러 해온 것이 아니듯 운영자도 마찬가지다. 그것 자체가 문화적 토양이다. 운영자도 그런 토양이 탄생하는 데 일조할 뿐만 아니라 그 토양 속에서 일하고 살아간다. 이는 칙필레의 존재 이유와 직결된다. 칙필레는 지역사회에 들어가서 사람들과 어울려 관계를 맺고 지역사회에 영향력을 미치기 위해 존재했다.

광팬이 성공의 열쇠다

우리는 칙필레 모든 매장의 고객을 대상으로 '성분' 조사를 벌였다. 기준은 단순했다. 각자의 경험을 바탕으로 친구에게 칙필레를 추천할 것인지 물었다. 앞에서 기술했듯, 이 조사에서 광팬 자격을 획득한 고객은 딱 한 부류였다. 10점 만점에 10점이라고 대답한 고객이었다. 9점을 준 고객은 광팬으로 보기 힘들었고 8점은 절대 광팬이 될 수 없었다. 10점을 준 고객들은 우리 브랜드 마케팅의 가장 강력한 지지자였다. 시간이 흐르자 우리는 각 매장이 광팬을 얼마나 확보했는지 자연히 알게 되었다. 각 매장의 성공과 성장에 그 답이 있었다. 광팬이 많은 매장이 성공하고 성장하는 것이 순리 아닌가. 그런 다음 칙필레 특유의 협업적인 문화가 작동을 시작했다. 운영자로 하여금 광팬을 만드는 방법에 관한 아이디어를 서로 공유하도록 동기를 부여한 것이다. 그 과정에서 우리는 몇 가지 핵심적인 원칙을 확인했고 모든 매장으로 확산시켰다.

광팬 전략의 효과성을 높이는 네 가지 습관

얻는 것이 아니라 주는 것에 집중하라

줄 때도 주의할 점이 있다. 얼마나 많이 주는가가 중요하다고 생각할지 몰라도 사실은 많고 적음이 아니라 어떻게 주는가가 핵심이다. 친구와 가족에게 무언가를 준다고 생각해보라. 대가를 바라지 않는 순수한 선물처럼 보이기 마련이다. 하지만 나눔도 직업적인 영역으로 들어오면 다소 복잡해진다. 가끔은 업무적으로 얽힌 관계의 상대방에게 무언가를 줄 때 반대급부를 노린 조건부 행위처럼 보이기도 한다. 이것은 순수한 선물이 아니라 주고받는 거래다.

만약 우리가 어떤 대가를 기대하며 무언가를 준다면 그것은 선물일 수 없고 당연히 거래로 이어진다. 더 나아가, 이런 경우에는 상황이 허락하는 한도 내에서 잠재적인 모든 거래를 취할 것이다. 하지만 광팬을 원한다면 접근법이 달라야 한다. 처음부터 거래를 염두에 두고 시작해서는 안 된다. 상호작용으로 첫 단추를 꿰어야 한다.

광팬을 만들려면 우리는 무엇을 주어야 할까? 단언컨대 할인은 아니다. 심지어 공짜로 나눠주는 음식도 무용지물일 때가 더러 있다. 우리가 고객에게 줄 수 있는 진짜 선물은 고객의 이름을 기억하고 소박한 미소를 짓는 것이다. 요컨대 고객을 거래의 대상이 아니라 온전히 한 개인으로 존중하고 인정해주는 것이 참된 선물이다.

평범함은 가라, 이야깃거리를 제공하라

사람들은 평범한 것에 대해서는 이야기할 필요성을 못 느낀다. 입소문 광고가 언제 어디서든 가장 강력한 마케팅 수단인 건 사실이지만 저절로 발생하지는 않는다. 입소문을 유발하려면 우리는 사람들이 이야기할 가치가 있는 무언가를 해야만 한다. 단순히 제품만 제공해서는 입소문을 기대할 수 없다. 반드시 경험을 제공해야 한다. 그들은 우리와의 경험에서 무엇을 기억할까? 그들은 무엇에 대해 이야기할까? 우리는 사람들이 자발적으로 이야기하고 싶은 경험을 창조하고 제공할까? 칙필레는 음식보다 훨씬 의미 있는 무언가가 될 수 있다. 칙필레는 반드시 하나의 경험이 될 수 있어야 한다.

이성에 호소하지 말고 정서적 요소에 초점을 맞추어라

이성은 거래를 성사시키고, 정서적 요소는 광팬을 만든다. 어린이 메뉴에 포함시킬 장난감을 만드는 이성적인 사람은 아이들의 관심을 끌 수 있는 장난감이 어떤 것인지에 집중한다. 즉, 상술에 주안점을 둔다. 하지만 칙필레는 부모와 자식 사이에 정서적 연결고리를 만들려면 어린이 메뉴를 어떻게 활용할 수 있을지 알고 싶었다. 말인즉 어린이들에게 선한 영향력을 미칠 방법을 찾는 것이 우리의 숙제였다.

정서적 연결에 초점을 맞추는 기업은 고객에게 마음에 남는 영향을 주기 위해 유무형의 조직 자산을 매개로 사용한다. 이에 고객은 그 기업을 더욱 적극적으로 지지하는 것으로 보답한다. 쉽게 말해 그들은 그 브랜드의 성공을 응원하고 그곳과 거래해야 한다는 의무감까지 느낀다. 이렇게 볼 때 기업이 해야 하는 일은 명백하다. 고객이 응원할 가치가 있는 일을 하라. 어떤 척도로도 평가하거나 측정할 수 없는, 한마디로 아무도 기대하지 않은 일을 오직 고객을 위해서 하라.

고객의 최종 목적지가 되는 것이 핵심이다. 고객이 어떤 단계를 밟아 특정 브랜드를 찾는지 일일이 계산하고 측정할 수 있다고 달라지는 것은 없다. 광팬은 무료 교환권이나 할인 행사가 없어도 특정 브랜드를 찾을 뿐만 아니라 기쁘고 즐거운 마음으로 제값을 치를 거라고 믿을 수 있는 고객이다. 이것이 바로 브랜드를 더욱 지속가능하게 만들어주는 요소다.

요청받기 전에 한발 앞서 제공하라

관계가 위대해지려면 열정이 필요하고, 열정은 재충전될 필요가 있다. 칙필레가 신규 매장을 오픈하는 현장을 본 적이 있는가? 그렇다면 열정이 무엇인지 직접 확인했다고 봐도 좋다. 열정적인 고객들은 개업 당일 아침 '오픈런'을 위해 야영하며 밤이슬을 맞는 것도 마다하지 않는다. 열정적인 운영자와 매장 직원은 또 어떤가. 주차장을 야영장으로 만든 열정적인 고객과 연결고리를 만들고 그들에게 봉사하고 싶어 날이 밝기만을 기다린다.

운영자와 매장 직원은 고객이 요청할 때까지 기다리는 대신에 고객에게 봉사할 기회를 찾아서 매장 안을 돌아다닐 때 열정으로 충전된다. 그들은 누가 시키지 않아도 고객을 따뜻하게 맞고 음식을 좌석까지 가져다주며 음료를 다시 채워주고 테이블을 깨끗하게 청소한다. 또한 대량 주문은 자동차까지 들어주고 비가 오면 고객에게 우산을 씌워준다. 참, "제 기쁨입니다"라는 말도 기억하라. 계산대에서든 드라이브스루 창구에서든 고객이 고마움을 표현하면 언제나 "제 기쁨입니다"라고 대답한다.

10장

칙필레의 또다른 이름: 혁신

브랜드가 곧 기업이다.

오늘날 비즈니스 세상에서는 이것이 불문율이다. 누구도 새로운 개념이라고 생각하지 않는다. 하지만 1980년대 칙필레에게는 생소하기 짝이 없었다. 그때는 기업 리더가 '브랜드'란 마케팅 부서의 전유물이라고 생각하던 시절이었다. 그러거나 말거나 우리가 마케팅, 광고, 홍보 등에서 하는 모든 일이 브랜드의 한 축을 이루었다. 솔직히 브랜드는 해당 기업과 관련된 고객 경험의 총합이다.

고객이 눈으로 보고 접촉하는 모든 것이 브랜드를 구성한다. 메뉴, 매장 디자인, 화장실 청결 상태, 포장, 광고, 판촉, 직원 등은 물론이고 심지어 그들의 복장까지도 브랜드의 일부다. 모든 고객

접점은 브랜드로 녹아들고, 따라서 그런 접점 각각이 브랜드에 가치를 더해주거나 브랜드를 손상시키거나 둘 중 하나다.

10년 전 쯤 우리는 칙필레 브랜드 체계Brand Architecture[1]를 문서화하는 데 힘을 쏟았다. 다양한 '브랜드 접점'이 서로 어떻게 관련되고 어떻게 조화를 이루며 전사적인 혁신 우선순위를 어떻게 주도해야 하는지 전체적이고 일목요연하게 구조화하기 위해서였다.

칙필레의 브랜드 체계는 기업 목적, 다른 말로 우리의 존재 이유에서 시작했다. 그런 다음 "고객이 이야기하고 싶은 브랜드가 되라"는 우리의 사명에 집중했다. 우리는 모든 브랜드 접점이 이야기할 가치를 지니고 그래서 고객이 우리 브랜드와의 모든 경험을 이야기하고 싶도록 만들고 싶었다. 우리의 성공 비결은 고객에게서 나왔다. 고객이 우리와의 경험을 긍정적인 방식으로 이야기한 것이 우리 성공의 원동력이었다. 그렇다고 고객이 없는 이야기를 꾸며내서 긍정적인 입소문을 내는 것이 아니었다. 우리가 '이야깃거리'를 주어야 했다. 우리는 예상하지 못한 경험을 제공해서 고객에게 놀라움을 안겨줌으로써 이야깃거리를 제공했다. 여기에도 우리의 숨은 노력이 들어 있었다. 우리가 브랜드 본질을 표현하는 방법들을 찾았기 때문에, 말하고 싶은 이야기가 만들어졌다. 그렇다면 우리 브랜드의 본질은 무엇일까? '탁월함이 고귀함과 만나는 곳'이었다.

우리는 중앙에 브랜드 본질이 적힌 수레바퀴를 중심으로 브랜

---

1 브랜드 아키텍처. 다수 브랜드를 보유한 기업이 브랜드를 가장 효율적으로 관리하기 위해 만든 브랜드의 수평 혹은 수직 구조를 말하며, 특히 칙필레는 하나의 브랜드가 기업명을 포함해 모든 상품과 서비스를 포괄하는 브랜드 구조로서 단일 브랜드 체계에 해당한다.

드 접점들을 표시했다. 이른바 브랜드 본질 수레바퀴다. 이런 원형 구조를 만든 데는 우리 나름의 이유가 있었다. 계층적인 조직 구조보다 브랜드 본질 수레바퀴를 우선한다면 어떤 것이든 내부 이익만 추구하는 직능적 이기주의가 들어설 가능성을 원천적으로 막을 수 있는 것이다. 모두가 그 바퀴를 중심으로 일해야 한다. 그리고 모두가 원형 구조상에 위치하므로 이른바 '따로 또 같이' 현상이 만들어진다. 가령 마케팅은 직접적인 책임이 없는 일에까지 영향을 미치게 된다. 구체적으로 말해 수레바퀴에 포함된 모든 브랜드 접점에는 각 접점의 계획 수립, 예산, 집행 등을 협력하는 교차기능팀Cross Functional Team[2]이 존재한다.

당연히 마케팅은 고객이 제품의 기능을 물리적으로 경험하는 방식에 영향을 미쳤다. 하지만 칙필레에서 마케팅의 가장 중요한 역할은 고객을 대면해서 봉사하는 운영자를 지원하는 일이었다. 운영자는 고객의 전반적인 브랜드 경험을 강화하는 주체였다. 예컨대 고객이 오늘 칙필레의 서비스가 매우 '탁월'했고 '고귀'한 경험을 했다고 생각하는 것은 운영자의 손에 달려 있었다. 매장 내부는 물론이고 드라이브스루 창구, 야구장의 구내매점, 직장 행사의 단체 주문 등 모든 접점에서 그랬다. 우리는 고객이 어떤 환경에 있든 '탁월함이 고귀함과 만나는 곳'을 제공했다.

우리는 "우리 매장의 일일 평균 방문자 수가 2000명이다"라는 식으로 고객을 거래 상대로 생각하지 않았다. 오히려 매일 2000명

2　서로 다른 기술과 경험을 가진 사람들이 공동의 목표를 이루기 위해 협력하는 팀

이 우리 매장 한 곳을 찾도록 만들었다는 것이 핵심이었다. 2000명 각자가 직면하는 사안과 문제와 도전은 제각각이다. 즉, 그들 각자는 자신만의 이야기가 있다. 그리고 각자가 칙필레를 만나는 바로 그 순간 그들은 어떤 이야기의 한복판에 있고, 이때부터는 우리도 그 이야기에 본격적으로 끼어든다. 우리는 그들의 이야기에 어떤 영향을 주었을까? 그들에게 '탁월함이 고귀함과 만나는 곳'을 어떻게 제공했을까? 그들이 오늘 더 좋은 이야기를 만들도록 어떤 도움을 주었을까? 세상살이가 그렇듯 누구도 매일 좋은 일만 있을 수는 없지만 칙필레라면 그들의 힘들었던 하루가 달라지도록 도와줄 가능성이 충분하다.

칙필레 본사는 운영자에게 브랜드 전략과 브랜드 체계로 지원사격을 해주었다. 이에 더해 본사는 그들이 브랜드 전달Brand Delivery[3]에 오롯이 초점을 맞출 수 있도록 기반 구조적인 서비스도 전부 제공했다. 만약 그들이 IT시스템이나 회계 또는 배달 트럭이 정시에 도착할지에 대해 걱정한다면 어땠을까? 칙필레 브랜드를 전달하고 구축하는 데에 집중할 수 없는 것은 당연지사였다. 이런 모든 인프라의 역할은 운영자가 고객에게 초점을 맞추도록 지원하는 것이었다.

3 기업이 모든 소통 수단을 통해 브랜드 약속과 포지셔닝을 내·외부 고객에게 일관되고 전략적으로 전달하는 것

'존재 이유'를 기억하라

2012년 여름, 내가 칙필레의 식구가 된지 30년을 꽉 채우고도 1년 반이 더 지났다. 그동안 내가 지켜본 트루엣 캐시는 한결같았다. 모든 고객과 관계를 구축하고 싶어했다. 다른 말로 그들과 거래하고 그들의 존경을 얻고 싶어했다. 사람들에게 기쁨을 주려는 그의 욕구와 세심한 감수성은 타의 추종을 불허했다. 그는 사회, 정치, 종교 등과 관련된 활동은 일절 피했다. 그런 활동이 관계를 무너뜨리는 지름길이라는 것을 잘 알았기 때문이다. 반면에 좋은 음식과 배려와 보살핌을 싫어하는 사람은 세상에 없는 법이다.

캐시라고 어찌 자기주장이 없고 신념이 없었을까. 하지만 그는 칙필레를 자신의 주장과 신념을 표현하는 확성기로 사용하지 않겠다고 의식적으로 선택했다.

그러던 중 2012년 우리는 홍보에서 커다란 위기에 봉착했고, 이는 우리가 초심으로 돌아가는 계기가 되었다.[4] 말인즉 우리의 존재 이유로 회귀했다. 칙필레가 존재하는 이유는 무엇이었을까? 시간을 1982년으로 돌려보자. 당시 경영위원회는 기업 목적 선언문을 작성하기 위해 열띤 토론을 벌였다. 특히 하나님께 영광을 돌리는 가장 좋은 방법에 관해 광범위한 토론이 이뤄졌다. 하나님께 영광을 돌리는 것이야말로 트루엣 캐시를 비롯해 두 아들인 댄과 버

---

4 2012년 댄 캐시가 한 언론과의 인터뷰에서 '가족에 관한 성경적인 정의'를 지지하며 동성결혼을 반대한다고 공개적으로 밝혀 사회적으로 커다란 반향과 논란을 일으켰다.

바는 물론이고 경영위원회 모든 구성원의 입장에서는 논쟁의 여지가 없는 명백한 욕구였다. 핵심은 '어떻게'였다. 하나님께 영광을 돌리려면 어떻게 해야 했을까? 우리는 답을 찾았다. 하나님이 칙필레에게 믿고 맡기신 모든 것을 지키는 충직한 청지기가 되자.

트루엣 캐시가 바라는 기업상은 사람과 돈과 영향력을 수호하는 훌륭한 청지기가 됨으로써 하나님께 영광을 돌리는 것에 대한 실재적인 증거가 되는 기업이었다. 궁극적으로 볼 때 캐시가 좋아하는 잠언 22장 1절에서 말하듯, 평판이 세속의 모든 재물보다 중요하다. 캐시는 1982년 당시 혈기왕성하고 젊었던 경영위원회 위원들과 청지기적 사명에 관해 토론하던 중에 자신이 바라는 칙필레의 모습을 명확히 밝혔다. 무엇보다 칙필레는 사람들을 어떻게 대우하고 섬기는지에 관한 강력하면서도 최대한 가장 보편적인 증거가 되어야 한다고 강조했다. 그러면서 칙필레가 사회·정치·종교적인 담론이나 입장을 표현하는 무대가 되지 않는 것도 이 목표의 일부라고 단단히 못을 박았다. 이후 오랫동안 내가 직접 들은 경우만 따져도 그는 이 말을 수없이 되풀이했다.

캐시의 경영 철학은 칙필레가 모든 사람을 섬기는 것이었다. 이는 목적 선언문에 나와 있는 그대로였다. "칙필레와 관계를 맺는 모든 사람에게 선한 영향력을 미친다." 그렇다고 섬기는 행위 자체가 목표는 아니었다. 조건이 있었다. 칙필레를 경험한 사람들이 그 경험에서 다른 패스트푸드와 차별화되는 특징을 알아보고, 더 나아가 '칙필레는 무엇이 그토록 다르지?'라는 궁금증이 생기는 방식으로 섬겨야 했다. 캐시만이 아니라 경영위원회 위원들도 모든 사람을 섬긴다는 목표는 같았다. 그들의 삶에서 선한 영향력을 미치는 평판 좋은 브랜드로 확실하게 자리매김하고 싶었다. 이렇게 하려면 각 매장의 운영자가 우리의 존재 이유를 실천할 수 있는 권한과 힘을 부여해야 했다.

그렇다면 문제의 2012년에 무슨 일이 있었던 걸까? 칙필레는 동성결혼을 둘러싼 민감한 문화적 논쟁의 한복판에 있었다. 우리는 캐시 일가의 신념에 대해서는 왈가왈부하고 싶지 않았다. 하지만 우리는 칙필레의 존재 이유에 충실할 의무가 있었다. '우리와 접촉하는 모든 사람에 대한 선한 영향력을 미침으로써' 하나님께 영광을 돌려야 했다.

그때는 칙필레의 모두에게 극도로 힘든 시기였다. 운영자며 매장 직원이며 아무도 이번의 첨예한 논쟁에 휘말리고 싶지 않아 했다. 하지만 매장 바깥의 사정은 그렇게 간단치가 않았다. 마치 울고 싶은 아이 뺨 때려준 형국이었다. 이번 논쟁의 양 진영은 각자 주장을 강화하기 위해 칙필레를 이용하고 있었다. 결과부터 말하면 운영자와 매장 직원들은 이 난국을 훌륭하게 극복했다. 어떻게 했을까? 자신들이 가장 잘하는 일을 했다. 바로 탁월함과 고귀함 중에서 후자를 실천했다. 매장 바깥의 시위자들에게 샌드위치와 레모네이드를 무료로 제공한 것이다. 그것도 본사로부터 아무 언질도 없었는데 자발적으로 그렇게 했다. 맞다, 트루엣 캐시도 정확히 그렇게 했을 것이 틀림없다!

도널드 페리와 나는 칙필레 내부자의 설화說話로 촉발된 사회적 논쟁을 통제하려고 무던히 노력했다. 하지만 우리 힘으로 통제할 수 없는 경우가 너무 많았다. 그저 우리와 접촉하는 모든 사람에게 칙필레가 선한 영향력을 미칠 수 있는 상태로 되돌아갈 수 있기만을 간절히 바랐다.

이런 상황에서 사람들의 마음을 돌리려면 우리는 어떻게 해야 했을까? 본사 지원센터의 이름으로 대중 홍보자료를 배포하거나 소셜 미디어에 글을 게시한다고? 그것도 하나의 방법일 수는 있었다. 하지만 우리의 진정한 무기는 청지기 정신과 선한 영향력이었다. 그리고 청지기 정신과 선한 영향력의 힘을 발휘할 수 있는 진짜 주인공은 본사가 아니었다. 각자 자신의 매장을 지키는 운영자였다. 이미 1000명을 넘어선 운영자들은 각자 지역사회에서 젊은 인재를 채용하고 그들의 잠재력을 개발했으며 지역사회를 알뜰하게 챙기며 진심으로 봉사했다. 우리도 언제나 운영자를 우선순위에 놓았다. 그들 각자가 우리의 존재 이유에 입각해 칙필레 매장을 운영할 수 있도록 물적자원을 비롯해 모든 지원을 최우선으로 제공해왔다는 이야기다. 가능한 많은 사람에게 봉사하고 영향을 미칠 기회도 본사가 운영자에게 제공하는 지원 중 하나였다.

우리는 깊이 성찰하고 심층적인 토론을 거친 후에 간단한 성명서를 발표했다.

> 칙필레의 문화와 우리 매장의 전통적인 서비스는 신념, 인종, 종교, 성적 취향, 성별 등과 상관없이 모든 사람을 명예와 품위와 존경의 마음으로 대하는 것이다.

결과적으로 말해 그 위기는 전화위복이 되었다. 솔직히 다른 선택의 여지가 없기도 했었다. 어쨌든 우리는 우리의 과거로, 우리의 뿌리로 돌아갈 수밖에 없었다. 우리의 과거 중에서 어떤 것이 미래에도 중요한 의미를 가질 수 있을지 알아내는 것이 급선무였다. 또한 이렇게 하려면 고객의 목소리를 알아야 했다. 우리는 브랜드와 마케팅에 특화된 컨설팅업체 프로페트Prophet와 프로페트의 최고성장책임자Chief Growth Officer: CGO 스콧 데이비스, 그리고 프로페트의 남부 지사에서 근무하던 마이크 플레밍Mike Fleming에게서 도움을 받아 고객의 목소리를 들었다.

고객은 통일된 목소리를 냈다. 운영자와 매장 직원들이 칙필레가 가진 최고의 가치를 되살렸다고 입을 모았다. 요컨대 그들이 우리의 미래였다. 그들은 진심에서 우러나는 서비스와 배려로 고객을 만나고 환영했으며 섬김을 다했다. 이뿐만 아니라 트루엣 캐시가 언제나 행동으로 말로 본보기를 보여주었던 고귀한 환대의 정신을 확대시켰다. 이로써 캐시의 놀라운 선견지명이 다시 한번 입증되었다. 그가 운영자 모델을 개발한 이유가 바로 칙필레의 모든 매장에서 그런 환대를 재창조하기 위해서였다.

운영자들이 이번 위기에 대처한 방식을 보고 우리는 정신이 번쩍 들었다. 진심 어린 관심과 고귀함을 소통하는 방식으로 모두를 섬김으로써 하나님께 영광을 돌리기를 간절히 바라는 기업으로서 우리가 어떻게 해야 하는지 명확히 깨달았다. 가장 중요한 것은 칙필레의 기업 목적에 있었다. 하나님이 트루엣 캐시와 그의 가족, 그리고 그의 사업 비전을 공유하는 모든 사람에게 베푼 은혜를 지키는 충직한 청지기가 되는 것 말이다. 칙필레의 기업 목적 선언문이 탄생한 현장에 있었으니 나는 이것이 트루엣 캐시의 진심이자 그의 비전이며 욕구였음을 확신한다. 나는 그런 고귀한 목적에 함께할 수 있는 것이 아무에게나 주어지는 행운이 아님을 잘 알았다. 그런 목적은 명시적으로는 칙필레가 존재하는 '이유'였고 암묵적으로는 앞서 재차 강조했듯 우리의 리더십과 의사 결정의 근간을 이루는 내재된 원칙이었다. 내가 그 행운의 주인공이라는 사실은 의욕과 용기를 북돋우는 최고의 명약이었다.

2012년 여름의 위기는 또한 우리가 브랜드 명확성을 재정립하는 계기가 되었다. 프로페트가 수집한 고객 데이터는 두 가지 놀라운 사실을 일깨워주었다. 첫째는 우리가 모든 기업의 염원 하나를 실현했다는 사실이었다. 고객들은 스스로가 칙필레 브랜드를 소유하는 주인이라고 믿었다. 더욱이 그들은 칙필레가 각자의 삶에서 중대한 자리를 차지한다고도 생각했다. 그들은 자신이 알고 사랑하는 칙필레는 소셜 미디어에서 떠도는 이야기와 일치하지 않는다면서, "내가 아는 칙필레는 예의 바르고 배려 깊으며 좋은 음식을 제공합니다"라고 입을 모았다. 이는 운영자와 매장 식구 모두가 각자의 자리에서 최선을 다했다는 반증이었다!

운영자들은 몇 달에 걸쳐 탁월함이 고귀함과 만나는 환경을 조성했다. 그리고 그런 그들의 모습을 보면서 우리도 절로 힘이 났다. 고객 피드백도 그 네 단어에 집중되었다. '**탁월함이 고귀함과 만나는 곳.**' 드디어 우리는 칙필레의 브랜드 본질을 찾았다.

- 곳: 매장만이 아니라 칙필레 브랜드와의 모든 접점을 의미했다. "나는 칙필레를 만나는 모든 곳에서…… 를 기대합니다."
- 탁월함: 좋은 사람, 좋은 음식, 좋은 환경, 좋은 서비스
- 만나는: 연결감. 눈맞춤. "제 기쁨입니다." 칙필레 운영자, 매장 직원, 본사 임직원 등 모두가 고객을 진심으로 아끼는 마음을 보여주는 만남
- 고귀함: 품격 있는 환대. 사람들이 기대하지 않는, 특히 패스트푸드 매장에 대해서는 꿈도 꾸지 않는 개인적인 접촉

그중에서도 탁월함 요소가 중요했다. 좋은 사람, 좋은 음식, 좋은 환경. 모든 매장에서, 매장이 주최하는 모든 행사에서, 행사에서 봉사했던 모든 직원이 고귀함의 정신으로 무장해서 탁월함을 제공했다. 나는 예전에도 지금도 단언할 수 있다. 칙필레의 모든 운영자가 이제까지 그래왔듯 앞으로도 영원히 그런 종류의 만남을 창조하는 데 계속 초점을 맞추리라. 칙필레는 운영자와 매장 직원 자체가 브랜드다. 그들은 칙필레의 목적을 이해하고 사랑할 뿐만 아니라 삶에서 그 목적을 실천하며 고귀하게 살아가는 방법도 잘 안다.

칙필레 안팎에서 이런 일련의 사건이 벌어지는 와중에 홍보 담당 부사장 도널드 페리가 2012년 7월 27일 세상을 떠났다. 매사 겸손과 고귀함을 실천하던 페리는 우리 모두에게 귀감이 되는 좋은 친구였고 그런 친구를 잃은 우리는 깊은 슬픔에 잠겼다. 나는 미망인인 매릴린의 부탁으로 추도 연설을 하게 되었는데 페리에 대한 추도문은 눈감고도 쓸 수 있었다. 그의 성격, 넉넉한 인품, 영향력

이라면 누구보다 잘 알았기 때문이다. 비록 그를 잃은 슬픔에 북받쳤지만, 한편으로는 오랜 세월 곁에서 지켜보며 사랑하고 존경하게 된 누군가를 칭송하는 것이 기쁘기도 했다. 우리가 페리의 삶과 그가 남긴 유산을 기리던 바로 그날, 수백만 명의 고객들은 여느 때처럼 전국의 칙필레 매장을 찾아 칙필레에 대한 변함없는 지지를 보여주었다. 참으로 다사다난했던 하루였다. 물론 심적으로 힘든 시간이었다. 하지만 페리에게 경의를 표하기 위해 교회 예배당을 가득 메운 사랑하는 친구들과 유가족을 보면서 내가 하나님의 평화를 새삼 경험한 날이었다. 또한 무엇이 정말로 중요한지 새삼 깨달은 날이기도 했다. 하나님과의 관계와 세속적인 모든 관계가 가장 중요했다. 뿐만 아니라 칙필레에 대한 내 헌신을 새로 다지는 날이었다. 칙필레가 고귀함과 겸손과 환대로 충만한 공간이 되도록 내 모든 노력을 다하겠다는 다짐이었다. 트루엣 캐시와 운영자들, 그리고 도널드 페리는 그런 장소를 가질 자격이 충분했다.

브랜드 연관성을 유지하기 위해 혁신하다

칙필레 성공에서 언제나 일등공신은 혁신이었고 치킨샌드위치가 혁신의 제1주자였다. 그리고 칙필레의 전체 역사를 관통하는 단어는 브랜드 연관성이었다. 우리는 그 연관성을 유지하기 위해 쉼 없이 달려왔고 변화의 연속이었으며 늘 진행형의 과정에 있었다. 혁신 자체만이 아니라 브랜드 연관성도 우리 마케팅 부서의 최우선순위였다. 우리는 고객의 생활 방식과 취향과 기대와 우리 브랜드의 연관성을 이어가는 것에 주된 초점을 맞추었다.

지난 수십 년간 제품, 매장 디자인, 환대 캠페인 등을 혁신할 때마다 우리는 고객과 운영자의 목소리에 체계적으로 귀를 기울이는 공식적인 과정을 발전시키고 꾸준히 개선했다.

메뉴판만 놓고 봐도 우리가 일군 혁신 결과물은 명백했다. 칙필레 너겟, 치킨누들수프, 벌집형 감자튀김, 어린이 메뉴 등이 혁신을 통해 탄생했고 특히 어린이 메뉴에 포함된 장난감은 선한 영향력의 대표 주자였다. 또한 고객들이 양배추샐러드 코울슬로와 건포도·당근샐러드 이렇게 달랑 두 종류인 샐러드 메뉴를 다양하게 확대해달라고 요청했을 때는 또 어떤가. 당연한 말이지만 처음에는 고객들이 곁들임 음식으로 샐러드를 구매할지 반신반의하는 마음이었다. 하지만 고객들은 거의 즉각적인 뜨거운 호응으로 우리의 의구심을 확신으로 돌려놓았다. 그리고 우리는 그 성공을 발판 삼아 다양한 샐러드 메뉴를 탄생시켰다.

우리는 샐러드가 영양소 풍부한 건강식이라는 인식에 착안해 구운 닭고기를 접목시킨 샐러드 조리법을 개발했고, 덕분에 샌드위치와 샐러드 메뉴가 한층 풍성해졌다.

한편 조지아 북부에서 오랫동안 각자 매장을 운영해온 프랭크 카니Frank Carney와 셰인 토드Shane Todd가 자체적으로 개발한 밀크셰이크가 입소문을 타기 시작했다. 우리는 그 입소문을 눈으로 귀로 확인했을 때 비록 도전이 되겠지만 그 기회를 그냥 흘려보낼 수가 없었다. 본사 신제품 개발팀이 그들의 조리법을 다듬어 완성하기 위해 노력하는 동시에 재료를 원활히 조달하기 위해 공급업체들과 조율했다. 우리는 카니와 토드가 창조한 검증된 밀크셰이크를 토대로 조리법과 조리과정을 표준화하는 데 집중했다. 하지만 예상대로 쉽지 않았다. 무엇보다 밀크셰이크 한 잔을 만드는 데 시간이 너무 많이 걸렸다. 게다가 거품기를 몇 개나 태워먹고 컵은 또 얼마나 찢어먹었는지 모르겠다.

당시 시중에는 우리가 사용하는 용기에 맞춰 밀크셰이크를 신속하게 만들 수 있는 장비가 없었다. 우리 기술팀이 우리의 표준 용기에 알맞고 매장에서 사용하기도 편한 밀크셰이크 전용 메이커를 개발하고 생산하기까지 무려 2년 가까운 시간이 걸렸다. 다행히 고생한 보람이 있었다. 대성공이었다. 심지어 오늘날에는 밀크셰이크가 칙필레 브랜드 경험에서 중요한 비중을 차지한다.

우리는 우리의 역량이 허락하는 한도 내에 꼭 필요한 부문에서 신속하게 혁신을 이어갔다. 하지만 시장의 요구는 갈수록 많아졌고 경쟁도 점점 치열해졌다. 이런 상황에서 우리는 어떻게든 기존의 블루오션 공간을 지켜내야 했다. 필수적인 혁신의 속도가 빨라질수록 주기 시간Cycle Time[5]은 짧아졌다. 이에 우리는 데이비드 파머David Farmer와 교차기능팀의 주도하에 약 9300제곱미터(약 2810평) 면적의 혁신센터를 2012년에 완공했다. 병아리가 알을 깨고 부화한다는 뜻을 가진 '해치Hatch'센터는 실물크기의 매장 모델, 3D 가상현실 매장 디자인 기술, 유연한 작업 환경 등을 두루 갖추었다. 혁신

5 어떤 상황이 발생한 후 같은 상황이 발생할 때까지의 시간 간격

센터는 우리의 혁신과정에 날개를 달아주었다. 시작부터 끝까지 혁신의 전 과정을 한 지붕 아래서 끝낼 수 있게 되었을 뿐만 아니라 혁신의 초기 단계에서 고객과 운영자를 직접 참여시키는 것도 가능해졌다.

우리는 해치센터 덕분에 제품, 기술, 광고, 메뉴판 배치, 직원 유니폼 등 큰 얼개만 잡힌 개념 수준의 아이디어에 대해 브레인스토밍하고 피드백을 획득할 수 있었다. 또한 매장 디자인 샘플 제작, 음식 서빙 실습, 환대 역할극 연습 모두를 동일 공간에서 진행할 수도 있었다. 해치센터가 없었을 때는 새로운 아이디어에 대한 고객의 '생생한' 반응을 직접 확인하는 방법은 하나뿐이었다. 진짜 매장에서 고객이 해당 아이디어를 체험하게 만드는 것이었다. 당연한 말이지만 이 과정에는 상당한 시간이 소요되었다. 그런데 해치센터가 생김으로써 우리는 즉각적인 고객 피드백을 손에 넣었다.

2014년에는 면적이 2800제곱미터(약 840평)로 해치센터의 3분의 1보다 약간 작은 키친Kitchen이라는 새로운 시설도 마련했다. 명칭에서 보듯 키친의 용도는 음식에만 오롯이 집중하는 것이었다. 우리는 키친을 통해 새로운 조리법 아이디어를 실험했고, 매장 주방의 안정성과 효율성을 끌어올리기 위해 기존 제품과 절차와 장비를 개선했다.

해치나 키친에서는 연중 언제나 15개에서 20개의 프로젝트가 동시에 진행되었다. 그런 프로젝트 모두는 우리 조직 구성원 누군가의 머리에서 나온 것이었다. 전략적 지원, 인력 관리와 배치, 혁신 투자 등에 관한 좋은 아이디어가 있으면 역할이나 지위를 떠나 칙필레 식구 누구라도 제안할 수 있었다. 그중에서도 칙필레를 지탱하는 두 가지 인적 요소인 고객과 운영자와 가장 긴밀하게 상호작용하는 사람들이 혁신의 최대 원천이었다. 결과적으로 해치와 키친은 창조성의 요람 역할을 톡톡히 해냈다. 창조적인 사람들이 모여 혁신에 초점을 맞추는 창조적인 환경에서 일하자 창조성이 주변으로 전파되었다. 요컨대 창조성이 전염되면서 창조가 창조를 낳았다.

해치와 키친의 또다른 혜택은 모든 프로젝트 리더가 동일한 혁신과정을 따른다는 점이었다. 먼저, 그들은 초기 단계에서 고객과 운영자의 목소리에 귀를 기울였다. 그런 다음 프로젝트 리더는 그런 목소리에서 확보한 아이디어를 구체화시키기 시작했다. 더러는 필기도구나 컴퓨터와 캐드시스템Computer-Aided Design: CAD[6]이 구비된 자신의 책상에서 작업했고, 또 더러는 말 그대로 주방 조리대에서 조리법을 시험했다. 특히 이 단계에서는 가끔 요리사와 협업하기도 했는데, 메뉴와 관련해 기발하고 창조적으로 생각하는 데 도움을 받고 싶어서였다. (브로콜리와 케일이 첨가된) 슈퍼푸드사이드샐러드가 정확히 이런 과정으로 탄생했다.

해치와 키친에서 이뤄진 혁신의 주요 결과물은 매장의 재료 준비부터 조리까지 전 과정을 개선하는 공정과 장비를 포함했다. 칙필레 매장의 일일 판매량은 여타 패스트푸드 매장에 비해 월등히 많았고, 따라서 그런 판매량을 감당할 수 있는 적절한 장비를 갖추

6 컴퓨터 보조 설계

는 것은 필수였다. 게다가 조리과정은 신속하면서도 안전해야 한다. 트루엣 캐시는 아주 먼 옛날 뼈를 발라낸 닭가슴살을 압력 튀김기에 넣었던 순간부터 적절한 장비의 중요성을 잘 알았다. 하지만 천하의 캐시도 먼 미래에 조식 메뉴용 수제 비스킷을 매장에서 직접 만들어야 하는 상황은 예상하지 못했다. 이에 비스킷 조리과정을 단순화시키는 혁신이 절실했고 키친센터가 그 혁신을 이뤄냈다. 칼처럼 생긴 장치를 부착시킨 독특한 밀대를 개발했는데 가히 신문물이었다. 밀대가 지나간 자리에는 비스킷 크기로 잘라진 20개의 반죽 조각이 남았다.

1989년 출시된 원조 구운 닭고기 메뉴에서도 변화가 있었다. 키친센터에서의 고객 피드백과 혁신을 통해 그런 기존 메뉴를 대체하는 신메뉴가 탄생했다. 맞춤 설계된 그릴을 사용하는 전혀 새로운 조리법이 만들어졌다. 숯불 구이 방식이었다. 거의 4.5세기 동안 고객들은 그릴드치킨샌드위치를 건강식이라고 생각했지만 원조 칙필레 치킨샌드위치만큼 '식탐'하는 수준은 아니었다. 쉽게 말해 전자는 후자만큼의 고객 선호도를 얻지 못했다. 게다가 이 부분에서는 우리의 입장도 분명했다. 어느 한 사람이라도 영양가를 고려해 칙필레에서 느끼는 즐거움을 포기하기를 바라지 않았다. 이제 공은 혁신팀에게 넘어갔다. 그들은 두 마리 토끼를 잡기 위해 해치와 키친센터에서 신메뉴 개발에 착수했다.

메뉴 개발팀은 가장 먼저 기존에 없던 양념장 조리법을 시험했다. 그들에게는 풀어야 하는 커다란 숙제가 있었는데, 바비큐 직화구이의 생명인 '불맛'과 풍미를 내는 것이었다. 우리는 불을 피우는 것은 고사하고 매장에는 가스도 연결되어 있지 않았다. 그렇다고 새삼스럽게 불을 직접 사용하고 싶지도 않았다. 안전 문제도 고려해야 했다. 이제 남은 선택지는 딱 하나, 전기를 사용하는 것이었다. 전기 구이로 바비큐로 구운 것 같은 그릴 자국과 불맛을 낼 수 있는 방법은 무엇이었을까?

마케팅 부서의 식품 개발팀 소속 기술자들은 로저 실리Roger Shealy의 지도하에 당시 시장에서 유통되던 기존 장비부터 조사했다. 이뿐만 아니라 장비제조업체들과 우리가 원하는 사양에 맞춰 기존 장비를 개조할 방법에 관해 의견을 주고받았다. 하지만 어떤 기존 장비도 우리가 원하는 풍미와 식감 모두를 충족시키지 못했다. 그릴 자국이 마음에 든다 싶으면 너무 바삭 구워져 육즙이 거의 메말라 퍽퍽했고, 육즙이 살아 있으면 우리가 원하는 모양의 그릴 자국이 나오지 못하는 식이었다. 실리의 기술팀은 마침내 시판용 장비를 활용하는 방법은 포기했다. 대신에 우리의 모든 요구조건을 충족시키는 맞춤 제작 방식으로 장비를 설계하고 생산할 회사를 찾는 것이 정답이었다. 드디어 우리와 손잡은 갈런드그릴스Garland Grills가 일자형의 주물 석쇠 그릴을 설계했는데, 이걸로 한꺼번에 최대 닭가슴살 10개까지 조리가 가능했다. 또한 갈런드의 그릴은 가슴살의 앞뒷면 모두에 훈연 향을 골고루 입히고, 육즙을 머금어 촉촉하게 익도록 적절한 압력을 가할 수도 있었다.

혁신을 통해 브랜드 연관성을 유지한다는 것은 과거와 미래를 잇는 연결고리를 절대 잃지 않는다는 뜻이었다. 예컨대 많은 매장에 새롭게 선보인 디자인 요소 중 하나는 재생 목재로 만든 대형 탁자인데, 단체석인 그 탁자 위에는 애틀랜타의 한 예술가가 만든 독특한 샹들리에가 걸려 있다. 코카콜라 병들을 가열해 납작하게 펴서 만든 샹들리에다. 여기에 한 가지 더, 그 탁자들을 만드는 사람들에게도 주목할 필요가 있다. 약물중독과 알코올의존증 같이 삶을 위협하는 사안을 극복하기 위해 '더 나은 길 선교회A Better Way Ministries'[7]를 통해 일하는 사람들이다. 이렇듯 탁자와 샹들리에 모두는 트루엣 캐시와 연결된다. 1921년생인 그는 8살 때 집 앞마당에 가판대를 세우고 코카콜라를 팔았으며 두번째 기회가 필요한 사람들에게 깊은 연민을 가졌다.

조직 유연성을 통한 혁신

칙필레에서는 혁신자의 역할이 해치나 키친센터 또는 마케팅 부서로 제한되지 않았다. 오히려 본사와 매장을 아우르는 조직 전체에서 모두가 자신의 아이디어를 적극적으로 나누도록 촉구했다. 또한 구성원들이 조직의 다양한 부문을 골고루 경험하도록 권장함으로써 혁신적인 사고를 촉진했다. 물론 칙필레도 엄연히 조직이니만큼 조직도가 있었다. 하지만 인력개발 정책의 핵심은 구성원들이 조직 안에서 다양한 직무를 경험할 수 있는 유연성과 기회를 제공

7 예수님의 제자다운 자질과 면모를 갖추도록 신앙·교육적 수련과정을 제공하는 18개월짜리 제자 훈련 프로그램Discipleship Program

하는 것에 있었다.

일단 칙필레의 식구가 되고 나면 누구도 하나의 커리어만 정해 놓고 추구할 필요는 없었다. 말인즉 현장 마케팅Field Marketing[8] 담당자나 IT 기술자 또는 광고 전문가가 자신의 전문 분야가 아닌 일을 할 수 있었다는 이야기다. 뛰어난 사고력이 뒷받침된 사람들은 끊임없이 학습하고 새로운 도전에 늘 목말라 있었으며, 자신이 접촉하는 모든 것에 언제나 가치를 더해주었다. 당연히 그들은 그런 노력에 대해 금전적으로는 물론이고 도전적인 새로운 임무로 보상받았으며 개인적인 성장으로도 이어졌다.

구성원이 성장하면 조직도 성장하기 마련이었다. 칙필레의 비옥한 토양에서 팔방미인형의 비즈니스 인재로 성장한 사람들은 시간이 흐름에 따라 조직 사다리를 올라갔고 사다리를 올라갈수록 칙필레의 사업 전체를 이해하고 조망하는 능력도 함께 커졌다. 그들은 기업 역량, 투자, 마케팅, 매출 증대 등의 부문에서 활약했고 종국에는 회사가 더 좋은 결정을 하도록 도와주는 보배가 되었다.

현재의 책임과 상관없는 부문들에서 장차 기여할 수 있는 미래 인재를 개발하기 위한 이런 노력에 경영위원회도 적극적으로 동참했다. 각 위원은 해마다 직속 직원이 아닌 최소 두 명과 공식적인 멘토링 관계를 맺었다. 멘토와 멘티는 업무상 출장을 동행했고 규칙적으로 오찬 모임을 가졌다. 또한 무슨 주제든 티끌 하나 없이 투

8 텔레비전, 라디오, 신문, 잡지 같은 전통 매체가 아닌 소비자들의 생활 현장에서 소비자를 직접 만나는 방식

명하게 질문과 대답을 주고받았고 내용은 완벽한 비밀이 보장되었다. 이런 멘토링 관계를 통해 멘토와 멘티는 상대방의 업무는 물론이고 서로의 직업관을 이해할 수 있었다.

직원 수가 증가함에 따라 우리는 멘토링 프로그램을 여타 관리자 직급으로 확대했다. 칙필레에서는 외부 코치의 도움을 받는 것이 조금도 이상하지 않았다. 하지만 더러는 경영자 직급에서 최고의 코치가 비록 부서는 달라도 칙필레 내부자였다. 이런 부서 간Cross-Departmental 관계는 브랜드 접점 수레바퀴를 바라보는 새로운 관점을 제공했고 혁신을 일으켰다.

11장

젖소가 대학미식축구 경기장을 점령하다

우리는 1997년부터 칙필레피치볼을 후원하기 시작해 2005년까지 3년짜리 후원계약을 2번 갱신했다. 우선 지역적으로 보면 지난 9년의 성적은 입장권이 해마다 매진이었다는 점에서 알 수 있듯 'A' 학점을 받았다. 역시나 선수를 포함해 행사 참여자와 팬 모두가 우리와 피치볼 운영진에게 들려준 피드백도 칭찬 일색이었다. 피치볼은 다른 모든 대학미식축구 볼게임과 다르다고 입을 모았다. 피치볼은 단순한 경기가 아니었다. 모두가 진실로 재미있는 경험을 만끽했고 진심 어린 환대를 누렸다. 하지만 전국적으로 보면 사정이 달랐다. 칙필레피치볼은 상금 규모와 텔레비전 중계방송 시청률 두 가지 잣대에서 상위 10대 볼게임에도 포함되지 못했다.[1] 이에 우리 모두의 바람은 하나였다. 경기 자체는 당연하고 칙필레피치볼이라는 브랜드까지 강화하고 싶었다. 피치볼이 지향하는 가치를 굳건히 하고 팬과 팀들과 매체의 경험 모두도 향상시키고 싶었다.

볼게임을 후원하는 기업들은 자사 이름값으로 수백만 달러를 지불하고 있었지만 매체는 후원사를 무시하기 일쑤였다. 칙필레도 매체에서 홀대받기는 매한가지였다. 칙필레피치볼은 여전히 많은, 아니 정확히는 대부분 매체에서 칙필레는 쏙 빠지고 그냥 '피치볼'로 언급되었다. 슈거볼의 후원사인 핀란드 휴대전화제조업체 노키아Nokia, 오렌지볼의 후원사인 글로벌 화물특송업체 페덱스FedEx, 피에스타볼의 후원사인 토르티야칩 브랜드 토스티토스Tostitos 등을 비롯해 다른 기업들도 동변상련의 입장이었다.

일반적으로 볼 때 볼게임에서는 후원기업들이 현금흐름의 30-45프로를 부담하는 실정이었지만, 매체는 후원기업들이 대학미식축구 포스트시즌에 기여하는 공로를 거의 인정해주지 않는 분위기였다.

나는 2년 전부터 칙필레피치볼의 회장으로 애틀랜타팰컨스의 수석 코치를 지낸 리먼 베넷Leeman Bennett과 집행위원장 게리 스토컨과 정기적으로 만나며 긴밀한 관계를 유지했다. 나는 그들을 만날 때마다 어떤 식으로든 한 가지 질문은 절대 잊지 않았다. "여러분이 피치볼을 메이저 볼게임으로 격상시키고, 우리도 칙필레볼로

1 미국 전역에 40여 개의 볼게임이 있다.

명칭을 바꿀 수 있게 저희가 어떻게 도와드리면 좋겠습니까? 볼게임과 저희 회사가 윈윈할 수 있게 말입니다."[2]

나는 그 둘과 세 가지 보완적이고 순차적인 목표를 수립했다.

- 상금을 증액한다.
- 상금을 증액한 뒤 순위가 높은 팀들을 유치하기 위해 콘퍼런스들과 협상한다.
- 순위가 높은 팀들이 참여하면 관중이 증가하고 피치볼 방송중계권료가 인상될 수 있다.

피치볼은 비록 최고도 아니고 볼챔피언십시리즈Bowl Championship Series: BCS[3]에 들어가는 볼게임도 아니었다. 하지만 우리는 피치볼이 메이저 볼게임의 하나가 될 수 있다는 희망의 끈을 놓지 않았다. 그 다음은 우리가 12월 31일을 독점할 수 있도록 ESPN과 협상하는 것이 목표였다. 그동안 우리는 12월 31일에 열린 피치볼 경기로 상당한 재미를 보았기 때문에 그날을 어떻게든 손에 넣고 싶었다.[4] 요컨대 작지만 또다른 블루오션이었다. 우리는 그 모든 목표를 달성하기 위해서라면 타이틀스폰서 권리사용료를 기꺼이 인상해

---

2 당시 1부 리그격인 메이저 볼게임은 로즈볼, 오렌지볼, 슈거볼, 피에스타볼이었고 2014년 코튼볼과 피치볼을 포함시켜 6대 메이저 체제를 갖췄다.

3 1998년부터 시즌 우승팀을 가리기 위해 최상위 볼게임 경기를 치르는 시스템으로, 2006년 기존의 4대 볼게임 체제에서 BCS 챔피언결정전 게임이 따로 분리되어 5대 볼게임 체제로 개편되기까지 4대 볼게임이 돌아가면서 1, 2위 팀의 내셔널챔피언십 경기를 담당했다.

4 1997년 이후 칙필레피치볼은 총 4번 12월 31일에 경기가 열렸다.

줄 용의도 있었다.

게다가 부가적인 혜택도 예상되었다. 실적이 개선되면 우리는 그것을 발판으로 자선기금을 더 많이 모금할 수도 있었다(여기서 우리는 피치볼주식회사Peach Bowl, Inc.와 칙필레를 지칭한다). 뿐만 아니라 우리 모두의 마음 한구석에서는 어떤 꿈도 자리하고 있었다. 만약 주요 콘퍼런스들이 BCS 체제에서 4팀이 플레이오프에서 겨루는 체제로 전환된다면 칙필레피치볼의 위상이 격상되어 개최지에 입찰하는 데 도움이 될지도 몰랐다.[5] 나는 리먼 베넷과 게리 스토컨과 브레인스토밍 회의를 이어가고 마라톤협상(쉬지 않고 장기간에 걸쳐 벌이는 협상—편집자)을 거친 뒤에 거래를 확정지었다. 그리고 베넷 회장이 공식적인 발표에 앞서 피치볼 집행위원회에 '칙필레볼' 계약 내용을 설명했다.

델타항공에서 CMO를 역임한 밥 코긴스가 당시 피치볼주식회사의 이사회에서 활동하고 있었다. 코긴스는 그날 회의에서 8, 9년 전이었다면 칙필레볼로의 명칭 변경을 절대 찬성하지 않았을 거라고 말했다. 하지만 그동안 칙필레가 피치볼을 위해 어떻게 노력했는지 지켜보았기 때문에 이제는 명칭 변경을 전폭적으로 지지한다고 밝혔다. 피치볼주식회사 이사회는 칙필레와의 계약을 승인했고 2006년 시즌부터 피치볼의 공식 명칭이 칙필레볼로 변경되었다.

---

5 NCAA에 소속된 대학은 스포츠팀 개수, 팀 규모, 경기 일정, 재정지원에 대한 NCAA 지침에 따라 상, 중, 하, 즉 디비전Division I, II, III로 나뉜다. 디비전 I은 다시 풋볼볼서브디비전Football Bowl Subdivision: FBS과 풋볼챔피언십서브디비전Football Championship Subdivision: FCS으로 구분되고, 상위 서브디비전인 FBS에는 10개의 콘퍼런스가 있으며, 그중 상위 5개 콘퍼런스가 '5강Power Five 콘퍼런스'이고, 나머지는 '5개Group of 5 콘퍼런스' 라고 불린다.

우리는, 즉 피치볼과 칙필레는 상금을 증액하고 순위가 더 높은 팀들을 참여시키며 방송중계권료를 인상하고 더 많은 자선기금을 모금한다는 4대 목표를 달성함으로써 윈윈할 능력이 충분했다.

그즈음 게리 스토컨이 또다른 아이디어를 생각해냈다. 피치볼같이 하위 리그에 속한 제2의 볼게임을 애틀랜타에서 개최하자는 아이디어였다. 나는 스토컨과 베넷과 함께 그 가능성에 대해 토론했다. '애틀랜타가 볼게임을 추가로 개최할 역량이 있을까? 자원봉사 인프라가 그 경기를 감당할 수 있을까? 볼게임 세상에서 자리잡을 수는 있을까?'

한편 NCAA는 소속 대학이 정규시즌으로 12번째 경기를 추가할 수 있다고 최근 발표했다.[6] 리먼 베넷은 이것을 염두에 두고 나와 스토컨에게 1980년대와 1990년대 뉴저지주에서 개최된 예전의 킥오프클래식Kickoff Classic처럼 시즌 시작을 알리는 개막전을 고려해 보자고 말했다. 나는 그 아이디어를 듣자마자 속으로 쾌재를 올렸고, 만약 애틀랜타가 개막전을 유치한다면 칙필레는 그 경기를 후원할 의향이 있다고 약속했다. 역시 개막전 아이디어가 마음에 들었던 스토컨도 제2의 볼게임 유치에 대한 기대를 접고 베넷의 아이디어에 힘을 실어주었다.

그 아이디어는 급물살을 타고 진행되었다. 얼마 지나지 않아 나를 포함해 칙필레의 기업후원팀은 뉴욕에서 피치볼의 스토컨과

---

6 12경기 중 8개의 경기는 대개의 경우 같은 콘퍼런스 소속팀들과 격년제로 홈경기와 원정경기를, 나머지 4경기는 타 콘퍼런스팀들과 자유롭게 경기를 잡을 수 있다.

ESPN 방송과 마주 앉았고 양측과 마케팅 일정을 논의했다. ESPN의 대학미식축구 프로그램 제작자 데이브 브라운Dave Brown과 스토컨은 이미 제1회 칙필레킥오프에 참가시키고 싶은 대학 두 곳을 점찍어 협상을 진행중이었다. ACC 소속의 클렘슨대학교와 SEC 소속의 앨라배마대학교였다. 특히 그들은 앨라배마대학교에 많은 공을 들이고 있었다. 우리가 뉴욕의 ESPN 방송사에 있는 동안에도 브라운과 스토컨은 앨라배마대학교와 전화로 협상을 이어갔다. 브라운은 앨라배마대학교를 개막전에 참가시키려면 칙필레가 부담해야 하는 후원금이 올라갈 거라고 말했고 나는 그것을 보장해주었다.[7] 드디어 스토컨이 앨라배마대학교 수석 코치 닉 세이번Nick Saban과 2년 계약을 체결했고 이로써 칙필레킥오프가 출범할 수 있는 첫 단추가 꿰어졌다. 나중에 클렘슨대학교도 제1회 칙필레킥오프 경기에서 앨라배마대학교와 한판 승부를 펼치기로 합의함으로써 두 번째 단추도 완성되었다. 한편 ESPN은 우리를 배려해 우리 광고에 황금 시간대를 배정해주었다. 그리고 제2회 칙필레킥오프에서는 버지니아공과대학교Virginia Polytechnic Institute and State University가 앨라배마대학교와 맞붙었다.

돌이켜보면 앨라배마대학교의 세이번 코치가 퍼즐의 마지막 조각이었다. 이 글을 쓰는 현재 기준으로 앨라배마대학교는 그동안 칙필레킥오프에 다섯 번 참가했고 모든 경기를 승리로 장식했다.

---

7 앨라배마대학교 미식축구팀은 전미 최고로 손꼽히는 명문팀으로 인기가 매우 높고 SEC의 수장급 팀이다.

칙필레킥오프의 역사적인 첫 경기가 열리고 얼마 뒤 게리 스토컨이 애틀랜타에게 좋은 기회가 될 수 있는 참신한 아이디어를 가지고 우리를 찾아왔다. 이번 역시 대학미식축구와 관련 있었다. 구체적으로는 대학미식축구 명예의 전당과 관련 있었다. 전미미식축구재단National Football Foundation: NFF이 운영하던 대학미식축구 명예의 전당이 1995년부터 인디애나주 사우스벤드에 위치했는데, NFF는 그 전당을 다른 곳으로 이전하고 싶었다. 그 소식을 들은 스토컨은 우리가 힘을 합치면 애틀랜타가 그 전당을 품에 안을 수 있다고 판단했다. 스토컨은 먼저 NFF 사무총장 스티브 해첼Steve Hatchell에게서 애틀랜타로의 이전 제안에 대해 긍정적인 답변을 들은 다음, 피치볼주식회사 이사회에 명예의 전당을 세우고 운영할 자금을 조달하는 책임을 칙필레에 맡기자고 추천했다.

몇 달에 걸친 토의 끝에 피치볼 이사회가 그 계획을 승인했다. 스토컨은 이사회에 부지를 물색하고 명예의 전당 방문자 경험을 설계하는 본격적인 활동을 시작하려면 초기 자본금으로 500만 달러를 조성해야 한다고 말했다. 이에 우리는 애틀랜타전당관리회사Atlanta Hall Management, Inc.를 설립했고 독립적인 이사회를 구성했으며 내가 이사회의 초대 회장으로 선임되었다.

스토컨과 나는 트루엣 캐시에게 피치볼이 대학미식축구 명예의 전당 건립을 위해 출연하는 500만 달러와 동일한 액수를 칙필레도 지원하자고 제안해서 확답을 받았다. 사실 캐시로서는 그 아이디어를 마다할 이유가 전혀 없었다. 오히려 이런 식으로 자신의 고향을 지원할 기회가 생겨 행복한 기분이었다. 얼마 지나지 않아 부지 선정에 파란불이 켜졌다. 미국의 3대 컨벤션센터였던 조지아월드콩그레스센터Georgia World Congress Center Authority: GWCCA의 사장 프랭크 포Frank Poe가 스토컨과 피치볼 이사회에 센터가 주차장보다 더 좋은 '정문'을 가질 수 있기를 바란다고 넌지시 의중을 드러냈다. 말인즉 GWCCA의 동쪽 매리에타가에 있는 주차장 부지에 명예의 전당이 들어오기를 희망한다는 것이었다.

이는 누이 좋고 매부 좋은 아이디어였다. 애틀랜타전당관리회사는 GWCCA와 인접한 부지를 장기 임대하기로 계약을 체결했다. 그곳은 지리적 요충지였다. 이미 길 건너에는 올림픽 100주년 기념공원Centennial Olympic Park이 자리했고 조지아돔과 미국프로농구팀 애틀랜타호크스Atlanta Hawks의 홈코트 필립스아레나Philips Arena[8]로 접근하기도 용이했다. 게다가 훗날에는 메르세데스벤츠스타디움Mercedes-Benz Stadium도 인근에 들어선다.

그 프로젝트를 시작하고 1년이 지났을 무렵 게리 스토컨은 칙필레볼 사업을 성장시키는 데만 오롯이 전념하기 위해 명예의 전당 사장직을 내려놓았고, 법률회사 트라우트먼샌더스Troutman Sanders에서 파트너를 지낸 존 스티븐슨John Stephenson이 새 사장으로 취임했다.

우리는 설계 단계에서부터 대학미식축구 명예의 전당을 단순한 박물관이 아닌 훌륭한 방문자 상호작용이 이뤄지는 공간으로 만들기 위해 많은 힘을 쏟았다. 쉽게 말해 실제 경기의 모든 것을 간

---

8 오늘날은 보험사의 이름을 따서 스테이트팜아레나State Farm Arena로 불린다.

접적으로 체험할 수 있는 공간이었다. 한편 우리는 명예의 전당 건립자금을 마련하기 위해 입점을 희망하는 주요 사업자와 공급업체들을 선정했지만 여전히 몇 백만 달러가 부족했다. 설상가상 우리가 은행과의 신용한도 계약조건을 충족시켜야 하는 기한이 2주 앞으로 다가왔고 나는 걱정으로 밤잠을 이루지 못했다. 지금도 거의 모든 후원사가 그렇듯 칙필레는 5년짜리 재정후원계약을 체결했다. 어느 아침 간밤에도 잠을 설치고 침대에 멀뚱히 누워 있는데 불현듯 무언가가 머리를 스치고 지나갔다. 칙필레는 평범한 후원사가 아니라는 생각이었다. 대학미식축구, 피치볼, 킥오프 등은 물론이고 칙필레피치볼챌린지Chick-fil-A Peach Bowl Challenge 골프 행사와도 우리는 떼려야 뗄 수 없는 관계였다. 더욱이 앞으로는 대학미식축구 명예의 전당에 재정적인 후원 이상을 기여해야 할 수도 있었다. 이뿐만 아니라 잘하면 칙필레 고객 경험을 명예의 전당에도 확대할 수 있을 터였다.

이튿날 밤 나는 칙필레가 타이틀스폰서를 포기하고 대신에 프레젠팅스폰서Presenting Sponsor[9]를 맡는 제안서를 작성했다. 무려 30년짜리 후원을 제안했다. 우리가 프레젠팅스폰서가 되면 애틀랜타전당관리회사가 예상하지 못한 가치를 전달하는 고객 경험을 창조하도록 도와줄 수도 있었다. 역사, 경기일의 전통, 대학미식축구 영웅, 따뜻한 환대의 경험 등. 또한 칙필레가 후원 기간과 동일하

9 후원사 이름이 행사 명칭의 일부로 포함되는 타이틀스폰서와는 달리 행사 명칭 다음에 오는 경우로, 매체가 후원사 이름을 생략하는 경우가 많아 타이틀스폰서보다 가치가 적다.

게 30년 동안 제휴 마케팅에 참여하겠다는 내용까지 포함시켰다. 나는 제안서를 완성한 후 일단 댄 캐시에서 보냈는데, 그는 이틀도 지나지 않아 계획대로 추진하자는 동의의 메시지를 보냈다. (이렇게 빨리 답을 준 걸 보면 그도 마음고생이 심했던 게 틀림없다.) 그때부터 일은 일사천리로 흘러갔다. 댄 캐시의 동의를 얻고 며칠 만에 나는 NFF와 애틀랜타전당관리회사 이사회에 최종 제안서를 제출해서 그들의 승인도 받아냈다. 이것은 댄 캐시가 아버지 트루엣 캐시의 뜻을 계승하겠다는 의지를 보여주는 상징적인 행동이었다. "나는 대학미식축구가 그동안 칙필레에게 아주 좋은 영향을 끼쳐왔다는 것을 잘 압니다. 그리고 이번 명예의 전당은 애틀랜타에게 유익할 것입니다"라고 선언하는 셈이었다. 이로써 우리는 은행이 요구한 계약조항을 완벽히 충족시켰을 뿐만 아니라 대학미식축구 명예의 전당이 어떤 길을 개척할지 명확하게 보여주었다. 그러자 다른 기업들도 후원을 제안하기 시작했다.

베일을 벗은 대학미식축구 명예의 전당은 터치스크린과 무선 제어 기술, 그리고 비디오의 전시장을 방불케 했다. 덕분에 명예의 전당과 칙필레팬익스피리언스Chick-fil-A Fan Experience 방문자는 대학미식축구와 관련하여 궁금한 모든 정보를 얻을 수 있었다. 명예의 전당 회원, 미식축구팀을 운영하는 대학(725곳이 넘는다), 역대 볼게임, 역대 우승팀 목록, 디비전 I, II, III, 심지어 흑인대학Historically Black Colleges and Universities: HBCU[10]까지 대학미식축구에 관한 모든 것이 한

10 1964년 민권법 제정 이전에 아프리카계 미국인을 위해 지어진 대학

곳에 모여 있었다. 관람객은 팬들의 즉석 응원전 테일게이팅Tailgating[11], 행진악단, 치어리더 등을 포함해 팬들이 사랑하는 경기일의 모든 전통을 체험할 수도 있고 역대 경기 명장면과 플레이콜Play Call[12]을 즐길 수도 있었다. 그야말로 대학미식축구와 관련해서라면 '없는 거 빼고' 다 있었다.

오늘날 대학미식축구 명예의 전당과 칙필레팬익스피리언스에는 해마다 25만 명 이상이 방문하고 200여 개의 행사가 펼쳐진다. 이런 성장세는 앞으로도 죽 이어질 거라고 확신한다.

내가 은퇴한 이후 CMO에 오른 존 브리지스John Bridges는 대학미식축구 명예의 전당에 대한 칙필레의 마케팅을 더욱 강화했고, 마침내 그런 노력을 인정받아 전당의 공식 명칭이 칙필레 대학미식축구 명예의 전당Chick-fil-A College Football Hall of Fame으로 변경되었다.

메이저 볼게임이 되다

우리가 칙필레볼과 칙필레킥오프를 중심으로 대학미식축구 자산을 구축하는 동안 ACC와 SEC가 포함된 디비전 I의 '5강' 콘퍼런스들과 인디애나주에 위치한 노터데임대학교가 공동으로 CFP 개념을 출범시켰다. 4개 팀이 볼게임 개최 도시 6곳을 돌아가면서

11 자동차의 뒷문이나 트렁크 뚜껑을 뜻하는 'Tailgate'에서 유래한 말로, 사람들이 경기 전후 경기장 밖 주차장에서 서로 준비한 음식을 나누며 함께 어울려 즐기는 응원 문화

12 미식축구에서 공격을 전개하기 위해 선수에게 내리는 지시 방식

준결승전을 치르는 개념이었다. 5강 콘퍼런스와 노터데임대학교는 4개의 BCS 볼게임(로즈볼, 오렌지볼, 슈거볼, 피에스타볼)은 기존대로 유지할 거라는 점을 명확히 밝혔다. 그러고 나면 개최 도시는 두 개가 남았다. 당시 프로미식축구리그 댈러스카우보이스Dallas Cowboys의 구단주 제리 존스Jerry Jones가 카우보이스 홈구장 카우보이스스타디움Cowboys Stadium[13]을 건립중인데다, 코튼볼이 그동안 써내려온 역사를 보면 댈러스가 다섯번째 개최지가 될 가능성이 컸다. 정말 그렇게 된다면 CFP의 볼게임 유치 도시 티켓은 마지막 한 장뿐이었다.

마지막 개최지 후보를 둘러싼 다섯 도시의 경쟁이 치열했다. 애틀랜타, 플로리다주 올랜도와 잭슨빌, 텍사스주 샌안토니오, 캘리포니아주 샌디에이고 등이었다. 애틀랜타의 커다란 장점은 풍부한 숙박 시설, GWCCA, 2017년 개장 예정인 애틀랜타팰컨스의 새로운 구장 같이 훌륭한 기반 자산이었다. 게다가 피치볼주식회사와 칙필레가 손잡고 창조한 볼게임의 성공적인 역사도 무시할 수 없었다.

당연히 ESPN, CFP, 볼게임들 사이의 재정적인 관계도 기존과는 크게 달라질 터였다. 특히 CFP는 ESPN과 두 가지 계약을 협상중이었다. 첫째는 7개 경기에 대한 방송중계권계약이었다. 그리고 6개 볼게임과 볼게임 1위와 2위가 맞붙는 전미챔피언결정전인 내셔널챔피언십과의 마케팅 제휴와 모든 상표를 사용하기 위한 마케

13 2013년부터 AT&T스타디움AT&T Stadium으로 명칭이 바뀐다.

팅 권리도 협상을 이어갔다. 매년 7경기를 개최하는 이런 행사 전체를 총칭하는 공식 명칭이 'CFP'였다.

개최지로 선정된다면 애틀랜타는 매년 최상위 6개 볼게임 중 하나를 개최하는 기회를 보장받을 터였다.[14] 그리고 3년마다 CFP 준결승전 중 하나를 주최할 뿐만 아니라 볼게임의 타이틀스폰서는 애틀랜타에서 개최되는 하나의 볼게임만이 아니라 7개 CFP 경기 모두에서 마케팅 권리와 광고 콘텐츠를 확보하는 특전을 얻을 수 있었다.

만약 CFP가 칙필레볼을 선택한다면, 칙필레볼 이사회는 그 경기에 대한 통제력(팀 선정, 중계방송계약, 입장권 가격 결정 등)이 크게 약화되는 것을 감수해야 했다. 게다가 이제까지 이어져오던 ACC 및 SEC와의 독점적인 제휴 관계도 종료될 것은 기정사실이나 다름없었다.

칙필레의 입장도 변화가 불가피할 터였다. 무엇보다 재무적인 부담이 커질 것이 확실했다. 만약 피치볼의 타이틀스폰서 자격을 유지하고 싶다면, 우리는 피치볼을 포함해 대학미식축구의 전체 시즌에 대한 투자액이 족히 3배는 늘어날 것으로 예상되었다. 단언컨대 그것은 본사가 무조건 승인할 수 있는 문제가 아니었다. 하지만 어찌 보면 다른 선택의 여지가 없는 문제이기도 했다. 그즈음 우리

---

14 각각의 게임은 매년 동일한 경기장에서만 열리는데 로즈볼은 장미 특산지 캘리포니아주 패서디아, 오렌지볼은 오렌지 특산지 플로리다주 마이애미, 슈거볼은 설탕 특산지 루이지애나주 뉴올리언스, 피에스타볼은 스페인 식민지였던 애리조나주 탬피, 코튼볼은 목화 특산지 텍사스주 댈러스, 피치볼은 복숭아 특산지 조지아주 애틀랜타에서 각각 열린다.

는 이미 16년간 피치볼 게임에 투자한데다 대학미식축구에서 우리 존재감을 확대시킴으로써 미국 전역에서 칙필레의 브랜드 인지도와 브랜드 관계Brand Relationship[15]가 몰라보게 향상되었다. 따라서 만약 우리가 대학미식축구에서 발을 뺀다면 결과는 둘 중 하나였고 둘 모두 우리에게 바람직한 결과는 아니었다. 첫째, CFP가 애틀랜타를 선택하고 다른 브랜드가 그 피치볼의 타이틀스폰서 자격을 획득한다. 이것은 그동안 우리가 해온 일이 '죽 쒀서 개 준' 셈이 될 터였다. 또는 애틀랜타가 개최지로 선정되지 못하고 우리 피치볼이 CFP에 포함되지 못한 그저 그런 서른 몇 개의 포스트시즌 게임 중에 하나로 머문다.

2012년에 시작한 다단계 입찰과정은 해를 넘겨 2013년까지 이어졌다.

먼저 CFP가 6개의 볼게임을 선정한 뒤 ESPN과 계약 협상을 하고, CFP와의 계약 협상을 마무리지은 ESPN이 후원사들과 협상하는 순서였다. 나는 트루엣 캐시에게 우리 입장에서의 비용과 혜택에 대해 상세히 설명했다. CFP와의 입찰 단계에서부터 피치볼을 지원한다면 ESPN과 다년 계약을 체결해야 하므로 상당한 재정 지출은 불가피했다. 당연히 이에 대한 반대급부도 컸다. 전국의 대학미식축구 팬들에게 칙필레 브랜드의 가시성이 전례 없는 수준으로 높아지고, 이는 다시 우리 브랜드의 전국적인 성장에 날개를 달

15 브랜드 충성도Brand Loyalty 또는 소비자-브랜드 관계라고도 하며 소비자와 브랜드 사이에 의인화된 장기적 관계를 뜻한다.

아줄 것이 확실했다.

아니나 다를까 트루엣 캐시도 그동안 칙필레가 대학미식축구와 팬들에게 큰 신세를 졌다는 것에 공감했고 이번 프로젝트에 대한 전폭적인 지지를 보여주었다.

결론적으로 말해 CFP는 준결승전을 순차적으로 개최하는 여섯 도시 중 하나로 애틀랜타의 손을 들어주었다. 단, 한 가지 조건이 붙었다. 칙필레볼에 예전처럼 '피치'가 포함되어 한다는 것이었다. 말인즉 칙필레볼에서 칙필레피치볼로 돌아가게 되었다.[16] 우리 입장에서는 이상적인 상황은 아니었지만 그렇다고 거래 자체를 포기할 만큼 중요한 것도 아니었다. '칙필레볼'이라는 이름으로 경기를 치렀던 지난 8년간 우리 브랜드와 피치볼 사이에는 이미 강력한 연결고리가 형성되었기 때문에 명칭은 별다른 의미가 없었다.

2014년 정규시즌이 끝난 뒤 제1회 CFP가 개최되었고 칙필레피치볼은 2016년 시즌 후에 처음으로 준결승 경기를 주최했다. 만약 칙필레가 전국적인 브랜드라고 명백히 선언한 단체나 행사가 있었다면 그것은 바로 CFP였다.

맨해튼에 입성하다

칙필레는 미국 전역에 매장을 열기 전부터 전국구 브랜드로 자

16 대개의 경우 언론에서는 칙필레라는 이름은 생략된 채 피치볼이라고 소개된다.

리잡아가고 있었다. 쉬운 예를 보자. 우리가 오리건주 포틀랜드 외곽과 워싱턴주 시애틀에 각각 1호점을 열었을 때 각 매장의 첫날 하루 매출이 6만 5000달러였다. 이미 전국적인 브랜드가 되었다는 것 말고는 이런 현상을 어떻게 설명할 수 있겠는가. 칙필레는 널리 알려진 유명 브랜드가 되었고 우리 매장에 대한 억눌린 수요Pent-up Demand[17]는 대단했다. 그런 수요 일부는 남동부 지역에서 타지역으로 이주한 사람들이 견인했다고 봐도 틀리지 않을 것이다. 하지만 분명 모든 수요가 그런 것은 아니었다.

가령 배우이자 텔레비전 프로그램 진행자로 뉴저지주에서 나고 자란 켈리 리파Kelly Ripa가 아침 프로그램을 공동으로 진행하던 레지스 필빈Regis Philbin에게, 나중에는 프로미식축구리그 선수 출신의 진행자 마이클 스트레이핸Michael Strahan에게 자신이 칙필레를 얼마나 사랑하는지 '고백'했다. 이때는 2011년으로 우리가 뉴욕 맨해튼에 입성하기 4년 전이었다. 칙필레는 2015년 10월 맨해튼 1호점을 열었는데, 공교롭게도 리파의 마흔다섯번째 생일 바로 다음날이었다. 그녀는 개업 첫날 선착순 100명에게 지급하는 1년 무료 교환권을 받으러 밤샘할 거라고 큰소리쳤다. 이런 종류의 사랑이 칙필레에 대한 수요를 창출하는 데 도움이 되었거니와 재미있는 연결고리까지 만들어냈다.

칙필레 맨해튼 1호점이 6번가 1000번지에 문을 열었을 때 광고 전문지 「애드버타이징에이지」의 인터넷판 「애드에이지닷컴Ad-

---

17 외부 영향으로 수요가 억제되었다가 그 요인이 해소되면서 실제 소비로 이어지는 폭발적인 수요

Age.com」은 칙필레 운영자 오스카 피티팔디Oscar Fittipaldi가 "뉴욕에서 가장 최근에 주목받는 유명 인사"라고 선언했다.* 맨해튼 1호점은 재정적으로 커다란 투자였고 모험이었다. 하지만 뉴욕은 명실상부 세계 경제와 관광의 중심 도시였다. 따라서 뉴욕을 방문한 사람들의 입을 타고 칙필레가 맨해튼을 넘어 전 세계로 알려지는 것은 시간 문제였다. 예상한 대로 맨해튼 1호점은 칙필레가 세계로 뻗어가는 중요한 교두보가 되었다. 이뿐만 아니라 우리가 야심차게 준비 중이던 새로운 도전에도 맨해튼이 적격이었다. 우리는 도심 도로변 모퉁이 매장을 여러 도시로 확대하기 위해 디자인 샘플을 개발하고 있었는데, 이런 종류의 프로젝트에는 맨해튼보다 더 좋은 실험실은 없었다.

맨해튼 1호점은 1년 만에 환상적인 성적표를 받아들었다. 처음 열두 달 누적 매출이 1000만 달러를 너끈히 넘겼다. 우리가 생각한 것보다 수요가 훨씬 많았다. 당연히 땅값 비싸기로 악명 높은 맨해튼이니 매장 임대료가 살인적이었고 개점 비용도 입이 떡 벌어질 정도였다. 하지만 운영자인 오스카 피티팔디는 전혀 불만이 없었다. 켈리 리파처럼 우리가 맨해튼에 입성하기를 오매불망 기다렸던 억눌린 수요가 엄청났다. 그리고 마침내 칙필레가 맨해튼에 입성하자 억눌렸던 수요가 폭발했고 매장은 늘 장사진을 이루었다.

물론 브랜드 의식Brand Consciousness[18] 부문에서는 아직도 우리가

18 잘 알려진 브랜드를 가까이하고 덜 알려진 브랜드를 멀리하려는 속성을 지칭하는 것으로 브랜드에 대한 평가, 쾌락적 동기, 행동적 지향성 등이 모두 내포되어 있는 개념이다.

확실히 전국구 브랜드라고 자화자찬할 수준은 아니었다. 그러나 그런 날이 멀지 않았고 성장 기회도 무궁무진했다. 언젠가 코카콜라는 "전 세계 어디서나 볼 수 있는 음료수가 되겠다"고 호언장담하더니 말이 씨가 되어 세계를 정복했다. 그들은 먼저 미국을 점령했고 미국을 발판삼아 전 세계로 뻗어나갔다.

미국은 앞으로도 한동안 칙필레에게는 여전히 기회의 땅이다. 우리가 이제까지 애틀랜타 시장을 평정해온 속도대로 미국 100대 시장에 진입한다고 가정할 때, 종국에는 매장 수가 8000개도 넘어설 것으로 예상된다. 이 글을 쓰는 현재 미국 내 칙필레 매장이 2300개보다 약간 많으니 칙필레 앞에는 거대한 기회와 축복의 땅이 펼쳐져 있다.[19] 칙필레는 위대한 이 나라에서 세계로 비상하기 위해 기회로 깔린 긴 활주로의 주인이 될 자격이 충분하다.

---

19 2023년 7월 현재 칙필레 매장은 2951개다.

12장

캐시의 삶과 유산은 영원하다

2010년대 중반이 되자 칙필레는 1세대 경영위원회가 물러가고 2세대 경영위원회 시대가 막이 올랐다. 그들은 트루엣 캐시와 초대 경영위원회가 정립한 의사 결정 방식의 역사적인 배경을 이해하고 그것을 계승해야 했다. 35년이 넘는 오랜 세월 캐시와 경영위원회는 사업과 투자와 사람과 관련된 사실상 주요한 모든 의사 결정에서 어떤 가치를 지키고 싶었을까? 트루엣 캐시가 솔선수범하는 리더십으로 보여줄 만큼 중요하게 여긴 보편적인 진리는 무엇이었을까? 칙필레의 차세대 리더 군단이 이런 가치와 진리를 반드시 이어가도록 하려면 가장 좋은 방법은 무엇일까?

우리는 수십 년 동안 기업 목적을 제외하고는 이런 가치와 진리를 명문화하려는 시도를 하지 않았다. 아니, 어쩌면 그래야 하는 필요성을 못 느꼈는지도 모르겠다. 어차피 우리는 그것들을 마음으로 배우고 이해했으니까. 그러다가 2013년 경영위원회와 장기근속 리더들의 일각에서 우려의 목소리가 나오기 시작했다. "트루엣 캐시의 오랜 동료였던 우리가 그의 리더십 방식을 명문화해놓지 않으면 후세대는 그것을 직접 찾아야만 할 것입니다. 하물며 그럴 즈음엔 캐시가 이미 우리 곁에 없을지도 모르죠." 요컨대 이제 우리는 그의 리더십을 가르쳐야 했다. 그리하여 나를 포함해 경영위원회 위원들이 그 막중한 총대를 멨다. 우리가 30년이 넘도록 캐시와 함께 결정했던 중요한 모든 사안을 더듬어보았다. 그리고 대부분의 중요한 결정에서 필수적인 구성 요소이자 불순물을 걸러내는 여과기 역할을 했던 핵심 가치를 정리해서 문서화했다. 1년 이상이 걸린 대장정이었다. 어쨌든 우리는 합의된 6대 핵심 가치를 도출할 수 있었다. 지금부터 그 결과물을 하나씩 소개하려 한다. 새로운 내용도 있고 이미 앞서 설명한 가치도 있을 것이다. 먼저, 충직한 청지기부터 시작해보자.

충직한 청지기가 되라

이미 여러 차례 설명했던 대로 청지기 정신에 있어서는 트루엣 캐시의 행동 자체가 그가 어떤 사람인지를 보여주는 거울이었다. 칙필레의 후세대를 생각하면 좋은 청지기가 되기 위한 행동 목록이 있으면 좋으련만 캐시에게는 그런 목록이 필요 없었으니 존재할 리가 만무했다. 그저 그는 마음이 시키는 대로 행동했을 뿐이었다! 이에 나는 우리의 후세대가 단순히 그의 행동만을 맹목적으로 모방하지 않기를 희망한다. 오히려 그의 진심을 받아들여야 한다. 그러고 나면 그가 그랬듯 그런 행동은 자연스럽게 따라오기 마련이다.

우리가 1982년 칙필레 기업 목적을 정립했을 때 '충직한 청지기가 되는 것'도 핵심 원칙으로 포함되었다. 하지만 캐시는 훨씬 오래 전부터 청지기 정신의 살아있는 본보기였다. 특히 그는 자신의 가족을 포함해 모든 관계를 수호하는 충직한 청지기였다. 2014년 93세의 일기로 세상을 떠났을 때 캐시는 평생을 함께한 지넷과 결혼 67주년을 얼마 앞두고 있었다. 캐시와 지넷은 댄, 버바, 트루디 삼 남매가 하나님이 보내준 선물이라고 생각했다. 따라서 캐시 부부는 삼 남매가 하나님의 자식이라는 사실을 매 순간 새기면서 그들을 양육하고 가르쳐야 하는 책임에 충실했다.

캐시는 1967년 칙필레 1호점을 시작하기까지 21년간 운영했던 드워프하우스에도 십수 년을 일한 직원이 있을 만큼 청지기 정신으로 물들였다. 그들 직원과 캐시 사이의 사랑과 존경은 쌍방향이었고 그들은 걸핏하면 그때의 이야기를 추억하곤 했다. 가장 대표적인 이야기 하나는 에디 화이트Eddie White에 관한 일화였다. 시작은 캐시의 식당 이름이 드워프그릴이던 1948년으로 거슬러 올라간다. 흑인 가정에서 태어난 화이트는 어려운 가정 형편 때문에 십대 초반 나이 때부터 드워프그릴에서 일을 시작해 고등학교를 졸업한 뒤에도 그곳에서 일했다. 그래도 화이트는 대학 진학의 꿈을 포기하지 못했다. 화이트가 대학 등록금이 부족하다는 사실을 알게 된 동료 직원 둘이 그를 도와주기로 의기투합했다. 둘은 빈 마요네즈 통에 '에디의 학자금 모금'이라고 써서 계산대 위에 올려놓았다. 개학이 눈앞에 다가왔을 때 모금액은 그해 학비의 절반밖에 되지 않았다. 그러자 트루엣 캐시가 나머지 금액을 선뜻 내주었다. 이것이 어째서 단순한 친절을 넘어 좋은 청지기 정신이냐고? 에디 화이트는 애틀랜타 남쪽 클레이턴카운티 학교들에서 30년간 후학 양성에 힘을 쏟았다.

1973년 캐시는 칙필레의 매장 직원에게 1인당 1000달러의 대학 학자금을 지원하기 시작했다. 이것은 패스트푸드업계에서 최초였다. 이뿐만 아니라 그는 20년도 전인 1951년부터 주일학교에서 13살짜리 소년들을 가르치는 교사로 봉사해왔다. 캐시는 그 소년들에 대한 책임이 각자의 부모와 교사 그리고 보이스카우트 단장과 지도부에게만 국한된다고 생각하지 않았다. 오히려 캐시는 자신 같은 주변 사람 모두의 책임이며 자신이 그들을 보호하는 청지기 정신을 발휘할 수 있는 그 기회를 중요하게 생각했다.

캐시는 칙필레를 통해 벌어들인 돈은 동전 하나까지도 하나님의 소유이며 우리는 그 돈을 지키는 청지기가 되어야 한다고 믿었다. 이것은 그가 돈에 관대한 동시에 인색할 수 있는 토대가 되었다. 칙필레에 투자한 돈이든 사람이나 자선활동에 투자한 돈이든 그는 1달러도 허투루 생각하지 않았다.

장기적 관계를 구축하라

트루엣 캐시에게 한 번 맺은 인연은 영원한 관계였다. 그가 어릴 적 소꿉친구였던 지넷과 거의 67년간 부부로 해로한 것이 좋은 예다. 한발 더 나아가 그는 자신이 맺은 모든 관계가 지넷과의 결혼처럼 영원하다면 더이상 바랄 게 없는 사람이었다. 심지어는 칙필레 매장을 맡길 운영자 후보들을 면접할 때 '결혼'이라는 단어를 실제로 사용하기도 했다. "이것은 결혼입니다." 그는 운영자와의 관계에 자신이 할 수 있는 모든 헌신을 다 바쳤고 상대방도 똑같이 돌려주기를 기대했다. 또한 그는 누구든 칙필레의 가족이 되고 나면 은퇴하는 날까지 칙필레의 식구로 사는 것이 당연하다고 여겼다. 나도 1980년대 초 면접과정에서 영원히 기억에 남을 그 말을 직접 들었다.

학교 교육에는 시간이 필수다. 경험도 순전히 조직의 관점에서 보면 시간이 필요하다. 그런데 구성원이 조직을 떠날 때는 몸만 나가는 것이 아니다. 시간에 의해 축적된 경험도 함께 사라진다. 캐시는 칙필레에서 그런 일이 생기는 것을 원하지 않았다. 직원 이탈과 재교육이 발생시키는 비효율성은 회사 수익에 악영향을 미치는 수준을 넘어 훨씬 더 큰 파장을 불어온다. 무엇보다 매장과 본사 모두가 원활하게 운영되지 못하고, 이것은 감기나 사랑만큼이나 숨기기 힘들다. 즉, 고객이 그런 사실을 단박에 알아차린다. 시간은 좀더 깊은 의미에서 또다른 혜택을 준다. 사람들은 함께 보내는 시간에 비례해서 서로의 진심과 동기를 더욱 깊이 이해하고 갈수록 손발이 맞아간다.

모든 일에는 동전처럼 양면이 있는 법, 장기적인 관계도 주의할 점이 있다. 장기근속이 절대 선이 아니라는 뜻이다. 사람들이 나태해지거나 정체되거나 안일주의에 빠진다면 장기근속도 득보다 실이 더 클 수 있다. 고로 둘 사이에 균형을 잡는 것이 관건이다. 우리는 이 중요성을 충분히 인지하고 있었기 때문에 구성원의 지속적인 개선과 교육과 훈련에 시간과 돈과 노력을 아끼지 않았다. 이뿐만 아니라 직원들이 방심하지 않고 늘 '깨어 있도록' 순환보직제도를 운영했다.

환대하라

트루엣 캐시는 음식에 진심인 요식업자답게 당연하게도 최고의 식재료와 최상의 조리법을 항상 고집했다. 동시에 그는 산해진미라도 음식 하나만으로는 성공이 보장되지 않는다는 사실도 잘 알았다. 그가 드워프하우스에서 지속가능한 사업을 구축할 때 핵심적인 경쟁우위는 신선한 좋은 재료도 완벽한 조리법도 아니었다. 바로 환대였다.

그런데도 우리는 칙필레가 모든 기초를 세우고 뜻을 세우는 이립而立과 입지立志의 나이가 되도록 환대의 가치에 둔감했다. 한마디로 등잔 밑이 어두웠다. 트루엣 캐시의 환대 정신을 칙필레의 경영원칙으로 전환하는 데 어째서 그토록 많은 시간이 걸렸는지 알다가도 모를 일이다. 캐시가 마침내 우리에게 비장의 카드를 내밀었다. 고객이 고마움을 표현하면 "제 기쁨입니다"라고 반응하라. 그리고 이 두 마디는 그의 환대 정신을 보여주는 상징이 되었다. 비록 우리가 "제 기쁨입니다"에 함축된 환대의 의미를 완벽히 이해하기까지 두세 해가 걸렸지만 그것을 이해한 뒤로는 환대가 드워프하우스에서 그랬듯 칙필레 브랜드에서도 강력한 성장 엔진이 되었다.

뭐니 뭐니 해도 "제 기쁨입니다"의 가장 큰 효과는 상대방이 정말로 중요한 존재라는 사실을 즉각적으로 보여줄 수 있다는 점이다. 우리가 "제 기쁨입니다"라고 말하면 십중팔구 고객은 미소로 화답해준다. 그렇다면 캐시는 어째서 "제 기쁨입니다"의 전도사가 되었을까? 그는 환대의 재능을 선천적으로 타고난 사람이었으니 의도적으로 선택한 것이 아니라 그저 본능을 따른 것이었다. 시작이야 어쨌건 그 두 마디가 백 마디 말보다 더 강한 울림을 준 것은 명백했다. 그렇게 고객 경험을 완전히 바꿔놓았다.

패스트푸드 산업에서 환대는 쌍방 모두에게 자연스러운 것은 아니다. 더욱이 개개인 모두가 환대의 재능을 타고나는 것이 아님은 두말하면 잔소리다. 이것이 엄연한 현실이므로 우리가 칙필레 매장에 환대 전담자를 운용하는 것에 관해 토론했을 때 새로운 숙제가 떠올랐다. 운영자가 먼저 환대의 재능을 발휘하고 또한 자신처럼 환대의 재능을 가진 사람을 알아보는 안목을 갖춰야 했던 것이다. 환대 재능을 타고난 사람의 커다란 장점 중 하나가 자신과 같은 재능을 지닌 사람을 더 많이 끌어당기는 것이기 때문이다. 요컨대 환대에서도 부익부빈익빈 현상이 작용한다.

개인적인 책임을 져라

개인적인 책임감은 힘과 동기를 부여하는 효과가 있다. 트루엣 캐시는 모든 관계에서 개인적인 책임감을 중요하게 여겼다. 가령 칙필레 본사 직원이나 매장 운영자를 선택할 때 그가 원하는 두 가지 조건 중 하나가 개인적인 책임감이었다. 당연히 첫째는 주어지는 일을 해낼 수 있는 업무적인 능력이었다. 두번째 조건이 책임감과 관련 있었는데, 일을 믿고 맡길 수 있는지를 따졌다. 여기서 한 가지 덧붙이자면, 두 가지 모두 캐시의 개인적인 판단에 근거했다. 어쨌건 그는 두 가지 조건을 충족시키는 사람을 뽑아 말 그대로 곳간 열쇠를 맡긴 다음 본인은 한걸음 물러났다. 때로는 직접 본인 입으로 말하기도 했다. "나는 자네의 판단력을 믿네." 하지만 그가 굳이 매번 입으로 말할 필요는 없었다. 나를 포함해 우리 모두는 그가 우리의 판단력을 믿는다는 사실을 잘 알았다.

그토록 깊은 신뢰는 우리의 일거수일투족이 그를 대리한다는 기분과 책임의식을 안겨주었다. 게다가 WWJD("예수님이라면 어떻게 하셨을까?What Would Jesus Do?"의 줄임말)라고 새겨진 팔찌가 세상에 나오기 훨씬 전부터 우리는 중요한 모든 결정을 앞두었을 때 스스로에게 "트루엣이라면 어떻게 할까?"라고 묻는 습관이 생겼다.[1]

우리는 트루엣 캐시에게, 칙필레 브랜드에게, 고객에게 개인적인 책임을 다해야 했다. 우리는 우리가 성사시킨 거래, 우리의 업무

1　1990년대 청소년 사이에서 'WWJD?'가 새겨진 팔찌와 티셔츠와 문신이 유행했다.

적인 관계, 우리가 칙필레에 대해 말하는 방식 등은 물론이고 심지어 보행 습관과 운전 습관과 골프장에서의 언행에 대해서도 책임을 져야 했다. 캐시가 우리를 신뢰했을 때 우리는 개인적인 책임감으로 보답했다.

캐시는 내가 개인적인 책임을 다하는지 확인하려고 내 꽁무니를 쫓아다니며 매의 눈으로 주시하는 행동은 결단코 하지 않았다. 그는 절대 그런 사람이 아니었다. 내가 왜 존재하고, 나는 그리고 칙필레는 무엇을 지지하는지 답을 찾는 것은 오로지 내 몫이었다. 요컨대 그 모든 책임은 내게 있었다.

나는 직원들에게 회사가 해고하는 일은 없을 거라고 장담했다. 실수하건 실패하건 일을 그르치건 그런 것에 대해서도 걱정할 필요가 없다고 안심시켰다. 그들 모두는 칙필레의 일부, 다른 말로 캐시가 내 면접과정중에 말했듯이, 칙필레의 식구였기 때문이다. 그들은 스스로 판단할 권리를 암묵적으로 위임받았다는 뜻이다. 끊임없이 배우는 것도 올바르게 일하는 것도 그들 각자의 판단에 달려 있었다. 이런 두터운 신뢰를 받으면 누구든 힘이 생기고 동기가 부여되는 것은 당연지사다.

지위 권력보다 개인적인 영향력을 사용하라

칙필레에는 독특한 전통이 하나 있다. 특정 역할을 맡을 자격이 있는지를 장기적인 성과로 스스로 증명할 때까지 그 직함을 부여하지 않는 것이다. 이는 지위 고하를 막론하고 누구에게나 해당되는 원칙으로 지미 콜린스도 예외가 아니었다. 콜린스는 1980년대가 저물도록 여전히 부사장의 직함을 떼지 못했다. 실제로는 어느 기업의 사장 못지않게 직무와 책임을 다하고 있었는데도 말이다. 트루엣 캐시가 1988년 운영자세미나에서 콜린스의 승진 소식을 발표했을 모두가 자리에서 일어나 뜨거운 박수와 환호로 축하를 보냈다. 거의 모두가 속으로 생각했든 혼잣말했든 옆 사람에게 속삭였든 반응은 똑같았다. "진즉에 사장이 되었어야지. 늦어도 한참 늦은 승진이야." 1968년에 입사했으니 만 20년만이었다.

캐시나 콜린스나 직함에 연연하는 사람이 아니었다. 나는 둘에게서 이런 말을 자주 들었다. "누군가에게 영향력을 미칠 방법이 지위 권력을 사용하는 것뿐이라면 한 번쯤은 사용할 수도 있겠지. 하지만 어떤 이유에서건 내가 가진 지위 권력을 사용할 수밖에 없다면 상대방의 미래에는 결코 좋은 징조가 아닐 걸세." 이렇게 볼 때 그들이 어떤 사람을 원하는지 명백했다. 지위와 직함 때문이 아니라 본인의 성품과 가치관에 따라서 주어진 역할을 수행할 수 있는 사람이었다.

캐시와 콜린스가 원하던 인재상은 지위와 직함과는 전혀 상관없이 일을 완수하고 팔로워십을 유발할 수 있는 사람이었다. 만약 직함을 앞세워 영향력을 발휘하고 딱 직함만큼만 성과를 내는 사람이라면 칙필레와는 맞지 않았다. 직함만 놓고 보면 우리가 많은 경력 직원을 채용하면서 '푸대접'했다고 볼 수 있었다. 그들이 예전 직장에서 누렸던 것보다 훨씬 낮은 지위를 제공했으니 그렇다. 특정한 임무나 프로젝트를 중심으로 사람들을 규합하고 팀워크를 촉진하는 능력이야말로 지위 권력보다 훨씬 중요하다.

칙필레의 회장이었음에도 불구하고 트루엣 캐시는 회사가 나아갈 방향과 관련해 경영위원회의 생각과 다를 때도 자신의 의견을 밀어붙이기 위해 지위 권력을 사용한 적은 거의 없었다. 개인회사인데다 단독 소유주였으니 마음만 먹으면 충분히 그렇게 할 수 있었지만 그는 거의 그렇게 하지 않았다.

즐겨라

트루엣 캐시는 지나치게 근엄하지도 점잔빼지도 않았다. '젖소 감사의 날Cow Appreciation Day'에 자신이 좋아하는 젖소 의상을 입을 정도로 장난기가 있었다. 머리부터 발끝까지 완벽히 젖소로 분장한 것은 아니었지만 사람들에게 웃음을 주기에는 충분했다. 또한 그에게는 별난 '취미'도 있었다. 칙필레의 마스코트인 젖소 봉제 인형을 가방 가득 넣은 채 공항 대합실을 돌아다니며 나눠주었다. 오직 사람들이 젖소 인형을 받고 웃는 모습을 보고 싶다는 단순한 이유에서였다. 그는 시치미 뗀 얼굴로 진지하게 말하는데 은근히 웃겼고 그의 능청 떠는 재치는 사람들을 어리둥절하게 만들었다. '세상에 이런 뚱딴지같은 생각은 어떻게 하는 거지?'

칙필레의 여러 장점 중 하나는 사람들에게 예상치 못한 즐거움을 주려 대놓고 노력한다는 점이었다. 직원 입장에서도 마다할 이유가 없었다. 그처럼 예상하지 못한 환경에서 일하는 것이 더 재미있는 거야 인지상정이었다. 하지만 칙필레가 그런 노력을 기울인 주된 이유는 따로 있었다. 트루엣 캐시 자체가 예상하지 못한 재미를 주는 사람이었다.

이제까지 소개한 여섯 가지 원칙은 칙필레의 DNA에 깊이 뿌리내려 칙필레를 독보적인 브랜드로 만들어준 원동력이었다. 또한 리더를 비롯해 '식구' 모두가 칙필레를 세상 하나뿐인 브랜드로 차별화시켜주는 장점들에 계속 집중할 수 있도록 든든하게 뒤받쳐준 문화의 대들보이다.

마치며: 로즈볼에서 트루엣 캐시를 추억하다

2015년 1월 1일이었다. 나는 2년 전, 2012년 12월 31일이 떠올랐다. 그때 나는 칙필레피치볼에서 트루엣 캐시와 경기장 바깥 사이드라인에 함께 서 있었다. 애틀랜타 조지아돔에서 열린 그 경기가 그와 함께 보낸 마지막 칙필레피치볼이었다. 이제 나는 그곳에서 3200킬로미터나 떨어진 장소에 캐시 없이 서 있었다. 문득 그간 참 먼 길을 달려왔다는 생각이 들었다. 그곳이 나한테는 온전히 다른 세상 같았다. 장소는 장미 특산지 캘리포니아주 패서디나였고 로즈볼 경기장의 사이드라인이었다. 때는 새로 출범한 CFP의 첫번째 준결승전이 열리는 날이었고 칙필레가 후원사였다.

한편 그날은 내 개인적으로도 의미 있는 시간이었다. 칙필레에서 보내는 마지막 해의 첫날이었다. 나는 다가오는 5월에 65살이 되면 공식적인 직함에서 은퇴하겠지만 연말까지는 칙필레에서 내 역할이 연장될 예정이었다. 후임인 존 브리지스에게는 사수로서 그가 CMO로 연착륙하도록 도와주고 다른 경영진에게는 선배 겸 멘토로서 해줄 일이 아직 남아 있었다. 그날 로즈볼에 브리지스와 그의 아내 에이미도 참석했다. 나는 로즈볼 경기장에 들어오기 직전 다이앤과 브리지스 부부와 경기장 바깥에서 열린 팬 행사들을 둘러보았다. 흠잡을 데 없이 완벽한 행사였다. 칙필레 마케팅 부서 직원들이 지역 운영자들과 매장 직원들의 도움을 받아 그 행사를 준비하느라 얼마나 고생했는지 훤히 보였다. 그들은 음식과 젖소 등 칙필레 자산을 최대한 활용하고 다양한 팬 활동으로 알찬 행사를 만들어냈다. ESPN, 미국의 최대 유·무선통신회사 미국전신전화회사American Telephone&Telegraph Co.: AT&T, 코카콜라, 기아 등 대학미식축구 세상에서 우리보다 더 크고 전통적인 브랜드들이 조직한 어떤 행사에 견주어도 손색이 없었다.

더없이 완벽한 그날 역사적이고 웅대한 그 현장에서 나는 칙필레의 유명한 로고 두 개를 보았다. 그리고 좌석마다 칙필레 무료 교환권이 놓여 있었다. 나중에 알고 보니 미국 전역에서 3000만 가구가 로즈볼의 중계방송을 시청했고 그해 치러진 CFP의 7경기를 합친 전체 시청자 수는 1억 5000만 명을 넘겼다. 칙필레는 이런 모든 경기에서 젖소 광고를 여러 차례 내보냈고 경기 중간에도 젖소들이 자주 노출되었다. 이제 칙필레는 누가 뭐래도 전국적인 브랜드였다.

나는 내 오랜 친구이자 멘토였던 트루엣 캐시를 추억했다. 그는 로즈볼 경기가 열리기 몇 달 전인 2014년 9월 8일 세상을 떠났다. 아직 살아 있었다면 그도 이 순간을 벅찬 감동 속에 맘껏 즐겼을 것이다.

나는 캐시가 사업을 일구고 브랜드를 구축하는 과정에서 기독교의 보편적인 삶의 진리를 솔선수범함으로써 사람들에게 미친 선한 영향력을 떠올렸다. 그가 걸어온 길 자체가 충직한 청지기다운 기독교인의 삶이었다. 그는 오직 자신의 삶으로 본보기를 보여주었을 뿐, 어떤 설교도 하지 않았다. 그는 하나님을 사랑했고 자신의 가족을 사랑했으며 자신의 이웃을 사랑했다. 바로 이런 사랑을 자양분으로 칙필레가 번영할 수 있는 문화가 잉태되었다. 물론 나도 그 문화의 일원으로 커다란 은혜를 입었다. 또한 직업적으로도 개인적으로도 내가 감히 꿈도 못 꾼 놀라운 여정을 경험했다. 칙필레는 캐시가 일군 문화의 토양에서 단순한 샌드위치 가게를 넘어 위대한 패스트푸드 레스토랑으로, 유일무이한 배려와 환대의 경험으로, 많은 사람들이 자신의 삶에서 없어서는 안 된다고 생각하는 브랜드로 우뚝 섰다.

캐시, 고맙습니다. 주님, 경배합니다.

감사의 말

43년의 세월이 눈 깜짝할 새에 지나갔다. 이 책을 쓰는 것을 계기로 나는 지난날을 찬찬히 돌아보았고 내가 얼마나 큰 특권과 축복을 누렸는지 새삼 놀랐다. 까마득한 옛날 오번대학교에서 마케팅을 전공으로 선택했을 때 내가 이토록 대단한 커리어를 가질지 꿈에선들 생각이나 했겠는가. 한편으로는 내 경험을 세상과 나누어야 한다는 사명감 비슷한 감정도 생겼다. 43년의 커리어에서 배운 핵심적인 교훈과 원칙의 상당수가 내게만 해당되는 특별한 경험이 아니라는 사실을 깨달았다. 오히려 비즈니스와 브랜드로 점철된 세상을 살아가는 모든 리더에게도 '빵과 포도주' 같은 유익한 교훈과 원칙들이다.

미국의 자유기업체제는 오늘날도 건재함을 과시하고 기업가들에게 비옥한 토양을 제공한다. 내 삶에 지대한 영향을 끼친 두 명의 기업가가 있었다. 내 아버지와 칙필레 창업자 트루엣 캐시였다.

또한 그들만큼은 아니지만 수천 명의 캐시 '복제인간'도 있었다. 캐시의 기업가정신을 똑같이 실천하는 칙필레 운영자들이다. 그들 같이 평범한 보통 사람에게 비상의 날개를 달아주는 경제 환경의 일원이라는 사실만으로도 우리 모두는 굉장한 축복을 받았다. 따라서 모래밭에 머리를 파묻은 타조처럼 이제 더는 미국 문화가 그 축복을 외면해서는 안 된다. 귀를 활짝 열어 경청하고 이해하고 감사해야 마땅하다. 그중에서도 칙필레의 역사만큼 기업가정신의 위대함을 보여주는 더 극적이고 더 명백한 사례는 없다.

잠시 기억을 더듬어 퀴즈 하나를 풀어보자. 성공적인 기업과 브랜드를 구축하는 것에 영향을 미치는 가장 큰 단일 요소는 무엇일까? 맞다, 내부 문화다. 그리고 내부 문화는 조직의 최고위층이 어떻게 하는가에 따라서 흥할 수도 몰락할 수도 있다. 트루엣 캐시는 뛰어난 문화적 감수성으로 문화의 역할을 명확히 이해했다. 하지만 아는 것과 실천은 다른 법이다. 그는 그런 이해를 바탕으로 조직 문화를 최우선순위로 삼았을 뿐만 아니라 개인적으로도 여기에 모든 초점을 맞추었다. 또한 캐시는 자신처럼 조직 문화를 정말 소중하게 생각하는 사람들로 주변을 채우기 위해 노력했다.

오번대학교에서 마케팅을 전공하기로 결정했을 때 나는 언젠가 그런 문화에서 일하고 성장하기를 꿈꾸었다. 특히 조지아주 애틀랜타에서 재미있고 도전 의식을 자극하는 일을 하고 싶었다. 막연한 꿈이었을 뿐 칙필레에서의 커리어와 우정과 믿을 수 없는 경험이 내 차지였다니 지금도 꿈만 같다. 트루엣 캐시 같은 사람과 그의 전도유망한 회사를 위해 CMO로 일하는 것보다 더 큰 행운은 없었다. 칙필레의 마케팅팀과 마케팅 전략은 온전히 내 손끝에서 탄생했다. 그리고 나는 우리 팀과 전략이 미국에서 가장 훌륭한 일부 기업가, 즉 칙필레 운영자들을 지원하는 브랜드 인프라로 만개하는 것을 처음부터 지켜보았다. 트루엣 캐시에게 이 지면을 빌려 큰절을 올린다.

나는 칙필레에 합류하기 전에도 칙필레의 식구로 살아가는 동안에도 소중한 인연을 많이 만났다. 그중 최고의 인연은 멋진 아내이자 연인이며 어머니이고 조언가인 다이앤이다. 다이앤만이 아니라 우리 사랑의 결실인 두 아이 조이와 조시도 내가 좋을 때나 힘들 때나 한결같은 헌신과 지지를 보내주었다. 게다가 앞서 여러 차례 말했듯 가끔은 다이앤의 조언이 하나님 말씀처럼 보편적인 진리였고 훌륭한 길라잡이가 되었다.

본문에서 소개했던 모든 사람에게도 고마움을 전한다. 그들은 독특한 방식으로 그리고 가끔은 왼손 모르게 오른손이 행하는 것처럼 나를 단련시키거나 이끌어주었다. 이뿐만 아니라 그들은 그 과정에서 내 커리어와 가족과 궁극적으로는 칙필레에 축복이 되었다. 그들 모두는 내 감사를 받을 자격이 차고 넘친다.

내친김에 한 가지 당부하고 싶은 것이 있다. 노파심이라고 말해도 좋다. 이 책을 읽는 칙필레 가족에게 전하고 싶은 당부다. 지미 콜린스가 2001년 사장직을 내려놓으면서 우리에게 했던 말을 기억하길 바란다. 성공의 자리에 오르는 것보다 때로는 성공을 유지하기가 더 힘들다. 그들이 내 이야기를 그리고 칙필레의 전체 역사에서 내가 경험한 시간을 칙필레의 지난날을 이해하는 타산지석으로 삼았으면 좋겠다. 예전의 칙필레 문화에서 타협이 가능했던 선택적인 가치는 무엇이었고 기업 목적처럼 타협할 수 없는 필수 원칙이 무엇이었는지 말이다. 이제는 그런 판단의 책임이 그들을 비롯한 칙필레 2세대의 몫이다. 그들이 칙필레 문화의 초석들을 현명하게 선택하기를 바라 마지않는다.

칙필레의 가족이 아닌 일반 독자에게도 고개 숙여 감사드린다. 나는 여러분이 두서없는 내 글을 읽고자 귀중한 시간을 내어준 것을 무한한 영광으로 생각한다. 바라건대 위대한 기업이나 브랜드를 구축하는 데서 문화가 어떤 역할을 기여하는지에 관해 귀중한 정보를 찾았으면 좋겠다. 아울러 여러분의 현재 마케팅과 브랜드 구축 패러다임 중 일부에 의문을 제기할 만한 전략적인 아이디어들도 얻었기를 희망한다.

내 개인적인 소망이 하나 있다. 고객을 대면하는 업종에서 고객과의 진실하고 개인적인 친밀한 관계를 통해 사업과 브랜드를 성장시키는 방법을 배우는 기업이 많아지는 날을 꿈꿔본다. 욕심을 조금 더 내서, 이 책이 누군가가 그 여정을 시작하는 계기가 될 수 있기를 내심 기대한다!

내 삶과 내 커리어는 나 혼자만의 노력으로 일군 것이 아니었다. 사랑하는 내 아내 다이앤과 보물 같은 우리 두 아이 조이와 조시와 함께 써내려간 공동 작품이었다. 이뿐만 아니라 트루엣 캐시를 비롯한 그의 가족과 칙필레의 초대 COO이자 사장이었으며 30년이 넘는 세월 동안 칙필레 경영위원회 일원이었던 지미 콜린스의 공도 지대했다. 더 나아가 환상의 호흡을 보여준 마케팅 부서의 지혜로운 지도부, 귀중한 피드백과 지원을 아끼지 않았던 수백 명의 운영자, 나를 포함해 우리 칙필레 식구들과 많은 창구를 통해 소통해준 수백만 명의 고객 모두가 내 지난 역사의 공동 저자들이었다. 하나님의 은혜로 나도 한 페이지를 장식할 수 있었던 칙필레의 놀라운 이야기에, 매일 수백만 명의 고객을 행복하게 만들어주는 굉장한 칙필레의 이야기에 그저 감탄만 나올 뿐이다.

늘 현명한 조언으로 내 집필 여정을 함께 해준 딕 파커에게 진심으로 고마움을 전한다. 파커가 도와주지 않았더라면 칙필레의 굉장한 이야기가 세상에 나오지 못했을 것이다. 파커는 많은 책에서 공동 집필자나 대필 작가를 도와준 숨은 공로자였다. 무엇보다도, 트루엣 캐시가 4권의 저서를 펴낼 때 파커가 도와주었고, 내게는 이것 하나만으로 충분했다. 이것이야말로 내가 파커의 손을 잡아야 하는 가장 확실한 이유였다.

다음으로 내 감사를 받은 사람은 토머스넬슨에서 내 책의 수석 편집장을 맡은 제니 바움가트너다. 바움가트너는 귀중한 조언과 반짝이는 편집 아이디어로 커다란 도움을 주는 것에 그치지 않고 하퍼콜린스의 기독서적 출판 자회사 토머스넬슨의 '어벤저스팀'을 동원해 확실한 지원사격까지 해주었다. 생전 처음 책을 펴내는 초보 작가인 내게 그들의 도움이 없었다면? 생각만으로도 머리가 쭈뼛서는 기분이다. 이 책을 완성하는 것은 고사하고 집필과정을 즐기는 것조차 있을 수 없는 일이었다!

마지막으로 나와 출판계 사이에 징검다리가 되어준 대리인 조너선 머크에게 감사 인사를 올린다. 출판계에서 환상적인 이력을 자랑하는 머크를 만난 것은 신의 축복이었다. 그는 내가 출판 세상에서 길을 잃지 않도록 등불이 되어주었고 출판계 사람들과 협력하는 방법에 대해서도 든든한 정보원이 되어주었다. 머크가 내 손을 잡아주지 않았더라면 나는 이 프로젝트에서 첫발도 떼지 못했을 것이다!

사람들이 왜 삶이 쏜살같다고 말하는지 알 것 같다. 하나님이 나를 한복판으로 밀어 넣어주신 이야기를 돌아보니 시간이 얼마나 빨리 흘렀는지 불현듯 실감난다. 하나님의 지도와 알뜰한 보살핌 덕분에 내 지난 삶은 유의미한 관계, 즐거움, (좋은 것이든 힘든 것이든) 경험으로 가득했다. 명확한 목적을 지향하는 기업과 인연을 맺어주시고 그 관계 속에서 내 삶의 목적을 발견해서 맘껏 즐기도록 도와주신 하나님께 형언할 수 없는 감사를 드린다.

여러분 모두도 자신의 목적을 알고 그 목적에 충실한 삶을 살기를 기원한다.

> 우리에게 우리 날 계수함을 가르치사
> 지혜의 마음을 얻게 하소서
> (시편 90장 12절)

> 주 우리 하나님의 은총을 우리에게 내리게 하사
> 우리의 손이 행한 일을 우리에게 견고하게 하소서
> 우리의 손이 행한 일을 견고하게 하소서
> (시편 90장 17절)

부록

소중한 인연

내 삶과 커리어에 선한 영향을 주었던 사람이 아주 많다. 지면 관계상 한 사람 한 사람 모두 인사드리지 못한 점 양해를 부탁드리며 그중 몇 사람을 소개하려 한다.

먼저, 다이앤과 우리 두 아이 이야기부터 하고 싶다. 다이앤은 다시없을 삶의 동반자에 현명한 카운슬러이며 자애로운 어머니다. 내 커리어 전부가 아내의 것이라고 할 만큼 처음부터 끝까지 우리는 함께였고, 아니 지금도 내 커리어를 같이 써내려가고 있다. 우리 부부의 분신인 조이와 조시는 언제나 내 일을 응원했고 자신들이 보고 들은 것을 즐겼음에 틀림없다. 둘 다 마케팅 세상의 일원이 되었으니 말이다. 조이와 조시는 독실한 기독교인들로 성경적 가치를 충실히 따를 뿐만 아니라 각자의 배우자인 사위 댄 로아크와 며느리 수전 브리딩 로빈슨과 힘을 합쳐 부모 역할을 훌륭히 해내고 있다. 다이앤과 나는 네 명의 손주 카일라, 마이라, 에이머스, 프라이스가 꽃을 피우고 열매로 영글어가는 과정을 지켜보는 것이 또다른 삶의 낙이다.

내 부모님을 빠뜨릴 수 없다. 내게 모든 것을 가르쳐준 스승이었던 아버지 존 B. 로빈슨은 무엇 하나도 당연하게 생각하지 않았다. 영세 사업체를 운영했던 아버지는 사업가의 숙명인 풍파에 꿋꿋이 맞서고 그에 따른 보상과 보람을 즐겼으며 늘 성실한 자세로 사람들을 대했다. 어머니 마사 로빈슨은 언제나 내게 용기와 힘을 북돋워주는 지지자요 수호신이었다.

나한테 제2의 아버지였던 트루엣 캐시는 내 삶에 가장 큰 영향을 끼친 인물이라고 해도 과언이 아니었다. 이 책 속의 이야기가 그것을 증명한다. 하나님은 캐시를 통해 내게 엄청난 영향을 미쳤다.

오번대학교 남학생 사교클럽의 동기 제리 배츠는 나와 다이앤을 이어준 오작교였고 우리의 위대한 우정은 현재 진행형이다. 배츠가 없었다면 나는 내 인생에서 가장 중요한 사람이자 친구를 영원히 못 만났을지도 모르겠다.

1972년 오번대학교 경영대학의 학장이었던 조지 호턴의 격려와 조언이 내 삶의 방향을 완전히 바꿔놓았다.

노스웨스턴대학교 메딜언론광고대학원의 버넌 프라이버거 학장은 대학원 신입생 입학전형이 전부 끝났는데도 학칙을 융통성 있게 적용해가며 내게 면접 기회를 주었다. 그의 은혜 덕분에 나는 그때까지 몰랐던 마케팅의 신세계를 경험했고 커리어에 날개를 달 수 있었다.

나의 첫 직장 TI에서 나의 첫 상사였던 프랭크 월터스는 사회 초년생인 나를 무한한 인내로 대해주었다. 특히 직접 반응 마케팅 Direct-Response Marketing[1] 세상에서 내가 마음껏 시험하고 배울 수 있는 너른 무대를 제공해주었다.

댄 하우얼스는 SFOT가 테마공원 세븐시스의 위탁관리업체로 선정되었을 때 내가 판매촉진 관리자로 일할 기회를 주었을 뿐 아니라 사수로서도 불굴의 참을성을 보여주었다. 나는 하우얼스 덕분에 SFOT를 포함해 식스플래그스의 가족으로 7년 동안 일할 수 있었다. 한편 나는 그의 동생인 밥과도 노스웨스턴 동기이자 친구이다.

식스플래그스 본사의 마케팅 담당 부사장 조지 델러노이는 전략계획 수립과 브랜드에서 최고의 멘토였다.

SFOT의 판촉 관리자 짐 펨버턴은 훌륭한 멘토였고 멋진 친구였으며 환상적인 마케팅 파트너였다.

SFOG의 마케팅 책임자였다가 훗날 총괄 관리자로 승진한 스퍼전 리처드슨은 끝내주는 멘토이자 친구였다. 리처드슨은 27살에 불과한 나를 자신이 이끌던 마케팅 부서 지도부의 일원으로 받아주었을 뿐만 아니라 자신이 총괄 관리자로 승진하면서 공석이 된 마케팅 책임자 자리를 내게 물려주었다.

지미 콜린스는 2001년 은퇴할 때까지 칙필레에서 나의 직속

1 마케팅 담당자가 잠재고객에게 직접 접근하는 직접 마케팅과는 반대 방향으로, 잠재고객이나 고객이 마케팅 담당자에게 직접 반응하게 하는 마케팅 기법

상사였다. 콜린스와 캐시는 내 평생 동료로서는 물론이고 내가 만나본 중 가장 존경스러운 사람들이었다. 둘은 내가 34년간 칙필레의 식구로 살 수 있도록 자양분과 버팀목이 되어준 문화적 토양의 기반을 닦고 비옥하게 가꾸었다(문화적 토양에 대해서는 본문에서 자세히 소개했다).

켄 번하트 박사는 조지아대학교 평의원회가 임명하는 리젠츠 마케팅명예교수이자 애틀랜타 재계에서 나의 가장 친한 친구 중 하나이며 시장조사와 고객 목소리 청취에 관한 경이로운 멘토였다.

내가 칙필레에서 뽑은 1호 마케팅 담당자 데이비드 샐리어스는 내가 은퇴하는 날까지 우리 마케팅 부서 지도부의 일원으로 맹활약하며 다양한 역할을 훌륭히 소화했다. 샐리어스는 인재·팀워크 개발 능력이 특출하고 내가 항상 믿고 의지할 수 있는 친구다.

샌디 코지는 수석 보좌관으로서 사실상 내가 칙필레에서 몸담은 기간을 거의 함께했다. 언제나 내 곁을 든든히 지켜준 코지에 대해서는 하고 싶은 말이 정말 많다. 먼저, 코지는 나만이 아니라 주변 사람들을 끊임없이 도와주었으며 대개는 상대방이 요청하지 않아도 자발적으로 팔을 걷어붙였다. 솔직히 칙필레에서 사랑과 존경과 신뢰와 은혜에 바탕을 두는 조직 문화를 코지보다 더 잘 이해하는 사람이 없을 정도였다. 한마디로 칙필레 문화의 가장 완벽한 화신이었다. 그녀는 주변 사람의 요구와 필요를 정확히 예측해서 충족시켜주려 애썼다. 또한 늘 상냥함과 긍정적인 태도와 환대로 무장한 그녀는 존재 자체가 매 순간 사람들에게 격려와 힘이 되었다. 그녀는 자신의 남편인 보를 비롯해 가족과 주변 사람들을 사랑했고 크건 작건 친절을 베푸는 단순한 행위로 그 사랑을 표현했다. 게다가 타고난 환대의 재능을 십분 발휘해서 칙필레가 피치볼과 개막전 킥오프 경기와 관련하여 준비하는 대규모 행사들도 조직했다. 그녀는 대규모 행사가 사람들에게 좀더 친밀하게 다가갈 수 있는 방법들을 찾아냈고, 이런 그녀의 숨은 노력 덕분에 칙필레는 덩치가 갈수록 커졌음에도 여전히 작은 가족회사 같은 화기애애한 분위기를 이어갈 수 있었다. 무엇보다 나는 그녀가 세부 사항을 완벽히 챙겼기 때문에 그런 부분에서 완전히 해방되었다.

도널드 페리는 내가 칙필레에서 채용한 첫번째 홍보 전문가였고 트루엣 캐시와 내게 멋진 친구가 되었다. 페리는 칙필레 역사상 최초로 고용한 홍보대행사 콘앤울프를 발굴하고 계약을 성사시킨 장본인이었고 2012년 여름 영면에 들었다.

도널드 페리와 내가 칙필레의 첫번째 홍보대행사로 고용한 콘앤울프의 공동 창업자이자 사장이었던 밥 콘은 매체 기반의 아웃리치Outreach[2]와 신규 매장 개점 행사에 긍정적인 에너지를 주입했다. 특히 우리는 독립 매장을 확대하던 초창기 시절 현장 브랜드 활성화와 개점 행사에서 밥 콘의 도움을 많이 받았고 나는 그와 지금까지도 좋은 친구로 지낸다. 한편 콘앤울프는 2018년 버슨마스텔러Burson-Marsteller와 합병하여 세계 최대 홍보컨설팅회사의 반열에 올랐다.

---

2 본래는 지역 주민에 대한 기관의 적극적이고 '찾아가는' 활동을 말하며, 마케팅에서는 매출과 고객 만족도를 최상으로 끌어올리기 위해 소비자에게 올바른 정보를 적시에 원하는 방식으로 제공하는 것을 말한다.

글렌 잭슨과 그의 팀, 그리고 잭슨 스폴딩은 우리의 매체 관계Media Relations[3]와 무료 커뮤니케이션 영역에서 지대한 역할을 수행했다. 그들은 칙필레 브랜드의 주된 대변인으로서 캐시를 지원하는 데는 물론이고 신제품 출시, 신규 매장 개점, 위기관리, 칙필레가 후원하는 제휴 관계 등에 크게 기여했다.

빌 배런(일명 '비스킷 빌')은 칙필레가 최초로 영입한 신제품 연구개발 전문가였다.

칙필레 마케팅 부서의 보물이었던 우디 포크는 마케팅 부서 지도부의 일원으로 활동하는 동시에 메뉴 개발, 매장 디자인, 환대 혁신, 사내 혁신과정 개선 등에서 다양한 리더 역할을 훌륭히 해냈다. 특히 포크는 우리 가족에도 축복 같은 존재였다. 그는 유치원부터 중학교 과정까지 제공하는 사립 기독학교 헤리티지프렙스쿨Heritage Prep School의 설립자 중 하나였고 이사회 의장으로서 그 학교의 설립과 운영에 깊숙이 관여했다. 우리집 둘째 조시의 세 아이 모두가 그 학교에서 공부한다.

데이비드 파머는 우리 마케팅 부서 지도부의 주축으로서 처음에는 음식 그 다음에는 조직 전체에서 완벽한 혁신과정을 선봉에서 이끌었다. 무엇보다 파머는 칙필레의 양대 혁신센터 해치와 키친을 설계하고 건립하는 일뿐만 아니라 두 센터에 적절한 인력을 배치하는 일까지 진두지휘했다. 사실 나는 칙필레에 합류하기 몇 년 전부터 파머와 친분이 있었고 그가 위대한 리더로 성장하고 여물어가는

---

3 홍보를 포함해 매체와 원활히 접촉하고 호의적인 관계를 형성하는 일련의 커뮤니케이션 활동

전 과정을 곁에서 지켜보았다.

잭 센텔과 배리 화이트는 현장 마케팅과 칙필레의 라이선스 개념을 개척한 선구자들이었다. 센텔과 화이트는 우리 마케팅 부서 지도부에서 중요한 구성원들로 나는 그들의 조언이라면 일단 신뢰했고 언제나 높이 평가했다.

2012년 도널드 페리가 세상을 떠난 뒤 그의 후임으로 칙필레에 합류한 캐리 컬랜더는 그해 말부터 지금까지 마케팅 부서 지도부에서 맹활약하고 있다. 컬랜더는 미국 정계 그리고 미국 남동부 지역에 천연가스와 전기를 공급하는 서던컴퍼니Southern Company에서 두드러진 경력을 쌓은 자타공인 전문가다.

광고대행사 TRG의 창업자이자 CEO인 스탠 리처즈는 20년 동안 칙필레의 광고대행사로서 가늠할 수 없는 도움을 주었으며 훌륭한 친구로서 내 삶에 빛 같은 존재였다.

TRG의 사장 브래드 토드는 칙필레가 TRG에서 연착륙할 수 있도록 도와준 공로자였다. 전 직장인 제과업체 프리토레이에서 브랜드 관리 역량을 갈고닦은 토드는 훌륭한 브랜드 관리자였고 신뢰할 수 있는 조언자였으며 좋은 친구였다.

존 브리지스는 내가 칙필레에서 보낸 마지막 6년 동안 우리 마케팅 부서의 지도부에서 활동했고 내가 은퇴한 뒤 CMO에 올랐다. 우리 부서에 합류하기 전 칙필레의 최고정보책임자Chief Information Officer: CIO로 활약했던 브리지스는 나를 포함해 마케팅 부서 지도부가 고객 대면Customer-facing 디지털 기술에 초점을 맞추도록 도와주었다. 또한 이전 직장인 다국적 경영컨설팅업체 액센추어Accenture

에서의 경험을 바탕으로 그는 전략과 분석에서 남다른 두각을 보인다.

빌 서턴, 클라크 허친슨, 마크 헨리, 크로퍼드 로리츠, 게리 휴인스 등은 하나님의 말씀을 전하는 훌륭한 목회자들이며 성경적 가치에 바탕을 두는 지혜로운 조언자들이었다. 내 삶은 물론이고 내 결혼생활과 우리 가족까지 그들이 없었다면 지금과는 사뭇 다른 모습일 것이다. 그들이 들려준 성경적 진리를 정신적 지주로 의지해서 변화한 덕분에 지금의 모습에 이르렀다. 그들 모두를 감히 친구라고 부를 수 있는 것 자체가 커다란 축복이다.

데니스 레이니는 사역단체 크루재단Cru Foundation 산하 가정사역 전문 단체 패밀리라이프FamilyLife를 설립했고 2017년까지 CEO로 활동했다. 레이니는 내가 아는 가장 훌륭한 리더 중에 한 사람으로 어떤 분야에서든 뛰어난 리더가 될 자질을 갖췄음에도 하나님의 부름을 받아 아내인 바버라와 함께 결혼생활과 가족들을 섬기는 데에 평생을 바쳤다.[4] 나는 패밀리라이프 이사회에서 20년 넘게 활동할 수 있었던 것을 영광으로 생각한다.

나는 고등학교 시절 교환학생으로 뉴질랜드 크라이스트처치의 한 호스트 가정에서 1년간 생활했다. 당시 쿰비스Coombes 가족은 어린 내게 숙식만 제공해준 것이 아니라 내가 세상을 새로운 관점으로 볼 수 있게 도와주었다.

피치볼주식회사의 게리 스토컨 사장은 무려 19년간 놀라움의

---

4 데니스 레이니와 아내 바버라가 패밀리라이프를 공동으로 설립했다.

연속이었던 성장과 혁신의 여정을 우리 칙필레와 함께했고 칙필레 피치볼과 관련된 굵직굵직한 일들을 성사시켰다. 피치볼, 대학미식축구 개막전 칙필레킥오프, 칙필레피치볼챌린지 골프대회, 대학미식축구 명예의 전당 프로젝트, CFP 후원사로서의 칙필레 역할 등이 대표적이다. 또한 우리는 그 과정에서 그의 직속 직원, 콘퍼런스 운영위원, 대학 운동부 책임자와 지도자 등과 값진 많은 우정을 쌓았다. 뿐만 아니라 데이비드 엡스, 데릭 마틴, 맷 가비, 앤턴 도슨, 크리스 휴스, 댄 웨스트, 벤지 홀리스, 그들의 관리자 (다른 말로 진정한 실세) 패티 영 같은 피치볼 구성원과도 남부럽지 않은 친구가 되었다.

칙필레가 후원하는 각종 행사의 홍보 대사 3인방이 있었다. 잭 그랜트 그리고 찰리와 크리스 버스비 형제였다. 관계를 구축하고 지지를 규합하는 데서 그들이 보여준 활약은 한마디로 눈부셨고 LPGA 골프대회와 칙필레피치볼챌린지 자선골프대회가 그들에게서 가장 큰 수혜를 입었다. 그들이 자선행사의 꽃인 홍보 대사를 이십몇 년간 맡아준 덕분에 수백만 달러의 자선기금을 모금하는 데 큰 힘이 되었다.

스포츠 전문 케이블방송사 ESPN 내부에 우리의 숨은 조력자들이 있었다. 롭 템플, 버크 매그너스, 존 스키퍼가 그 주역이다. ESPN 내부에서 칙필레를 물심양면으로 밀어주고 지원해준 그들이 없었다면 칙필레는 CFP의 제휴기업이자 후원기업이 절대 되지 못했을 것이다. 더욱이 그들은 지금까지도 나와 멋진 우정을 이어가고 있다.

로먼 코럽은 미국 3대 공중파의 하나인 CBS에서 칙필레 담당자로 활동하며 칙필레가 CBS와 관계를 맺도록 도와준 고마운 내 친구다.

NFF에서 일하는 스티브 해첼, 아치 매닝, 머리 보든의 도움과 지지가 없었다면 대학미식축구 명예의 전당이 인디애나주 사우스벤드에서 다른 곳으로 이전하는 것도, 특히 애틀랜타에 새 둥지를 트는 일도 절대 불가능했을 것이다. 하물며 칙필레가 대학미식축구 명예의 전당과 긴밀하게 협업하는 것은 언감생심이었다.

셰티 윌리엄스는 스포츠선교단체 FCA 소속으로 오번대학교 미식축구팀에 파견된 전임 목사다. 우리 가족은 윌리엄스를 통해 그 협의회의 활동에 처음으로 관여하고 재정적인 후원을 시작했다가 결국에는 애틀랜타 지역에서는 물론이고 미국 전역에서 펼치는 그 협의회의 다양한 활동에 적극적으로 참여하게 되었다. 심지어 우리 사위 로아크는 기독운동선수협의회의 애틀랜타 지부에서 일하고 있다.

셰인 윌리엄슨은 우리 가족이 기독운동선수협의회에 관여하기 시작했을 때 그 협의회의 애틀랜타 지부장이었고 오늘날에는 인터네셔널 FCA의 CEO로 활동한다. 윌리엄슨은 처음 만난 순간부터 지금까지 우리의 훌륭한 조언자이자 멋진 친구이다.

트루엣 캐시, 댄 캐시, 버바 캐시, 벅 매케이브, 지미 콜린스, 페리 랙스데일, 뷰레언 레드베터, 팀 태소펄러스, 이들 칙필레 경영위원회 위원은 35년 동안 내 커리어만이 아니라 내 삶도 쇠를 연마하듯 단련시켜주었다.

나와 동고동락한 칙필레의 마케팅팀 전원은 내가 평생 만나본 중에서 가장 헌신적이고 가장 유능한 사람들이었다. 나는 그들이 어떤 도전에도 당당히 맞설 뿐만 아니라 어떤 상황에서도 진실하고 품위 있게 행동하리라는 것은 한 번도 의심한 적이 없었다.

칙필레 운영자 모두는 환상적인 기업가들로 칙필레의 기업 목적과 일치하는 영향력을 발휘하고 개인적인 품성과 인격을 쉼 없이 갈고닦으며 지속적으로 개선하는 일에 헌신한다. 나는 그들이 언제 어디서나 고객과 칙필레의 평판에 가장 좋은 일을 하려 최선을 다하리라는 확신이 있었고 그래서 그들을 지원하기 위해 최선을 다했다.

캐시 고맙습니다.
당신을 영원이 안 이즐게요.
젖소 일동

참고 문헌

1. Ken Blanchard originally coined this term. He granted permission to Chick-fil-A to use the Raving Fan banner.

2. Truett Cathy, Eat Mor Chikin: Inspire More People: Doing Business the Chick-fil-A Way (Decatur, GA: Looking Glass Books, 2002), 70.

3. Jimmy Collins, March 28, 2018.

4. Charles R. Swindoll, Paul: A Man of Grace and Grit (Nashville: Thomas Nelson, 2002).

5. Cheryl Hall, "Retired State Fair CEO's Thrill Ride Gives New Meaning to Adrenalin Rush," Dallas News, September 2015, https://www.dallasnews.com/business/business/2015/09/25/retired-state-fair-ceo-s-thrill-ride-gives-new-meaning-to-adrenalin-rush.

6. Atlanta Journal-Constitution, March 20, 1986.

7. "Ad Age Advertising Century: Top 10 Icons," Ad Age, March 29, 1999, https://adage.com/artical/special-report-the-advertising-century/ad-age-advertising-century-top-10-icons/140157/.

8. Sally Hawkins and Kelly McCarthy, "Jet ski-riding heroes reunite with Houston grandparents they rescued from flood zone," ABS News, August 30, 2017, https://abcnews.go.com/US/jet-ski-riding-heroes-houston-grandparents-flood/story?id=49504683.

9. Adrianne Pasquarelli, "Meet Oscar Fittipaldi, the Owner of NYC's First Full-Service Chick-fil-A," Ad Age, August 10, 2015, https://adage.com/article/cmo-strategy/meet-oscar-fittipaldi-owner-manhattan-s-full-service-chick-fil-a/299902/.

위대한 치킨의 탄생

국민 브랜드는 어떻게 만들어지는가

초판 인쇄 2023년 8월 8일
초판 발행 2023년 8월 24일

지은이 스티브 로빈슨
옮긴이 김정혜

책임편집 박영서
편집 심재헌 김승욱
디자인 조아름
마케팅 정민호 박치우 한민아 이민경 박진희 정경주 정유선 김수인
브랜딩 함유지 함근아 박민재 김희숙 고보미 정승민 배진성
제작 강신은 김동욱 이순호

발행인 김승욱
펴낸곳 이콘출판(주)
출판등록 2003년 3월 12일 제406-2003-059호
주소 10881 경기도 파주시 회동길 455-3
전자우편 book@econbook.com
전화 031-8071-8677(편집부) 031-955-2689(마케팅부)
팩스 031-8071-8672

ISBN 979-11-89318-46-8 03320